21世纪经济与管理应用型本科规划教材

工商管理系列

人力资源管理

Human Resource Management

Human Resource Management

赵应文 主 编

汪 成 胡乐炜 副主编

北京大学出版社

PEKING UNIVERSITY PRESS

图书在版编目(CIP)数据

人力资源管理/赵应文主编. —北京:北京大学出版社,2012.1
(21世纪经济与管理应用型本科规划教材·工商管理系列)
ISBN 978-7-301-19418-8

Ⅰ.①人… Ⅱ.①赵… Ⅲ.①人力资源管理-高等学校-教材 Ⅳ.①F241

中国版本图书馆CIP数据核字(2011)第169777号

书　　名:人力资源管理
著作责任者:赵应文　主编　汪　成　胡乐炜　副主编
责任编辑:徐　冰　樊　果
标准书号:ISBN 978-7-301-19418-8/F·2857
出版发行:北京大学出版社
地　　址:北京市海淀区成府路205号　100871
网　　址:http://www.pup.cn
电　　话:邮购部62752015　发行部62750672　编辑部62752926　出版部62754962
电子邮箱:em@pup.cn
印 刷 者:北京世知印务有限公司
经 销 者:新华书店
787毫米×1092毫米　16开本　17印张　397千字
2012年1月第1版　2013年8月第2次印刷
印　　数:3001～6000册
定　　价:35.00元

丛书出版前言

《国家中长期教育改革和发展规划纲要(2010—2020 年)》指出,目前我国高等教育还不能完全适应国家经济社会发展的要求,学生适应社会和就业创业能力不强,创新型、实用型、复合型人才紧缺。所以,在此背景下,北京大学出版社响应教育部号召,在整合和优化课程、推进课程精品化与网络化的基础上,积极构建与实践接轨、与研究生教育接轨、与国际接轨的本科教材体系,特策划出版《21 世纪经济与管理应用型本科规划教材》。

《21 世纪经济与管理应用型本科规划教材》注重系统性与综合性,注重加强学生分析能力、人文素养及应用性技能的培养。本系列包含三类课程教材:通识课程教材,如《大学生创业指导》等,着重于提高学生的全面素质;基础课程教材,如《经济学原理》《管理学基础》等,着重于培养学生建立宽厚的学科知识基础;专业课程教材,如《组织行为学》《市场营销学》等,着重于培养学生扎实的学科专业知识以及动手能力和创新意识。

本系列教材在编写中注重增加相关内容以支持教师在课堂中使用先进的教学手段和多元化的教学方法,如用课堂讨论资料帮助教师进行启发式教学,增加案例及相关资料引发学生的学习兴趣等;并坚持用精品课程建设的标准来要求各门课程教材的编写,力求配套多元的教辅资料,如电子课件、习题答案和案例分析要点等。

为使本系列教材具有持续的生命力,我们每隔三年左右会对教材进行一次修订。我们欢迎所有使用本系列教材的师生给我们提出宝贵的意见和建议(我们的电子邮箱是 em@pup.cn),您的关注就是我们不断进取的动力。

在此,感谢所有参与编写和为我们出谋划策提供帮助的专家学者,以及广大使用本系列教材的师生,希望本系列教材能够为我国高等院校经管专业的教育贡献绵薄之力。

北京大学出版社

经济与管理图书事业部

2012 年 1 月

目录 Contents

第 1 章

走进人力资源管理学

当今世界，经济全球化深入发展，科技进步日新月异，国际竞争日趋激烈，知识越来越成为提高综合国力和国际竞争力的决定性因素，人才资源越来越成为推动经济社会发展的战略性资源。

——胡锦涛

预期目标

通过本章的学习，可以掌握以下知识与技能：

- 人才资源、人力资本的概念、特点
- 人力资源管理含义、职能、管理体系
- 人力资源管理学的特征及研究内容
- 人力资源管理实践和理论发展阶段、各阶段的主要理论观点、人力资源管理发展新的特点和趋势

福特汽车公司用人经验

福特汽车公司世人皆知，但其发展也曾几经沉浮，其兴衰与是否起用人才直接相关。

老亨利·福特从 1899 年起两次创办汽车公司，都因缺乏专业知识而失败。1903 年他再次创业，选用能人，请来汽车工业专家库兹恩斯担任总经理。

库兹恩斯上任之后，运用科学的管理手段，调查市场，建立销售网，苦心经营，建成世界上第一条汽车装配流水线。这使生产率提高了十几倍，每辆“T”型车的售价从 780 美

元降到290美元，进入福特公司繁荣发展的阶段，并一跃成为世界上最大的汽车制造企业，福特也由此获得汽车大王的称号。但是后来老亨利·福特被一时的成功冲昏了头脑，不再保持任人唯贤的作风，而是主观武断，实行家长式管理。

1915年，老福特辞退了曾立下汗马功劳的库兹恩斯及一大批有才能的人，甚至于在1921年一天之内赶走了30名经理。

老福特的独断专行和相对落后的经营管理方法，使福特公司经营状况很快陷入困境，世界第一的位置很快被广招人才、管理先进的通用汽车公司所取代。1945年福特公司每月亏损高达900万美元，濒临破产。同年9月，老福特下台，让位于他的孙子小亨利·福特。

小福特接管公司后，吸取老福特失败的教训，招贤纳士，重整旗鼓，聘用通用汽车公司的副总裁布里奇全面主持公司业务，布里奇又带来通用公司的克鲁索，并破格聘用包括后来担任美国国防部长的麦克纳马拉在内的十几位有才能的年轻人。新的领导群体经营有术，管理有方，当年就扭亏为盈，又经过数年努力奋斗，终于使福特公司复现往日的繁荣，坐上了美国汽车制造业的第二把交椅。

富于戏剧性的是小福特后来也重蹈祖父的覆辙，独断专行，以主人自居，容不得外族能人来动摇自己的统治地位，先后辞去布里奇、艾柯卡等人。历尽艰辛换来的福特公司的振兴没有保持多久，公司地位一跌再跌，业务经营每况愈下，最终小福特不得不辞去董事长的职务。

1998年9月比尔·福特当选为福特公司董事长，2001年44岁的比尔·福特亲任CEO。2006年他邀请曾在波音公司当过CEO的艾伦·穆拉利出任福特汽车总裁兼首席执行官，拱手交出福特汽车公司管理权。

穆拉利新官上任，放了三把火。一是大刀阔斧地对福特汽车进行结构重组，全面瘦身。福特汽车关闭了17家位于北美的工厂，裁掉了4万多个工作岗位，削减了50多亿美元的开支。二是坚决卖掉不挣钱的品牌。金融危机爆发前，福特汽车以23亿美元的价钱把全资子公司捷豹和陆虎，连同品牌一起卖给印度的塔塔集团。三是以全部资产作抵押，向银行贷款三百亿美元。正是这三百亿美元，成为福特汽车的救命稻草，度过了最危急的时刻。

福特的用人经验昭示了一条真理：人力资源是首要资源。

资料来源：《什么是来自世界500强企业的人才价值观》，计世网，2008年7月26日；《福特汽车最终躲过一劫》，腾讯汽车，2009年8月3日。

世界发展史表明，不同国家经济增长率的差异，并非主要由物质资源、物质资本等差异引起。一个国家经济实力乃至综合国力的强弱，往往与其人力资源的管理状况密切相关。

随着高新技术的日益发展，全球信息化、网络化、知识化的不断普及，人类社会正行进在继工业文明之后的又一崭新阶段——知识经济时代之中。知识经济作为一种新的经济形态，它以知识的生产和人的智力的充分发挥为支撑，以信息化和网络化为基础，通过社会组织持续、全面地创新，最合理、有效地利用资源，促进科技、经济、社会的和谐统一，实现可持续发展。这已经是人类发展不可逆转的主流。而社会组织中技术创新能力等诸项能力的状况与增强取决于人力资源的现状及开发、利用状况。全球有识之士纷纷指出:知识经济的核心是人力资源和知识资本。

现代管理实践表明,对人的管理是现代管理的核心。现代管理的基本目的在于通过高效的管理方法来提高经济效益。其中的核心问题是如何根据人的行为和心理规律,提高对行为的预测和控制的自觉性,处理好人际关系,以充分发挥人的积极性、主动性和自觉性。现代管理学的人本原理认为,不管是管理对象、管理过程还是财物、技术、信息和时间,都需要人力资源去组织和推动,管理过程中的决策、计划、组织、领导、控制等环节,也是靠人去实现的。如果缺乏人力资源去正确、合理地运筹,它们就不能发挥应有的作用,可见,现代管理中各种要素的作用虽不相同,但是不可质疑的是:人力资源是起主导作用的第一要素,是唯一的具有能动性的要素。现代管理应以人的管理为核心。

同时,随着全球经济一体化时代的到来,竞争程度空前加剧。那些占据人力资源优势的国家、地区和企业,将是竞争中的胜者。经济竞争说到底是人才的竞争,是人力资源综合素质的竞争。在这种大趋势下,传统的人事管理已不适应时代发展的需要,人力资源管理对社会组织越来越重要,人力资源管理开始提上了日程。

现代管理大师彼得·德鲁克曾说:“企业只有一项真正的资源——人。”IBM公司总裁华生宣称:“你可以撤走我的机器,烧毁我的厂房,但只要留下我的员工,我就可以有再生的机会。”由此可见,人力资源对社会组织具有关键意义,它是社会组织发展的动力源泉,是社会组织可持续发展的根本保障。人力资源管理是社会组织管理的重中之重。

第一节　人力资源与人力资本

要进行人力资源管理,就得先对人力资源有一个较为准确的认识。人力资源是人力资源开发与管理的研究对象和基本概念。而要了解人力资源的概念,就要先了解资源。

一、资源

1. 资源及类型

资源是某种可以加以利用,给予人们提供资助或满足人们需要的东西。

从某种意义上讲,资源是一个经济概念。它是用来进行价值增值的财富。资源的独特之处,就在于其具有价值增值性,即资源利用者通过把有各种资源投入活动过程之中,可以获得更大的价值。

资源的涵盖面极其广泛。从不同的角度、按照不同的标准,可将资源分为无形资源和有形资源,现实资源和潜在资源,自然资源和人力资源,等等。

2. 人类和资源

自人类社会产生以来,人类便在不断地创造和积累财富。社会财富的来源包括两类:一是自然界的自然资源,二是人类自身的知识和体力,即人力资源。

(1) 人类最早认识和重视的资源是自然资源

自然资源是自然界蕴藏的土地、水、海洋、矿产、能源、森林、草地、物种和气候等方面的资源。有些自然资源已被人类开发、利用,成为社会物质财富的源泉,还有些尚未被人们认识、发现、利用和改造,是潜在的资源。人类运用生产工具作用于劳动对象,生产出满足人类需要的使用价值,形成了社会财富。其中生产工具是人类器官的延长和放大,劳动对象是经过人类改造过的自然物质,即人化了的自然。两者都打上人力资源活动的印记,但人类早期科学技术水平还比较低下,人类智慧转移到物质产品上的附加值尚未优胜于自然资源在劳动产品中的价值,因此在相当长的时期里人们并未充分认识自身人力资源的价值。在当时人们看来,一个物质产品有无使用价值或其价值的大小,主要取决于构造该产品的自然资源而非人力的知识和智慧。比如,在原始社会初期,人们以采集现成天然产物为主,这样就把自然资源当做人类物质生活和社会财富的唯一源泉。随后畜牧业和农业逐渐发展起来,这证明了人类智慧可以改变自然界某些物种的形态、性质和用途,但畜牧业和农业的对象和产品仍然是社会财富的主要内容和重要来源,而不是人的知识和技术。

(2) 人力资源逐渐成为首要资源

工业革命开始了人类的文明时代,科学技术有了长足的进步,机械化、电气化逐渐代替了手工工具和手工操作,社会财富空前增加,在这其中人力资源的作用开始凸现,但这时社会财富的主要源泉仍是自然资源和有形资本。经济增长的基本因素是自然资源、劳动力和资本。在这一时期不管资金密集型还是劳动力密集型的经济都以开发、利用和消耗自然资源为主要特征,经济发展主要取决于对自然资源的占有和配置,如机器制造业、汽车制造业、冶炼业等传统产业都是依靠自然资源的大量消耗而发展起来。

自 20 世纪 70 年代以来,随着现代科学技术和生产力的高度发展,知识和技术逐渐成为第一生产力,人类智慧转移到或附加在物质产品上的附加值越来越多,人们用以满足自身需要的使用价值越来越多地集中于人类自身的智慧而不是产品包含的由自然资源带来的物质内容。同时,在创造社会财富方面,虽然自然资源始终还是重要的资源,但如何合理开发利用自然资源,为社会财富的创造提供良好的可持续的物质基础,还需要人力资源主导。当今人们深深地认识到:人力资源是创造社会财富的主要的、第一位的资源。

二、什么是人力资源

1. 人力资源的内涵

1954 年彼得 · 德鲁克在《管理的实践》一书中提出“人力资源”一词。德鲁克认为,人力资源与其他所有资源的区别在于它是人;人力资源拥有其他资源所没有的素质,即协调能力、融合能力、判断力和想象力;人力资源只能自我利用,人对自己是否工作绝对拥有完全的自主权。

在人力资源这一概念产生以后,对其含义的争论从未停止过,国内学者有关人力资源的定义不下十余种,概括起来可以分为以下六类:① 人力资源是指一个国家或地区有劳动能力的人口的总和。② 人力资源是指能够推动整个经济和社会发展的劳动者的能力。③ 人力资源是指具有智力劳动能力和体力劳动能力的人的总和。④ 人力资源是指包含在人体内的一种生产能力。⑤ 人力资源是指能够推动整个经济和社会发展的具有智力劳动能力和体力劳动能力的人们的总和。⑥ 人力资源是指一切具有为社会创造物质文化财富、为社会提供劳务和服务的人。

综上,我们认为人力资源也可以称作劳动力资源、劳动资源、人类资源。从本质上看,人力资源是一个集合概念,人力资源是人所拥有的劳动能力,是存在于人体中的经济资源。人力资源是一种最活跃、最宝贵的资源,它既是一种天然资源,又是一种可再生资源。人力资源有两种存在形式,即现实的人力资源和潜在的人力资源。同时,我们可从质量和数量两个角度来认识人力资源。

概念*要点

人力资源是人所拥有的劳动能力,是存在于人体中的经济资源。

在现实管理中,对于人力资源的含义可以从两个方面来理解:

一是狭义的解释,人力资源就是劳动力资源,是指一个国家或地区在一定时期内符合就业年龄并具有劳动能力的人口的总和。

二是广义的解释,人力资源是指在一个国家或地区之中,处于劳动年龄、未到劳动年龄和超过劳动年龄而具有劳动能力的人口总和,也即一个国家或地区的总人口中减去丧失劳动能力的人口后剩余的人口。人力资源就是指那些有正常智力,能够从事生产活动的体力或脑力劳动者。

无论是何种解释,人力资源均以人口为基础,以劳动能力表现出来。从具体表现形态来看,人力资源是与自然资源相对应的、以人的生命机体为载体的社会资源,它包括在一定领域内人口所拥有的劳动能力。

2. 人力资源与人口

所谓人口,是居住在一定地区内或一个单位内的人的总和。人口的基本形态是一个个具体的活的人。人作为具体的活的生命有机体,除极少数由于各种原因丧失劳动能力的人口之外,绝大多数人口都具有劳动能力。

一定数量和质量的人口是人力资源得以形成的自然基础。有了一定数量和质量的人口才会有一定数量和质量的人力资源。人口数量的多少,人口质量的高低,人口增长速度的快慢,人口地域分布是否均衡,人口结构是否合理等都直接影响人力资源的总量、质量以及开发、配置、使用和管理。比如,一个地区人口稀少而另一个地区人口众多,那么这两个地区的人力资源就存在量的悬殊。再如一个地区人口受教育程度高而另一个地区人口受教育程度低,则这两个地区的人力资源会存在质的区别。

从本质上讲,人力资源是具有劳动能力的人口的总和。所谓劳动能力即劳动力,是存在于活的人体中的体力和脑力的总和。体力是指在一定身体素质基础上的负荷力、灵敏度、耐力等;脑力又称智力、知识力、精神力,是人们掌握和运用知识的能力,如观察力、记忆力、思维能力、想象力以及操作能力等。体力是个体发育到一定生理阶段就具有的能力,是自然力,脑力则是后天学习获得的,称知识力或智力。体力反映人力资源的自然性,脑力反映人力资源的社会性,两者的结合就构成人力资源的现实劳动能力。

但是,人口和人力资源又是有区别的。首先,不是所有人口都是人力资源,只有具有劳动能力的人口才可能是人力资源。第二,人的体力和智力各有区别,因此他们各自所拥有的人力资源就不尽相同,即使同一个人,在不同阶段、不同环境中所拥有的人力资源也有很大区别。

同时,在作为人力资源总量的人口中,还有如下不同的情况:第一,从劳动年龄看,有未达到劳动年龄的16岁以下的青少年,有处于劳动年龄之中的青壮年(男性劳动者从16到60岁,女性从16到55岁),还有超过劳动年龄的老年(男性60岁,女性55岁以上)。第二,从就业情况看,有在业人口、待业人口、失业人口、尚未到社会求职的学校学生、服兵役的士兵,家庭闲居人员和其他人员。第三,从人力资源的实现程度来看,未达到劳动年龄、符合劳动年龄和超过劳动年龄的这三部分的在业人口,是现实人力资源的主体;待业人口、失业人口和家庭闲居人口,是现实人力资源的闲置状态;未到社会就业或离职就读的学生、服兵役的士兵是潜在的人力资源。

这样,以人口形式表现出来的人力资源大致包括:第一,适龄就业人口,即符合劳动年龄的社会劳动人口。第二,未成年就业人口,即未到劳动年龄、但已从事社会劳动的人口。第三,老年就业人口,即超过劳动年龄、仍从事社会劳动的人口。第四,待业人口,即处于劳动年龄、具有劳动能力、等待或要求从事社会劳动的人口。第五,失业人口,处于劳动年龄、具有劳动能力、失去社会劳动岗位的人口。第六,求学人口,即处于劳动年龄、正在国民教育系统就读的人口。第七,服役人口,即处于劳动年龄、正在军队服役的人口。第八,家务劳动人口,即处于劳动年龄、不领取劳动报酬而从事家务劳动的人口。第九,处于劳动年龄、具有劳动能力的其他人口。

一般地说,在人口总体中,除了丧失劳动能力的极少数人外,所有的人都拥有人力资源。一个国家或地区的人口总量大体上相当于该国或该地区的人力资源总量。

三、人力资源的特点

人力资源管理的新观念是将"人"看做一种"资源",是与物质资源和信息资源相对应的三大资源之一。但是人力资源是一种特殊的资源,与物质资源和信息资源相比较,人力资源具有以下特点:

第一,独特性,即人力资源是一种特殊的资源,存在于人本身,是人的体力与智力结合在一起,具有不可剥夺性。而物质资源是可以被剥夺的资源。人本身通过学习和实践而获得的知识、经验、技能,是人力资源的具体体现,是别人剥夺不了的。人的体力也是在人成长和锻炼中获得的,也是别人剥夺不了的。这是人力资源区别于一切自然资源的一个根本特征。

第二,能动性,即人力资源是一种活的资源,是一种积极能动的资源。而物质资源是"死"的资源,物质资源只有通过人力资源的加工和创造才会产生价值。人在各种活动中都有着自觉目的性,以有效地对自身活动作出抉择,调节自身与外部的关系;如人力资源在活动过程中具有可激励性,通过对人的工作能力的提高和对工作动机的激励来提高工作效率。同时人在各种活动中还处于主体地位,支配着其他资源,包括可以创造、使用和改造工具。而且人力资源还有不断开发的潜能。这种能动性是人力资源区别于自然资源的一个重要特征。因此,人力资源是创造利润的主要来源,特别是在高新技术等行业,人力资源的创新能力是企业利润的源泉。

第三,可变性,即人力资源是一种可变动的资源。在工作过程中,人的劳动能力不是固定不变的。而且，每一个人实际表现出来的工作能力往往只是其全部工作能力的一部分。这就是说，人的相当一部分工作能力是潜在的，使用组织可以通过恰当的方法和措施，如提高员工技能和责任感，进行培训开发。随着人的知识的逐渐丰富、技术的不断改善、经验的积累增加、态度的正确塑造，既可以提高人力资源自身的价值，又可以提高组织使用人力资源的效益。人力资源的这种可变性使得人力资源必然具有开发性、塑造性和再生性。

第四，开发性，即人力资源具有开发性，并且这种开发具有连续的特性。在人的活动过程中，人一方面有着自身的消耗，但更重要的一面是人在劳动中通过自身行为的合理化，使自己的劳动能力得到补偿、更新和发展，其他资源则没有这种特点。人力资源开发过程还具有持续性，就是说人力资源是可以不断开发的资源，它不像自然资源那样，通过多次开发以至形成最终产品之后，就不能再继续开发下去了。这种人力资源开发的持续性说明，不仅人力资源的使用过程是开发的过程，而且人力资源培训、积累、提高、创造的过程也是开发的过程。人力资源是一种可以多次开发的资源。对于一个具体的人来讲，直到他的生命终结之前，或者说到他的职业生涯结束之前，都是一直可以持续开发的资源。正因为人力资源是可以无限开发的资源，所以可以说人的创造力是无限的。在现实管理中，通过对人力资源的有效管理和开发可以极大地提高工作效率，从而达成社会组织的目标。

第五，时代性，或称为社会性，即人力资源的生成、使用和管理等都受到社会历史条件的限制。人是社会性的群体，离开社会群体而完全孤立的个体的人是不可能存在的。作为人力资源的人的劳动能力，是在劳动过程中得以形成和提高的能力。而劳动，就是人们结成一定社会关系从事改造自然的活动和过程，是社会的实践活动。组成人力资源的人都是在一定历史条件下、社会环境和社会实践中劳动的，而不同时期社会经济发展的总体水平决定着人力资源的整体素质与水平。因此，人力资源是具有时代性、社会性的。

第六，时效性，即人力资源在使用过程中有着时效的制约。在实际活动中，人力资源必须在一定时间内开发和使用，超越一定的时段，就会荒废和退化。而其他有些自然资源可以长期储存，如矿产资源等，其品质一般不会随着时间的推移而下降。人力资源与物力资源存在这样的不同，是因为人从事工作的自然时间是有限的，而且人在每个时期如青年、中年、老年时期的工作能力都会有所不同。人生是有限的，劳动能力也是可以衰减的，智力、知识和技能也会发生变化。例如，在人生命过程的不同阶段，有着不同的生理和心理特点，对于人力资源的生成和发挥作用也各有不同的最佳期。一般地讲青少年时期是人力资源开发的最佳时期，而青壮年期则是人力资源发挥效用的最佳时期，也可说是人力资源时效性的峰值。这时如果人力资源不使用，不开发，就会失去其固有的作用与能力。

第七，生物性，即组成人力资源的人具有一定的生理特性。人力资源是以人体为载体的，是有生命地活的资源，因此在使用和管理中，应充分考虑到其生物性特点。一是要考虑人力资源的生物发展规律，如人的工作时间长短、劳动强度的大小、工作环境的好坏等对其的影响。二是要考虑人力资源的再生产规律，即人口的再生产和劳动力个体的更新、恢复等方面规律，如劳动者工资必须考虑赡养人口因素、劳动者的休息时间安排、劳动者的培养等问题。

由于以上特点也决定了人力资源是一种主体性资源或能动性资源，是一种资本性资源、高增值性资源和再生性资源，是一种战略性资源。社会组织若想在某个领域或某个行业中占领制高点并谋求长期发展，就必须有大量的优秀人力资源为其服务。

四、人力资本

人力是生产力的一大要素。人力与物力结合进行生产，推动着人类社会的发展。在实际生产中，对人力不断投资会使生产力相应提高。因此，把人力视为通过投资便可提高其生产能力的资本，就产生了人力资本的概念。

1. 什么是人力资本

自1960年美国经济学家西奥多·舒尔茨在美国经济学年会上发表的演说中首次提出并解释"人力资本"以来，这一概念得到了广泛的应用，但理论界至今尚未对这一概念的内涵和外延达成一致，主要存在以下看法：

(1) 按照舒尔茨的观点，人力资本是相对于物化资本而言，是体现在人身上的、可以用来增加未来收入的一种资本，是指人类自身在经济活动中获得收益并不断增值的能力。它包括人的知识、技能、经验和健康等。

(2) 人力资本是凝结在人体内的能够在有形商品和无形商品、服务的生产过程中转移和增加价值的人的劳动能力。人力资本分为一般人力资本和特殊人力资本。

(3) 人力资本不同于人力资源，强调对经济增长贡献重大的人力因素——重点是知识、技术、信息、事业心和创新精神等一切具有"乘数效应"的经济资源的总称。人力资本不同于与简单、重复、体力劳动相联系的基本劳动力资本，而是超越基本劳动力资本，并与复杂、高级、脑力劳动相联系的高层次劳动力概念。

(4) 人力资产与非人力资产结合创造剩余，就转化为人力资本。

从以上各种观点和看法可见，人力资本的实质就是知识资本，知识资本的重要性使人力资本变得重要。人力资本通过投资而形成。

当前西方经济学界一般认为，凡是用于生产、扩大生产能力以及提高生产效率的物质均称之为资本。它不仅包括设备、厂房，而且包括知识、技能。前者为物质资本，后者为人力资本。因此可以这样定义，人力资本是体现在人力资源身上的，以人力资源的数量和质量表示的一种非物质资本。

可以从以下方面把握人力资本的含义：第一，人力资本是活的资本，它凝结于劳动者身体内，表现为人的体力、智力、知识和技能，其中真正反映人力资本实质的是劳动者的智力、知识和技能。第二，人力资本由一定的费用投资转化而来，没有费用的投入就不会获得。这种投资在货币形态上可以表现为保健支出、教育支出、迁移费用支出等。简单地说，任何人的能力都不可能完全靠先天获得，要形成、培育能力就必须接受教育，必须投入时间、财富。第三，劳动者拥有的人力资本价值，可以通过生产劳动转移交换，并实现价值的增值。

人力资本是一切资本中最重要、最宝贵而且最具能动性的资本。发达国家经济增长的事实说明，人力资本比物力资本更能有效地推动经济发展。根据舒尔茨的测定，在第二次世界大战以后美国农业生产中有80%是源自教育以及与教育密切相关的科学技术的作用。从其他发达国家发展历程看，也同样出现了类似现象。

随着社会经济的发展，人力资本在经营管理活动中显示出越来越重要的作用，如企业管理人员的地位上升就是一个证明。随着生产经营的复杂化，经营管理工作也日益专门化，传统的经验式管理已经难以发挥作用了。企业所有者把经营管理权转移到专业管理者手中以获取更高收益,这些管理者以其管理技能对经营效益的提高发挥着越来越重要的作用,从而也获得越来越高的报酬。这些报酬中的很大一部分,是经营管理人员作为工薪劳动者对于经营利润的分享。由于这种利润分享不是来自其对于企业的物质资本投人,而是来自其对于自身所拥有的管理能力的使用,而这种管理能力的形成、作为管理者智力与体力的开发结果,又需要相应的费用,因而可以把管理者的管理技能看成是进入企业经营活动中的人力资本。目前,在现代企业中,对于人力资源的重视,已经越来越被普遍认同,重视的对象已经由经营管理人才和技术人才扩展到骨干员工以及所有企业成员。因此,在企业生产中,资本的范围不再局限于生产资料,已经扩展到了人力资源,成为物质资本与人力资本的综合与统一。

2. 人力资本的特点

由于人力资源本身的特殊性,人力资本作为一种特殊的资本,具有不同于一般物质资本的特点。

第一,独占性。物质资本的产权可以变更,人力资本则不同,即使某组织拥有和占有人力资本,也不是通过物权实现的,而是通过特殊的交易实现的。人力资本最终只能属于劳动者本身,其他人不能拥有。这是因为人力资本的使用价值是人的体力、智力、经验、技能等,这些使用价值受到人的自觉能动性的支配,别人无法取代。因此,人力资本的所有权最终只能属于劳动者本人,它们的形成、积累、配置、流动及开发的主动权,最终只能掌握在它的物质载体即劳动者手中。

第二,可变性。物质资源的价格一般说来是固定的,它们决定于社会必要劳动时间,并受客观供求关系影响。而人的劳动能力,除受社会必要劳动时间和客观供求关系影响外,还受到人的主观状态的影响。人的主观状态是经常变化的,与人的状态变化相适应,人力资本的价值也具有可变性。这种可变性的特点,在于它可能不直接取决于外部条件和物质基础,而取决于劳动者个人的内部原因。比如,同一个人,有无积极性、创造性,产生的价值便可能大不相同。对具有不同意愿和素质的人进行相同的人力投资,可能产生不同的人力资本。

人力资本形成之后存在着可变性。这主要表现在以下两个方面:一是人是人力资本的载体,人的思想、情绪的易变性导致人力资本的可变性。二是人力资本的重要组成部分是知识和能力,知识的老化和能力的退化将减少人力资本量,知识和能力的增加将增加人力资本量。物质资本形成后,除了物理性能和化学性能因为时间原因发生变化而丧失作用之外,不会有其他变化。而人力资本的可变性将极大地影响人力资本发挥作用的效率。

第三,专用性。人力资本与物质资本相比,还具有专用性的特征。人力资本的使用价值是劳动能力,而劳动能力具有不断专门化的趋向。社会分工越发展,生产力水平越高,对劳动能力的要求就越精细,人力资本的专用性越不断强化。所以,当人力资本所有者将自己的劳动能力与某一特定的工作职务相结合,并按职务要求发展自己的技能时,即劳动者按某一组织的要求塑造劳动技能时,实际上是让该组织按一定标准改造自己,使自己形成与该组织相应的人格特征,而这种特征一旦形成,往往是不可逆的。人力资本的所有者在进出不同组织或不同部门时,要考虑自己对不同领域的特殊适应性。人力资本的专用性,反映了社会分工对人力资本所有者择业的客观制约。

3. 人力资源与人力资本的主要差异

通过对以上人力资源与人力资本的内涵分析、人力资源与人力资本的特性比较，可以总结出人力资源与人力资本主要具有以下差异：

第一，概念的内涵不同。人力资源是人所拥有的劳动能力、是存在于人体中的经济资源，是可以开发和使用的，从静态的角度看，是不存在增值问题的。而人力资本通过投资而形成的，从动态的角度看，可以通过生产劳动转移交换，实现价值的增值。

第二，概念的外延不同。人力资源包括自然形成的初级人力、经过各种层次培训的人力资源。而人力资本仅包括在教育投资基础上形成的具有一定知识和能力、从事复杂劳动的人力资源。从这个意义上讲，人力资本对应的是人力资源中的人才部分。

第三，强调的重点不同。人力资源可从质量和数量两个角度来认识，但是在管理中是以强调数量为基础的。人力资本的管理则是以强调质量为基础的，以追求人力资源的素质为前提的。

第四，作用不同。人力资源管理是以人事相宜为基本目标，因此往往是在增加人力数量的基础上满足生产和物力的需要。而人力资本的管理则可以在不增加人力数量的基础上满足生产和物力的需要。

从人力资源与人力资本的差别中可见：人力资本是在知识经济社会中应对复杂多变环境的关键资源，是构建核心竞争力以获取竞争优势的基石，是培育核心竞争力的关键。从人力资源向人力资本的转化是培育核心竞争力的必由之路，关键在于如何促成这种转化。

因此，管理者应该围绕战略目标，系统地看待人力资源管理和开发，要认识到人力资源的投入不仅仅是花费，更是一项投资。这种投入是有产出的，能不断产生出远远超过成本的回报。同时，要注重教育和培训。如果不经过培训，人力资源更多的是成本而不是资本，只有经过培训人力资源才可能变成资本。培训作为现代管理的重要内容和手段，已经越来越为各级管理者所重视。通过培训，可以改变员工的工作态度，增长知识，提高技能，激发他们的创造力和潜能，提高生产运作效率和销售业绩等；可以增强员工自身的素质和能力，让员工体会到社会组织对他们的重视。培训越充分和及时，对员工就越具有吸引力，越能发挥人力资源的高增值性，从而在生产劳动中创造更多效益。

4. 人力资本的投资

人力资本的投资也叫人力投资，是指为提高劳动者的素质、健康，在教育、培训等方面所进行的资金、实物和劳务的投入。

一个社会的人力投资状况，对经济社会发展具有重要意义。第一，人力资本的形成和积累，体现着社会中科技人员、企业家和经理阶层、熟练工人队伍的壮大，从而推动着产业结构不断更新，使经济社会充满活力。第二，人力资本的增长会使物质资本生产率提高，并使资本投入具有投资收益递增的特性。第三，人力资本的发展有助于提高全社会人群的整体素质。

而社会组织进行人力投资的意义在于，通过人力资源的投入，改善人力资源的数量与质量，从而有效地提高企业经济效益。一般说来，企业人力投资具有如下特征：第一，功利性。企业的人力投资，必须能够为企业带来现实的利益，即收益必须大于投入。这是衡量企业人力投资是否成功的基本标准。第二,激励性。企业人力投资是一种管理手段,不仅可以提高员工的技能和素质,而且可以提高员工对企业的忠诚度和主动性。

社会组织人力投资的内容主要有:第一,员工招聘投资。如企业对于所需员工进行招聘甄选时的投资。招聘是社会组织取得人力资源的必经途径,须支付必要的费用。第二,员工培训投资。员工培训是社会组织为提高在职人员的素质与技能所进行的教育活动,目的是满足社会组织经营要求,既包括对一般员工的培训,也包括对特殊人才的培训。第三,员工配置投资。指对社会组织的组织形式进行调整,对工作人员进行调配,以促进人员合理流动的投资。第四,员工福利及保障投资。这指社会组织为提高员工工作生活质量和长远利益而进行的投资。这种投资一部分是国家规定的,一部分是社会组织为了增强凝聚力和人才吸引力而自主设计安排的。第五,人力资源信息系统投资。这是社会组织为掌握人力资源状况,建立和管理相应信息系统而进行的投资。

对于员工薪资报酬,从社会组织角度看,这是一种成本费用而非投资,其不能转化为社会组织的资产。但从另一方面看,由于薪资报酬对员工队伍的形成、对员工的工作积极性有重大影响,直接制约着社会组织人力资源的使用状况,因此也可以把社会组织付给员工的薪资报酬作为一种社会组织的人力投资来看待。

第二节 人力资源管理

一、人力资源管理的界定

概念*要点

人力资源管理,就是运用现代化的科学方法,对与一定物力相结合的人力进行合理的招聘、开发培训、组织和调配,使人力、物力经常保持最佳比例,同时对人的思想、心理和行为进行恰当的引导、控制和协调,充分发挥人的主观能动性,使人尽其才,事得其人,人事相宜,以实现社会组织目标的运作过程。

根据定义,可以从两个方面来理解人力资源管理。

1. 人力资源管理既有量的要求,也有质的要求

第一,对人力资源量的管理。这是指根据人力和物力及其变化,对人力进行恰当地组织和协调,使二者经常保持最佳比例和有机的结合,使人和物都充分发挥出最佳效应。第二,对人力资源质的管理。这主要是指采用现代化的科学方法、对人的思想、心理和行为进行有效的管理,包括对劳动者个体和群体的思想、心理和行为的协调、控制和管理,以利于充分发挥劳动者积极性、主动性和创造性,共同实现组织目标。

2. 人力资源管理有两个不同的层次

第一,国家和地区层次的人力资源管理,是宏观和中观层次上的人力资源管理,其范围和意义是相对于一个国家或地区而言。如目前我国提出的“科教兴国”、“全面提高劳动者的素质”等方针政策,实际上谈的就是一个国家、一个民族的人力资源管理。一个国家只有

对人力资源进行充分的开发和有效的管理,国家才能繁荣,民族才能振兴。第二,社会组织的人力资源管理,是微观层次上的人力资源管理,其范围和意义是相对于一个社会组织如工厂、学校、医院等而言。在一个组织中,只有求得有用人才、合理使用人才、科学管理人才、有效开发人才,才能促进组织目标的达成和个人价值的实现。

在这里,现代人力资源管理对社会组织的意义至少体现在以下几方面:第一,对于组织决策层,在组织管理所面对的人、财、物、信息、时间等资源中,人是最为重要的、活的、第一位的资源,只有管理好"人"这一资源,才算抓住了管理的根本。第二,对于人力资源管理部门,人不仅是被管理的客体,更是具有思想、感情、主观能动性的主体,研究制定科学、合理、有效的人力资源管理政策、制度,并为社会组织的决策提供有效信息、是人力资源管理部门的永恒的主题。第三,对于一般管理者,其不仅需要有效地完成业务工作,更需要培训下属,开发员工潜能,建立良好的团队组织,搞好对员工的引导和协调工作。第四,对于普通员工,无论是开发潜能、提高技能,还是适应社会、融入组织,创造价值、奉献社会等问题,都有赖于人力资源的管理。任何人都想掌握自己的命运,但自己适合做什么,组织的目标、价值观是什么,岗位职责是什么,自己如何结合企业组织目标发挥自己的能力,如何设计自己的职业人生等问题,是每个员工十分关心而又往往深感困惑的问题。要解决这些问题,必须依靠组织的人力资源管理和个人的管理来实现。

二、人力资源管理的职能和指标

人力资源管理是对组织中"人"的管理。具体地讲,人力资源管理就是社会组织通过工作分析、人力资源规划、员工招聘选拔、绩效考评、薪酬管理、员工激励、人才培训和开发等一系列手段来提高劳动生产率,最终达到社会组织发展目标的一种管理行为。人力资源管理的最终目标是促进整个组织目标的实现,人力资源管理是企业管理的核心。

1. 人力资源管理职能

人力资源管理之所以在社会组织中的地位举足轻重,是因为它肩负着重要的使命。这种使命简单地说,就是通过人与事的最优配置,达成人与事、人与人的和谐,通过这种和谐带来生产效率的提高,从而完成社会组织的最终目标,提高社会组织的经营效益。为了实现人与事的优化配置,使事得其人、人尽其才、才有其用,需要进行的一系列特定管理活动,这就是人力资源管理的职能。从总体上说,人力资源管理涉及以下七种职能:

第一,人力资源规划。这一职能包括对人力资源现状作出评估,依据组织的发展战略、目标和任务,利用科学方法,对未来人力资源在数量、种类、结构及层次等方面的供给和需求做出预测,制定平衡人力资源供给和需求矛盾的方针政策和具体措施,如补充和调整人员、减员等各种方案,为开展甄选招聘工作提供依据。

第二,人力资源甄选。这一职能是指根据工作需要,运用相关方法和技术,吸引并选择最适当人选。其目的是确保社会组织能够获得充足的岗位候选人,并能以合理的成本从岗位申请人中选拔出最符合社会组织需要的员工,具体包括招聘和挑选组织需要的各个种类和各个层次的人才,如考试、录用、安置、辞聘等。

第三,人力资源开发。这一职能是指提高员工的知识、技能和素质,增强员工的工作能力,引导员工个性发展。其中包括对新加入社会组织的员工进行上岗指导和业务培训,训练和培养各级管理人员,以及为了使员工保持理想的技能水平而进行的一系列培训活动。

第四,人力资源调配。这一职能是指为使员工达到职务所要求的技能和素质水平而进行的动态人和事的匹配,包括不同类职务之间的调配、同类职务之间的晋升等工作。

第五,人力资源考评。这一职能是指对员工的工作结果、工作表现进行比较和评价,分出优劣高低,为薪资分配和员工发展提供依据。包括设计员工的绩效考评体制、考评指标、考评方法,以使考评结果公平合理。

第六,人力资源激励。这一职能旨在提高员工工作积极性,提高人力资源效益。包括合理地确定员工的工资和薪金,按照员工的贡献进行收入分配,做到奖惩分明,同时通过奖励、福利等措施刺激员工。

第七,人力资源保护。这一职能是指为促使社会组织保持一支具有竞争力的优秀而健康的员工队伍而制定有关福利、保险、医疗、安全、卫生等方面的政策、规定并加以执行。

上述职能各有侧重,但相互紧密联系,以共同的价值目标和管理政策为基础,构成相互协调、彼此衔接而不可分割的人力资源管理职能系统。

2. 人力资源管理指标

所谓人力资源管理指标,是指对人力资源管理活动各个方面、各个环节提出的可测量和评价的要求,是衡量人力资源管理活动是否有效的标准和工具。决策者可以通过这些指标了解人力资源管理情况,为加强和改进人力资源管理活动提供依据。社会组织中常用的人力资源管理指标主要有以下几种。

第一,劳动生产效率。这一指标可以从总产值、总效益和人均产值、人均效益这些方面体现出来。劳动生产效率的高低直接反映着社会组织人力资源管理水平。

第二,人力投资效率。具体衡量方法是将每一项人力资源活动所消耗的成本费用总和,与这些活动所产生的收益相比较。当然,人力投资结构上的差别必然影响投入产出率的评价结果。人力资源投资的结构合理性,是正确计算人力投资效率前提。

第三,员工流动状况。员工流动状况是员工士气的晴雨表,过高的员工流动率不利于社会组织经营活动的顺利进行,尤其是关键员工的流失往往会给企业带来重大损失,故而必须对员工流动进行合理的控制。

第四,人员考评状况。对员工的考核评价状况反映的是员工的工作绩效,这一状况不仅能反映员工的工作状况,而且能检查员工本身在技能和素质方面存在的问题,从而为员工的培训和开发、员工薪酬政策的制定和调整、人工成本的核算和控制提供依据。

第五,人才开发效率。这是反映人力资源开发水平的指标,可以通过培训效果、员工技能的提高以及管理人员的晋升、能力的增强等方面来考查。

除此之外,员工出勤状况、薪酬满意状况、劳动纠纷状况等,在人力资源管理中也是重要的评价指标。

三、人力资源管理体系

从一定意义上说,社会组织中所有的管理人员都在进行人力资源管理活动,因为无论哪个层次或哪个部门的管理人员,他们的工作多多少少都会涉及组织员工的选拔、培训、评估、报酬、奖惩等活动。人力资源管理是社会组织中全体管理者的共同职责,而不单单是人力资源部门的责任,从这个意义上说,人力资源管理体系覆盖了社会组织中所有的管理层次和管理者。不过,不同的管理者,其人力资源管理的内容和作用也是不同的。

一般说来,可以把社会组织的人力资源管理体系分成三个层次。

1. 高层管理者

高层管理者的人力资源管理是指对处理社会组织和员工之间的关系作出根本性的决策。具体包括:

第一,根据组织战略目标,协调各方面利益关系,确定整体的人力资源政策和人力资源规划。这些政策和规划反映组织人力资源管理的价值取向,决定着各种具体人力资源管理措施的制定和变革。

第二,对组织中的高层员工进行管理,包括甄选中高级管理职位的适当人选,评价中高级管理人员的工作状况,进行相应的调配,了解中高级管理人员的思想动向,并采取措施,维持管理群体的稳定和凝聚力等。

第三,作出影响组织工作方式的重要决策,如是否同意采用特定的新生产作业流程、劳动时间等。

高层管理者对组织人力资源的决策,对整个组织的人力资源管理具有主要的影响。

2. 职能管理人员

职能管理人员与直线管理人员是一个相对的概念。通常,直线主管拥有直接指挥下属工作的职权,负责领导和控制所属人员实施组织目标;职能管理人员则被授权以协助和督促的方式支持直线主管去实现目标。

社会组织中人力资源管理系统的工作者,对整个组织来说,就是职能管理人员,他们是组织人力资源管理职能的专门承担者。

在工作过程中,人力资源部门的职能管理人员执行着三种不同的职能:

第一,直线职能。人力资源部门管理者的直线职能包括两方面:在人力资源部门内,部门负责人必须行使直线主管的职权,直接指挥自己的下属工作;在整个社会组织范围内,人力资源管理者对其他管理者可以行使特殊的直线职能。

第二,协调职能。人力资源部门的管理者也履行协调者的功能,负责对重大人事政策和人事调整提出方案和建议,确保既定的人力资源目标、政策以及程序确实被各级管理人员认真、连续地执行,并对其中出现的矛盾和问题进行协调处理。

第三,服务职能。人力资源管理者还要为直线管理者提供相关的业务服务,其中包括:协助直线经理处理员工的选拔、培训、评估、奖酬、晋升和辞退等事项,指导直线经理遵守国家各项有关劳动和人事方面的法律和规定,并帮助处理员工的不满和劳动纠纷问题。在解决此类问题时,人力资源部门和人力资源专家能够从专业角度提供有效的信息和合理的解决办法。

3. 直线主管

直线主管也称一线主管,是领导所属员工直接进行业务活动的管理者。

一线主管的人事管理职责,包括指导新进入组织的员工熟悉工作,训练员工掌握工作技能,分派适当的人员担任适当的工作,帮助下属改进工作绩效并进行绩效评估,调动员工的积极性,提出员工薪资分配办法,培养员工的工作协作关系,向员工宣传组织的各项规章制度，控制本部门的人事费用，开发下属人员的工作潜力，维护下属员工的身心健康等。当组织的规模较小时，直线经理可以独立完成上述各项工作。当组织规模扩大，人力资源管理工作专业性日益增强时，直线经理就需要人事职能部门的协助，为其提供人力资源管理的专业协助和具体建议。

四、人力资源管理与传统的人事工作

人力资源管理是管理学中的一个崭新、重要的领域，其管理和研究的对象是人力资源这一特殊的经济性和社会性资源。人力资源管理和传统的人事工作有着直接的继承关系，但是两者又有极大的区别。人力资源管理是在新的历史条件下，社会组织对员工进行有效管理的新的系统模式。在现行人力资源管理模式中，其管理观念、行为，都远远超出了传统的人事工作范畴。人力资源管理与传统的人事工作的区别具体表现为：

1. 内容不同

传统的人事管理主要存在于雇佣关系从发生到结束的运动过程。人员的招聘、录用、委任标志着雇佣关系的建立，之后的考核、奖惩、职务升降、工资福利待遇、申诉控告等，构成了管理阶段的主要内容，而辞职、辞退、解雇、退休等则意味着雇佣关系的结束。

人力资源管理不仅涵盖了传统人事管理的这些基本内容，而且进一步地纵向加深、横向拓宽，形成全方位的管理。在纵的方面，人力资源管理不仅限定于传统人事管理的雇佣关系的范围，而且把管理触角伸至雇佣关系发生之前（如就业指导、就业培训等）和雇佣关系结束之后（如研发人才的第二次开发）；不仅充分地发挥现有才能的作用，而且开发其尚未形成和尚未利用的潜力。在横向方面，首先，人力资源管理要提高考核、奖惩、职务升降、培训、交流、工资福利待遇、申诉控告等环节的科学性，如薪酬福利应该行之有效且具有竞争力，而员工培训，不单是技能、素质培训，还有人品的培训。通过科学的设计，使人力资源得到有效开发、合理配置、充分利用，把管理拓展至人的社会关系、情感世界和心理活动等领域，而不是把人看做仅是可供利用的资源，从而避免传统人事管理的错误。其次，人力资源管理不仅仅把眼光放在上层精英和管理人员身上，而且把每一个员工都看做是宝贵的人力资源，不忽视、不排斥其中任何一个，实行全员培训、全员开发，以发挥每一个人的最大效能。再次，知识工作者的出现给人力资源管理提出了新的挑战。知识型员工拥有的知识资本随着员工的流动而流动，如何激励知识型员工，如何适应知识型员工的自身特点设计管理模式，如何建立学习型组织是人力资源管理面临的新问题。

因此，与传统人事管理相比，人力资源管理具有明显的全方位性、综合性和创新性。

2. 性质不同

传统的人事管理基本上属行政事务性的工作，活动范围有限，短期导向，主要由人事部门职员执行，很少涉及企业高层战略决策。人事部门扮演的是控制人工成本的“成本中心”的角色。

而人力资源管理重视对人的能力、创造力和智慧潜力的开发和发挥，扮演的是增加产出的“利润中心”的角色。随着信息技术的发展，人力资源管理系统软件层出不穷，人力资源部将事务性的工作标准化、自动化和程序化，更注重于设计实施各种有利于提高员工生产力和企业整体绩效的方案，努力为企业创造价值。

3. 作用及地位不同

从作用上看,传统的人事工作只是承担一些附属性的具体业务工作,负责如新员工的招聘和录用、职前上岗培训、人事档案管理,以及制定企业效益计划及福利上的琐事。从地位上看,传统的人事工作只是一个辅助部门而不是核心部门。传统的人事工作被看做低档次的、技术含量低的、无需特殊专长的、谁都能掌握的工作,人事部门则被看做是安置被其他部门淘汰的人员的场所,人事功能本身被贬低和轻视。

而人力资源部除管理职能外,还增加了新的职能。在企业整个价值链上,人力资源部是一个服务部门,要把其他部门和员工当作客户,努力满足其需求,提供增值化的人力资源产品和服务。因此,人力资源管理人员不但要求具备相应的管理技能,较高的领导组织能力,而且还要具备与其他部门对话的能力。因此,现行人力资源管理的作用大大增强,其在企业的地位也得到提高。除了完成传统的人事工作和处理劳资关系外,人力资源管理已经开始全面参与企业的经营管理工作:一是人力资源管理的参谋和咨询功能得到了扩展,二是管理人力资源的直线功能得到了强化,三是直接从人力资源管理的角度参与企业战略计划制定。

从传统的人事工作发展到现代人力资源管理的动因在于,随着经济社会的进步,企业的发展,劳动者素质的提高,人的积极性和创造性在组织中的地位也越来越重要。充分调动人的积极性和发挥人的创造性,日益成为提高组织效率的关键环节。因此,在组织资源中,人力资源的地位越来越重要,人力资源管理也越来越复杂,所要求的管理技能也越来越高。原有的人事工作管理方式已不能满足需要,必须加以改进和发展,取而代之的就是现代意义的人力资源管理。

第三节 人力资源管理实践和理论

人力资源管理是管理的基础内容,有管理就有人力资源管理。在管理学从萌芽到发展的过程中,人力资源管理理论也逐步成熟起来。

人力资源管理实践和理论的发展大致可以分为三大阶段,即早期、发展时期和现代时期。

一、早期人力资源管理实践及理论

从资本主义工厂制度萌芽到确立时期,是管理学发展的早期和经验时期。这一时期是人力资源管理实践和理论早期阶段,这一阶段主要是对工人进行雇佣管理。

早期人力资源管理是以雇佣管理为基础的。人们把员工与机器、工具一起,看成是简单的生产手段和成本,实行录用、配置、调动、退职等劳动力管理。

尽管如此,在18世纪前后经济科学创立之初,还是可找到有关人力资源管理理论的萌芽。经济科学的古典大师们在劳动价值学说中肯定了劳动在创造财富中的决定性地位,确立了人力资源在经济活动中的特殊地位。如英国古典经济学创始人之一的威廉·配第提出了“土地是财富之母,劳动是财富之父”,他在代表作《政治算术》中采用“生产成本法”计算出英国人口的货币价值,并以此来分析英国的国家实力,以及由于战争、瘟疫造成的人口死亡和迁出带来的损失。尽管他的计算方法并不十分科学,但毕竟已经注意到在生产中“人”

的作用。同期许多经济学家通过他们提出的各种经济学说，确立了人的劳动在财富创造中的决定性地位，提出应采取措施进行必要的资本投入来提高人口素质的思想。这些可以看做是人力资源思想的最早表述。

18 世纪中后期以来，在以蒸汽机为代表的第一次科技革命的推动下，机器生产逐渐取代手工生产，极大地推动了生产的发展。工厂成为资本主义生产的主要形式。在管理上，由于当时经常要雇佣比较多的劳动力，因此也曾简单地实行过一些就业计划，有限的工作指导和工资支付制度。对开发人的智力资源，即通过专门教育和培训使劳动者获得科技知识和技能，提高劳动者的素质，也有所注意。例如英国于 1834 年颁布法令规定工厂必须为 14 岁以下的童工开办学校；1870 年英国国会通过改善国民教育的法案，打破学校私办的传统；1830—1848 年法国在校学生人数增加一倍；十九世纪初俄国颁布两条法令，扩大入学范围，允许自由阶层子弟入学。这当然不是出自统治阶级的仁慈，而是出于生产发展对劳动者素质提高的需要。这是人力资源管理在西方国家的萌芽。

在 18 世纪下半期，英国产业革命前夕第一个经济学家亚当·斯密首次提出劳动分工的经济效益理论。这种理论认为分工对技术的进步、时间的节约、新机器的采用、劳动生产率的提高和资本的增值都起了巨大的作用。亚当·斯密还明确地把人或人的能力划归为固定资本，他在《国富论》一书中区分了四种固定资本，其中第四种就是由“一个社会全体居民或成员所具有的有用的能力”构成的。他认为，如果要获得这种能力，就需要花费一定的费用，所以这可以被视为每个人身上的固定资本。当这种能力成为个人能力的一部分时，它也就成为社会财富的一部分，并且这部分财富会为社会创造出更大的利润，以补偿先前的费用支出。亚当·斯密还分析认为人的素质低下对经济发展有阻碍作用，并进一步论证了教育的重要性。

亚当·斯密之后的许多经济学家接受了他关于人的技艺和能力属于资本范畴的观点。萨伊认为，由于人的技艺和能力的形成需要花费成本，同时可以提高工人的劳动生产率，因此，可以将人的技艺和能力形成需要的费用视为资本。马歇尔在其代表作《经济学原理》中提到要加强对人的投资，并研究了这种投资对个人收入的影响。他提出，人类的智慧、才能与其他种类的资本是并列的，都是重要的生产手段，是生产力提高的动力，并且随着生产的发展，对人的才能的要求也会越来越高。还有一些经济学家进一步认为人的健康也应当同知识、技艺、能力一样同属于资本。此外，1832 年英国数学家巴贝奇通过对专业化问题的研究，得出以下结论：劳动分工可以缩短操作时间，有利于熟练技巧，提高效率。他对制造机器的程序和工作时间的研究是后来“科学管理”的基础。

从以上可见，以雇佣管理为基础的早期人力资源管理实践中包含着很丰富的人力资源管理的思想。

二、发展时期人力资源管理实践及理论

19 世纪末至 20 世纪中期，随着生产的发展，管理学得到了快速地发展。古典管理阶段的科学管理使管理学成为一门成熟的科学，行为科学重视以人为中心的管理推动管理学发展到一个新的阶段。正是在这一时期，人力资源管理实践及理论进入发展时期。

发展时期的人力资源管理实践及理论大致可以分两个阶段：

1. 劳动人事管理阶段

19 世纪末至 20 世纪初,古典管理阶段的科学管理使企业管理走上了规范化、制度化和科学化的轨道,极大地推动了生产效率的提高。这一时期是劳动人事管理阶段,人力资源管理实践及理论的重点放在劳动效率的提高上。如:如何挑选和招募第一流的工人;如何培训员工以提高生产效率;如何建立员工档案,更科学地调配和使用员工;如何正确进行考核和给付薪酬;如何妥善处理劳资纠纷;如何维护劳动力以维持再生产;等等。这些成为人力资源管理的重要内容。

劳动人事管理阶段的代表人物是美国的泰罗。他从 19 世纪末就在企业里进行试验和研究,倡导科学管理,探讨如何提高工人劳动生产率。他认为当时工人提高生产率的潜力是很大的。泰罗在科学实验的基础上,制定出标准的操作方法对全体工人进行训练,并据以制定较高的工作定额,把工人使用的工具、机器、材料以及作业环境加以标准化。为了鼓励工人完成工作定额,泰罗提倡实行一种有差别的刺激性的计件工资制度。他们认为,要提高劳动生产率,就必须取得雇主和工人双方的合作。雇主关心的是低成本,工人关心的是高工资。要使雇主和工人双方认识到,通过科学管理提高了劳动生产率,两者都可以达到自己的目的。泰罗等人认为,这就是雇主和工人双方协调与合作的基础。泰罗的人力资源管理理论主要表现在:

第一,劳动方法的标准化,即通过分析研究工人的操作,选用最合适的劳动工具,集中先进的合理的操作动作,省去多余的不合理的操作动作,制定出各种工作的标准操作方法。

第二,科学地利用工时,即通过对工人工时消耗的研究,规定合理操作的标准时间,制定出先进的工时定额。

第三,实行有差别的计件工资制,即对于按照标准操作方法在规定工时定额内完成工作的工人,按较高的工资率发工资,若完不成定额则按较低的工资率发工资。

第四,按科学的方法选择和培训工人,即根据工人的特点分配适当工作,而且根据标准的操作方法对工人进行训练,以代替用师傅带徒弟的传统办法训练工人。

第五,明确划分管理与作业的职能,即管理人员和工人要有明确的分工。管理人员负责研究、计划、调查、控制以及对操作者进行指导,使工人集中精力进行操作,以达到提高工人劳动生产率的目的。

法约尔也是古典管理理论的代表人物之一,他的管理理论主要包含在 1916 年发表的《工业管理和一般管理》一书中。在他提出的经营的六种职能、管理的五种因素和十四条管理原则中,就涉及许多人力管理的思想。例如十四条管理原则中第一条"分工"就是将生产过程中每个工人劳动专业化,使每个管理人员各负其责,以减少人力浪费,提高工作效率,增加产量。第二条"权力和责任"中就强调在用人中,必须授之以权,委之以责,使权力和责任互为因果,权责结合起来。第七条"职工的报酬",在讨论了日工资、计件工资、奖金和利润分享以后,得出结论——付酬方式取决于多种因素,而其目的是使职工更有价值并激发热情。第十条"秩序"、第十一条"公平"、第十二条"保持人员的稳定"、第十三条"首创精神"、第十四条"集体精神"等,都涉及了对人的管理思想。

德国的社会学家韦伯也是古典管理理论的代表人物之一。他在集中研究组织理论时,也论述了一些人力管理的思想和原则。例如他在提出理想的行政组织体系的主要特点时指出:第一,一个组织为了实现其目标所需要的全部活动都划分为各种基本的作业,把它作为任务分配给组织中的各个成员。也就是我们常说的"因事设人"。在这样分工中,使组织的每一环节由拥有必要职权的专门人员来完成任务。第二,各种职务和职位是按照职权的等级原则组织起来的,形成一个指挥的体系。在这个体系中,每个下级接受其上级的控制和监督,不仅要为自己的行动负责,还要为自己所属的下级的行动负责。为此,他必须对自己所属的下级拥有权力,发出下级必须服从的命令。第三,组织中人员的任用,完全根据职务上的要求,通过正式考试或教育训练来实现。每一个职位上的人员必须称职,同时也不能随意免职。

在以上这些论述中,都饱含着极丰富的人力资源管理理论。古典管理理论中的这些以劳动人事管理表现出来的人力资源管理理论,不仅在当时起了重要作用,而且对以后人力管理理论的发展也有着深远的影响。

但是,古典管理理论的劳动人事管理在实践中也暴露出其本质的缺陷,即对职工的忽视。与生产高效化伴生的是人的工具化,以及工人对工作的厌烦、劳资矛盾的激化。

2. 行为科学阶段中的人力资源管理实践及理论

在 19 世纪末 20 世纪初泰罗所处的时代,生产力相对低下,工人远远没有解决温饱问题,"经济人的假设"在当时不无道理。但随着工人觉悟的提高,工人也绝不希望自己成为纯粹的"经济人"。1905 年轰轰烈烈的工会运动就是证明。之后,随着生产力的迅速提高,发达国家的工人逐步解决了温饱问题,"经济人假设"陷入困境,工人的劳动士气低落重新困扰着企业管理者。

1924 年到 1932 年,美国进行了八年的霍桑试验,解决了以上的困扰。在霍桑试验的基础上,美国管理学家梅奥提出了"人群关系论":工人不是经济人,而是社会人,他们除了经济需要之外,还有社会需要、精神需要。影响职工士气的主要原因不是物质条件,而是社会条件,特别是职工上下左右的人际关系。在此基础上,管理学发展到行为科学阶段。

行为科学阶段的主要管理理论是行为科学,人力资源管理理论在行为科学这个学派的理论中表现得最为集中。行为科学理论的前期是人际关系理论。人际关系理论和行为科学理论,实际上是关于人的管理,重视人的因素,强调从人的行为本质中激发出动力的思想发展的两个阶段或称两个分支。

第一,人际关系理论也称为人群关系理论。人际关系管理理论是作为科学管理的对立面而出现的。科学管理理论认为,如果管理人员规定出标准操作方案和刺激办法,进行严格的管理,生产率就可以提高。这种理论不考虑个人行为的差别和人与人之间的关系影响,排除了对人的因素的考虑,强调管理是"以事为中心"的。而人际关系学者则把注意力集中到人的因素方面来,这种人力管理思想的产生,是霍桑实验的结果。梅奥指导的霍桑实验证明要"以人为中心",要在激励人的积极性上下工夫。梅奥在 1932 年出版的《工业文明的人类问题》和《工业文明的社会问题》等书中提出了"人际关系"学说,形成了人际关系学派,为后来"行为科学"的产生与发展奠定了基础。此后,西方关于人的行为的研究成果大量涌现。

第二,行为科学理论。20 世纪 50 年代初人群行为研究基金会在美国建立,并于 1953 年邀请有关大学一些教授举行讨论会,在这次会上首次提出"行为科学"这一名称。与人群关系学派不同,行为科学家为充分开发和利用人力资源,注意力从维护良好的人群关系转到对社会组织人群行为全面的科学分析上来，提出了关于人力资源需要、激励、强化等理论，例如把人的需要划分为五个层次——生存、安全、社交、自尊、自我实现。这就要求在对人的管理中，对于解决了温饱问题的职工，满足其生存需要和安全需要的物质激励工具已经越来越乏力的状况下，要设法满足其社交、自尊、自我实现等高层次的精神需要，满足这些高层次的精神需要成为激励职工、赢得优势的关键手段。新型的管理强调尊重人、培养人、满足人的精神需要，以人为中心进行管理，完全适应职工队伍需要层次的提高。

这样就使人力资源理论的发展进入一个新时期。在这一时期，行为科学强调从心理学、社会学、人类学的角度来研究管理，主要集中在人力资源管理上，其成果有以下四个领域：有关人的需要动机和行为的问题；同企业管理有关的人性问题；企业中的非正式组织以及人与人的关系问题；企业中领导方式的问题。

三、现代人力资源管理实践及理论

20 世纪 60 年代以后，随着生产力和科学的发展，管理环境发生了极大的变化，人力资源管理实践及理论进入到现代时期。

1. 现代管理环境的新特点

这一时期管理环境的新特点具体有以下几方面：

(1) 现代化生产使职工素质构成发生了变化。随着生产自动化程度的提高，白领职工比例越来越高，蓝领职工比例越来越低。即便是蓝领工人，其也逐渐摆脱了笨重的体力劳动，如钢铁工人已不再是昔日挥汗如雨、高温作业的形象，而是坐在计算机前穿白大褂、操作电脑的崭新面貌。脑力劳动在劳动构成中的含量越来越高，这已经是不可逆转的历史潮流。如果说，泰罗的从严治厂、加强监督的外部控制方法，对有形的体力劳动曾经卓有成效的话，那么对待复杂的、无形的脑力劳动，则必须转移到进行"自我控制"的轨道上来，应注重满足职工自我实现需要的内在激励，更充分地尊重职工，鼓励职工的敬业精神，并且在价值观上取得共识，而培育共同价值观正是企业文化建设的核心内容。

(2) 产业结构调整使职工具有服务素质。生产力迅速发展的另一个结果是产业结构调整的加速和第三产业的兴起。目前欧美发达国家的职工中，50% 以上在第三产业工作。第三产业的特点在于其主要产品是服务，服务质量的竞争是第三产业竞争的主要形式。即使在第二产业，工业产品的市场竞争焦点也越来越多地转移到服务上来，因此许多企业家和管理学家认为，服务制胜的时代已经到来。那么，优质服务从何而来？靠泰罗的重奖重罚和严格的外部监督只能治标而不治本。管理学家认为，微笑服务应具备两个条件：一是职工具有良好的服务意识和敬业精神；二是职工在工作时心情愉快，这只能依赖于长期的生产经营活动中形成一种共同价值观，一种心理环境，一种良好的传统和风气，相互感染熏陶，亦即形成一种良好的企业文化才能够实现。

(3) 战略管理和分权管理越来越必要。随着市场竞争的白热化，通信手段的现代化，世界变小了，决策加快了，决策的复杂程度大大地提高了，这使战略管理的地位空前重要。战略管理的基础则是企业家对企业参与市场竞争的哲学思考。同时，为了满足决策快速性、准确性的要求，就必然导致决策权力下放。在这种情况下，各种形式的分权管理应运而生。特别是近二十年来，跨国公司大量涌现，这种分权化的趋势更为明显。泰罗时代以效率著称的直线职能制组织形式，即金字塔组织，由于缺乏灵活性而逐渐失去了活力，代之而起的是事业部制、矩阵式组织等。随着金字塔的倒塌以及柔性组织和分权管理的发展，企业的控制方式也发生了巨大的变化。泰罗的科学管理是依靠金字塔的等级森严的组织和行政命令的方式实施集中统一指挥和控制，权力和责任大多集中在上层。现在，权力下放给各事业部或跨国公司的地方子公司了，空间位置又往往相隔甚远，直接监督已不可能，行政命令已不适宜。那么，靠什么来维持庞大社会组织（或跨国公司）的统一？靠什么形成数万职工的整体感？靠什么把分散在世界各地、不同民族、不同语言、不同文化背景的职工队伍凝聚起来？这只能依靠共同的价值观、组织目标、企业制度、企业传统、仪式等。

2．人力资源管理实践和理论的现代发展

在管理环境新特点的影响下，现代人力资源管理实践和理论有着全新的发展，具体可分为以下几方面：

（1）自 20 世纪 50 年代以来，人力资源管理实践及理论的发展。

第二次世界大战以后在西方国家出现了许多学派的管理理论，其中包含着极多的人力资源管理思想。

以巴纳德为代表的社会系统学派特别强调，在人力资源管理中要把对正式组织的要求同个人的需要联结起来。社会系统学派对这一思想的论证如下：社会的各级组织都是一个协作的系统，即由相互进行协作的各个人组成的系统。系统的效率是指系统成员个人目标的满足程度，协作效率则是个人效率的结果。协作是每个人为了满足各自的"个人目标"而产生，协作系统成员个人目标是否得到满足，直接影响到他们是否积极参加协作系统，以及对协作系统作出贡献的程度。如果协作系统成员的个人目标得不到满足，他们就会认为这个系统是没有效率的，他们就会不支持或退出这个系统。所以，归根到底，一个协作系统的效率的尺度，就是它生存的能力，即它继续为其成员提供使他们的个人需要得以满足的诱导，以便使集体目标得以实现的能力。如果一个系统是无效率的，那么它的效力必定很差。在这里巴纳德把对正式组织的要求同个人的需要联结起来了。

以德鲁克为代表的经验主义学派非常强调对人的管理和人力资源开发。这一学派认为企业经理面临两项别人无法替代的特殊任务：第一，经理在作出每一决策和采取每一行动时，要把当前利益和长远利益协调起来；要树立目标，并将目标分解传达给有关人员；要进行组织工作，对工作进行分类并划分成一些较小的活动，以便进行管理，建立组织机构选拔人员等；要进行激励工作，经理要利用奖金、报酬、提拔等手段来激励人们努力工作，并利用自上而下和自下而上的沟通工作使企业活动协调；要对企业的所有人员的工作进行评价；要使职工得到成长发展。总之，经理的工作就是激励、指挥和组织人们去做他们的工作。第二，企业经理必须营造一个"生产的统一体"，这个统一体的生产力要比它的各个部分的生产力的总和更大。在这个意义上说经理好比一个乐队的指挥。为了营造一个"生产的统一体"，经理要克服企业中所有的弱点，并使各种资源特别是人力资源得到充分的发挥。在这里，对人的管理和人力资源开发被德鲁克强调到非常重要的地位。

系统理论学派则力图用系统理论把管理中人和物的各种因素综合起来，十分重视对人的管理。这一学派用系统理论把泰罗的"科学管理"和"行为科学"以及现代管理的一些学派综合起来，形成的一种新的管理理论。这一学派认为：工商企业是一个由相互联系而共同工作的各个要素所组成的一个系统，以达到一定目标；这些要素之间相互影响和制约，影响企业的发展。系统管理理论在一定程度上克服了以前管理理论的某些片面性，把对人的管理放在科学的地位上。如上所述，古典管理理论大多强调“以事为中心”，强调环境和条件，强调标准操作和技术因素，忽视了人的社会心理因素的作用，而行为科学学派则重视人的社会心理因素，对技术方面的因素有所忽视。系统管理理论则要求把人和物的各种因素综合起来加以考察，以探讨其中相互运动的规律，并对人力管理系统给以充分重视。

（2）自20世纪50年代以来，人力资本理论的兴起。

人力资本是为提高人的能力而投入的一种资本。如前所述，早在18世纪前后，就出现了人力资本思想的萌芽。随着人力资源管理实践和理论的不断发展，人力资本理论应运而生。人力资本理论是人力资源管理实践和理论发展的结果，是人力资源管理理论的高级阶段。

人力资本作为一种理论是20世纪50年代从教育经济学中分化出来，并走向人力资源管理的。美国经济学家沃尔什在《人力资本论》中首先提出人力资本的概念。尔后，一些经济学家还在人力资本的经济价值的量的分析上进行深刻的研究。对“人力资本”研究卓有贡献的是西奥多·舒尔茨。舒尔茨是人力资本理论的代表人物，1960年舒尔茨在美国经济学会年会上发表的题为《人力资本投资》的报告中，对这一理论进行系统阐述，震动了整个西方学术界。舒尔茨于1979年获诺贝尔经济学奖。

舒尔茨人力资本理论的主要内容是：

① 人力资源是一切资源中最主要的资源，人力资本理论是经济学的核心问题。舒尔茨一直强调要把人力资本理论作为经济学的核心问题来研究。

② 在经济增长中，人力资本的作用大于物质资本的作用。舒尔茨认为“空间、能源和耕地并不能决定人类的前途。人类的前途将由人类的才智的进化来决定”。并指出，当代降低人口数量而提高人口质量的趋势表明“质量和数量是可以互相替代的。降低对数量的要求就是赞成少生育和优育儿童。这种要求提高质量的运动有利于解决人口问题”。舒尔茨认为，在现代化生产条件下，当代劳动生产率的提高正是人力资本大幅度增长的结果。战后的日本、德国在一堆废墟上重新迅速崛起并跻身于世界经济强国的主要原因正是在于重视人力资本投资。在发达国家，人力资本以比物质资本以快得多的速度在增长，因而国民收入比物质资源增长的速度快得多，劳动者的实际收入明显增加，这反映了人力资本投资的收益。舒尔茨指出，“没有对人的大量投资，就不能享受现代化农业的硕果，也不能拥有现代化工业的富裕，我们经济中最突出的特征就是人力资本的形成问题”。

③ 人力资本的核心是提高人口质量，教育投资是人力投资的主要部分。舒尔茨认为，人力资本包括人口数量和质量，而提高人口质量更为重要。对于企事业单位来说，人力资本的核心就是提高职工素质问题，而由于教育是提高人力资本最基本的主要手段，所以也可以把人力投资视为教育投资问题。国外许多著名经济学家和教育学家对人力资本理论的研究表明，各个国家的经济发展与其在教育方面的投资成正比。西方经济学界普遍认为影响经济发展的资本、人力和土地三大因素中，资本是由物质资本和人力资本组成。

④ 教育投资应以市场供求关系为依据，以人力价格的浮动为衡量符号。舒尔茨认为，我们正处在一个复杂多变的动态世界，一个国家企图制订一个一劳永逸的人才规划，然后按

计划去办，这是脱离现实的。办法只有一个，“有需求就有供应”，那就是由市场供求调节，对各类学校的教育投资，只能根据市场的需求来调节。教育制度是由一连串的联合方程式组成的，改变一个变量，其余的变量都会改变。故教育是随着经济在不均衡状态中发展，在适应和不适应中发展。舒尔茨在提出上述理论的基础上，还创立了人力资本投资收益的计算方法。

自舒尔茨之后，人力资本理论在自身理论体系不断深入完善的基础上，进一步向更广泛的研究领域扩展，并大大促进了相应领域的研究进展。进入 20 世纪 80 年代，特别是 80 年代后期，人力资本理论研究的势头更加猛烈。以美国著名经济学家卢卡斯 1988 年发表在《货币经济学杂志》第 22 期的题为“关于经济发展机制”的文章为标志，人们的研究视野进一步拓宽，开始注意研究发展中国家的经济发展，强调人力资本存量和人力资本投资在从不发达经济向发达经济转变过程中的重要作用，进一步强调人力资本和人力资本投资在经济增长和发展中的重要作用。

综上，在这一阶段人力资源管理有几个明显的变化：第一，员工不仅仅是生产成本，还是投资、开发对象，是一种资源。第二，如舒尔茨所说，人力资源是效益最高的投资领域。第三，教育和培训是人力资源开发的主要手段，也成为人力资源部门的重要职能。第四，人力资源开发与管理，不仅仅是人力资源管理部门的事，更是直线部门经理的事。第五，随着企业文化的兴起，人已经成为管理的核心，人力资源开发与管理的重要性日益增强。

知识链接

美日 HR 管理模式比较

国外最典型的人力资源管理模式主要有日本和美国的人力资源管理模式，它们有不同的社会文化背景、不同的经济发展阶段和道路、不同的人力资源管理理念和方法。

一、日本企业的人力资源管理模式

日本企业的人力资源管理模式是在第二次世界大战以后日本经济恢复和高速发展时期形成的。日本企业在人力资源管理中特别注重劳资双方的合作关系，这种独到的人力资源管理制度为日本的经济腾飞作出了突出的贡献。日本企业人力资源管理模式的基本特点是：

(1) 终生雇佣基础上合作性劳资关系。日本企业普遍实行终生雇佣制。从企业一方来看，在对员工进行大量的培训以后，就不愿意员工离开企业。员工在企业终身就业，其利益就和企业完全捆在一起了。同时，员工对企业经营情况十分熟悉和对企业的依赖，使员工更加愿意也更加容易同企业合作，这样就形成了日本企业中合作性的劳资关系。

(2) 重视员工素质和对员工的培训。日本企业聘用员工时，不但看重个人的具体技能，更强调基本素质。其基本思路是，高素质的员工可以通过企业自己的培训胜任所有的工作，因此在培训新员工上要花更大的工夫。

(3) 重视员工的内部调节和提拔。日本企业里有新的工作需要时，会尽量通过重新培训已有的员工，通过内部调节来满足其需要。

二、美国企业的人力资源管理模式

美国企业人力资源管理模式有着深刻的历史背景：第一，美国在长期市场经济的发展中具备了现代企业生存必需的技术和市场条件，如健全的人力市场体系。第二，美国企业内部管理具有规范化、制度化的特点。第三，美国社会文化的核心是以个人利益为主。在如此背景下的美国企业人力资源管理模式的基本特点是：

(1) 松散的劳资关系。这种松散性表现在以下两个方面；第一，管理者认为管理是自己的事，至于工人的劳动贡献，已通过工资形式加以补偿，工人不应该再有别的要求，不应该参加管理，也无权过问企业的经营情况。第二，工人觉得自己不参加管理，不了解企业的经营情况，对自己的命运无法控制。由于这些原因，工人对企业完全没有信任，认为只有依靠工会组织，通过斗争才能保障自己的权利。只有通过罢工或用罢工作为威胁，才能迫使企业让步，给自己增加工资和提供就业保障。

(2) 利用发达的劳动力市场，调节企业人力资源的管理。美国的劳动力市场非常发达，企业中的人力资源管理对市场的依赖性很强。对劳动者来说，从在学校起就注意劳动力市场的动向，使所学知识、专业既符合自己的兴趣与特长，又与劳动力市场的需要和将来的就业机会结合起来。就业后，若员工的兴趣和特长有了变化，或有了更理想的就业机会，也会毫不犹豫地另谋高就。所以，企业员工的流动性就大，员工队伍的稳定性就相对较差。

(3) 人力资源管理制度化，员工提升注重绩效。制度化体现在人力资源管理上表现为分工明确，责任清楚，对常规问题处理的程序和政策都有明文规定。专业化和制度化加上注重市场调节的管理制度，使美国企业在招聘和提拔员工时都有较大的回旋余地。企业的高层领导，既可以从企业内部提拔，也可以从别的企业中高薪买来。新员工只要能作出成绩，就可能很快得到提拔，无须论资排辈。

三、美日人力资源管理具体方法比较

从美日两国不同的人力资源管理模式的比较中可以看出，两国企业在人力资源的管理背景、使用制度、根本倾向、思想观念上有着明显的区别。具体到人力资源管理具体方法，两国的做法也是不同的。

(1) 员工招聘。美国企业的招聘是从多方面着手，包括广告、学校招聘、员工介绍、自荐、职业介绍中心等，但其特点是皆以个人为招聘对象。在日本企业中，招聘差不多完全是通过学校途径，而且是每年一度的大规模招聘。此外，不同规模的企业会到不同等级的学校招聘。因此，企业和学校建立了长期的合作关系，而企业也以学校为初步挑选员工的地方。

(2) 员工甄选。美国企业甄选员工的方法较为简单，通常是面试和简单的笔试，管理人员的甄选过程则较为详尽。日本企业因为所有正式员工都会在企业长期工作，因此甄选工作十分严谨，通常要花较长时间，并且甄选标准不仅在技能方面，更重视员工的性格和人格方面。

(3) 员工晋升。美国企业员工的升迁以能力和绩效为主要标准，不论是企业内和企业外的员工，一视同仁。日本企业高级管理人员差不多全部是内部提升，管理人员必须熟识企业文化和内部人事关系，并得到其他员工的认同和尊敬。日本员工的升迁一般是按时间提升，在时间未到之前，破格提升的例子是绝无仅有的。

(4) 员工培训。美国企业员工培训的内容以技术和管理方法为主，而通常的训练方法是在课堂上,少有在职训练,且训练模式是以专才训练为主。日本企业方面,受训内容不单是注意技术和管理方面,更重要的是思想方面,包括员工对企业的历史、文化、价值观的学习等。训练方法则以在职训练为主,训练重点是通才训练。

(5) 绩效考评。美国企业的绩效考评通常是以个人为评核对象,虽然评核方法很多,但目标是务求客观和科学化,并且绩效考评是定期进行的,一般以一年一度最为普遍。日本企业通常对员工的绩效考评是从日常观察中得到的,比较主观,并无固定时间。此外,绩效考评内容不单是绩效,更涉及员工的合作精神和与其他员工的交往等。

(6) 薪酬制度。美国薪酬制度的特点是以绩效为主要参考因素,而且低级员工与企业总裁薪酬的差距极大。日本企业薪酬制度的设计参考因素较多,包括工龄、员工的生活需要等,日本企业员工在薪酬差距上较小。

(7) 员工福利。美国企业的员工福利较多,包括高额的医疗、人寿保险及退休金等福利。有些企业还替员工提供健身设备和咨商服务。日本企业的福利比美国企业的福利更为全面,包括员工住宿、餐厅、医保、康乐设施、子女津贴、奖金、贷款等。

四、美日人力资源管理模式上的变化

美国人力资源管理模式在技术变化急剧的行业中是具有竞争力的。然而,这种管理方式也带来负面影响,即短期行为现象尤为严重。许多年轻人工作不到一年就更换了五六次工作,这打乱了公司的长期培训计划,影响了企业发展战略的实施,而且随着收入差距的不断加大,普通员工的流失率也在节节攀升,企业的经营效率必然会受到影响。为了克服管理中的不利因素,美国一些著名的管理学家和实践工作者纷纷加入到对日本企业成功原因和日本企业管理模式的研究中,推动了美国企业对日本企业人事制度的学习。他们认真研究了日本就业制度、劳资关系管理的手段和方法,也开始重视对人才的长期培养。20世纪80年代以后,美国的大公司普遍将人力资源管理放在公司发展战略的高度来考虑。

日本企业长期稳定的就业政策,员工的培训以及政策的制定都有一个长期的计划,这有利于提高工人的素质、技术水平以及知识的积累。劳资关系的全面合作也增强了员工的安全感和归属感,提高了员工对企业的忠诚度。但是,日本企业的就业政策同时也给企业带来沉重的包袱,它使得许多日本公司机构臃肿,人浮于事,效率低下,优秀人才很难脱颖而出。亚洲金融风暴后,企业营销利润的压力迫使日本企业对其以终身雇佣制为基础的人力资源管理模式进行反思。在知识经济时代,企业所需人才比以往更为多样化,在这种情况下市场配置资源的作用更加突出,而这恰恰是日本企业最薄弱的环节。从目前情况来看,许多日本企业也已经取消了终生雇佣制,年功序列制也逐渐被打破。原有的“按部就班、内部提拔”的规则也发生了重大变化。

资料来源:赵应文.人力资源管理学.武汉出版社,2003年版.

第四节　人力资源管理学

一、人力资源管理学的界定

概念*要点

人力资源管理学是研究人力资源产生、发展、管理变化规律及其人力资源具体管理原则、策略和方法的学科。

一门学科的形成和发展，总是以一定的实践基础和相关的理论条件为前提的。人力资源管理学的产生和发展受到了两方面的驱动：一是随着人力资源管理实践的不断发展，人们对于人力资源管理的基本规律和具体方法作出了总结和概况；二是在管理实践基础上产生的管理学、经济学、社会学、管理心理学、组织行为学等理论，为人力资源管理学的产生提供了理论上的支持和借鉴。这些前提条件的成熟催生了人力资源管理学这门新兴的理论，使得管理学科内又增加了一个分支。

作为一种新兴的管理理论，人力资源管理学是从一般管理学中分化和发展起来的。它和管理学有着不可分割的联系，但它又有明确的针对性和更加明显的应用性，它的研究重点是人力资源，是围绕着人力资源来涉及其他管理问题的。

与传统的人事管理理论相比较，人力资源管理学最突出的特点在于，它不仅研究如何根据组织目标来使用人，更重要的研究如何把组织的整体目标与组织成员的个人目标结合起来，在实现组织整体和组织成员共同发展的基础上选好人、育好人、用好人、留住人、发展人。

为了达到这一高度，人力资源管理学强调两个管理观念的变化：

第一，从单方面要求员工为社会组织服务的观念，转变到要求组织与员工互相支持和互相促进的观念上；从单方面追求组织利益最大化，转变到追求组织利益最大化的同时也使员工个人利益最大化的观念上。因此，在进行人力资源管理时，必须考虑到员工的人性需要和个性发展。也就是说，一方面，社会组织要通过员工实现经营效益，实现组织目标发展；另一方面，组织又必须为员工提供发展条件，使员工能够在组织中提高自己的价值，使组织目标与个人目标一致，达到共同发展，这是现代企业人力资源管理的核心任务之一。

第二，从传统的人事管理强调“管”、注重约束与控制、而不重视人力资源本身的开发和增值的观念，转变到把人看做是资源，而且是最有创造力和最有价值的资源、是可以带来丰厚回报的具有投资意义特殊资源的观念上。这样在实际管理中，就能把员工培训、激励等当成重要的投资方式，力图通过提高员工素质使社会组织资产增值，通过人力投资增加组织的长期效益。

二、人力资源管理学的基本特征

人力资源管理学作为一个学科，具有几个明显的特征：

1. 综合性

人力资源管理学涉及经济学、社会学、人类学、心理学、人才学、管理学等多种学科,是一门综合科学。

2. 实践性

人力资源管理学的理论,来源于人力资源管理实践经验,是对这些经验的概括和总结,并反过来指导实践,接受实践的检验。人力资源管理成为一门科学,仅仅是最近几十年的事情,它是现代社会化大生产高度发达、市场竞争全球化和白热化的产物,其主要理论诞生于发达国家。目前中国的人力资源开发与管理应该从中国实际出发,借鉴发达国家人力资源开发与管理的研究成果,解决中国人力资源开发与管理中的实际问题。

3. 发展性

人力资源管理学的发展源泉有实践和理论两方面。从其历史发展来看,人力资源管理学经过了古代的人事管理思想、科学管理思想、现代管理理论和人力资本理论等不同的阶段,它还将随着人力资源管理实践的不断丰富而发展。

4. 社会性

人是生活在一定的社会环境中的,人的行为深受一定历史阶段、地域环境、社会制度、政治经济、民族文化、思想观念的影响,因此人力资源管理实践和研究带有鲜明的社会历史性。例如美国人力资源的生成是建立在"契约人"和"按契约办事"基础上,因此在人力资源管理上实行自由雇佣制,这是一种个人之间高度竞争的"压力型"劳动制度。而日本则不同,其人力资源的生成是建立在"家族人"和"忠于企业大家庭"基础上的,这样,在人力资源管理上,日本实行的是终身雇佣制,这是一种个人之间密切合作的"吸力型"劳动制度。因此,可以说人力资源管理学具有较强的社会性。

三、人力资源管理学研究内容

人力资源管理学是研究人力资源产生、发展、管理变化规律及其具体管理原则、策略和方法的学科。其研究对象是人力资源,研究范围包括人力资源产生和发展的规律、人力资源管理的基本规律和原则、策略和方法,研究层次包括国家或地区的人力资源、城市或农村的人力资源、各种社会组织的人力资源。

人力资源管理学研究内容主要包括四个方面:选人、育人、用人、留人。

1. 如何选人

选人是人力资源管理的第一步。好的开始是成功的一半,这一点在人力资源管理中体现的尤为明显。如果选人选得好,那么育人就较容易,用人也得心应手,留人也方便。

要选好人,人力资源管理学就要研究许多问题,诸如:第一,选人者的素质问题。只有选人者本身具有较高的素质和相应的专业知识,抱着正确的态度,才能做好这一工作。如果选人者不知何为人才,他就无法为社会组织招聘、甄选人才;如果选人者缺乏相应的专业知识,也无法去鉴别人才。如果选人者态度不端正,就可能造成"武大郎开店——高的一概不要"的现象。第二,选人范围问题。一般的说,被选者多多益善。一般情况下,被选者越多,越容易选出合适的人才。但如果由于渠道不畅等原因,被选者人数少,往往很难如愿以偿。这就要考虑确定选人范围、扩大选人范围等。第三,选人机制、程序、方法、策略等问题。只有选人机制、程序、方法、策略科学合理,才能保证被选者的素质、层次、结构适当。

2. 如何育人

育人,即培育人才,包括人力资源开发和发展,是人力资源管理的主要工作之一。

社会组织的发展主要靠人推动,而育人就是加强推动力。

要育好人,人力资源管理学就要研究这些问题:第一,如何因材施教。每个人的素质、经历不同,缺乏的能力和知识也不同,应该针对每个人的特点安排适当的培训计划。有的人需要短期培训,有的人需要长期培训;有的人需要兼职培训,有的人需要脱产培训。第二,如何针对工作需要对员工进行实用性的培训。用人单位育人与学校育人有本质的不同,用人单位育人重点是实用性,有时不一定要系统地介绍许多理论知识,但一定要与实践紧密地联系起来,使员工能学以致用。第三,如何使育人和用人、激励人的管理工作配合好。这就要避免育人不当。育人不当的含义十分广泛,例如要避免有些能力较强、水平较高、工作较忙的员工没机会参加培训计划而让一些无所事事的闲人充塞培训班,这样会打击干事的人,而使人力资源管理的育人工作失去意义。

3. 如何用人

用人是人力资源管理的最主要目标,只有人用得好,社会组织的工作才会有成效,也才真正体现了人力资源管理的作用。

要用好人,人力资源管理学就要研究这些问题:第一,如何量才使用。大材小用和小材大用对用人单位均不利,前者造成浪费,后者造成损失。第二,在工作中如何使员工持续地保持工作积极性。任何枯燥、呆板的工作都会使员工感到乏味,应该充分考虑到员工的身心要求,重新设计工作,使工作尽可能丰富化。第三,如何在用人方面使用激励机制、方法。例如,怎样贯彻多劳多得、优质优价的分配原则;怎样针对管理中出现的新问题通过人力资源管理中的调整和改革来解决等。

4. 如何留人

人才留不住是社会组织及人力资源管理部门的失职。人才留不住不仅仅是本组织的巨大损失,而且会使竞争对手更强大,长期留不住人才的组织往往会倒闭。

要留住人,人力资源管理学要研究这些问题:第一,怎样待遇留人。这就要研究员工的薪酬福利。在当今社会中,薪酬高低不仅仅衡量一个人的劳动代价,往往也显示了一个人事业的成功与否。一般来说,员工工作的第一目标是获得薪酬。在同行业中,薪酬较低的单位的人才流向薪酬较高的组织是一种趋势,这种趋势在短时期内不会改变。福利也会起到这种作用,福利待遇较好的组织往往可以更好地吸引人才。第二,如何情感留人。这就要研究如何让组织更具有吸引力和凝聚力。例如,创造良好的组织心理环境。如果一个人在某组织中得到重用,人际关系较和谐,心情较舒畅,这时虽然工资较低,或者工作条件较差,他也会乐意为该组织作出贡献。这是由于人除了低层次的需求外,还有高层次的需求。现实中许多跳槽者往往埋怨原来组织的心理环境不好。因此,要留住人才,管理者一定要十分重视建设或重建心理环境。第三,如何事业留人。这就要研究怎样让员工特别是优秀员工热爱事业,热爱本职工作,没有后顾之忧。当人的低层次需要得到满足后,人们会有实现自我价值的需要,要达到这一目标必须借助于一定的适合自身知识、能力的组织和工作岗位。同时，人都有自己的职业生涯，如何使员工的职业生涯和组织的事业结合起来持续发展，这些都是人力资源管理者事业留人应做的工作。

四、人力资源管理学的结构

在相关学科的启发和推动下、适应各种社会组织管理实践需要而产生的人力资源管理学的内容极其丰富，结构和层次也极其复杂。一般说来，可以把人力资源管理学的结构分为以下五部分：

1. 人力资源的管理政策

人力资源的管理政策涉及国家和地区的各种法规、方针、政策，企业的经营方式、组织结构，企业文化和企业价值观，企业战略规划、企业人力资源管理的基本政策，企业人力资源管理的整体方案。

2. 人力规划与人事配置

人力规划与人事配置包括：第一，通过收集和利用有关信息，对人力资源管理活动进行决策和计划，包括分析人员需求，判断人力供给，对企业人力资源供求关系进行协调。第二，工作或职务分析，即分析和规范职务工作的职责及对员工的要求。第三，雇员招聘与甄选，即根据职务特点，确定需要什么样的人以及如何招聘，通过恰当的途径挑选出所需要的人选，实现人与事之间的合理配置。

3. 人力资源素质的提高

人力资源素质的提高主要靠人力资源培训与开发来实现，其内容包括：第一，员工的在岗培训与在职培训，即对员工提供必要的知识和技能指导。第二，管理人员开发，即帮助管理者不断提高管理技能，掌握更有效的组织管理技术。第三，帮助员工制定职业计划，确保员工充分发挥才能，取得与他们的能力相称的成绩，并采用一系列方法促进员工职业发展，如工作阶梯和内部晋升等。第四，员工培训的内容及选择。

4. 二作考评与薪资报酬

工作考评与薪资报酬包括以下内容：第一，绩效评价。运用恰当的方法和技术区分出员工各项工作的优劣高低。第二，薪资分配。对员工的绩效情况进行评价后，根据有关法规和企业的实际，制定薪资制度并编制与绩效相联系的薪资福利计划。这是人力资源投资的主要领域，也是人力资源管理最敏感的领域。

5. 员工职业保障

员工职业保障的内容包括：第一，各种劳动关系中问题的处理，如惩处、解雇等方面的问题。第二，企业工作中和员工利益相关问题的处理，如安全、保险、医疗等方面的问题。一般的说，对这些问题要慎重处理、公平对待，努力使工作结果适合员工的需求和特点，维护他们的身心健康。

五、如何学习人力资源管理学

1. 为什么要学习人力资源管理学

在当今知识与技术迅速发展的时代，企业面临着巨大的市场竞争压力，稍有不慎，就有可能产生重大失误，甚至有可能面临灭顶之灾。人力资源在企业中至关重要，因为企业的竞争实际上是人才的竞争，人力资源管理已经上升到战略的高度。而且，随着企业人力资源管理的复杂化，新的问题层出不穷，企业管理者处理人力资源管理问题时的难度大大增加。因此，必须对人力资源管理工作有全面深刻的理解，抓住人事问题的精髓，才能做好企业中人的工作。人力资源管理学是近百年来对有关人及其工作的研究的结晶，是多年人力资源管理实践的产物，对人事管理工作具有很强的指导意义。

在实际工作中，人力资源管理是全体管理者共同肩负的职责，不管是高层决策者，还是直线主管，或是人力资源部门，都需要认真学习人力资源管理知识。其中，人力资源部门的工作者作为专业人员，除了学习人力资源管理的一般原则和规律外，还要掌握具体的方法和技术，才能成为一名名副其实的人力资源管理专家。此外从一般管理者的个人职业发展远景来看，扎实地掌握用人办事的理论知识，提高人力资源开发管理技能，必然会促进其作为职业经理的发展。

2. 学习的方法

与其他学科相比，人力资源管理学以人作为研究对象，而且又直接涉及在工作中选人、用人等问题，涉及人的分配和收入问题，因此人力资源管理学的现实性和实践性更强。同时，在现实工作中的各种企业和人员在各方面的变化是极快极大的，因此，人力资源管理的学习又具有灵活性和变通性。

为此，学习人力资源管理这门学科，通常使用两大类方法。第一，系统、全面地掌握理论知识，这可以采取多种多样形式学习人力资源管理学理论及相关的理论知识。第二，积极参加人力资源管理的实践，以便更深刻地体会和认识人力资源管理中的活动规律、基本原则、操作策略和方法。如果不能马上进入现实的人力资源管理实践中，可以采用模拟的方法，如案例分析、角色扮演、商业游戏等方法来加强学习环境的真实性，使学习者有身临其境的感觉，进而取得良好的效果。

核心概念

人力资源 Human resource
人力资本 Human capital
人力资源管理 Human resource management
人力资源管理体系 Human resource management system
人力资源管理学 Human resource management
弗雷德利克·温斯洛·泰勒 Frederick Winslow Taylor
霍桑试验 Hawthorne test
西奥多·W.舒尔茨 Theodore W. Schultz
人力资本理论 Human capital theory

思考题

1. 如何理解人力资源的含义？
2. 如何理解人力资源的特点？

3. 如何理解人力资本和人力资源的区别？
4. 如何理解人力资源管理的含义及职能？
5. 如何理解人力资源管理体系？
6. 简答泰罗的人力资源管理理论。
7. 简答舒尔茨人力资本理论的主要内容。
8. 如何理解人力资源管理学的研究内容？

案例研究　深圳华为集团的人力资源管理

"认真负责和管理有效的员工是华为最大的财富。尊重知识、尊重个性、集体奋斗和不迁就有功的员工，是我们的事业可持续成长的内在要求。"这是深圳华为企业七大核心价值观中的第二条。华为的核心价值观出自《华为企业基本法》。华为人认为，一个企业长治久安的关键，是它的核心价值观被接班人确认，接班人又具有自我批判的能力。

机会、人才、技术和产品是企业成长的主要牵引力，这四种力量之间存在着相互作用。机会牵引人才，人才牵引技术，技术牵引产品，产品牵引更多更大的机会。员工在企业成长圈中处于重要的位置。因此要重视对人的研究、让他在集体奋斗的大环境中充分释放潜能，更有力、有序地推动企业前进。

华为坚持人力资本的增值大于财务资本的增值。尊重知识、尊重人才，但不迁就人才。不管你有多大功劳，决不会在企业文化中有所迁就。华为注重人的素质、潜能、品格、学历和经验，并按照双向选择的原则，在人才使用、培养与发展上，提供客观且对等的承诺。

华为在报酬与待遇上，坚定不移向优秀员工倾斜。

工资分配实行基于能力主义的职能工资制；奖金的分配与部门和个人的绩效改进挂钩；安全退休金等福利分配，依据工作态度的考评结果；医疗保险按贡献大小，对高级管理和资深专业人员与一般员工实行差别待遇，高级管理和资深专业人员除享受医疗保险外，还享受医疗保健等健康待遇。

华为不搞终身雇佣制，但这不等于不能终身在华为工作。华为主张自由雇佣制，但不脱离中国的实际。

企业在经济不景气时期，或事业成长暂受挫折阶段，或根据事业发展需要，启用自动降薪制度，避免过度裁员与人才流失，确保企业渡过难关。其真实目的在于不断地向员工太平意识宣战。

华为对中高级主管实行职务轮换政策。没有周边工作经验的人，不能担任部门主管。没有基层工作经验的人，不能担任科以上干部。华为对基层主管、专业人员和操作人员实行岗位相对固定的政策，提倡爱一行、干一行，干一行、专一行。爱一行的基础是要通得过录用考试，已上岗的员工继续爱一行的条件是要经受岗位考核的筛选。

每个员工通过努力工作，以及在工作个增长的才干，都可能获得职务或资格的晋升，与此相对应，保留职务上的公正竞争机制，坚决推行能上能下的干部制度。

企业遵循人才成长规律，依据客观公正的考评结果，建立对流程负责的责任体系，让最有责任心的明白人担负重要的责任。华为不拘泥于资历与级别,按企业组织目标与事业机会的要求,依据制度性甄别程序,对有突出才干和突出贡献者实行破格晋升。但华为同样提倡循序渐进。

资料来源:http://wenku.baidu.com/view/fab6b804eff9aef8941e0686.html。

案例分析思考题:

深圳华为集团的人力资源管理有哪些启示?

第2章

规划——人力资源管理起点

人无远虑，必有近忧。

——孔子

预期目标

通过本章的学习，可以掌握以下知识与技能：

- 人力资源规划的含义、作用、原则
- 人力资源规划的类型、工作程序、步骤
- 人力资源供需平衡的调整的方法
- 人力资源预测的方式、方法

规划使人事安排占有先机

某公司近年来经常为人员空缺所困扰，特别是经理层次人员的空缺常使得公司陷入被动的局面。为此，该公司进行了公司人力资源规划。公司首先由四名人事部的管理人员负责收集和分析目前公司对生产部、市场与销售部、财务部、人事部四个职能部门的管理人员和专业人员的需求情况以及劳动力市场的供给情况，并估计在预测年度，各职能部门内部可能出现的关键职位空缺数量。

由于四个职能部门制定和实施行动方案的过程（如决定技术培训方案、实行工作轮换等）比较复杂，给人事部门进行人力资源规划也增添了难度。四名人事管理人员克服种种困难，对经理层的管理人员的职位空缺作出了较准确的预测，制定详细的人力资源规划，使得该层次上人员空缺减少了50%，跨地区的人员调动也大大减少。另外，从内部选选拔工作任职者人选的时间也减少了50%，并且保证了人选的质量，合格人员的漏选率大大降低,使人员配备过程得到了改进。人力资源规划还使得公司的招聘、培训、员工职业生涯计划与发展等各项业务得到改进,节约了人力成本。

资料来源:赵应文.人力资源管理学.武汉出版社,2003年.

人力资源规划是人力资源管理的起点,只有进行恰当、合理的人力资源规划,才能使人力资源管理做到有的放矢。

自从现代工业组织产生以来,人力资源规划就成为一种管理活动,但是早期人力资源规划在形式和运作上都比较狭窄。20世纪初,人力资源规划的关注点主要集中在如何提高工人的生产效率上。二战及其以后相当长的一段时间内,管理者更迫切地关注如何获得高水平的管理人员,同时由于新技术的发展和人们对工作行为的关注,人力资源规划工作的复杂性也随之提高。20世纪60年代,随着科技的高速发展以及社会组织的快速成长,人力资源规划的重点放在了人才的供求平衡,尤其是管理人员和专业技术人员的供求平衡上。进入80年代,人力资源规划强调管理接班计划、人员精简计划、组织再造与兼并、收购等方面的计划。制定人力资源规划的方法更加注重实效,并将人力资源规划与社会组织战略结合起来使用。

面对市场的风云变幻,任何一个人力资源部门都需要有一个长远的目光,不仅要处理日常人事问题,而且要进行长远的人力资源规划。

第一节　什么是人力资源规划

人力资源规划(Human Resource P1anning,简称 HRP),又称为人力规划,是组织规划的重要组成部分,实质上是关于人力资源的计划。

一、人力资源规划的含义

在市场经济竞争日益加剧、科学技术迅速发展的今天,任何一个社会组织都要为自身的生存和发展制定事关企业全局利益、长远利益和根本利益的经营目标及取胜方针,即社会组织发展战略。为了实现社会组织发展战略,还必须将组织经营战略转化成对人力资源的相应需求和系统安排。因为如果没有切实可行的人力资源设想和规划,脱离了人的主动参与和贯彻,其他一切战略诸如市场战略、竞争战略等都将成为一纸空文,无法成为真正的行动。因此,人力资源规划是社会组织战略中具有决定性作用的组成部分,它的正确与否,直接关系着社会组织战略的成功和失败。

概念*要点

人力资源规划是为实现社会组织的经营目标,根据组织的发展需要和内外条件,运用科学的方法,对人力资源需求和供给状况进行分析和估计,在职务编制、人员配置、教育培训、薪资分配、职业发展等方面所编制的人力资源管理的职能性计划。

人力资源规划是在组织发展方向和经营管理目标既定的前提下,为实现这一目标而进行的人力资源计划管理,它确定社会组织需要什么样的人力资源来实现组织目标,并采取相应措施来满足这方面的需求。也就是说,人力资源计划管理的任务,是确保社会组织在适当的时间获得适当的人员(包括数量、质量、层次和结构等),实现人力资源的最佳配置,使组织和员工双方的需要都能得到满足。

人力资源规划就是要将社会组织目标和策略转化为人力的需求,并通过人力资源管理体系和工作,在量与质、长期与短期方面达到的人力供需平衡。这一目的的实现路线是:首先,通过建立稳定有效的内在劳动力系统,使组织内部人力供给和运作维持相对的稳定,同时也可以建立内在劳动力系统和外在劳动市场的有效联系,有机地调节内部劳动力系统。其次,使组织内部成员个人技术面充分发挥,以求人尽其才。再者,协调和指导其他不同人力资源管理功能的实现。人力资源规划提供了整个人事管理发展的方向,也提供了评估整个人事管理作业的依据。要搞好人力资源规划,就需要注意几个要点:

(1) 要以社会组织总目标和总策略为中心。社会组织总目标是一个企业活动的基准,不管干什么事情,都必须以这个目标为出发点,发展出一套目标体系和经营策略,并加以系统化。这种行为不但加强了目标和手段的关联性,也反映组织管理理念和组织结构的配合。人力资源规划的制定也是如此。

(2) 要了解内部劳动力系统和外部劳动力市场的状况。外部劳动力市场是指整个社会劳动力供需的情况,内部劳动力系统是指社会组织内部人力的搭配和结构。这两个系统的运作规范不尽相同,前者强调自然的平衡和劳动力的同质性,后者着重制度、习惯及个人差异。但是两者关系极其密切,社会组织的人力需求依赖外在劳动市场,其内部作业也势必受到外部劳动市场的影响。因此只有对内部劳动力系统及外部劳动市场的全面而深入地了解,掌握两者之间的关系,维持一定交流渠道,才能有效地规划人力。

(3) 要取得高层主管的参与支持。高层主管的参与支持是人力资源规划作业成功的重要条件,高层主管的理念和心态以及社会组织的文化,直接影响下属的业务处理方法。随着管理阶层的上升,一般管理功能就越来越重要,规划是管理功能中的一环,因此高层主管的支持和参与是重要的,也是必要的。

(4) 要注意整个人力资源管理体系的搭配。人力资源规划是整个人力作业的第一步,其成效如何体现在整个人力资源管理运作的管理全过程中,也需要整个人力资源管理工作各个方面各个环节及功能的配合。因此,要想有良好的规划,必须要做好一些重要的先决工作,如建立人力资料库、了解组织结构、工作规划、升迁轨道、薪资水准的状况等,这都有助于人力资源规划的操作。

二、人力资源规划的作用

社会组织的生存和发展离不开规划。社会组织规划的目的,是使组织的各种资源优化配置,实现社会组织的高效运营。在知识经济条件下,人力资源是社会组织第一位的、最活跃的要素资源,社会组织人力资源规划在组织规划中起着关键的作用。

对于社会组织各项具体的人力资源管理活动而言,人力资源规划占有先导和全局的地位,它不断地自觉调整人力资源政策和措施,从而指导人力资源管理活动的有效进行。具体地说，人力资源规划的作用主要体现在以下几点：

（一）为社会组织经营发展对人力资源的动态需求提供保证

不同的社会组织有不同的生产技术条件，对人力资源数量、质量和结构等方面的要求是不同的。随着科学技术更新更快地发展，生产结构发生着重大的变化，为了适应这种变化，就需要社会组织对其所拥有的人力资源不断进行调整，以保证新技术条件下工作对人的需要以及人对工作的适应。在组织发展过程中，如果不能事先安排好各个阶段所需要的人员，则不可避免地会出现人员不适应需要的现象，从而影响企业经营。如果说一般员工可以随时通过劳动力市场获得，或进行简单培训即可上岗的话，那么对组织经营起决定性作用的技术人员和管理人员一旦出现短缺，则无法立即解决。不仅如此，在知识经济条件下，高技术企业往往处于不稳定的组织状态，人员需求的质量、数量和结构经常有较大的波动，这使组织的员工需求与供给难以均衡。因此，人力资源管理部门必须注意分析组织人力资源需求和供给之间的差距，制定好人力资源规划，不断地满足企业对人力资源的动态化、多样化的需要。

（二）为社会组织人力资源活动提供有序及前瞻性的管理

在日常的人力资源管理活动中，无论是确定人员的需求与供给，还是对职务和人员进行配置，不进行人力资源规划是很难实现的。同时，组织的人力资源管理政策如晋升政策、培训政策、分配政策等的确定、调整和改革，也都必须以对人力资源的规划为基础和前提。例如，组织什么时候需要补充人员、补充什么层次的人员才能满足生产经营的需要？再如，如何针对市场的变化组织培训员工培训，什么样的培训内容、方式才是最有效的？另外，如何避免工作人员提升机会的不均等而使人才流失，对需要留住的人才应在何时以何种方式激励等，都需要人力资源规划的指导。只有在科学合理的人力资源规划地引导下，企业的职务管理、人员管理、培训管理、晋升和分配管理才能根据内外资源状况的变化有序及前瞻地进行。

（三）为社会组织更好地控制人员结构、降低人工成本提供依据

人力资源规划可以通过控制人员结构的办法，使组织的人工成本得到控制。例如，组织的工资总额在很大程度上取决于组织中的人员分布状况，即员工在不同职务和不同级别上的数量。当一个组织刚成立时，低工资的人较多，人工成本相对较少。随着组织成长，时间推移，员工年龄增长，职务增高，工资成本将上升。再加上物价因素，人工成本就可能超过企业的负担能力。通过人力资源规划，预测和控制组织人员的变化，逐步调整组织的人员结构，使人员结构尽可能合理化，可以把社会组织人工成本控制在合理的水平上。

除此之外，人力资源规划在使个人行为与组织目标相吻合、建立人力资源信息系统、协调不同的人事管理工作等方面，也有着不可忽视的积极作用。

三、人力资源规划的原则

人力资源规划是社会组织为了实现包括个人利益在内的经营目标或经济规划，以整体的超前和量化的角度对人力资源供求进行预测，并制定相宜的人事政策和措施，从而使得人员需求量和人员拥有量在组织未来发展过程中相互平衡的过程。在这一过程中，制定组织人力资源规划应坚持以下原则：

（一）目标性

人力资源规划的目标性是指人力资源规划应从社会组织的发展目标与任务出发，力求组织人力资源的质量、数量和结构符合其特定的生产资料和生产技术条件的要求，实现人力资源和工作岗位的最佳匹配，确保组织的人力资源需要。社会组织的人力资源保证问题是人力资源规划中应解决的核心问题，包括人员的流入预测、流出预测、人员的内部流动预测、社会人力资源需求和供给状况分析、人员流动的损益分析等。只有有效地保证了对企业的人力资源供给，才可能去进行更深层次的人力资源开发与管理。

（二）协调性

人力资源规划的协调性是指人力资源规划在实现社会组织目标和发展的同时，也要满足个人的目标和发展，争取做到组织目标与个人目标的相互协调和共同实现，使组织和员工都得到长期的利益。人力资源规划不仅是面向社会组织的规划，也是面向员工的规划。组织的发展和员工的发展是互相依托、互相促进的关系。如果只考虑企业的发展需要而忽视了员工的发展，则会有损社会组织发展目标的达成。优秀的人力资源规划一定是能够使组织和员工得到长期利益的规划，一定是能够使组织和员工共同发展的规划。

（三）阶段性

人力资源规划的阶段性是指人力资源规划要保证人力资源与未来社会组织发展各阶段相适应，为未来的组织生产经营活动准备人力。要做到这一点，就要充分考虑组织内外部环境的变化。人力资源规划只有充分地考虑了内外部环境的变化，才能适应未来组织发展需要，真正做到为组织目标服务。内部变化主要是指销售的变化、开发的变化，或者组织发展战略的变化，还有员工流动的变化等。外部变化指社会消费市场的变化、政府有关人力资源政策的变化、人才市场的供需矛盾的变化等。为了更好地适应这些变化，人力资源规划应该对可能出现的情况做出预测和风险分析，最好能有对付风险的应急策略。

（四）具体性

人力资源规划的具体性是指人力资源规划要包括为实现社会组织及个人的目标而制定的具体政策和措施。人力资源规划作为一项重大战略决策，是制定各项具体人事政策和措施的基础，应该包括实施规划的具体操作内容。人力资源规划可为制定人员补充政策、晋升政策及培训政策提供依据。

人力资源规划由于兼顾社会组织和个人双方利益，对满足员工的需求和调动员工的积极性与创造性有很大的作用。员工的需求主要是由社会组织来满足的，包括物质利益和精神利益。当社会组织具有明确的人力资源规划时，员工对自身可获得的需求和满足的水平才是可知的。这样，当社会组织所提供的与员工所需求的大致相符时，员工就会去努力追求，从而在工作中表现出主动性和创造性。否则，在前途和利益未知的情况下，员工往往会离开组织，另谋高就，特别是有能力的人。有魄力的人员过多流失，会削弱社会组织力量，降低士气，从而进一步加速人员的流失，使社会组织陷入恶性循环。

四、人力资源规划的分类

从不同的角度，我们可以对人力资源规划进行分类：

（一）总体规划和具体计划

人力资源总体规划指计划期内人力资源管理总目标、总政策、总步骤和总预算的安排。

人力资源具体计划是总计划的分解，包括职务计划、人员配置计划、人员需求计划、人员供给计划、人员补充计划、人员分配计划、人员接替提升计划、教育培训计划、工资激励计划、劳动关系计划、退休解聘计划等。

人力资源具体计划是总体规划的展开和具体细化，每一项业务计划都由目标、任务、政策、步骤及预算等部分构成，从不同角度保证人力资源总体规划的实现。总体规划目标的实现是各项业务计划实施的结果，见表 2-1。

表 2-1　人力资源规划内容一览表

计划类别	目标	政策	步骤	测算
总体规划	总目标：绩效、人力总量素质、职工满意度等	基本政策：扩大、收缩、保持稳定	总步骤：（按年安排）如完善人力资源信息系统	总预算：XXX 万元
人员补充计划	类型、数量、层次、对人力素质结构及绩效的改善等	人员素质标准、人员来源范围、起点待遇	拟定补充标准，广告吸引、考试、面试、笔试，录用、教育上岗	招聘甄选费用
人员配备计划	部门编制，人力结构优化及绩效改善，人力资源能位匹配，职务轮换幅度	任职资格，职务轮换范围及时间	略	按使用规模、差别及人员状况决定的工资、福利预算
人员接替和提升计划	后备人员数量保持，提高人才结构及绩效目标	全面竞争，择优晋升，选拔标准，提升比例，未提升人员的安置	略	职务变动引起的工资变动
培训开发计划	素质及绩效改善、培训数量类型，提供新人力，转变态度及作风	培训时间的保证，培训效果的保证（如考核、使用）	略	教育培训总投入产出，脱产培训损失
薪资激励计划	人才流失减少，士气水平，绩效改进	工资政策，激励政策，激励重点	略	增加工资奖金额预算
劳动关系计划	降低非期望离职率、管理者与员工关系改进、减少投诉和不满	参与管理，加强沟通	略	法律诉讼费
退休解聘计划	编制，劳务成本降低及生产率提高	退休政策及解聘程序	略	安置费，人员重置费

（二）长期规划、中期规划和短期规划

按照规划涉及的时间长短分，人力资源有长期规划、中期规划和短期规划三种。

长期人力资源规划指跨度为 5—10 年或以上的具有战略意义的规划，它为社会组织人力资源的发展和使用状况制定了方向、目标和基本政策。长期人力资源规划的制订需要对内外部环境的变化作出有效的预测，这样才能对社会组织的发展具有指导性的作用。长期人力资源规划比较抽象，可能由于内外部环境的变化而发生改变。

中期人力资源规划一般为 1—5 年的时间跨度，其目标、任务的明确与清晰程度介于长期和短期两种规划之间，是实现长期人力资源规划目标过程中的具体环节，也是制订短期人力资源规划的指导。

短期人力资源规划的时间跨度一般为 1 年左右。和长期人力资源规划相比，短期人力资源规划对各项人事活动要求明确、任务具体、目标清晰。

五、人力资源规划的内容

人力资源规划是对社会组织人力资源管理的预先安排，它和组织的人事政策相联系，是社会组织各项人力资源管理活动的依据，其内容主要可以分解为以下几个方面：

（一）人员补充计划

人员补充计划是社会组织根据组织运行的情况，对组织可能产生的空缺职位加以弥补的计划，目的在于促进人力资源数量、质量的改善，是社会组织吸收员工的依据。人员补充计划有两种情况：

第一，人员补充主要是针对人员需求，招聘和选拔新员工到企业中来。组织在以下几种情况时一般有补充员工的需要：一是自然减员，如退休、死亡或丧失劳动能力等。二是技术革新，随着生产技术的改进，需补充相应的新专业技术人才。三是离职现象，如某些员工跳槽而导致的职位空缺。四是规模扩大，组织扩大生产和经营规模时必定需要补充大量员工。对于常规性的人员需求比较好控制，如退休等，企业都会有计划、按部就班地补充退休所造成的空缺。但如果是由于员工跳槽、非正常死亡或是竞争对手突然出击等难以预料的变故所引起的人员需求就比较难应付。因此一些比较重要的职位一般都有替补人员，且都经过一定培训，一旦缺人马上就可以顶替上去，不至于造成较大的损失。

第二，人员补充计划也和人员晋升计划相联系。因为晋升计划会造成组织内的职位空缺逐级向下移动，最后积累到较低层次的人员需求上来。当然，较高的职位也会有空缺，有时必须从外部劳动力市场以较大的代价才能获得。所以组织进行招聘录用时必须考虑到若干年后员工的使用情况。只有在人员的安排和使用上用发展的观点看问题，才能制订出合理的人员补充计划，使组织每一发展阶段都有恰当的人选胜任工作要求。

（二）培训开发计划

随着新技术的不断发展和社会组织规模的不断扩大，员工们原有的知识结构、技术水平和管理能力等方面远不能满足现实需要。只有通过不断的培训，促使员工更新知识和改善技能，组织才能在激烈的竞争中立于不败之地。因此，组织要树立“全员培训”思想，并针对每位员工的情况来制定培训开发计划。同时，现代管理强调“以人为本”，越来越多的管理者都认识到人力资本是企业的第一资本。与物质资本相比，拥有人力资本才更拥有制胜权。组织对人力增加资本投资，对员工进行各种培训、研修或研讨的计划也属于人员发展规划。

培训开发计划的目的是通过内部的努力为组织发展准备所需人才，是为了更好地使人与工作相适应。有些社会组织对有发展前途的员工分别制定培训方案，投入巨额资金，根据组织不同时期可能产生的职务需求，对这些人员有目的、分阶段地加以培训。这样，当职位出现空缺时,人员培训已经完成,对社会组织的发展起着极大的推动作用。培训开发计划与组织的晋升计划、配备计划以及个人职业计划密切相关。这些计划之间的互动,使培训的目的性更强,能够调动员工参加培训的积极性,提高培训的效果。

(三) 人员配备计划

社会组织员工在未来职位上的安排和使用,是通过组织内部人员有计划的流动实现的,这种人员流动计划称为配备计划。配备计划一般在以下几种情况下执行:第一,当组织要求某种职务的人员同时具备其他职务的经验或知识时就应使之有计划地流动,以培养高素质复合型人才。第二,当上层职位较少而等待提升的人较多时,通过配备计划进行人员的水平流动可以减少他们的不满,等待上层职位空缺。第三,在组织人员过剩时,通过配备计划可以改变工作分配方式,对组织中不同职位的工作量进行调整,解决工作负荷不均的问题。

(四) 薪资激励计划

薪资激励计划对于社会组织来说,一方面是为了确保社会组织人工成本与经营状况保持恰当的比例关系,另一方面是为了充分发挥薪酬的激励作用。薪资总额取决于组织内员工不同的分布状况和工作绩效。社会组织通过薪资激励计划,可以在预测组织发展的基础上,对未来的薪资总额进行测算和推测,并确定未来时期内的激励政策,如激励方式的选择、激励倾斜的重点等内容,以充分调动员工的积极性。

(五) 人员晋升计划

所谓人员晋升计划,是指根据组织需要和人员分布状况所制定的员工提升方案。对于单位来说,要尽量使人和事达到最大限度的匹配,这对于调动员工积极性和提高人力资源利用率是非常必要的。对于员工来讲,晋升在员工职业生涯中占有重要地位,它是对员工工作业绩的肯定,是员工事业成功的一个标志。对晋升的需求是人们成就动机的体现。晋升规划就是要满足员工的这种心理需要并根据企业的人员现状和企业结构拟定晋升政策的一种规划。当然,晋升不仅是员工个人利益的实现,而且意味着工作责任和挑战的增加。二者结合起来,会使员工产生一种能动性,使组织获得更大的利益。

一般说来,晋升规划中对晋升比率、年资、晋升时间、晋升条件等都做了明确的规定。例如,某职位的任职者年资(工作年限)达到 5 年时才有晋升资格,可以从中晋升 35% 的人到上一级职位。年资 6 年时晋升比率可增到 45%,7 年时为 55%,而 8 年与 8 年以上则不再给予晋升机会。当然,晋升规划中也应有对特殊情况的处理,如有特别突出贡献的员工可以破格提前晋升、跨级晋升等,作为对他们的鼓励。

(六) 员工职业计划

社会组织的员工职业计划,是指对员工在组织内的职业发展作出系统的安排。通过职业计划,能够把员工个人的职业发展和组织需要结起来。所以,这项工作对于个人和组织都非常重要。特别是对于有发展前途的员工,组织要设法将其保留下来,使其成为企业宝贵的财产。为了防止这部分员工流失,就必须有计划地使他们在工作上得到成长和发展。组织如果不能满足个人发展的要求,就会导致人员的流失。

社会组织加强员工职业计划的管理,除了晋升计划、激励计划、培训开发计划以外,制定和实施平行调动或岗位轮换计划等也是激励员工成长的手段。通过有计划、阶段性的工作调动,可以让员工在各部门的工作中积累经验、了解部门间的工作流程并且提高工作能力,不仅为将来的管理工作做准备,也便于为他们安排最合适的工作岗位。岗位平调和轮换计划有助于员工的职业发展,使其成为复合型人才或业务多面手,从而受益无穷。另外,人力资源规划还包括人员发展规划、劳动关系计划、退休解聘计划等。

通过以上对人力资源规划的含义和基本内容的概要介绍可以看出,人力资源规划在社会组织的人力资源管理中起到了一个先导的作用,对整个人力资源管理工作有重要的战略意义。另外,由于人力资源规划是与组织发展战略相联系的,所以在实施社会组织目标和战略规划的过程中,它还能指导人力资源管理的具体活动,并不断地对人力资源管理的政策和措施作出相应的调整。具体说来,人力资源规划能够使社会组织及早地认识到人力资源供求不平衡的可能性,有利于及早采取措施,提高人力资源的利用率;人力资源规划还向社会组织和员工明确展示了组织的人力资源发展计划,有利于使员工个人行为和组织未来目标相吻合,提高组织上下所有员工对人力资源管理重要性的认识,减少人力资源管理成本;人力资源规划使员工明确其职业生涯发展道路,可以激发员工积极性,有利于最大限度地利用员工的潜力。

第二节　人力资源规划的制订

人力资源规划的总体过程包括确定人力资源战略、人力资源预测、制订人力资源规划方案以及人力资源规划的执行与评价四大部分。

一、确定人力资源战略

社会组织的人力资源战略是制定人力资源规划的战略性指导方针,关系到组织整个的人力资源管理活动的目标、方向和结果。所以,确定社会组织的人力资源战略对组织人力资源管理活动的展开具有至关重要的意义。

能够使社会组织获得竞争性优势的人力资源战略必须建立在组织总体发展战略基础之上。同时,不同的组织发展战略也要求有不同的人力资源战略与之相适应。因此我们在确定人力资源战略时,必须要结合组织总体发展战略系统整体地考虑。

随着企业人力资源管理实践的发展和市场环境的复杂化,人力资源战略与企业发展战略的关系也越来越受到学者和企业管理者的重视,人们总结出了一些如何处理企业发展战略和人力资源战略适应搭配的经验和理论。

(一) 不同的企业战略对人力资源战略的分类

不同类型的企业战略往往需要相应的人力资源战略为之服务。伯德和比切勒根据舒勒的企业战略分类,对人力资源战略和企业发展战略之间的关系做了详细的说明,如表 2-2 所示。

(二) 不同的企业竞争战略对人力资源战略的分类

社会组织采取不同的竞争战略,也需要相适应的人力资源战略的支持。科迈斯-麦吉阿等人则采用波特的企业竞争战略分类,探讨了每一类企业竞争战略最适应的人力资源战略,如表 2-3 所示。

表 2-2　企业战略分类及人力资源战略的配合

企业战略类型	相应的组织特征	相应的人力资源战略
防御者战略 特征: 产品市场狭窄 效率导向	• 维持内部稳定性 • 有限的环境侦察 • 集中化的控制系统 • 标准化的运作程序	积累型战略 特征: • 基于建立员工最大化参与的技能培训 • 获取员工的最大潜能 • 开发员工的能力、技能和知识
分析者战略 特征: 追求新市场 维持目前存在的市场	• 弹性 • 严密及全面的规划 • 提供低成本的独特产品	协助型战略 特征: • 基于新知识和新技能的创造 • 获取具有自我动机的员工 • 鼓励及支持能力、技能和知识的自我发展 • 重视在正确的人员配置及弹性结构化团队之间的协调
探索者战略 特征: • 持续地寻求新市场外部导向 • 产品/市场的创新者	• 不断地陈述改变 • 广泛的环境侦察 • 分权的控制系统 • 组织结构的正式化程度低 • 资源配置快速	效用型战略 特征: • 基于极少员工承诺和高技能的利用 • 雇佣具有岗位所需技能且能够立即使用的员工 • 使员工的能力、技能与知识能配合特定的工作

表 2-3　企业竞争战略与人力资源战略的配合

企业战略类型	相应的组织特征	相应的人力资源战略
成本领先战略	• 持续的资本投资 • 严密监督员工 • 严密的成本控制，要求经常、详细的成本控制 • 低成本的配置系统 • 结构化的组织和责任 • 产品设计是以制造上的便利为原则	• 有效率的生产 • 明确的工作说明书 • 详尽的工作规划 • 强调具有技术上的资格证明和技能 • 强调与工作有关的特定训练 • 强调以工作为基础的薪资 • 用绩效评估作为控制机制
差异化战略	• 营销能力强 • 产品的战略与设计 • 基本研究能力强 • 公司以品质或科技的领导者著称 • 公司的环境可吸引高科技的员工、科学家或具有创造力的人	• 强调创新和弹性 • 工作类别广 • 松散的工作规划 • 外部招聘 • 团队为基础的训练 • 强调以个人为基础的薪资 • 用绩效评估作为发展的工具
专一化战略	• 结合了成本领先战略和差异化战略，具有特定的战略目标	上述人力资源战略的结合

二、人力资源预测

在确定了社会组织的人力资源战略之后，就要进入人力资源规划的下一个步骤——人力资源预测，也就是预测企业的人力资源供给与需求状况。社会组织的人力资源供给与需求状况受组织内外多种因素影响，是这些因素综合作用的结果。所以要进行人力资源预测，必须先收集各方面的信息，然后对这些信息进行分析，并在此基础上作出预测。大体上，这一部分的工作需要分为两个步骤来进行。

（一）收集信息

人力资源预测要收集的信息主要包括社会组织外部和内部两个方面。社会组织外部的信息也就是组织所面临的外部环境，包括国家政策、社会经济法律环境、本行业科技和工艺的发展状况、外部劳动力市场及竞争对手、客户和供应商的发展战略等。社会组织内部的信息包括组织的生产经营现状和人员使用现状等。这些信息是组织制定人力资源规划的依据，收集信息工作的好坏直接影响到组织人力资源规划的成败。准确、全面、有效的信息收集可以使组织在人力资源预测和规划的制定中运筹帷幄而决胜千里，达到事半功倍的效果。

（二）分析和预测

在收集到以上各方面信息后，就可以开始对社会组织的人力资源供求状况进行分析和预测了，包括预测劳动力的需求、供给以及劳动力的过剩或短缺等。

人力资源预测的方式有许多种，常用的方式有经验预测、现状预测、定员预测和自上而下预测。这些方式适用于不同类型的人力资源预测。

1. 经验预测

经验预测是人力资源预测中最简单的方式，它适合较稳的小型社会组织。经验预测，顾名思义就是用以往的经验来推测未来的人员需求。不同管理者的预测可能有所偏差。可以通过多人综合预测或查阅历史记录等方法提高预测的准确度。需注意的是，经验预测只适合一定时期内社会组织的发展状况没有发生方向性变化的情况。对于新职务或者工作方式发生了大变化的职务，不适合使用经验预测。

2. 现状预测

现状预测假定当前的职务设置和人员配置是恰当的，并且没有职务空缺，所以不存在人员总数的扩充。人员的需求完全取决于人员的退休、离职等情况。所以，人力资源预测就相当于对人员退休、离职等情况的预测。人员的退休是可以准确预测的；人员的离职包括人员的辞职、辞退、重病（无法工作）等情况，无法准确预测。通过对历史资料的统计和比例分析，可以较客观地预测离职的人数。此法适合中、短期的人力资源预测。

3. 定员预测

定员预测适用于大型社会组织和历史久远的传统企业。由于这类社会组织的技术更新比较缓慢，组织发展思路非常稳定，所以每个职务和人员编制也相对确定。这类组织的人力资源预测可以根据组织人力资源现状来推出未来的人力资源状况。在实际应用中，有效率定员法、设备定员法、岗位定员法、比例定员法和职责定员法等几种方法。

4. 自下而上预测

自下而上预测是指从单位组织结构底层开始的逐步预测。具体方法是,先确定单位组织结构中最底层的人员预测,然后将各个部门的预测层层向上汇总,最后去定出单位人力资源总体预测。由于组织结构最底层的员工很难把握组织的发展战略和经营规划等,所以他们无法制定出中长期的人力资源预测。这种自下而上的方法适合短期人力资源预测。

人力资源预测的具体方法和技术将在后面的章节深入论述。

三、制订人力资源规划方案

进行人力资源预测的直接目的是制订人力资源规划方案。制订人力资源规划方案一般有以下步骤:

(一)制订职务编制计划

制订职务编制计划的目的是描述社会组织未来的组织职能规模和模式。制订职务编制计划要根据组织总体发展规划,结合职务分析报告的内容来进行。职务编制计划应阐述组织的组织结构、职务设置、职务描述和职务资格要求等内容。

(二)制订人员配置计划

根据社会组织发展规划,结合组织人力资源盘点报告,来制订人员配置计划。人员配置计划阐述了组织每个职务的人员数量、人员的职务变动、职务人员空缺数量等。制订人员配置计划的目的是描述组织未来的人员数量和素质构成。

(三)预测人员需求

根据职务编制计划和人员配置计划,使用预测方法来预测人员需求预测。人员需求中应阐明需求的职务名称、人员数量、希望到岗时间等。最好形成一个标明有员工数量、招聘成本、技能要求、工作类别以及为完成组织目标所需的管理人员数量和层次的分列表。实际上,预测人员需求是整个人力资源规划中最困难和最重要的部分,因为它要求以富有创造性、高度参与的方法处理未来经营和技术上的不确定性问题。

(四)确定人员供给计划

人员供给计划是人员需求的对策性计划,主要阐述人员供给的方式(外部招聘、内部招聘等)、人员内部流动政策、人员外部流动政策、人员获取途径和获取实施计划等。通过分析劳动力过去的人数、组织结构和构成以及人员流动、年龄变化和录用等资料,就可以预测出未来某个特定时刻的供给情况。预测结果勾画出了组织现有人力资源状况以及未来在流动、退休、淘汰、升职及其他相关方面的发展变化情况。

(五)制订培训计划

为了提升社会组织现有员工的素质,适应组织发展的需要,应对员工进行培训。培训计划中包括培训政策、培训需求、培训内容、培训形式、培训考核等内容。

(六)制订人力资源管理政策调整计划

计划中明确计划期内的人力资源政策的调整原因、调整步骤和调整范围等。包括招聘政策、绩效考评政策、薪酬与福利政策、激励政策、职业生涯规划政策、员工管理政策等。

(七)编写人力资源部费用预算

其中主要包括招聘费用、培训费用等方面的预算。

（八）关键任务的风险分析及对策

每个社会组织在人力资源管理管理中都可能遇到风险，如招聘失败、新政策引起员工不满等，这些事件很可能会影响组织的正常运转，甚至会对组织造成致命的打击。风险分析就是通过风险识别、风险估计、风险驾驭、风险监控等一系列活动来防范风险的发生。

人力资源计划编写完毕后，应先积极地与各部门经理进行沟通，根据沟通的结果进行修改，最后再提交公司决策层审议通过。

相应案例

××公司 2011 年度人力资源管理规划

一、职务设置与人员配置计划

根据公司 2011 年发展计划和经营目标，人力资源部协同各部门制定了公司 2011 年的职务设置与人员配置。在 2011 年，公司将划分为 6 个部门，其中行政副总负责行政部和人力资源部，财务总监负责财务部，营销总监负责销售部和产品部，技术总监负责开发部。具体职务设置与人员配置如下：

1. 决策层（5 人）：总经理 1 名、行政副总 1 名、财务总监 1 名、营销总监 1 名、技术总监 1 名

2. 行政部（4 人）：行政部经理 1 名、行政助理 1 名、行政文员 1 名、司机 1 名

3. 财务部（4 人）：财务部经理 1 名、会计 1 名、出纳 1 名、财务文员 1 名

4. 人力资源部（3 人）：人力资源部经理 1 名、薪酬专管 1 名、招聘培训专管 1 名

5. 销售部（30 人）：销售部经理 1 名、销售组长 3 名、销售助理 3 名、销售代表 23 名

6. 开发部（10 人）：开发部经理 1 名、开发组长 2 名、开发工程师 5 名、技术助理 2 名

7. 产品部（3 人）：产品部经理 1 名、营销策划 1 名、公共关系 1 名

二、人员招聘计划

1. 招聘需求：根据 2011 年职务设置与人员配置计划，公司人员数量应为 59 人，到目前为止公司只有 40 人，还需要补充 19 人，具体职务和数量如下：销售代表 15 名、开发工程师 4 名。

2. 招聘方式：销售代表由社会招聘和学校招聘；开发工程师由学校招聘。

3. 招聘策略：学校招聘主要有参加应届毕业生洽谈会、在学校举办招聘讲座、发布招聘张贴、网上招聘等四种形式；社会招聘主要有多参加人才交流会、刊登招聘广告、网上招聘等三种形式。

4. 招聘人事政策：

（1）本科生：① 待遇：转正后待遇 2 000 元，其中基本工资 1 500 元、住房补助 200 元、社会保险金 300 元左右（养老保险，失业保险，医疗保险等）。试用期基本工贷 1 000 元，满半月有住房补助；② 考上研究生后协议书自动解除；③ 试用期三个月；④ 签订三年劳动合同。

（2）研究生：① 待遇：转正后待遇 3 000 元，其中基本工资 2 500 元、住房补助 200 元、社会保险金 300 元左右（养老保险，失业保险，医疗保险等）。试用期基本工资 2 000 元，满半月有住房补助。② 考上博士后协议书自动解除；③ 试用期三个月；④ 公司资助员工攻读在职博

士;⑤ 签订不定期劳动合同,员工来去自由;⑥ 成为公司骨干员工后,可享有公司股份。

⑦ 风险预测:

(1) 由于今年本市应届毕业生就业政策有所变动,可能会增加本科生招聘难度,但由于公司待遇较高并且属于高新技术企业,可以基本回避该风险。另外,由于优秀的本科生考研的比例很大,所以在招聘时,应该留有后选人员。

(2) 由于计算机专业研究生愿意留在本市的较少,所以研究生招聘将非常困难。如果研究生招聘比较困难,应重点通过社会招聘来填补开发工程师空缺。

三、选择方式调整计划

2010 年开发人员选择实行了面试和笔试相结合的考查办法,取得了较理想的结果。在 2011 年首先要完善非开发人员的选择程序,并且加强非智力因素的考查,另外在招聘集中期,可采用"合议制面试"即总经理、主管副总、部门经理共同参与面试,以提高面试效率。

四、绩效考评政策调整计划

2008 年已经开始对公司员工进行了绩效考评,每位员工都有了考评记录。另外,在 2010 年对开发部进行了标准化的定量考评。在今年,绩效考评政策特做以下调整:

(1) 建立考评沟通制度,由直接上级在每月考评结束时进行考评沟通。

(2) 建立总经理季度书面评语制度,让员工及时了解公司对他的评价,并感受到公司对员工的关心。

(3) 在开发部试行"标准量度平均分布考核方法",使开发人员更加明确自己在开发团队中的位置。

(4) 加强考评培训,减少考评误差,提高考评的可靠性和有效性。

五、培训政策调整计划

公司培训分为岗前培训、管理培训、技能培训三部分。岗前培训在 2008 年已经开始进行,管理培训和技能培训从 2009 年开始由人力资源部负责。

在今年,培训政策将做以下调整:

(1) 加强岗前培训;

(2) 管理培训与公司专职管理人员合作开展,不聘请外面的专业培训人员。该培训分成管理层和员工两个部分,重点对公司现有的管理模式、管理思路进行培训。

(3) 技术培训根据相关人员申请进行。采取公司内训和聘请培训教师两种分式进行。

六、人力资源预算

1. 招聘费用预算:

(1) 招聘讲座费用:计划本科生和研究生各四个学校共 4 次,每次费用 1 000 元,预算 4 000 元。

(2) 交流会费用:参加交流会 4 次.每次平均 800 元,共 3 200 元。

(3) 宣传材料费用:5 000 元。

(4) 报纸广告费:10 000 元。

2. 培训费用: 2010 年实际培训费用 50 000 元,按 20% 递增,预计今年培训费用约为 60 000 元。

3. 社会保障金：2010 年社会保障金共交纳××元，按 20% 递增，今年社会保障金总额为××元。

××公司人力资源部

二零一一年一月十日

资料来源：改编自 http://wenku.baidu.com/view/ce88cf848762caaedd33d406.html。

四、人力资源规划的执行与评价

制订人力资源规划后，要将人力资源规划在方案执行阶段付诸实践，从而发挥作用。要确保方案及时、正确的执行，需要有适合的人员专门负责规划的实施，并要给予他们必要的权力和资源条件。

在人力资源规划执行的这个阶段，比较重要的一点就是保证执行过程进展信息的及时反馈。只有保证了畅通的信息反馈，才能根据实际情况对规划进行动态的跟踪与修改，保证预期效果的达成。

最后，还要对人力资源规划的执行结果进行评价，对工作结果作出是否有效的评价，更重要的是，要深入了解人力资源规划的每一具体的环节和结果之间的相互影响，以便为下一步的工作改进提供参考和依据。

在人力资源规划的执行过程中，人力资源的供需平衡是非常重要的。因此，我们在这里对人力资源的供需平衡做一些论述。在社会组织的运营过程中，人力资源的供需失衡状态是绝对的，而人力资源的供需平衡状态则是相对的。一般的说，在社会组织扩张时期，组织人力资源需求旺盛，人力资源供给不足，人力资源部门用大部分时间进行人员的招聘和选拔；在社会组织稳定时期，组织人力资源在表面上可能会达到稳定。但组织局部仍然同时存在着退休、离职、晋升、补充空缺、不胜任岗位、职务调整等情况，组织处于结构性失衡状态；在社会组织衰败时期，组织人力资源总量过剩，人力资源需求不足，人力资源部门需要制定裁员、下岗等政策。

总之，在整个组织的发展过程中，组织的人力资源状况始终不可能自然地处于平衡状态。人力资源部门的重要工作之一就是不断地调整人力资源结构，使组织的人力资源始终处于供需平衡状态。只有这样，才能有效地提高人力资源利用率，降低组织人力资源成本。

社会组织的人力资源供需平衡的调整分为人力缺乏调整和人力过剩调整两部分。

（一）人力缺乏调整方法

1. 雇佣招聘

雇佣招聘有外部招聘和内部招聘两种。外部招聘是最常用的人力缺乏调整方法。当人力资源总量缺乏时，采用此种方法比较有效。但如果组织有内部调整、内部晋升等计划，则应该先实施这些计划，将外部招聘放在最后使用。

内部招聘是指当社会组织出现职务空缺时，优先由组织内部员工调整到该职务的方法。它的优点首先是丰富了员工的工作，提高了员工的工作兴趣和积极性；其次，它还节省了外部招聘成本。利用内部招聘的方式可以有效地实施内部调整计划。在人力资源部发布招聘需求时,应先在组织内部发布,欢迎组织内部员工积极应聘,任职资格要求、选择程序和外部招聘相同。当组织内部员工应聘成功后,对员工的职务进行正式调整,员工空出的岗位还可以继续进行内部招聘。当内部招聘无果时,进行外部招聘。

2. 内部晋升

当较高层次的职务出现空缺时,应优先提拔组织内部的员工。在许多社会组织里,内部晋升是员工职业生涯规划的重要内容。对员工的提升是对员工工作的肯定,也是对员工的激励。由于内部员工更加了解企业的情况,会比外部招聘人员更快地适应工作环境,提高工作效率,同时节省外部招聘成本。

3. 继任计划

具体做法是,部门对组织的每位管理人员进行详细调查,确定哪些人有权利升迁到更高层次的位置。然后制订相应的"职业计划储备组织评价图",列出岗位可以替换的人选。

4. 技能再培训

对社会组织现有员工进行必要的技能再培训,使之不仅能适应当前工作,还能适应更高层次的工作。这样,就为内部晋升政策的有效实施提供了保证。如果社会组织即将出现经营转型,组织应该及时向员工培训新的工作知识和工作技能,以保证组织在转型后,原有的员工能够符合职务任职资格的要求。这样做的最大好处是防止组织的冗员现象。

还有加班、临时雇佣、外包、减少员工流动数量、技术创新等方法都可以用来对人力缺乏进行调整。但是,这些人力缺乏调整方法的影响也是不尽相同的。见表 2-4。

表 2-4　部分人力缺乏调整方法的影响

方法	速度	可回撤程度
1. 加班	快	高
2. 临时雇用	快	高
3. 外包	快	高
4. 再培训后换岗	慢	高
5. 减少流动数量	慢	中等
6. 外部雇佣新人	慢	低
7. 技术创新	慢	低

(二) 人力过剩调整方法

1. 提前退休

社会组织可以适当放宽退休年龄和条件限制,促使更多的员工提前退休。如果将退休条件修改得足够有吸引力,会有更多的员工愿意接受提前退休。

2. 自然减少

当人力过剩时,社会组织可以减少人员补充。当出现员工退休时不进行人员补充。

3. 增加无薪假期

当社会组织出现短期人力过剩的情况时,采取增加无薪假期的方法比较适合。比如规定员工有一个月的无薪假期,在这一个月没有薪水,但下个月可以照常上班。

4. 裁员

裁员是一种最无奈,但最有效的方式。首先应制定优厚的裁员政策,如为被裁减者发放优厚的失业金等；然后，裁减那些主动希望离职的员工；最后，裁减工作考评成绩低的员工。

还有减薪、降级、工作轮换、工作分享等方法都可以用来对人力过剩进行调整。同时，对员工技能的再培训也可以用来对人力过剩进行调整。

这些人力过剩调整方法的影响也是不尽相同的。见表 2-5。

表 2-5　人力过剩调整方法的影响

方法	速度	员工受伤害的程度
1. 裁员	快	高
2. 减薪	快	高
3. 降级	快	高
4. 工作轮换	快	中等
5. 工作分享	快	中等
6. 退休	慢	低
7. 自然减少	慢	低
8. 再培训	慢	低

第三节　人力资源预测

任何人力资源规划都离不开预测，都以人力资源预测为前提。因此，要搞好人力资源规划，必须先对人力资源进行预测。

一、人力资源预测的含义

概念*要点

人力资源预测是指在社会组织的评估和预言的基础上，对未来一定时期内人力资源状况的假设。人力资源预测可分为人力资源需求预测和人力资源供给预测。

人力资源需求预测是指社会组织为实现既定目标而对未来所需员工数量和种类的估算。人力资源供给预测是确定社会组织是否能够保证员工具有必要能力以及到什么地方去招聘员工的估计。

人力资源预测是建立在对社会组织人力资源现状、市场人力资源环境等了解的基础之上，所以在社会组织进行人力资源预测时，一定要注意分析以下问题：

(1) 社会组织人力资源政策在稳定员工上所发挥的作用。

(2) 市场上人力资源的供求状况和发展趋势。

(3) 本行业其他社会组织的人力资源政策。

(4) 本行业其他社会组织的人力资源状况。

(5) 本行业的发展趋势和人力资源需求趋势。

(6) 本行业的人力资源供给趋势。

(7) 社会组织的人员流动率及原因。

(8) 社会组织员工的职业发展规划状况。

(9) 社会组织员工的工作满意状况。

二、人力资源需求预测

社会组织对人力资源的需求受多方面因素影响。管理者在进行人力资源需求预测的时候,必须考虑多种因素,必须以企业的战略目标、发展规划和工作任务为出发点综合考虑,对组织未来所需的人力资源的数量、质量和时间作出预测。

(一) 影响人力资源需求的因素

在社会组织的人力资源需求预测实践中,对组织未来人力资源需求影响最大的因素是市场和客户对企业的产品和服务的需求。所以,对组织未来销售额的预测是至关重要的。大体说来,影响社会组织人力资源需求的因素可以分为三类,即组织外部环境、组织内部因素以及组织人力资源状况。

1. 社会组织外部环境因素

社会组织外部环境因素包括社会的经济、政治、法律环境,新技术和科技的发展以及企业竞争者的状况等。社会整个经济的发展态势,政治环境的稳定以及相关法律的变化等都对组织未来人力资源的需求产生很大影响。另外,对于越来越依赖技术和科技的现代组织来说,是否能跟上新技术和科技的发展已经成为一个决定成败的重要因素。最后,"知己知彼,百战不殆",对竞争者未来战略和发展状况的了解也是一个不容忽视的因素。

2. 社会组织内部因素

社会组织的战略发展规划、人力资源方面的预算、生产和销售规划等方面属于组织内部因素。社会组织的战略目标确立了其发展的方向和速度,组织关于提高产品或服务质量或开辟新市场的规划决定了组织未来所需的人力资源质量和数量,社会组织对于人力资源方面的预算更是直接影响了组织的人力资源规划的展开,从而对未来的人力资源需求产生重要的影响。

3. 社会组织人力资源状况

社会组织的人力资源状况包括现有员工的数量、质量和工作状况,可能的员工流动比率(辞职或终止合同),自然减员比率(如退休、死亡)等。很明显,这些因素都直接影响了组织的人力资源需求。

(二) 人力资源需求预测的操作步骤

人力资源需求预测分为现实人力资源需求、未来人力资源需求、未来流失人力资源需求预测三部分。具体步骤如下:

(1) 根据职务分析的结果,来确定职务编制和人员配置。

(2) 进行人力资源盘点,统计出人员的缺编及是否符合职务资格要求。

(3) 将上述统计结论与部门管理者进行讨论,做出统计结论。

(4) 该统计结论为现实人力资源需求。

(5) 根据企业发展规划,确定各部门的工作量。

(6) 根据工作量的增长情况,确定各部门还需增加的职务及人数,并进行汇总统计。

(7) 该统计结论为未来人力资源需求。

(8) 对预测期内退休的人员进行统计。

(9) 根据历史数据,对未来可能发生的离职情况进行预测。

(10) 将 8、9 统计和预测结果进行汇总,得出未来流失人力资源需求。

(11) 将现实人力资源需求、未来人力资源需求和未来流失人力资源需求汇总,即得组织整体人力资源需求预测。

三、人力资源供给预测

一个组织人力资源的供给来自两个方面,一是组织内部人力资源供给,比如人员的调动、晋升等,二是来自组织外部的人力资源的补充。相应地,对于社会组织人力资源的预测也包括这两个方面:人力资源内部供给预测和外部供给预测。

(一) 内部人力资源供给预测

社会组织人力资源的内部供给有着许多优势:组织对内部员工的技能有着更精确的评价,而不像对外来者那样知之甚少,所以说内部供给更安全。内部提升可以激发被提升员工以及其他员工的工作热情,提高士气。内部员工更容易认同组织文化,能够更快地适应工作。

但是,内部供给一定要注意两个方面的问题:一是要保证提拔的公平性和公开性,以避免对员工产生负激励作用。二是要防止企业内部的近亲繁殖,避免企业在需要创新时出现照章办事和维持现状的倾向。

总的来说,社会组织的内部人力资源供给通常是组织人力资源的主要来源,所以组织在满足人力资源需求时,应优先考虑内部人力资源的供给。

要想做好内部人力资源供给预测,首先要对整个组织的人力资源现状有详细系统的了解。因此,建立一个人力资源的信息系统是内部人力资源供给预测的基础和关键。

人力资源信息系统有很多种,这个系统可以用人工的方式进行收集整理,也可以是一个计算机信息系统。在现代企业,计算机信息系统已被越来越多地采用,使用计算机档案管理方法可以做到更全面、更便捷。更重要的是,这不仅仅是一个信息的集合体,还可以由此将各种不同的数据联系起来进行综合处理。这样就可以为不同部门提供所需的不同信息,为晋升、奖励或调动等人力资源活动提供依据,大大减轻了人力资源管理工作的负担,保证社会组织内部人力资源供给的有效性和合理性。

一个组织的人力资源信息系统,应该包括以下七个基本组成部分。

(1) 个人资料。这一部分主要包括员工的姓名、性别、家庭与婚姻状况等基本情况。

(2) 受教育情况。这一部分是指员工在接受中等教育之后所受教育的学校名称、所学专业、被授予学位、毕业时间等。

(3) 个人能力或特殊资格。这包括员工的个人技能、所获资格证明以及所受到的正规培训的课程名称等。

(4) 个人倾向。这包括员工的职业兴趣和职业能力倾向等。这部分还应该记录员工自己对职业发展兴趣的描述以及愿意选择的优先次序。

(5) 工作经历和行业经验。这部分主要包括员工曾为哪些组织工作过,从事过哪些工作以及来本组织的原因,还包括在某些相关行业的从业经验等。

(6) 目前职位以及工作绩效。这部分内容是对员工目前工作状况的一个总体评价。由于员工的工作是动态的,所以这部分信息一定要定期进行更新,以便记录员工在各个评价领域（领导能力、激励性、沟通能力等）的进步。

(7) 福利方案、退休信息等。这部分内容主要记录根据每位员工的不同资历而确定的、他们应该享受的福利项目以及他们的退休年龄、退休待遇等方面的信息。

完善的人力资源信息可以使社会组织对组织内部目前可得到的技能和人力作出迅速而准确的评价，从而使组织内部人力资源得到最优的配置。

（二）外部人力资源供给预测

虽然社会组织内部供给是解决组织人力资源需求的主要途径，但当组织内没有足够的候选人可供挑选，或者从组织内部提升不能达到很好效果的时候，组织就需要从外部招聘新人。人力资源的外部供给作为内部供给的补充，也有着它自身不容忽视的优点。外部供给可以给组织注入新鲜的活力，刺激内部员工的工作积极性，还可以为组织带来新的技术和管理理念。所以，不断地从外部补充人员也是组织人力资源部门的一项经常性工作。

对社会组织外部人力资源供给的预测包括总体的经济和人口状况预测、当地劳动力市场预测以及职业市场的预测。

1. 总体经济和人口状况预测

要对社会组织外部人力资源供给作出预测，必须对社会整体的经济以及人口状况进行预测。通常情况下，失业率越低，劳动力供给就越少，人员招聘的难度就越大。另外，人口现状也直接决定了企业现有外部人力供给的状况，主要影响因素包括人口规模、人口年龄和素质结构、现有的劳动力参与率等。

2. 当地劳动力市场预测

对当地的劳动力市场进行预测也是社会组织外部人力资源供给预测中至关重要的一步。这包括对当地劳动力市场的发育状况和就业政策倾向的预测，对当地劳动力供给现状的预测，比如对大中专院校毕业学生人数和专业以及他们的就业偏好的预测或对本地的失业劳动力状况的预测等。

3. 职业市场的预测

社会组织外部人力资源供给预测也包括职业市场的预测，即根据社会组织所要招聘的特定职位，预测该职业市场的潜在候选人的数量、薪酬水平等方面的状况。

社会组织外部人力资源供给的主要渠道有大中专院校的应届毕业生、职业学校的毕业生、失业人员、其他组织的在职人员以及流动人员等。学校毕业生的供给较为确定，主要集中在春夏季，而且数量和专业、层次、学历等信息都可以通过相关部门获取，预测工作容易进行。比较困难的是对失业人员和流动人员的预测，在预测过程中需要考虑国家就业政策、本地政府对外来员工的控制程度及其他一些因素。对于组织在职人员的预测需要考虑社会心理以及他们个人的择业心理、组织本身的吸引人力资源的策略（高薪、高培训等）等因素，合理地预测外部人员的可供给量。

（三）人力资源供给预测的操作步骤

人力资源供给预测分为内部供给预测和外部供给预测两部分，其具体操作步骤如下：

(1) 进行人力资源盘点，了解社会组织员工现状。

(2) 分析社会组织的职务调整政策和历史员工调整数据，统计出员工调整的比例。

(3) 向各部门的人事决策人了解可能出现的人事调整情况。

(4) 将 2、3 的情况汇总,得出社会组织内部人力资源供给预测。

(5) 分析影响外部人力资源供给的地域性因素,包括:社会组织所在地的人力资源整体现状;社会组织所在地的有效人力资源的供求现状;社会组织所在地对人才的吸引程度;社会组织薪酬对所在地人才的吸引程度;社会组织能够提供的各种福利对当地人才的吸引;社会组织本身对人才的吸引程度。

(6) 分析影响外部人力资源供给的全国性因素,包括:全国相关专业的大学生毕业人数及分配情况;国家在就业方面的法规和政策;该行业全国范围的人才供需状况;全国范围从业人员的薪酬水平和差异。

(7) 根据 5、6 的分析,得出社会组织外部人力资源供给预测。

(8) 将社会组织内部人力资源供给预测和外部人力资源供给预测汇总,得出组织人力资源供给预测。

第四节　人力资源预测技术

一、统计学方法

概念*要点

人力资源需求预测的技术有许多种,其中主要有统计学方法、德尔菲法和模型预测法。

随着现代计算机技术的迅速发展,人们越来越希望并有可能运用一些定量的方法来对企业人力资源需求进行预测,以获得更精确、更有说服力的结果。但统计学方法对环境变化的适应性较差,当组织在较为稳定的环境中运作,并且预测所需的一些企业要素具有某种程度的确定性时,统计学的方法是可以起到良好效果的。反之,则需要结合使用判断的方法。

统计学方法包括趋势分析、比率分析和回归分析以及计算机模拟法等。

(一) 趋势分析

趋势分析就是首先通过分析企业在过去五年左右的雇佣趋势,然后以此为依据来预测未来人员需求的技术。企业的发展具有一定的连贯性和稳定性,企业的人力资源雇佣量可能会表现出某种趋势,根据这种趋势可以对企业未来的人力资源需求作出初步的预测。具体方法是,将企业人力资源需求量作为纵轴,时间作为横轴,在坐标轴上直接绘出企业人力资源需求线,如图 2-1 所示。根据需求线 Z 可以预测未来某一时期的人力资源需求量。

(二) 比率分析

比率分析是通过计算某些原因性因素和所需要雇员数目之间的精确比例来确定未来人力资源需求的方法。比率分析和趋势分析有相似之处,它们都假定生产率保持不变,根据历史记录进行预测,但比率分析更为精确。例如,在一个企业可以根据销售人员和行政人员的比率来确定未来对行政人员的需求。比如,这个企业有 200 名销售人员和 50 名行政人员,那么销售人员与行政人员的比率就是 200∶50,也就是 4∶1,这表明 4 名销售人员就需要匹配

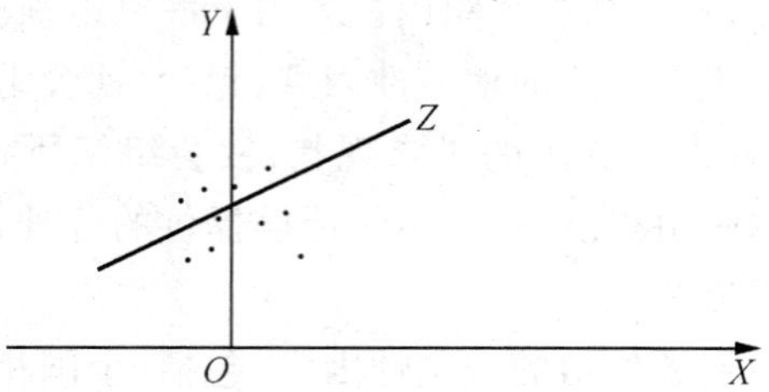

图 2-1　人力资源需求线

1 名行政人员。如果该企业计划明年将销售队伍扩大到 400 人，那么根据这个比率，可以确定企业对行政人员的需求为 100 人，也就是要再增雇 50 名行政人员（如果目前的 50 名行政人员在明年前没有人离开）。

（三）回归分析

回归分析是指通过确定某一因素同人力资源雇佣量之间是否存在相关关系来预测企业人力资源需求的方法。如果两者是相关的，那么只要确定了这一因素的数值，就可以对企业的人力资源需求量作出预测。回归分析同上两种方法相比，更具有统计的精确性。它的具体操作步骤如下。

（1）要绘制出一幅散点图来描述某一因素同人力资源雇佣量之间的关系。

（2）然后测算一条刚好穿过散点图上的那些点的中部的回归线。

最常用的测算直线回归方程式的方法是最小二乘法。最小二乘法标准方程组如下：

$$\begin{cases} \sum yx = a\sum x + b\sum x^2 \\ \sum y = na + b\sum x \end{cases}$$

由此方程组可解得 a 与 b，将这两个值代入线性方程，就得到直线趋势方程：

$$y_c = a + bx$$

（3）根据这个方程就可画出回归线。

根据这条回归线，可以看出分别和每一个因素水平相对应的人力资源需求量。

以例子来说明。表 2-6 中列举了某企业 1996—2000 年间的销售量和人力资源雇佣量的数据。根据这些数据，可以画出如图 2-2 那样的一幅散点图。横轴表示年销售额，纵轴表示人力资源雇佣量。然后依据上述方法画出如图 2-2 那样的一条回归线。根据这条回归线，就可以预测在任何一种销售量情况下的人力资源需求。

表 2-6　某企业的人力资源趋势分析

	1996	1997	1998	1999	2000
销售额（万元人民币）	3 200	4 000	4 500	4 800	5 000
雇佣量（人）	110	150	180	200	240

（四）计算机模拟法

计算机模拟法是指企业建立一套人力资源需求的计算机化预测系统，利用计算机技术来对人员需求进行预测。这是企业人力资源需求预测技术中最复杂，也是最精确的一种方法。在这种方法中，由管理者和专家将所需要的典型信息综合起来，建立一套计算机进行预测所需的数据库，由计算机预测系统以此为根据模拟各种现实情况进行预测。所需信息包

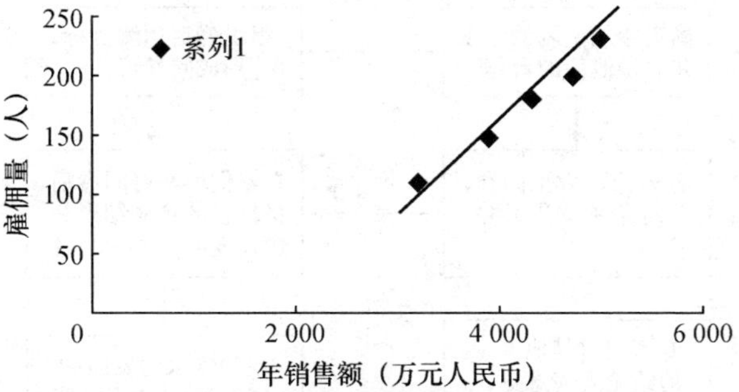

图 2-2　某企业销售额和雇佣量的回归关系图

括，生产单位产品所需要的直接劳动工时（对生产量的一种衡量），以及当前产品系列的三种销售额计划——最低销售额、最高销售额、可能销售额。运用这一系统，企业就可以很快地将生产率水平和销售水平计划转化为对人员需求的预测，同时也可以预测各种生产率水平及销售水平对人员需求的影响。

二、德尔菲法

人力资源需求预测也包括管理人员的日常判断、经验预测等，德尔菲法就是一种最常用、比较系统的人力资源需求预测判断法，它主要靠人的主观判断，而不是数字处理方法。

德尔菲法又叫专家评估法、专家预测法，适合技术型企业的长期人力资源预测。现代社会技术更新非常迅速，用传统人力资源预测方法很难准确预计未来技术人员的需求。技术专家把握技术发展的趋势，所以能更加容易对该领域的技术人员状况做出预测。

德尔菲法一般采用匿名问卷调查的方式，听取专家们对企业未来人力资源需求量的分析评估。所谓匿名的方式，就是指专家们互相不知道每条意见是谁提出来的，在整个过程中，专家们之间不进行任何形式的交流。信息的交流和传递完全由预测活动的发起者来进行。

德尔菲法为了增加预测的可信度，可以采取多次讨论法。比如在第一次讨论中，各专家独立拿出自己对技术发展的预测方案，管理人员将这些方案进行整理，编写成企业的技术发展方案。第二次讨论则主要是根据企业的技术发展方案来进行人力资源预测。这样通过多次反复，最终达成一致意见。

德尔菲法的具体操作过程如图 2-3 所示。预测活动的发起组织先确定预测的目标和要求、参与的专家组以及进行其他准备活动，然后将需要征求意见的问题以问卷的形式交付专家组讨论评价，再由发起组织收回进行统计整理，并汇总成册再次发给每位专家。专家们看到其他人的意见后对自己的想法进行修改，并提出修改原因，再反馈给预测组织。经过这样的几轮独立的判断和修改，一般都能获得比较一致的看法，专家估计也就到此结束。

三、模型预测法

模型预测法是通过数学模型对真实情况进行实验的一种技术。模拟预测技术首先要根据社会组织自身和同行业其他企业的相关历史数据，通过数据分析建立起数学模型，根据模型去确定销售额增长率和人员数量增长率之间的关系，这样就可以通过组织未来的计划销售增长率来预测人员数量增长。模型预测法适合大、中型社会组织的长期或中期人力资源

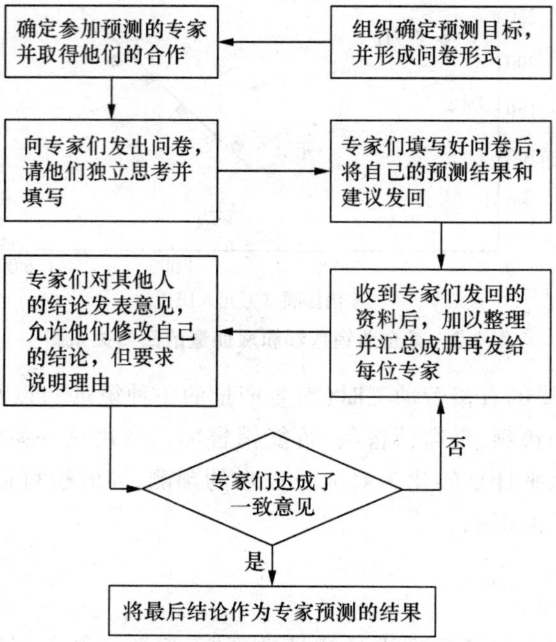

图 2-3 德尔菲法操作流程

预测。模型预测法包括人员接替模型和马尔可夫模型。

（一）人员接替模型

人员接替模型是通过建立组织内的某些职位候选人的评价模型来预测社会组织内部人员供给的一种方法。人员接替模型就是跟踪每一位职位候选人，找出他们至少两方面的信息，一是当前绩效，二是提升潜力。当前绩效一般由考核部门或上级领导确定，提升潜力则是在前者的基础上由人力资源部门通过心理测验、面谈等方式得出，具体的人员接替模型如图 2-4 所示。

（二）马尔可夫模型

马尔可夫模型是通过全面预测社会组织内部人员转移从而预知组织内部人力资源供给的一种方法。它是一种比较有效和合理的方法，有利于管理者综合考虑各种影响因素，系统地考虑组织内部的人员供给状况。它是建立在这样一个前提下，即社会组织内部人员有规律的转移，而且其转移概率有一定的规则。

马尔可夫模型所考虑的人员变动主要有调入、上升、下降、平调或调出五种情况。通过计算某一时间段内某项工作的人员变动比率，来对未来该工作岗位的人员数量作出估计。举个例子，表 2-7 就是利用马尔可夫模式预测企业 A、B、C、D 四种工作的人员供给情况时所用到的矩阵。该矩阵左方是目前这四种工作各有多少人，通过中间的人员变动可能性矩阵的计算，得到了右方在将来某一时刻这四种工作各需要多少人的预测结果。

中间的变动矩阵是从过去的某一时期（$T-2$）到过去的另一时间（$T-1$）人员变动可能性的数据。

如，对工作 A 来说，$T-2$ 时 A 有 350 人，到了 $T-1$ 时，只有 245 人留在原岗位，70 人提升到 B，35 人离开了组织。因此，可以计算出：

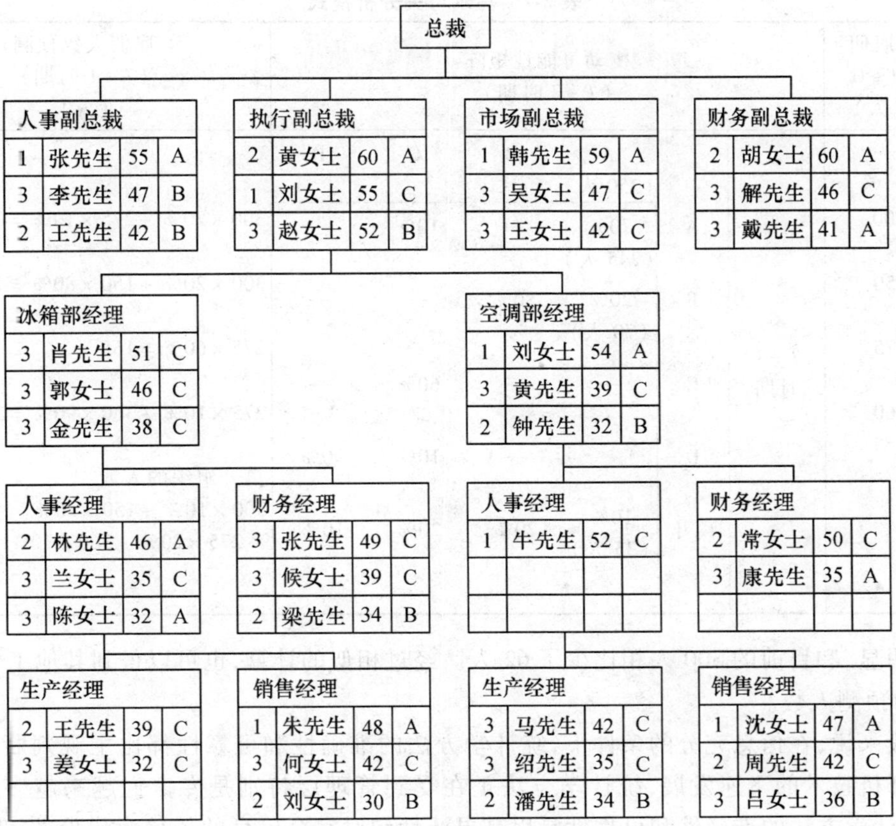

当前绩效：		提升潜力	
优秀：	1	可以提升：	A
令人满意：	2	需要进一步培训：	B
需要改善：	3	有问题：	C

图 2-4　管理人员接替模型

工作 A 留任率(从 A 到 A) = 245/350 × 100% = 70%

工作 A 提升率(从 A 到 B) = 70/350 × 100% = 20%

工作 A 离任率 = 35/350 × 100% = 10%

用同样的方法可以得到矩阵中其他的百分比。应当注意，这里计算的变动率只是从 $T-2$ 到 $T-1$ 时期的人员变动。在实际运用中，常常是分几个时期收集人员变动率数据，然后以它们的平均值作为人员变动率数值，用以预测未来的人员流动情况。这样可以使人员变动率更加准确可靠。

得到人员变动率后，就可以分别对这四种工作在 $T+1$ 时期的人员数作出预测了。

对 A 来说，$T-0$ 时有 300 人

留下人数为：300 × 70% = 210(人)

由 C 到 A 的有：275 × 10% = 28(人)

因此，预测 $T+1$ 时 A 工作共有：210 + 28 = 238(人)

表 2-7 马尔可夫分析模式

现在的雇佣人数(T-0时期)(人)	变动可能性矩阵(T-2时期)						雇佣人数预测(T+1时期)(人)
			A(350人)	B	C	D	
A—300	T-1时期	A	70%(245人)	—	10%	—	300×70% +275×10% =238
B—150		B	20%(70人)	80%	—	—	300×20% +150×80% =180
C—275		C	—	—	60%	—	275×60% =165
D—360		D	—	—	10%	90%	275×10% +360×90% =352
		离开	10%(35人)	20%	20%	10%	离开组织的人数:300×10% +150×20% +275×20% +360×10% =151

很明显,和目前的300人相比少了62人。经过相似的计算,也可以得到其他工作在T+1时期的预测人数。

一般来说,在信息充分的条件下,统计学方法的准确性和可靠性都比主观判断法要高,随着计算机技术的飞速发展,统计学方法正在受到管理层特别是专家们越来越多的关注。但是,统计学方法的准确性和可靠性是以其灵活性和对完全信息的依赖为代价的,现代的劳动力市场已经并正在变得越来越纷繁复杂和难以预料,在这种情况下,单纯使用以历史趋势为依据的统计学方法就很可能会带来偏差。所以社会组织管理者和人力资源管理专家对形势的感觉和主观判断在人力资源预测方面的重要作用也是不容忽视的。在有些现实情况下,主观判断法的协助已经变成解决问题的不可缺少的重要方法。由于统计学方法、主观判断法和模型预测在优势方面具有互补性,因此在实际的人力资源预测中,对于这些预测技术,人们常常是配合使用的。

核心概念

人力资源规划 Human resource plan
人力资源战略 Human resource strategy
人力资源预测 Human resource prediction
趋势分析 Trend analysis
比率分析 Ratio analysis
回归分析 Regression analysis
德尔菲法 Delphi technique

思考题

1. 简述人力资源规划的作用和原则。
2. 简述人力资源规划的类型。
3. 从内容来看,人力资源规划有哪几种?
4. 人力资源规划的总体过程包括哪几个阶段?
5. 人力资源预测的方式有哪几种?
6. 简述制订人力资源规划方案的步骤。
7. 简述人力资源供需平衡的调整方法。
8. 什么是人力资源预测?
9. 人力资源需求预测的技术有哪些?

案例研究　金融风暴与减薪减员

2008 年,金融飓风从美国席卷而来。从金融企业、IT 企业受资金约束被迫做出减薪减员调整开始,到其他与资金关联度密切的行业出现严峻的局面,直至房地产中介大量关闭、珠三角众多出口导向性的企业工人不得不重新开始寻找工作。

1. 金融证券业变相减员

随着美国金融危机的进一步加深,首先感受到瑟瑟寒意的,是中国的金融企业。

林晓丹是国信证券深圳某营业部职工,在股市风生水起的日子里,即使当她回答不出客户提出的专业问题,她也能从所开客户的交易量得到不菲的佣金。但好日子从去年 8 月开始彻底结束,业绩与工资一落千丈。

国庆前,人事部门授意林晓丹不用再来上班,请病假在家看书,参加证券从业资格考试。

2008 年 4 月 23 日出台的《证券公司监督管理条例》规定,证券经纪人应当具有证券从业资格。考试不过,林晓丹则不用再回到单位。这似乎成为中国证券商们合理减员的契机,一位证券业内人士透露,当前中国证券业从业人员有 120 余万左右,但只有 20 万人持有证券经纪人执照。这无疑将使一大半现有证券从业人员,陷于被动的裁员境地。

林晓丹不是金融服务业从业人员的一个个例。新华社一则消息报道表明,2008 年上半年上市券商发放职工薪酬近 32 亿元,较去年上半年下降近一成,部分券商员工薪酬缩水幅度超过 60%。美国金融风暴来袭,只是加剧了这个行业的严峻形势而已。

“次贷危机转变为金融危机之后对需求的影响比较大,直接结果是大量金融公司破产,这个时期对金融行业的失业影响比较大。”向《中国新闻周刊》分析金融危机对于失业的影响时,中国人民大学中国就业研究所副所长杨伟国说,“美国的金融海啸导致的直接结果就是本行业的裁员失业,从事金融行业的人受到的影响首当其冲。”

2. IT 业次当其冲

IT 行业的从业者们紧跟着来到了减员的风口浪尖。

IT 巨头富士康在深圳的观澜和龙华厂区,不断有宿舍楼被腾空。

7 月 28 日,富士康十大事业群主管和人力资源主管们收到郭台铭签署的警示手谕。在这份手谕中，郭台铭直言“风暴已经来袭”，要求各事业群主管和人力资源部门，严格执行节流策略，即人力冻结、扩厂冻结、提升效率、加强训练、改善提案，节省费用20%。郭台铭将节流的任务分解到每一个季度：从2008年第四季度起一年内完成20%的节流，每个季度降低费用5%。

节流的任务很快在人力成本的控制上表现出来。龙华工业园区事业处某经理告诉《中国新闻周刊》记者，从8月份开始，富士康基本停止了对外招募，但对内招聘却依旧如火如荼，这是在以一种低成本流动方式整合内部人力资源，即将闲置部门的人员进行压缩，调整出来的人员用以填补其他部门的空缺。

8月份，富士康部分员工收到了公司内部传来的邮件。邮件中说公司将实行非标准工作制，具体做法是将以前的5天8小时工作制分摊至6天，也就是实行6天6小时40分钟制，员工们一时间人心惶惶。“上五天班和上六天班是不同的，星期六的加班费也不能有了。”这位经理也表现出对未来的担忧：“也许某个时候，加班就只有20个小时了，对于靠加班费来挣钱的中低层员工来说，工资会因此减少两到三成。经济压力之下，一旦员工不愿与企业共同面对危机，减员就已成为必然。留下来的，只能拿以前一样的工资，做更多的事情。”

出现减员现象的不止富士康一个，与金融投资业的关联是IT业“倒霉”的主要原因。研究公司Gartner指出，全球20%以上的IT技术开支来自于金融业。

3. 制造业未免于难

金融危机并不止于金融层面和与其关联度较高的行业。当金融危机开始波及实体经济，首当其冲的，是高度依赖出口的中国制造业。

一方面，金融风暴引起的信心危机导致国际消费市场大萧条，影响企业出口；另一方面外资进入速度放缓对制造业增长后劲造成了影响。

出口型、代工型、外贸型企业过分依赖出口，成为这次金融危机中不可回避的硬伤。这类企业要么就是通过减员、压缩成本活下去，要么就是死掉。加工制造业面临的是新一轮的洗牌，但对于低技能的工人，面临的则是关乎生存的失业风险。

一位不愿透露姓名的深圳亦达电子的人事部门负责人告诉记者，目前国外订单不及以前的一半，大多数工厂都不再招收普工。珠三角各制造业工厂的人员月流失量保持在8%左右，按照一个3 000人规模的中型工厂计算，一旦工厂停止招工，就意味着，每个月将自然减员240人。

4. 房地产业风光不再

金融危机发生之前，房地产行业的就业形势就已不容乐观，这场金融危机让刚刚经历过数轮淘汰的房地产从业人员，又陷入了新一轮的考验之中。

今年1月，号称深圳最大的房地产中介创辉租售房地产顾问有限公司，就已经关闭华南地区数十家门店，300余名工作人员失业。在深圳，已经有40%左右的房产中介倒闭。房地产中介深圳世华董事长梁文华此前在接受媒体采访时预计，经过这一轮洗牌，深圳十万房地产中介从业大军，最终可能仅会剩下两三万人。

房地产业的危机并不止于深圳。8月份，上海全市二手房共成交8 566套，仅取得房地产经纪人证书并执业的经纪人就有2.4万余人，每人至少一个月以上才能做成一笔二手房买卖。如果加上十余万的从业人员，至少半年以上才能轮到一套房子。

房地产、制造业、金融服务业等产业的业务量和资金减少，必然导致与其相关联的 IT 业、装修业、建筑业、钢筋水泥制造商、贷款抵押公司、物流公司、初级半成品制造商等相关产业出现需求衰减。而更多行业的从业人员，也将如同拴在这些行业上的蚂蚱，不得不面临减产、停产和减员减薪的危机。

资料来源：《全球金融危机波及实体经济，中国减员寒冬来临》，中国新闻网，2008 年 11 月 8 日。

案例分析思考题：

1. 面对金融风暴，企业如何处理人力资源供需平衡？
2. 分析外部环境对社会组织人力资源管理的影响。

第 3 章

职务管理——人力资源管理的基础

讲到用人标准．从人本管理的角度看，人人都是人才，就看放的是不是地方。这是一个人岗匹配的问题。这就像木头，粗的可以做梁，细的可以做椽，浑身疙瘩的还可以做柴火……人也是这样，不同的岗位有不同的人才需求，不同的人才有不同的岗位适应性。

——牛根生

预期目标

通过本章的学习，可以掌握以下知识与技能：

- 职务分析和职务设计的基本程序和方法
- 职务说明书的编写
- 职位分类及相关概念、职位分类的程序和方法

蒙牛选才"三合论"

什么样的人可称为人才呢？蒙牛说，所谓人才，就是合适时间、合适地点的合适人选，即最适合岗位的人员。离开岗位谈人才，就像离开矛谈盾，离开船谈帆，离开脚谈鞋，并无实际意义。

可见，企业招聘人才首要的出发点是：是否适合岗位。适合才是最重要的，适合岗位需求才是最关键的。只有合适时间、合适地点、合适岗位的人，才能称为人才，才是企业所需的有用之材。如果不满足这"三合"，即使有高学历、高素质、丰富的经验，也无法为企业所用，无法给企业创造价值。

一个企业所应该做到的，就是让员工的能力和目标岗位所需要的才能相匹配，即量才

任职，能岗匹配。量才任职、能岗匹配遵循的核心原则是：最优的不一定是最匹配的，最匹配的才是最优选择。即职得其才，才得其职，才职匹配，效果最优。

那么，企业怎样才能做到选才“三合”呢？

首先，要明确自己的岗位需求，杜绝乱点鸳鸯谱的行为。其次，防止短视，避免识人、用人局限于高文凭、高素质等，要本着能岗匹配的选拔原则。再次，用人之长，知人善任。做到以上三点，人才就将变成企业活的资源，成为企业持续发展的力量源泉。

让合适的人做合适的事，远比制定一项新的战略更为重要。蒙牛正是这样做的。

在蒙牛，卫生工被奉为最尽职守的典范性人才。牛根生曾对《新民晚报》记者说：“我们厂子选卫生工，肯定不能选择文化程度太高的，也不能选择家庭条件特别好的。我们选择的都是老实厚道的农村妇女，她们为能得到这份旱涝保收的工作而自豪。结果，那么大的一个厂子，她们一遍一遍不厌其烦地擦呀洗呀，以致工厂里任何一个角落，你戴着白手套摸，都摸不到一点灰尘。……所以，论人才问题，说它复杂吧，著书立说也仅能说个皮毛；说它简单吧，也就一句话：所谓人才，就是合适时间、合适地点的合适人选，也就是最适合岗位的人。”

蒙牛的卫生工虽然文化程度不高，但是他们坚守岗位、尽职尽责，为蒙牛提供了良好的生产环境，为公司树立了干净卫生的良好形象。他们所做的是企业所需要的，也是他们力所能及的。这就是蒙牛倡导的“三合”人才！

实行人力资源规划的依据是对人力需求的分析。而社会组织的人力需求，具体体现为对不同职务任职人员的需求，即社会组织的经营活动需要设立什么职务、设立多少职务，相应地需要什么员工、多少员工。而员工对于社会组织的作用，也是通过他所从事的职务工作体现出来的。因此，职务管理是进行人力资源管理的基础。

职务管理是人力资源管理的一项基础工作，而职务管理又以职务分析为前提。职务分析也就是工作分析，它在职务管理中占有前提性地位。一个社会组织的职务分析状况和成果，既影响到该组织的职务和工作的配置，又影响到不同职务和工作的价值评定，还影响到职务和工作之间的等级和晋升方式。因此，职务分析对人力资源管理具有全面的影响。

第一节 职务分析

职务分析也称工作分析，应用于人力资源管理领域已有很长时间，最早是由“科学管理之父”泰罗于1895年提出的工作时间与动作的研究。后来，对体力劳动者重复性工作的动作和时间研究扩展到对各个领域、各种工作人员的一般工作因素和工作条件分析。现在，职务分析已被作为人力资源管理的基本范畴确定下来，是人力资源管理的重要职能之一。

一、职务分析的含义

对于职务分析,美国劳动部将其定义为"通过观察和研究,确定关于某种特定职务性质的确切情报并向上级报告的一种程序"。

概念*要点

职务分析是对职务工作的性质、内容、责任、方式以及工作人员任职资格等方面进行周密的调查研究,并加以系统准确地描述,为职务管理提供客观依据的活动。

简单地讲,职务分析就是要通过一系列科学的方法,把职务的工作内容和职务对员工的素质要求弄明白。

1. 职务分析的相关要素

职务分析是一种专业性较强的人力资源管理工作,涉及许多相关要素。

第一,工作要素。工作要素是工作活动的最小单位,包含以下三层意思:一是细分和描述工作内容的最小元素。二是工作中所包含的身体动作。三是任何工作活动都涉及的一般特征,如工作环境、工作条件等。

第二,工作任务。工作任务是为了完成组织目标而进行的一系列具体行动与事件,通常表现为工作要素的集合。比如秘书打印一份文件、程序员编一个应用软件等,都是一项任务。

第三,工作职责。工作职责指由组织成员担负的一项或多项任务的集合,社会组织成员中的群体或个体有义务完成。

第四,工作职位。工作职位指由一个组织成员在一定时间内所担负的一项或几项相互联系的任务及职责的集合。工作职位就是工作岗位,与组织成员的数量相对应。有多少职位就应该有多少员工。

第五,工作职务。工作职务是由若干相关或相似职位构成的集合,指规定担任的工作或为实现某一目的而从事的明确的工作行为。职务与职位不同,一个职位只有一个员工,一个职务则可能有若干个员工。

第六,工作职业。工作职业指不同时期、不同组织中类似的一组职务,通常要求相似的专业技能,任职者应有一定的职业稳定性。

2. 职务分析的层次

从职务分析的相关要素可见,职务分析要从分析工作要素开始,直到确定工作职务及工作职业,这是一个连续的分析过程。在这一过程中,以工作任务—工作职位—工作职务为基本的三个层次。同时,它们又是以组织结构为前提的,只有确定组织结构才能使职务分析更为有效。

第一,分析工作任务是职务分析过程最基本的一个层次。工作任务是由更低一层次如工作要素、工作行为、工作事件来构成的。

第二,工作任务的归类构成工作职位,是职务分析过程的中间层次。工作职位是社会组织在确定了其组织结构后，为每一个员工规定的工作任务及相应的工作职责的统一。在社会组织中，有一个员工便有一个工作职位。

工作职位（简称职位）指由一个组织成员在一定时间内所担负的一项或几项相互联系的工作任务及工作职责的集合。职位就是工作岗位。

职位具有以下五个特点：① 职位是工作任务与工作责任的集合，是人与事有机结合的基本单位，职位的设定是组织结构细化的必然结果，是人与事互相配合的表现，也是企业运作的基本细胞。② 在某一特定组织里，职位的数量是有限的。职位数量又被称作编制。③ 职位可按不同标准加以分类。④ 职位与人是一一匹配的，某组织中有多少职位，就有多少人。职位一般不随人走，不是终身的，可以是专任，也可以是兼任，可以是常设，也可以是临时的。⑤ 职位通常包含一组技能、知识、经验相似的任务，是组织中的一个岗位。其任务可以是单一的，也可以是较复杂的，这要视组织结构与任务情况而定。

第三，工作职位归类构成工作职务，是职务分析过程的最后层次。一般是由相近的职位归类构成工作职务系列。

职务即工作职务，是由一系列近似的或性质相同的工作职位（岗位）所构成，并规定担任的工作或为实现某一目的而从事的明确的工作行为。

职务和职位最明显区别是，在一个职务上可能安排两个以上的人，但在一个职位上只能安排一个人。如经理是一个职务，副经理也是一个职务，但可能有两个副经理职位。

职务包括职权和责任。职权是依法赋予职位的某种权利，以保证履行职责，完成工作任务。责任是指担任一定职务的人对某一工作的同意或承诺。

进行职务分析时，应根据选择所分析的层次决定分析的内容。一般来说，只要收集到职位层次的数据就可以了。在实际工作中，应收集到哪一层次的信息，要根据工作分析的特定目的和所要解决的问题而定。同时，也要考虑职务分析所耗用的时间和其他成本。

3. 职务分析的内容

职务分析包括职务调查和职务描述。

职务调查即对职务工作进行系统的调研，可以从两个方面着手：一是从这一职务的职责要求出发，对这一职务进行分析和解释；二是从正在从事这一职务的员工的实际工作入手，对这一职务进行概括和整理。

职务调查的对象和内容可以分析概括为7W，即工作主体（Who），说明谁来完成这项职务；工作内容（What），说明这项职务具体做什么事情；工作时间（When），说明职务时间的安排；工作地点（Where），说明职务地点在哪里；工作方式（How），说明他是如何完成职务的；工作原因（Why），说明他为什么工作（职务的意义是什么）；工作关系（For Who），说明他在为谁工作。

职务描述也称工作描述，是指对职务调查的结果进行总结和调整，并加以规范性界定，用以说明工作的范围、任务、责任、权力、功能、工作关系和工作环境等。一般而言，职务描述包括以下内容：工作名称及主要任务；工作职责和职权，包括预先制定的执行标准；工作关系，包括业务关系、监督关系、汇报关系、人际关系等；工作的步骤、程序及所用设备；工作的条件，包括光线、温度、湿度、安全情况等；工作的社会环境，包括工作时间、聘用方式、工资结构及给付方式、福利、培训及晋升的情况等。

4. 职务分析的目的

一项职务工作的完成，有资源的输入、程序的转化和成果的输出，还有各种关联因素。职务分析的目的，是要说明职务工作中的这些环节的特征：

第一，要说明工作的输入特征。即为了获得工作成果，应当输入什么内容，包括物质、信息、规范、条件等，这是规定工作来源和工作条件的基础。

第二，要说明工作的转换特征。即一项工作是如何从输入转换为输出的，转化的程序、技术、方法是什么，在转换过程中人的行为、活动有哪些，这是规定工作方式的基础。

第三，要说明工作的输出特征。即一项工作的最终成果表现形式，如产品、劳务等的输出，这是规定工作任务和工作责任的基础，也是确定工作绩效标准的必要前提。

第四，要说明工作的关联待征。即每个职务在组织中的位置是什么，职责职权是什么，工作对人的体力、智力有什么要求，这是规定工作关系和任职资格的基础。

二、职务分析的作用

职务分析对于人力资源管理具有非常重要的作用，人力资源管理的每一项工作，几乎都需要用到职务分析的结果。职务分析有如下用途：

1. 为招聘与录用建立甄选标准

职务分析最广泛的用途是用来建立甄选标准，根据职务分析所得的资料，可以明确一项工作的具体内容，以及该工作与其他工作的关系，从而制定出从事这项工作的人员所必需的任职资格，如学历、年龄、技能、特殊要求等。这些是顺利履行某项职务工作人员应具备的基本条件，因而成为甄选的标准。人事甄选必须确保申请工作者的特征和工作的要求相符合，而职务分析在两个主要方面对甄选提供帮助：首先，它可以使工作的特征和所需要的人的特征相一致；其次，它还可以帮助找出原有甄选程序的缺陷。虽然实施职务分析并不能百分之百地保证甄选的准确性，但如果没有它，建立合适的甄选标准的可能性就会大大降低。

2. 为培训开发提供信息

通过职务分析，可以明确从事一项工作所必备的知识、技能、资格要求，把握员工目前能力与职务工作要求之间的差距，确定培训工作方案、培训内容和受培训人员，评估培训效果等。社会组织通常是要对员工进行定向培训的。对员工来说，有的培训只包括有关本公司政策和工作程序的基本知识，有的还必须接受工作技能培训。职务分析可以提供有关工作内容和任职人员条件等完备的信息、资料，使人力资源管理部门可据此制订出培训计划，对员工开展在职培训或其他培训活动。

3. 提供时间与动作研究的相关信息

在工作体系确立后，社会组织就会在保持质量的同时寻求办法提高产量。为达到这一目的，社会组织求助于工程和效率专家。这些专家所使用的基本工具之一就是时间动作研究。所谓时间与动作研究就是通过观察、研究、分析工作任务以及完成每项工作所需要的时间，找到完成该项工作最好的途径。作为时间和动作研究的一个基本条件，职务分析被用来确定所要研究的任务，为时间和动作研究提供各种有关工作的信息。

4. 为工作评价提供标准

所谓工作评价就是确定每个工作对于企业的相对价值,并对不同工作进行比较,从而确定每个工作的货币价值。工作评价活动只有根据职务分析所获得的工作资料才能准确地判断各工作的相对价值量,才能制定工资标准。因此,工作分析是工作评价的基础和标准。

5. 提供绩效考评的标准

大多数社会组织都要求对他们的员工每年至少考评一次,成功的考评应该具备两个条件:一是上级和下级必须理解工作的要求;二是考评必须是有效的。这就意味着绩效考评必须有一个客观、合理的考评标准,而职务分析恰好能为管理人员提供这样一种评定员工工作绩效的客观标准,使考评做到公正客观。

6. 提供人员晋升和流动的信息

职务分析提供了各工作相互关系的信息,为合理地安排人员晋升、流动奠定了基础。

7. 提供职业安全与健康的信息

依据职务分析中对工作环境的分析结果,可以提供职业安全与健康的信息、预先发现可能发生危险的场所或设施,并针对这些潜在的危险采取适当措施,消除或减少职务伤害如职业病的发生,搞好职业安全与健康管理工作。

8. 健全组织人力资源制度的基础条件

职务分析对各项工作的职责和权力作出了明确的说明。由于这种说明以事实为根据,使社会组织内部上下员工对工作有更深的了解,这样就避免了不必要的冲突。人力资源部门又可依据职务分析资料,制定合理的晋升、考评等人力资源制度,贯彻人力资源政策,有利于社会组织进行规范管理,从整体上提高社会组织的管理水平。

三、职务分析的步骤

职务分析是一个全面的评价过程,这个过程可以分为四个阶段:准备阶段、调查阶段、分析阶段和完成阶段,这四个阶段相互联系、相互影响,如图4-1所示。

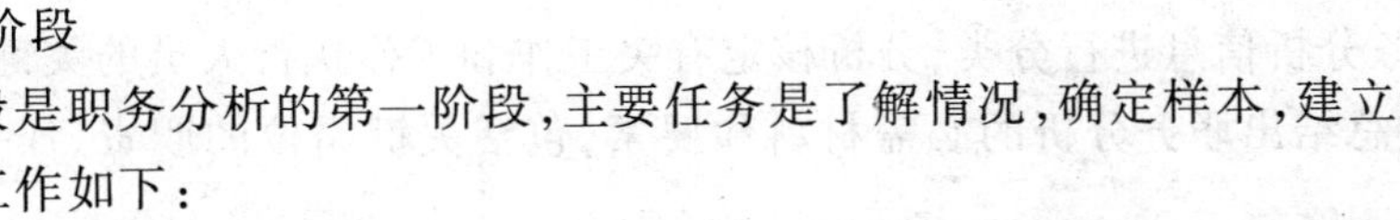

图4-1 职务分析各阶段的关系

1. 准备阶段

准备阶段是职务分析的第一阶段,主要任务是了解情况,确定样本,建立关系,组成工作小组。具体工作如下:

(1) 明确职务分析的意义、目的、方法及步骤,特别要明确职务分析的目的。在开始职务分析之前,要明确职务分析的结果将用在什么地方,即明确职务分析的目的。职务分析的目的决定着需要收集的信息类别及范围,以及使用哪些技术和工具来收集信息。例如,编写职位说明书和为空缺岗位甄选员工时,访谈法往往比较有效,可以通过让正在职位上工作的员工说出他们工作的内容、承担的职责和拥有的职权。如果分析结果是为薪资管理提供依据,问卷法更为合适。因为通过问卷的量化处理,可以明确各个职位的相对价值。

(2) 向有关人员做宣传和解释;与职务分析有关的员工建立良好的人际关系,并使他们作好积极的心理准备;以精简、高效为原则,组成工作小组。职务分析是一门技术性很强的工作,一般应由专业人员操作。如果企业人力资源部门的专业技能比较高,可以由该部门负责进行。如果人手不够或技术方面有所欠缺,则需要由外聘的管理咨询小组进行。参与职务分析的人员应当既有理论知识,又有实践经验,以便同调查分析对象进行良好的沟通。

(3) 确定调查和分析对象的样本,同时还应考虑样本的代表性;把各项工作分解成若干工作元素和环节,确定工作的基本难度。社会组织中的职务很多,其中有许多职务的工作任务、性质、权责相似,如果都一一加以分析,不仅费时费力,而且收效不一定好。采用样本分析法可以从中选出有代表性职务进行分析,这种分析是很有必要的。

2. 调查阶段

调查阶段是职务分析的第二个阶段,主要任务是对工作的整个过程、工作环境、工作内容和工作人员等主要方面作一个全面的调查,具体工作如下:

(1) 编制各种调查问卷和提纲,灵活运用各种调查方法,如面谈法、问卷法、观察法、参与法、实验法、关键事件法等。

(2) 广泛收集有关工作的特征以及需要的各种数据。首先需要明确信息收集的范围。不同的职务分析目的,需要涉及不同范围的信息。如果职务分析的目的是对职务进行调整和改进,则比仅以描述职责为目的的职务分析涉及的信息范围宽很多。一般来说,在职务分析中,除了了解职务工作本身状况外,了解组织结构图和业务流程图是很重要的。组织结构图显示了特定职务与组织其他职务的关系,能够刻画出该职务在工作体系中的地位及其上下左右的关系。业务流程图则可以反映出每一个职务的业务范围、信息、资源的流进和流出,能动态地反映出职务的特点。

3. 分析阶段

分析阶段是职务分析的第三个阶段,主要任务是对有关工作特征和工作人员特征的调查结果进行深入全面的分析。在实际操作中,收集职务分析的信息、对这些信息进行分析是同时进行的。分析阶段的具体工作如下:

(1) 仔细审核已收集到的各种信息,对各种工作特征和工作人员特征的重要性和发生频率等作出等级评定。

(2) 对职务分析信息进行分类,分析核定有关工作和工作执行人员的关键成分。

(3) 归纳、总结出职务分析的必需材料和要素,包括关键岗位的职责、任务、工作关系、职务范围等。

(4) 针对职务分析提出的问题,提出改进建议,重新划分工作范围、内容、职责,确保所提出的问题都得到解决。

4. 完成阶段

完成阶段是职务分析的最后阶段,前三个阶段的工作都是以达到此阶段为目标。此阶段的任务就是根据规范和信息编制出职务说明书和结果应用。具体工作如下：

（1）编写职务说明书。职务分析的成果,表现为编写职务说明书。职务说明书的内容包括工作概况、详细的工作职责及明确的工作要求,还有任职者的资格等。最重要的是,对这些项目和内容都要叙述得清楚明了且细致具体,以便为员工更好地完成任务提供有效的信息。

（2）结果应用。根据职务分析的结果,制定人力资源管理的各种应用性文件,如招聘录用文件、人员培训文件、考核标准、薪酬规划文件等,并使培训文件的使用者,如管理者和各个工作岗位上的人员能够了解职务说明书中的内容和工作分析的各种文件,并按照文件的具体规定实施管理和工作,使工作分析的成果运用到实际工作中去。这也可以加强社会组织的管理和员工的自我管理。

四、职务说明书的编写

职务分析成果的表达一般采用职务说明书的形式。职务说明书是用文件形式来表达工作分析的结果,其基本内容包括工作说明和工作规范。工作说明描述有关工作的特征,工作规范说明对从事工作的人的具体要求。职务说明书概括了工作和任职者两方面的信息。职务说明书在管理人员对下属进行工作指导、工作监督,对人员进行选拔培训和对组织进行业务流程再设计时,都有极为重要的作用。

1. 职务说明书的内容

职务分析的结果常以职务说明书的形式确认。职务说明书又称工作说明书,是职务管理的规范性文件。职务说明书并无固定模式,可以根据工作分析的目的和实际需要设计有关内容与格式,但其基本内容或核心要素是一致的。职务说明书包括工作说明和工作规范。一般情况下,工作规范可以包括在工作说明中,也可以单独编写。

（1）工作说明

工作说明又称职务或工作描述,是指一种提供有关职务工作任务、工作职责等方面信息的文件。它所提供的这些信息应该是切实的、准确的,并且应该能够简要地说明公司期望员工做些什么,还应该确切地指出员工应该做什么,应该怎么做和在什么样的情况下履行职责。

工作说明的基本内容包括：

第一,工作识别,又称工作标识,包括工作名称和工作地位。工作地位主要指所属的工作部门、直接上级职位、工作等级、工资水平、所辖人数、定员人数、工作地点、工作时间等。

第二,工作编号,又称岗位编号、工作代码。一般按工作评估与分析的结果对工作进行编码,目的在于快速查找所有的工作。社会组织中的每一种工作都应当有一个代码,这些代码代表了工作的一些重要特征,比如工资等级等。

第三,工作概要,是对工作性质和任务的高度概括和简要描述,也是职务说明书的基本要素,一般用一句话对职务的工作内容进行简明扼要的描述。如企业人力资源部负责人的工作概要,可能是“为企业吸引、开发和管理人力资源”。工作概要恰当与否,决定着一份职务说明书的质量。在叙述工作概要时,应遵循以下要求：简明扼要,尽量用一句话表达；明确指出工作的基本目的和这样做的原因；尽量避免将工作的具体任务、方式等细节写进去。

第四,工作职责,是该职务(位)有义务完成的工作内容。职责的界定可以从两个角度入手,一是通过行为分析,描述这一职位做什么,是一种写实性的界定;二是通过任务分析,确定组织设立这一职位的原因及具体要求,是一种规范性的界定。对工作职责的确定,是职务说明书的中心内容。工作职责应逐条指明工作的主要职责、工作任务、工作权限等。为使信息最大化,工作职责应在时间和重要性方面实行优化,指出每项职责的分量或价值。

第五,工作关系,又称工作联系,指任职者与组织内外其他人之间的关系。这包括:该工作受谁监督,此工作监督谁,此工作可晋升的职位、可转换的职位以及可迁移至此的职位,与哪些部门的职位发生联系等。

第六,工作方式,指履行工作职责的行为方式,如所需要的相应设备和工具,所需要的一定操作程序,所需要向企业中其他部门、其他人员发生的协作关系,所需要的相应权力等。

第七,工作条件与工作环境。工作条件主要包括任职者主要应用的设备名称和运用信息资料的形式。工作环境包括工作场所、工作环境的危险性、职业病、工作的时间、工作的均衡性(一年中是否有集中的时间特别繁忙或特别闲暇)、工作环境的舒适度等。

第八,工作的绩效标准。有些工作说明书中还需包括有关绩效标准的内容,即完成某些任务所要达到的标准。

第九,任职资格。这是对担任该职位的工作者提出的素质和能力方面的要求,包括体力、智力、技能、经验等。

(2) 工作规范

工作规范又称任职要求,是一个人为了完成某种特定的工作所必须具备的知识、技能、能力以及其他特征的具体规定。知识指的是为了成功地完成某项工作任务而必须掌握的事实性或程序性信息,技能指的是一个人在完成某项特定的工作任务方面所具备的熟练水平,能力指的是一个人所拥有的比较通用的且具有持久性的才能。其他特征主要是指一些性格特征等。这些知识、技能、能力以及其他特征是对该项工作的任职者的基本要求。

从本质上看,工作规范是对职务任职资格的具体规定。工作规范是职务说明书的组成部分。由于职务分析的基本目的之一是为选择该职务的合适人员提供依据,因此职务任职资格的确定具有特别重要的意义。对职务说明书中任职资格的内容专门界定,建立职务规范,正是应此需要而产生的。

工作规范的内容主要包括:

第一,一般要求。包括年龄、性别、学历等。

第二,生理要求。包括健康状况、力量与体力、运动的灵活性、感觉器官的灵敏度等,其中体力要求比较重要。体力要求指职务对于任职者体能方面的要求和限制,体力要求可以用身体活动的方式、频率和负重程度衡量,如负重多少公斤、每天多少次等,还应当考虑到人的身体适应范围,如弯腰对腰部的要求,站立对足部的要求等。

第三,心理要求。包括观察能力、集中能力、记忆能力、理解能力、学习能力、解决问题能力、创造性、数学计算能力、语言表达能力、决策能力、交际能力、性格、气质，兴趣、爱好、态度、事业心、合作性、领导能力等。以上这些要求也可以从四个方面考察：① 自主能力，即独立地进行分析和决策的能力。② 判断能力，即从原始信息中引出结论的能力。③ 应变能力即处理突发事件的能力。④ 敏感能力即捕捉信息加以处理的能力。

第四，工作经验和技能水平。工作经验指从事类似工作的实践体验。某些职务对工作经验的要求特别严，如那些工作技能难以通过理论和语言传递的职位。技能水平指工作人员从事特殊职务工作的专门技术，是一般能力与职务工作要求相结合的产物，通常体现为职业技能。

相应案例

某企业公共关系部公共关系专员工作规范

职位名称：公共关系专员

所属部门：公共关系部

直接上级职务：公共关系部经理

职务代码：XL-HR-021

工资等级：9—13

（一）生理要求

年龄：23—35 岁　　性别：不限

身高：女性，1.55—1.70 米　　男性，1.60—1.85 米

体重：与身高成比例，在合理的范围内就可

听力：正常　　视力：矫正视力正常健康状况：无残疾、无传染病

外貌：无畸形，出众更佳　　声音：普通话发音标准，语音和语速正常

（二）知识和技能要求

1. 学历要求：本科以上，需从事专业 3 年以上。

2. 工作经验：3 年以上大型企业工作经验。

3. 专业背景要求：曾从事公共关系工作 2 年以上。

4. 英文水平：达到国家四级水平。

5. 计算机：熟练使用 Windows 和 MS office 系列。

（三）特殊才能要求

1. 语言表达能力：能够清晰、准确、生动地介绍企业情况，并准确巧妙地解答各种问题。

2. 文字表达能力：能快速、准确地将希望表达的内容用文字表现出来，对文字描述很敏感。

3. 工作认真，能细心保管好各类材料。

4. 有较好的处理人际关系的能力。

（四）其他要求

1. 能够随时准备出差。

2. 不可请一个月以上的假期。

工作说明和工作规范可以采用文字描述的形式,也可有表格的形式,有时两者合并为一份“职务说明书”。

2. 职务说明书的编写要求

职务说明书在管理中的地位极为重要,不但可以帮助任职人员了解其工作,明确其责任范围,还可为管理者的某些重要决策提供参考。因此,编写职务说明书是每一个管理者都应当具备的技能。职务说明书的制定体现了管理者对于相关职务的了解和控制水平。

职务说明书是人力资源管理的基础性文件,编写时应遵循以下几项原则:

(1) 统一规范

职务说明书的具体形式可能有多种,但其核心内容却不应当改变。对于职务说明书中的重要项目,如名称、工作概要、职责、任职资格等,必须建立统一的格式要求,否则职务说明书难以发挥职务管理作用。

(2) 清晰、具体、简明

职务说明书是任职者的工作依据和具体要求,内容必须清晰、具体、简明,使任职者或监督者可以理解、可以操作、可以反馈。

第一,清晰。职务说明书对工作的描述要清楚透彻,任职人员阅读以后,无须询问其他人就可以明白其工作内容、工作程序与工作要求等,应避免使用原则性的评价,比较难以理解的专业性词汇要解释清楚。

第二,具体。职务说明书在说明工作的种类、复杂程度、任职者须具备的技能、任职者对工作各方面应负责任的程度这些问题时,应尽量使用具体的动词,如“分析”、“搜集”、“召集”、“计划”、“分解”、“引导”、“运输”、“转交”、“维持”、“监督”、“推荐”等。一般地,组织中较低职位的任务最为具体,职务说明书中的描述也最具体。

第三,简明。职务说明书在界定职位时,要确保指明工作的范围和性质,如用“为本部门”、“按照经理的要求”这样的句式来说明。此外,还要把所有重要的工作关系也包括进来。在囊括了所有基本工作要素的前提下,职务说明书的文字描述应简明扼要。语言方面应符合任职者的水平,不能让人看不懂。

(3) 共同参与

职务说明书和职务规范的编写不应当闭门造车,而应由担任该职务的工作人员、上级主管、人力资源专业工作者共同分析协商。只有将各方面的意见考虑在内,制定出来的说明书才会为各方面所接受,才能发挥作用。

(4) 职务说明书范例

职务说明书范例一

职务说明书

工作名称：
直接上级：
直接下属：
主要责任：　　　　　　　占总工作时间的百分比
具体任务：　　　　　　　频　　率
具体任务：　　　　　　　频　　率
具体任务：　　　　　　　频　　率
具体任务：　　　　　　　频　　率
该岗位需要使用哪些特殊的设备或工具？
该岗位和公司中其他岗位有何联系？
该岗位的工作条件描述？
一般工作时间：
加班要求：
出差要求；
该岗位的特殊条件或要求：

职务说明书范例二

工作说明书

部门	办公室	职等	七	职位	办事员	职系	行政管理

工作内容：负责公司人事及总务管理事项
1. 人员招聘与训练
2. 人事资料登记与整理
3. 人事资料统计
4. 员工请假、考勤管理
5. 人事管理规章草拟
6. 人员之任免、调动、奖惩、考核、薪金等事项办理
7. 劳动保险加退保与理赔事宜
8. 文体活动与员工福利事项办理
9. 员工各种证明书的核发
10. 文具、设备、事务用品的预算、采购、修缮、管理
11. 办公环境安全及卫生管理工作
12. 公司文书、信件等的收发事宜
13. 书报杂志的订购与管理
14. 接待来访人员

职务资格：
1. 专科毕业，曾任人事及总务工作 2 年以上
2. 高中毕业曾任人事、总务工作 6 年以上
3. 现任分类职位 7 职等以上
4. 具有高度服务精神与善于处理人际关系者
5. 男性为佳，女性亦可

职务说明书范例三

职称	职系	工资等级	工资水平	定员	所属部门	分析日期	分析人

工作说明			工作执行人员的资格条件		
工作概要				执行工作的条件	需求程度
			智力条件	基础知识	
				作业知识	
工作时间	1. 正常班(实际劳动时间　小时) 2. 早到(约　　分) 3. 加班(约　　小时/周) 4. 轮班			规划能力	
				注意力	
				判断能力	
				语言能力	
工作姿势	1. 坐(　%)　2. 立(　%)			领导能力	
	3. 走动(　%)　4. 蹲　弯腰(　%)			控制能力	
工作程序及方法	1.　　　(%) 2.　　　(%) 3.　　　(%) 4.　　　(%)		身体条件	体力	
				运动能力	
				手眼配合能力	
				效应	
工作环境	粉尘		身体疲劳程度		
	温度		精神疲劳程度		
			熟练期		
	湿度		经验	同类工作	年
	毒物			相关工作	年
	异味			1	年
	污秽			2	年
	噪声			3	年
	危险性			4	年
使用设备：			备注：		

职务说明书范例四

岗位名称	人力资源部经理	所属部门	人力资源部
直接主管	公司总(副总)经理		
直接下属	人力资源专员		

工作目的

为了保证企业人力资源的持续发展，为管理者提供人力资源管理服务和支持，在国家有关企业人力资源管理的政策法规和企业人力资源政策的指引下，领导人力资源部建立和健全人力资源开发和管理体系，组织实施人力资源管理的各项工作

（续表）

岗位名称	人力资源部经理	所属部门	人力资源部
工作职责		衡量标准	
1. 拟定人力资源规划和人力资源管理规范		人员管理的各项工作有章可循	
2. 建立人力资源管理体系、机制，并组织人力资源管理的各项工作的开展、实施 (1) 实施工作分析，确定岗位与岗位编制 (2) 建立人员招聘体系与人才库 (3) 建立与完善绩效考核体系 (4) 建立与完善薪酬福利体系 (5) 建立与完善人员培训与发展体系		企业经营活动能得到持续、有效的人力资源支持	
3. 为有关部门提供人力资源状况信息		信息提供及时、准确，收集其他部门的反馈	
4. 对本部门员工进行任务的分派、工作指导、监督、考核和人员调配		部门内员工的绩效	
重要工作联系 1. 公司内部：各部门 2. 公司外部：相关研究咨询机构			
该职位的晋升、轮换和替代 1. 该职位可以晋升为公司副总经理，可以由人力资源专员晋升而至 2. 该职位可以由管人事的公司副总经理临时替代			
工作权限 1. 财务权限： (1) 日常报销：对人力资源部预算内日常报销金额小于　　元的可进行审批，对于超过此金额或预算外的日常报销可先行报批 (2) 大额资金使用：对人力资源部预算内大额资金使用小于　　元的可进行审批，对于超过此金额或预算外的资金使用可先行报批 (3) 办公用品申购：对人力资源部预算内办公用品申购金额小于　　元的可进行审批，对于超过此金额或预算外的办公用品申请购买可先行报批 2. 人事权限： (1) 薪资变更：对人力资源部基层员工的薪资变更具有审批权 (2) 绩效考核：对人力资源部基层员工的绩效考核具有执行仅 (3) 请假：对人力资源部内基层员工少于 天的请假申请具有审批权 3. 业务权限： 对于人力资源部管理制度的执行情况实施监督			
任职者基本要求 1. 所需知识技能 (1) 人力资源管理、组织管理的有关知识与操作技能 (2) 了解国家有关人事管理政策 2. 教育培训 (1) 大学本科及以上学历，人力资源管理相关专业 (2) 接受过有关人力资源管理的各项培训 3. 经验 (1) 相关工作经验五年以上 (2) 任过本部门的副职二年以上			

第二节 职务设计

职务分析与职务设计有着密切而直接的关系。职务分析的目的是明确所要完成的任务以及完成这些任务所需要的人的特点，而职务设计则要明确工作要求与员工要求之间的关系，以及如何做才能最大限度地提高效率和满足员工成长及个人利益的需求。

职务设计的前提是对工作职务要求、人员要求和个人能力的了解。职务设计的最终成果也要在职务说明书和职务规范中体现出来(见职务说明书范例四)。这就说明，职务设计与职务分析是同一个过程的两个方面，职务设计既可以在职务分析之后进行，也可与职务分析同步进行。现实中还有大量职务设计的成果会直接反映在具体的人力资源管理操作中。

一、职务设计的含义

概念*要点

职务设计亦称工作设计，是指为了有效地达到组织目标与满足个人需要而进行的关于工作内容、工作职能和工作关系的设计。职务设计是根据组织需要并兼顾个人需要，规定某个职务的任务、责任、权力以及在组织中与其他职务关系的过程。

职务设计与职务分析不同，职务分析是对现有职位的描述，而职务设计是对现有职务工作规范的认定、修改或对新设职务的完整描述。它需要利用职务分析的信息。

从实质上讲，职务设计是为了有效地达到组织目标与满足个人需要，对有关的职务工作内容、工作职能和工作关系进行的设计或再设计。在实际工作中，由于原有的职业规范已不适应组织目标、任务和体制的要求，或由于现有人力资源在一定时期内难以达到职务规范的要求，或由于员工的精神需求与按组织效率原则拟定的职务规范发生冲突时，都需要重新进行职务的设计，以满足新的组织目标的需要。

一般来说，职务设计既要根据组织需要，又要兼顾个人需要，来规定某个职务的任务、责任、权力以及在组织中与其他职务的关系。这种设计的好坏对工作绩效有直接影响。

二、职务设计内容

职务设计的主要内容包括：工作内容、工作职能、工作关系、工作结果及反馈。

1. 工作内容的设计

工作内容的设计是职务设计的关键。它包括四个最基本的要素。

第一，工作技能的多样性，即在完成任务的过程中，进行不同活动及发挥工作人员各种技能和才能的程度。这强调要让员工感到有用武之地、有创造发展的可能性和前途。

第二，工作的整体性，即工作具有的完整性和各部分工作的整体性程度。这强调要让员工感到是在完成一项具有可见成果的工作，即使是流程中的某一阶段性工作，也要有完整性。

第三,工作的自主性,即工作所具有的自由度、独立性以及下级或个人在安排工作中或完成任务中所具有的决定工作程序的自主权大小的程度。这一要素对下级或个人的影响很大,与一个组织有无活力有很大关系。

第四,工作的重要性,即特定工作对员工的生活和工作具有实质性影响的程度。我们平时感受到的喜欢从事某种工作或不喜欢从事某种工作的心情,就说明了那种工作有无吸引力,对自己是否最重要。

2. 工作职能的设计

工作职能的设计包括每项工作的基本要求和方法的设计,有五个基本方面,即工作的责任、权限、信息沟通方式、工作方法和协作要求。

第一,工作责任的设计。包括工作任务的分配、职责范围以及与其他工作责任的系统关系。

第二,工作权限的设计。包括工作本身所具有的权力及其强弱程度,它与工作责任是联系在一起的。

第三,信息沟通方式的设计。这是工作职能设计的一个重要方面,它包括垂直沟通、平行沟通、斜向沟通等形式。没有这一要素的设计,整个指挥、协调、控制系统就可能失灵。

第四,工作方法的设计。它包括组织内工作系统的控制及领导的工作方法,下级或个人工作方法的设计等方面。不同的工作性质及职能要求具有不同的工作方法,在这方面需要有更多的灵活性和弹性,不能强求一律。在有些工作程序不很规范的组织里,可以灵活采用有利于实现组织目标,完成工作职责的工作方法。

第五,协作要求的设计。在这方面要从系统观念出发,认识到工作职能系统本身就是一个协作的系统,离开协作,组织目标的实现就要受到影响。因此,在协作设计上要考虑工作职能要求协作的程度、方式以及发展协作的形式等方面。

3. 工作关系的设计

工作关系的设计是指个人在工作中所发生的人与人的关系,建立友谊的机会和集体工作的要求等方面的设计。包括工作中部门与部门之间,人与人之间关系的设计。

部门与部门之间的关系设计,主要是指部门间在工作中的地位关系和协作关系两个方面。地位关系有隶属关系、平行关系、斜向职能管理关系等形式。比如,工厂内的车间与车间之间是平行的工作关系,车间与厂是隶属的工作关系,车间与质量、材料、技术、监督等部门则是职能管理的工作关系。而协作关系则是体现部门之间的工作关系的重要方面。

工作中人与人之间关系的设计,主要包括个人在工作中与他人相互联系和交往的范围,以及能够提供员工之间建立友谊的机会。实践证明,一种工作能够使员工之间有多大程度的联系和交往范围,对员工的工作情绪、生活情趣、相互关系具有很大的影响。如果工作本身能够满足员工这些方面的需要,那么就会调动员工的工作积极性和责任感,提高工作效率。因此,工作关系的设计必须重视和强调人的关系的设计,把人的关系作为工作关系的一项重要内容来认识、来对待。

4. 工作结果及反馈的设计

工作结果及反馈的设计包括两个方面:工作结果的设计和工作结果反馈的设计。

工作结果的设计是指对工作的成绩与效果的高低设计。它包括工作绩效和工作者的反应。前者是工作任务完成所达到的数量、质量和效率等具体指标，后者是指工作者对工作的满意程度、出勤率和离职率等。

工作结果反馈的设计，主要指在完成工作任务中，下级或个人能够得到关于活动效果反馈的设计。它包括反馈的直接性、清晰性以及反馈程序、层次、范围等内容。一般从两个方面设计：一是工作本身的反馈，即工作的数量、质量、效率等；二是上级、同级或周围同事的反馈意见。这两方面结合在一起就是工作报酬和奖惩的反馈。

以上有关工作内容设计的四个要素是一个有机的整体，无论哪一要素的设计上出现问题，都会影响到整个工作内容设计的整体效果。

一个好的职务设计可以减少单调重复性工作的不良效应，而且还有利于建立整体性的工作系统，此外可以为充分发挥劳动者的主动性和创造性提供更多的机会。

三、职务设计的影响因素

职务设计的影响因素有三个方面：

1. 环境因素

主要包括人力资源和社会期望。职务设计必须充分考虑到人力的供应问题以及人力的满足欲望。

第一，人力资源是指职务设计要考虑到能找到足够数量和质量的合格人员。如福特设计汽车装配线时，考虑到当时大多数潜在劳动力缺乏汽车生产经验，因而把职务设计得比较简单。

第二，社会期望是指人们希望通过工作满足什么。在工业化初期，由于城市找工作不容易，许多人可以接受长时间、体力消耗大的工作，但随着文化教育水平的提高，人们对工作生活质量有了更高的期望，单纯从工作效率、工作流程的考虑组织效率往往欲速不达。所以在职务设计时，也必须同时考虑人的需要方面的诸多要求和特点。

2. 组织因素

主要包括专业化、工作流程及工作习惯。这也是职务设计必须充分考虑的内容。

第一，专业化。就是按照所需工作时间最短、所需努力最少的原则分解工作，结果是形成很小的工作循环。

第二，工作流程。主要是指在相互协作的工作团体中，需要考虑每个岗位负荷的均衡性问题，以便保证不出现任何等待停留问题，以确保工作的连续性。

第三，工作习惯。这是指在长期工作实践中形成的传统工作方式，反映工作集体的愿望，这是职务设计过程中往往不可忽视的制约因素。

3. 行为因素

行为科学研究提醒人们，职务设计不能只考虑效率因素，还应当考虑满足工作人员的个人需要。行为因素包括以下几方面：

第一，多样性。多样性有两方面，一是指人具备做不同工作的多种技能，二是指某工作需使用不同的技巧和能力。如果工作缺乏多样性，就会导致人厌烦，引起疲劳，产生失误。研究表明，通过在职务中加入多样性，如工作变换，可以对工作产生积极作用，能减少厌烦，减轻疲劳，减少失误，提高工作效率，还能提高员工满意度，增强员工对工作的自信心。

第二,整体性。整体性是指做完整工作的机会。某些职务的主要问题是缺乏任务的完整性和一体化,员工缺少参与完整工作的机会,从而造成他们几乎毫无责任感及完成本职工作后的成就感。只有当任务的组成能使员工感到自己做出了可以看得到的贡献,工作的满意程度才会大大提高。

第三,亘要性。重要性是指工作对其他人的生活或工作的影响程度。当员工知道自己所从事的该项工作对于组织内部或外部的其他人是重要的,从而使得职务对员工来说更有意义。因为他们知道其他人正依赖自己的工作,因而加强了自身重要性的感觉,因此产生自豪和满意,进而激励出较好的工作绩效。

第四,自主性。自主性指在从事工作的责任范围内,人们有自由对环境和条件作出自己的反应的权力。在工作中员工如果缺乏自主权则可能引致员工的冷淡及低绩效。而在工作中给予员工一定的决策权力,或提供附加责任增强员工自尊受重视的感觉,员工由此产生自信和满足,进而提高工作绩效。

四、职务设计的要求

职务设计要达到以下几方面要求:

1. 提高组织效率

职务设计应有助于发挥人的才能,提高企业组织效率。这就要求职务设计全面权衡经济原则及社会原则,找到一个最佳的结合点,并保证每个人满负荷工作。

2. 符合组织的总目标

全部职务的集合应能顺利完成组织的总目标、总任务,即组织运行所需的每一件事都落实到职务规范中去。为了解决临时出现的任务,在员工的职务规范中往往要加上“完成领导交办的其他事宜”这一条。

3. 职务与人相对应

每个职务规定的任务、责任可以由当时资源条件决定的足量人员担任。假如社会组织需要一个高级财务主管,要求既能处理国际财务问题,又能做出高风险的投资决策,这就要考虑组织内有无合适人选,在社会上招聘要花多大代价,如果因资源约束一时找不到合适的人选,就应适当修改职务规范。

4. 责任体系与总目标相符

全部职务所构成的责任体系应能保证总目标的实现,即组织运行所要达到的每一结果,组织内每一项资产的安全及有效运行都必须明确由哪个职位负责,不能出现责任空缺。

五、工作设计的方法

在进行工作设计时,通常有以下几种方法:

1. 工作轮换法

工作轮换法是一种并不改变工作设计本身,只是为减轻对工作的厌烦感,让员工先后承担不同的但内容很相似的工作,定期从一个岗位转到另一个岗位的方法。日本的企业广泛实行工作轮换,对于管理人员的培养起到很大作用。

工作轮换法有四个好处:一是能使员工比日复一日重复同样的工作更能对工作保持兴

趣;二是为员工提供一个个人行为适应总体工作流程的前景,给员工提供了发展技术和一个较全面地观察和了解整个生产过程的机会,对组织的全局有更好的把握;三是个人增加了对自己的最终成果的认识;四是使员工从原先只能做一项工作的专业人员转变为能做许多工作的多面手。这种方法并不改变职务设计本身,而只是使员工定期从一个职务转到另一个职务,更具挑战性。这样,员工就能有较强的适应能力。员工到一个新的职位。往往有新鲜感,能激励员工做出更大的努力。这种方法对于管理人员的培养有较大意义和作用。

工作轮换法的不足在于:员工实际从事的工作没有真正得到重大改变,这只是一种为了解决员工对这份专业化的单一的重复性工作所产生的厌烦感而采取的在一定范围内作适当的缓冲的方法。轮换后的员工长期在几种常规的简单的工作之间重复交替工作,最终还是会感到单调与厌烦的。

2. 工作丰富法

工作丰富法是一种使员工明确工作意义、取得工作自主权后运用多种技能去全面完整地完成工作任务并得到反馈,从而提高员工积极性的一种方法,它为员工创造了自我发展与成功的机会,也使员工面临新的挑战。

赫茨伯格的双因素理论认为,当工作中缺乏保健因素时,员工会产生不满情绪,而保健因素增加时,员工的不满情绪虽然会被消除,但并不会对员工产生激励。只有当工作内容中如工作的挑战性、自主性、责任、成就等激励因素增强时,才会提高对员工的激励水平,使员工能获取较高的工作绩效。

因此,工作丰富法的核心是体现激励因素的作用,它包括以下几个方面:

第一,增加员工责任,不仅要增加员工生产的责任,还要增加其控制产品质量,保持生产的计划性、连续性及节奏性的责任,使其感到自己有责任完成一件完整的工作。增加员工责任也意味着降低管理控制程度,实现以自我管理、自我控制代替外界控制的转变。

第二,使团队建设与员工工作自主结合起来,在赋予员工一定工作自主权和自由度的基础上,发挥团队作用,强化团队目标,并给员工充分表现自己的机会。通过提高员工的责任心和决策的自主权,进一步突出团队与小组的作用,并使其中每一个成员都能提高其工作的成就感,认识到其工作的意义。

第三,加强考评、奖励和反馈,根据团队或小组员工实现工作目标的程度及时考评,并给予相应的报酬与奖励,同时将有关员工工作绩效的数据及时地反馈给员工,使他们及时看到自己的劳动成果,了解个人的工作绩效,感到被赏识和承认,并认识到集体的力量。这既是形成员工工作满足感的重要因素,又是加强员工自我管理、自我控制的重要方法。

第四,强化培训,为员工提供学习的机会和条件,以满足员工进步和发展的需要。

工作丰富法的具体设计方法有:① 创造员工与产品消费者接触的机会,让员工了解并尽快满足用户的需求;② 在工作再设计中留出机动岗位,使员工能自行安排工作进度;③ 实行弹性工作制,增加灵活性,提高工作生活质量;④ 组合工作任务,使员工能从头到尾装配一个完整的产品等。

工作丰富法是工作的深化,不仅大大丰富了员工个人的工作内容,而且跳出了岗位与任务的框框,使员工能更全面地了解整个生产流程与市场情况,从而提高员工素质。但是,与单纯性的职务设计方法相比,工作丰富法要增加一定的培训费用。

3. 职务扩大法

职务扩大法的目的是改变简单化的高效率工作所带来的单调和枯燥乏味,通过增加职务的工作内容,使员工的工作变化增加,要求更多的知识和技能,从而提高员工的工作兴趣。职务扩大法与工作简单化相对应,是使员工有更多的工作可做。职务扩大法的主要好处是增加了员工的工作满意感和提高了工作质量。

把职务加以扩大的途径主要有两个:纵向工作装载和横向工作装载。"装载"这个名称是指将某种任务和要求纳入工作职位的结构中,是指增加需要更多责任、更多权利、更多裁量权或更多自主权的任务或职责。这也就是从纵向和横向两个方向扩大工作。

纵向工作装载(纵向扩大工作)是将经营管理人员的部分职能转由生产者承担,工作范围沿组织形式的方向垂直扩大。如生产工人参与计划制定,自行决定生产目标、作业程序、操作方法,检验衡量工作质量和数量,并进行经济核算。再如,生产工人不但承担一部分生产任务,还参与产品试验、设计、工艺管理等项技术工作。

横向工作装载(横向扩大工作)的方法有:将分工很细的作业单位合并,由一人负责一道工序改为几个人共同负责几道工序;在单调的作业中增加一些变动因素,分担一部分维修保养、清洗润滑等辅助工作;采用包干负责制,由一个人或一个小组负责一件完整的工作;降低流水线传动速度,延长加工周期,用多项操作代替单项操作,等等。

职务扩大法的局限性在于并没有从根本上解决工人的劳动活动中单调和枯燥乏味的问题。

4. 工作辅助性设计

所谓工作辅助性设计是指没有改变工作本身的内容、构成、范围等,而只是从工作时间上加以调整的设计方法。目前这种设计主要有两种:缩短工作周和弹性工作制。工作辅助性设计改变了员工个人工作时间的严格规定,并在实际上也产生了促进生产率的作用。

第一,缩短工作周。一般是错开工作时间,使得在所有传统工作日都有员工工作。缩短工作周的优点是每周员工开始工作的次数减少,缺勤率和迟到率下降,有助于经济上的节约。对于员工来讲,在路上的时间减少,工作的个人成本下降,工作的满足感提高。缩短工作周的缺点是工作日可能延长,会使工人感到疲劳并可能导致失误。

第二,弹性工作制。做法是:社会组织要求员工在一个核心时间段内必须工作,但是上下班时间由员工自己决定,只要工作时间总量符合要求即可。弹性工作制的优点是员工可以自己掌握工作时间,为实现个人要求与组织要求的一致创造了条件,降低了缺勤率和离职率,提高了工作绩效。对于员工来讲,更能够自主地安排工作,提高工作效率和满足感,得到更多的利益。弹性工作制的缺点是具体工作时间可能延长,会增加企业的公用事业费用,同时对社会组织的管理和监督有更高的要求以确保员工工作时间和效率。

一般的说,对于工作比较独立的专业人员,实行弹性工作制有较多的好处。

以上介绍的各种职务设计方法都有自身的适用范围。不同的社会组织使用的职务设计方法可能不同。在一个组织中,可以对不同层次的员工和不同的工作类别,实行不同的职务设计方法。同时,一个组织可以使用一种职务设计方法,也可以同时使用几种职务设计方法。

第三节　职位分类

职位分类是一项重要的人力资源管理制度,由于它为考试录用、考核奖惩、升迁调转、培训进修、工资福利、编制预算等各项具体的人力资源管理活动提供了科学的指南,所以人们公认它是人力资源管理科学化的基础和象征。职位分类是否科学、合理,是人力资源管理水平的高低的标志。

一、职位分类的含义

概念*要点

所谓职位分类,就是将所有职位,按照其工作性质和行业的不同,从横向上划分若干个职系,再在各个职系中依照工作繁简、难易程度、责任轻重以及所需人员的资格条件,从纵向上划分为若干个职级、职等。

如前所述,职位指由一个组织成员在一定时间内所担负的一项或几项相互联系的任务及职责的集合。职位就是工作岗位。

要进行职位分类,就必然涉及职系、职级、职等的问题,我们必须了解它们在职位分类的地位。

(1) 职系。指工作性质相同的所有职位。一种专门职业就是一个职系,如管理人员职系。

(2) 职级。指同一职系内工作的繁简、责任的轻重与权利的大小、资格条件相近的所有职位。同一职系内的每一个职位都可以归入相应的职级。如某办公室有两个秘书,一个是行政秘书,一个是外事秘书,他们的职责、资格条件相当,故属于同一职级。

(3) 职等。职等是指在各职级中将工作难易程度、责任轻重、权利大小、资格条件等按高低顺序排列出来的档次。如以上两个秘书,如果其中行政秘书从事本工作时间长 5 年,或者负责的工作要多一些,那么,他的职等可能就高一些。

由此可见,职位分类既包括各种职业和专业之间的横向分类,又包括每一种专业内部高低级别之间的纵向分类。

二、职位分类的作用和意义

职位分类的作用主要分为两大方面:一是对宏观人力资源管理的作用;二是对微观人力资源管理的作用。

1. 从对宏观人力资源管理的作用看,职位分类的作用具体有:

(1) 职位分类是人事管理科学化、标准化的重要手段。它有利于控制政府机构、企事业单位的编制,防止机构膨胀、人浮于事和官僚主义。

(2) 有利于加强人事管理的法制建设。职位分类工作完成之后将由国家立法机构制定职位分类法并加以公布，使得职位分类制度的贯彻和实施获得法律保障。

（3）有利于教育部门制定专业设置计划和招生计划，有利于在职人员对口培训和进修。

（4）有助于提高人事统计的正确性和实用性。

（5）有利于系统工程、行为科学、计算机等现代化管理手段在人事管理中的应用和普及。

2. 从对微观人力资源管理的作用看，职位分类的作用具体有：

（1）有利于社会组织科学而合理地选聘人才。由于职级规范中详细规定了职级特征以及担任该职级内职位所应具备的条件和资格，这就提供了"因事设人"、"因事求才"的用人标准，便于科学考核、合理选聘人才。

（2）有利于社会组织劳动定员决策。在确定了业务范围和工作量的前提下，可根据职级规定的每个职位的职责和应完成的任务，合理地安排位置，进行劳动定员决策。

（3）有利于提高员工的工作效率。职位分类的实施，会使所有员工职务明确职责、职权划分，彼此关系清楚。这样，就可避免人浮于事和互相推诿的现象，提高了工作效率。

（4）有利于社会组织正确地进行人才考核和人才决策。职位分类对职责和职权有明确统一的规定，这样便于考核员工，又由于职系、职等、职级的划分，可供社会组织领导任免员工时参考，便于领导作人才任用的决策。

（5）有利于社会组织公平合理地进行劳动报酬分配。因为职位分类按工作性质、繁简难易和责任大小分等级，这正与按劳分配原则相适应，便于做出合理的劳动定额决策和劳动报酬决策。

（6）有利于健全社会组织退休制度。职级规范对各类职位任职人员的身体素质、年龄等都作了明确规定，使员工在岗位上就了解到自己退休的时间，有利于健全退休制度。

职位分类虽然具有上述作用，但也存在着局限性：一是适用范围方面，职位分类比较适用于专业性强的职位，而对于高级领导职位、机密性职位、临时性职位和通用性强的职位，则不太适用。二是进行职位分类，程序繁杂，往往需要动用大量的人力和财力，而且需要富有经验的专家参与，否则难以做好。三是职位分类重事不重人，并规定了工作人员的升迁、调转途径，这在一定程度上妨碍了人的全面发展和人才流动。

从职位分类的作用可以看出职位分类在人力资源管理中具有重要意义。第一，职位分类是人力资源管理法制化的基本前提，是制定人事法规的基本依据之一。通过职位分类，制定"职位说明书"，使得工资管理、考试录用、人员考核、人员升降、人员调动、人员培训、人事预算等工作有可能纳入法制化轨道。第二，职位分类是人力资源管理科学化的基础性工作。职位分类是各级组织科学化、系统化的主要手段。通过职位分类，便于发现组织中存在的各种问题，为解决机构重叠、层次过多、职能交叉、授权不当、人浮于事、责任不清等方面的人事问题明确了改进方向。第三，职位分类是制定就业和招生计划的重要依据，有利于国家、地方和企业、学校进行人才需求预测，有计划地安排招生、招工。第四，职位分类是我国劳动人事制度改革的重要途径。只有创造条件，逐步开展和完善职位分类，才能加强我国及各个社会组织人力资源管理的基础工作，有效地推动其科学化、现代化进程。

三、职位分类的原则

1．系统原则

任何一个完善的组织机构都是相对独立的系统。因此在考虑该组织机构的职位设置时，应从系统论出发，把每一个职位放在该组织系统中，从总体上和相互联系上分析其独立存在的必要性，而不能孤立地、局部地去看，要从各职位的相互联系上、从总体上去把握，要考虑到职位分类各要素间相互联系、相互作用，要考虑到社会组织总体目标对职位分类的要求，还要考虑到职位分类的环境适应性。

2．整分合原则

整分合原则是指一个组织必须在整体规划下明确分工，在分工的基础上进行有效的合作，以增强整个组织的效应。在进行职位分类时，应以组织的总目标和总任务为核心，从上至下层层分解，分解为一个个具体的分目标、分任务和子目标、子任务，直至分解落实到每一个职位上。然后再对这些职位从下至上进行综合，层层保证，确定各职位上下间的隶属关系和左右间的协调合作关系，以确保组织系统的整体功能。

3．最低职位数量原则

最低职位数是指一个组织机构为了实现其独立承担的任务而必须设置的职位数。职位设置超过了这个数量就会造成职位虚设，机构膨胀，人浮于事；职位设置低于这个数量，则造成职位短缺，人手不足，影响组织目标的实现。因此，坚持最低职位数量原则能确保组织机构的高效率和高效益。

4．能级原则

职位分类中的"能级"概念，是指一个组织系统中各个职位的功能等级。功能大的职位，在组织中所处等级就高，其能级就高；反之，功能小的职位，在组织中的级别就低，其能级也低。职位分类时，应依据能级原则来分析评估不同职位的各自能级，使其各就其位，各得其所。

四、职位分类的程序

办理职位分类要经过四个程序：

1．职位调查

职位调查的内容主要有七项：① 担任这一职位的人应有的资格、身体状况、年龄要求、性别要求等；② 这一职位的工作性质、种类、数量；③ 设立这一职位的目的、待遇、物质和精神的报酬等；④ 和这一职位相关的工作技术程序及使用工具等；⑤ 职位的工作地区、具体地点、范围和环境等；⑥ 职位工作时间要求及工作稳定性等；⑦ 这一职位的隶属和协作关系及在组织中的地位和责任。

在职位调查中经常使用的方法有访问法、观察法、填表法、会议法、综合法。一般来说，在进行职位设置时，先填表，根据分析结果再派人访问或观察，效果较好。了解一职位与有别于其他职位的特征时，不仅要了解该职位的内容，还需同时了解职位所在单位之权责系统及各职位间的关系。搜集各职位职责内容的方法，通常为先用书面调查方式，如遇有职位之职责内容不够时，则以实地调查方式加以补充。

2. 职位归级

职位归级是在职位调查的基础上，经过职位分析和职位品评，将各个职位归入其应属的某一职系和职级，这是职位分类实施过程中的主要步骤。职位归级集中地反映了现代人力资源管理的科学方法。

完整的职位归级包括以下步骤:第一是职系区分，按工作的业务性质划出职系。第二是职位品评，按各职系职位的工作繁简、责任轻重、资历、学历、业务能力等划出职级。第三是职位定级，把所有工作职位定级，并确定工资、待遇等。

在职位归级时涉及职位的横向分类和纵向分类。以下介绍一些这方面的内容。① 职位的横向分类，就是根据各种职位的业务工作性质的不同，首先将全体职位划分为若干个大类，即职门;然后，在划分大类的基础上，再进一步根据每一职门中各种职位业务工作性质的差别，划分为若干种类，即职组;最后，再根据每一职组中各个职位业务工作性质的具体差别，划分为若干小类，即职系。每一个职系中的所有职位，在具体业务工作性质上都是相同的。例如，首先可以把所有的职位划分为行政与专业技术两大类。专业技术这一大类又可划分为工程、医务、研究、教育等种类。工程这一中类又可划分为电力工程、机械工程、土木工程等小类，即各职系。若干工作性质邻近的职系，可划归为一个职组，或称职群。若干性质相近的职组，可归为一个职门。② 职位的纵向分类。职位的纵向分类是根据每一职位的业务难易、责任轻重，以及所需的学识技能、经验水平等因素，对它们进行评价，并据此对各职系的职位进行职级和职等的划分。同一职系中的职位，如果职级相同，就意味着它们的业务难易、责任轻重以及所需资格等也相近似，从而其劳动报酬也应相接近。

职位归级就是划分职位等级，实际上是将性质及职责程度相似的职位归纳为类。这样，作归纳时就需先做职位的分析与评价。大致而言，同性质的职位，其职责程度是否相当，在政府机关多用判断，在工厂则多用评分，凡分类幅度相近者归纳为一类。因此，职位归级通常采用排列法、评分法。

3. 制定职级规范

职级规范又叫职位说明书或职级说明书。它是用文字描述一个职位所属职级的书面文件，一般包括下述内容:① 职称。职位名称应具备三个要素，一是能够反映职务形态，二是明确指出等级地位，第三是尽量简短。② 职级定义，指概括描述职位的级别和水平。③ 职级特征，是将职务描述中特别重要的部分作为基本分类因素加以详细说明。④ 工作举例，即举例说明，使对本职级有一个正确概念。⑤ 最低资格，根据职务需要，确定胜任此职级的最低资格 包括受教育程度、性别、体格、经验、专门训练等。

制定职级规范必须根据职位调查得到的全部事实，必须是客观描述，语言应准确、清晰、通俗易懂。

另外，这一环节还有一些具体的编写工作、征求意见、修改、人员到位、信息反馈等工作。

4. 实施职位分类

根据职级规范的标准和要求，对职位进行管理和给予相应待遇。

在此程序中最重要的工作，即为办理职位归级，亦即将一个组织内的各职位，根据其职责内容，分别归入适当的类。当职位的归级决定后，如遇到职位职责内容有变动时，需要再调整归级，以保持职位职责内容与所归类别相一致。

职位分类是持续的、动态的不间断的过程,应随着社会的变化和环境的变迁不断地进行反馈、修正。

五、职位分类的方法

职位分类的方法包括两大类:职位调查和职位品评。

1. 职位调查的方法

(1) 访问法。这指工作人员对有关人员进行访谈,了解职位分类所需材料。访谈前应作好充分准备,确定访谈主题,了解背景材料等。在访谈过程中应讲究方式方法,采取平等、亲切轻松的态度,不致使对方感到拘谨和造成心理压力。交谈时应语言清晰,做好记录。

(2) 观察法。这指工作人员到工作地点观察实际情况,将标准时间内分类职位上发生的所有事情如实记录下来。标准时间指的是一个职位的职务完成一个流程所需要的时间。观察法需要较多的调查人员和较多的调查人员和较充裕的时间。时间过短,则观察易失真,甚至得出相反的结论。

(3) 填表法。这种方法应用最广泛。从理论上讲,此法省事、省人、省钱、省时间,但要求调查人员具备社会学知识,熟悉有关机构运转的情况,即要求调查表设计质量较高。职位调查表应包括职位名称、职员姓名、单位名称、所在地、主管姓名、职务内容、责任等。此法缺点是不易填写详细、准确,同一职位的不同人员往往填写内容不一样。

(4) 会议法。实际上是扩大的访谈,同时与多人座谈。

(5) 综合法。将上述方法结合起来使用称为综合法。一般先填表,根据分析结果果再派人访问或观察,效果较好。

2. 职位品评的方法

(1) 评分法,也叫积点评价法、积点评分法。它是选择若干评价因素,根据各因素的重要程度,规定出适当的分数,然后评定每一职位各因素的分数,并算出总分数,最后以各职位所得总分的多少来确定其职级的高低。这种方法比较准确可靠,但工作量也较大。

(2) 因素比较法。是先选一些有代表性的"标准职位",一般标准职位选 15—25 个,并给打分定级,再确定每个基本分类因素包括的基本水平,将标准职位的分数分配给这些因素水平,求得每个水平的分数;然后考察其他职位,根据每个职位所包含的因素及其水平,确定该职位的总分;最后将每个职位的总分与标准职位进行比较,确定出各职位的等级。

(3) 定等法,也叫分类法、排列法。这是最简单易行的方法。这种方法是将职位品评工作交给部门主管去办理,由他根据本部门各个职位的难易程度、责任大小、职务内容、资格高低等对其分析定等,将职位与职位进行比较,并按下面顺序排列:程度高者排列在上,程度低者排列在下,程度相同者并列。其排列结果的每一序次即为一个等级。这种方法的优点是简单易行,缺点是分类结果不够准确,并受部门主管个人因素影响较大。

核心概念

职务分析 Position analysis

职位 Job

职务 Position

职务说明书 Position description
职务设计 Position design
职位分类 Job classification
职系 Series
职级 Class
职等 Grade

思考题

1. 简答职务分析及相关要素。
2. 比较职位和职务。
3. 简答职务分析的内容。
4. 简答职务分析的步骤。
5. 简答职务分析在人力资源管理过程中的作用。
6. 简答职务设计的主要内容。
7. 简答职务设计的方法。
8. 简答职位分类及相关概念。
9. 简答职位分类的作用
10. 简答职位分类的原则。

案例研究 A公司职位分析为什么失败

A公司是我国中部省份的一家房地产开发公司。近年来,随着当地经济的迅速增长,房产需求强劲,公司有了飞速的发展,规模持续扩大,逐步发展为一家中型房地产开发公司。随着公司的发展和壮大,员工人数大量增加,众多的组织和人力资源管理问题逐渐凸显出来。

公司现有的组织机构,是基于创业时的公司规划,随着业务扩张的需要逐渐扩充而形成的,在运行的过程中,组织与业务上的矛盾已经逐渐凸显出来。部门之间、职位之间的职责与权限缺乏明确的界定,扯皮推诿的现象不断发生;有的部门抱怨事情太多,人手不够,任务不能按时、按质、按量完成;有的部门又觉得人员冗杂,人浮于事,效率低下。

在公司的人员招聘方面,用人部门给出的招聘标准往往含糊,招聘主管往往无法准确地加以理解,使得招来的人大多差强人意。同时目前的许多岗位不能做到人事匹配,员工的能力不能得以充分发挥,严重挫伤了士气,并影响了工作的效果。公司员工的晋升以前由总经理直接做出。现在公司规模大了,总经理已经几乎没有时间来与基层员工和部门主管打交道,基层员工和部门主管的晋升只能根据部门经理的意见来做出。而在晋升中,上级和下属之间的私人感情成为了决定性的因素,有才干的人往往并不一定能获得提升。因此,许多优秀的员工由于看不到自己的发展前途而另寻高就。在激励机制方面,公司缺乏科学的绩效考核和薪酬制度,考核中的主观性和随意性非常严重,员工的报酬不能体现其价值与能力,人力资源部经常可以听到大家对薪酬的抱怨和不满，这也是人才流失的重要原因。

对此，人力资源部开始进行人力资源管理的变革，变革首先从进行职位分析、确定职位价值开始。职位分析、职位评价究竟如何开展，如何抓住职位分析、职位评价过程中的关键点，为公司本次组织变革提供有效的信息支持和基础保证，是摆在A公司面前的重要课题。

首先，他们开始寻找进行职位分析的工具与技术。在阅读了国内目前流行的基本职位分析书籍之后，他们从其中选取了一份职位分析问卷，来作为收集职位信息的工具。然后，人力资源部将问卷发放到了各个部门经理手中，同时他们还在公司的内部网上也上发了一份关于开展问卷调查的通知，要求各部门配合人力资源部的问卷调查。

据反映，问卷在下发到各部门之后，一直搁置在各部门经理手中，而没有发下去。很多部门是直到人力部开始催收时才把问卷发放到每个人手中。同时，由于大家都很忙，很多人在拿到问卷之后，都没有时间仔细思考，草草填写完事。还有很多人在外地出差，或者任务缠身，自己无法填写，而由同事代笔。此外，据一些较为重视这次调查的员工反映，大家都不了解这次问卷调查的意图，也不理解问卷中那些陌生的管理术语，何为职责、何为工作目的。很多人想就疑难问题向人力资源部进行询问，可是也不知道具体该找谁。因此，在回答问卷时只能凭借自己个人的理解来进行填写，无法把握填写的规范和标准。

一个星期之后，人力资源部收回了问卷。但他们发现，问卷调查效果不太理想，有一部分问卷填写不全，一部分问卷答非所问，还有一部分问卷根本没有收上来。

与此同时，人力资源部也着手选取一些职位进行访谈。但在试着谈了几个职位之后，发现访谈的效果也不好。因为在人力资源部，能够对部门经理访谈的人只有人力资源部经理一人，主管和一般员工都无法与其他部门经理进行沟通。同时，由于经理们都很忙，能够把双方凑在一块，实在不容易。因此，两个星期时间过去之后，只访谈了两个部门经理。

人力资源部的几位主管负责对经理级以下的人员进行访谈，但在访谈中，出现的情况出乎意料。大部分时间都是被访谈的人在发牢骚，指责公司的管理问题，抱怨自己的待遇不公等。而在谈到与职位分析相关的内容时，被访谈人往往又言辞闪烁，顾左右而言他，似乎对人力资源部这次访谈不太信任。访谈结束之后，访谈人都反映对该职位的认识还是停留在模糊的阶段。这样持续了两个星期，访谈了大概1/3的职位。王经理认为时间不能拖延下去了，因此决定开始进入项目的下一个阶段——撰写职位说明书。

可这时，各职位的信息收集却还不完全。怎么办呢？人力资源部在无奈之中，不得不另觅他途。于是，他们通过各种途径从其他公司中收集了许多职位说明书，试图以此作为参照，结合问卷和访谈收集到一些信息来撰写职位说明书。

在撰写阶段，人力资源部还成立了几个小组，每个小组专门负责起草某一部门的职位说明，并且还要求各组在两个星期内完成任务。在起草职位说明书的过程中，人力资源部的员工都颇感为难，一方面不了解别的部门的工作，问卷和访谈提供的信息又不准确；另一方面，大家又缺乏写职位说明书的经验，因此，写起来都感觉很费劲。规定的时间快到了，很多人为了交稿，不得不急急忙忙，东拼西凑了一些材料，再结合自己的判断，最后成稿。

最后，职位说明书终于出台了。然后，人力资源部将成稿的职位说明书下发到了各部门，同时，还下发了一份文件，要求各部门按照新的职位说明书来界定工作范围，并按照其中规定的任职条件来进行人员的招聘、选拔和任用。但这却引起了其他部门的强烈反对，很多直线部门的管理人员甚至公开指责人力资源部,说人力资源部的职位说明书是一堆垃圾文件,完全不符合实际情况。

于是,人力资源部专门与相关部门召开了一次会议来推动职位说明书的应用。人力资源部经理本来想通过这次会议来说服各部门支持这次项目。但结果却恰恰相反,在会上,人力资源部遭到了各部门的一致批评。同时,人力资源部由于对其他部门不了解,对于其他部门所提的很多问题,也无法进行解释和反驳,因此,会议的最终结论是,让人力资源部重新编写职位说明书。后来,经过多次重写与修改,职位说明书始终无法令人满意。最后,职位分析项目不了了之。

人力资源部的员工在经历了这次失败的项目后,对职位分析彻底丧失了信心。他们开始认为,职位分析只不过是"雾里看花,水中望月"的东西,说起来挺好,实际上却没有什么大用,而且认为职位分析只能针对西方国家那些管理先进的大公司,拿到中国的企业来,根本就行不通。原来雄心勃勃的人力资源部经理也变得灰心丧气,他一直对这次失败耿耿于怀,对项目失败的原因也是百思不得其解。

那么,职位分析真的是他们认为的"雾里看花,水中望月"吗?该公司的职位分析项目为什么会失败呢?

资料来源:彭剑峰,《人力资源概论》,复旦大学出版社,2004。

案例分析思考题:

1. 该公司为什么决定从职位分析入手来实施变革,这样的决定正确吗?为什么?
2. 在职位分析项目的整个组织与实施过程中,该公司存在着哪些问题?
3. 该公司所采用的职位分析工具和方法主要存在着哪些问题?

第 4 章

劳动管理——人力资源管理的第一线

一味地增加员工、扩充门面，而不改善编制，好景是维持不了多久的。

——松下幸之助

预期目标

通过本章的学习，可以掌握以下知识与技能：

- 劳动定员及作用、原则、范围、方法
- 劳动定额及作用、种类、方法，劳动工时的构成
- 劳动组织的基本形式、工作时间的种类

赵铁锤就规范煤企劳动定员管理部分答问

为促进煤矿安全生产形势的持续稳定好转，2006 年安全监管总局、煤矿安全生产监察局、发展改革委、劳动保障部联合下发了《关于加强煤矿安全生产工作规范企业劳动定员管理的若干指导意见》。为帮助公众更好地了解以上指导意见的主要内容和精神，安全监管总局党组成员、国家煤矿安全监察局局长赵铁锤 2006 年 11 月接受了中国政府网的采访。

问：煤矿企业劳动定员管理应遵循哪些原则？

答：一是坚持保证安全生产的原则。必须服从安全第一、预防为主、综合治理的方针，必须符合有关安全生产法律、法规、规章的要求。二是坚持以人为本的原则。必须以提高矿井的生产技术装备水平、不断改进和采用先进生产技术工艺为基础，立足于提高职工素质，优化劳动力资源配置，挖掘内部潜力，提高工时利用率，合理减少工人的作业时间，降

低工人劳动强度。三是严格按定额进行劳动定员管理的原则。凡是有定额标准的作业项目都要按定额编制定员计划；凡是能够单独计算和考核工作量的班组或工作岗位，都要有科学合理的劳动定额，实行定额定员管理，杜绝劳动组织安排过程中的随意行为。

问：搞好劳动定员管理、减少下井人员，为什么要从优化矿井设计开始？

答：煤矿井下用人多少，与矿井建设工程设计和采区生产系统设计有直接关系。先进的矿井和采区设计，应瞄准先进煤炭生产技术，积极采用先进开采工艺和生产技术装备，做到生产系统简化、合理、安全、可靠。通过提高原煤生产效率，减少煤矿下井人数，这是从源头上控制和减少煤矿井下用人的根本途径，也是促进煤炭工业健康发展的必由之路。

问：为什么说严格按核定能力组织生产是合理确定劳动定员的重要保证？

答：煤矿的生产能力大小与实际出煤多少、井下用人多少密切相关，而生产能力核定是建立在通风、排水、供电、提升、运输等生产系统正常运转、充分满足安全生产需要基础上的。它要求煤矿必须坚持正规循环作业，均衡生产，保证生产设备正常检修与维护。超过核定能力生产，势必会出现拼设备、拼体力、超强度劳动或搞人海战术突击生产等问题。因此，《指导意见》规定要严格按核定生产能力，安排生产作业计划和劳动定员，并提出了严禁两班交叉作业、严禁带班人员和要害岗位人员以外人员在现场交接班、逐步推行四班六小时工作制、井下人员管理监测、“限员挂牌”制等具体措施。

资料来源：《控入井人数，赵铁锤就规范煤企劳动定员管理答问》，中国新闻网，2006 年 11 月 24 日。

人力资源管理的目的在于合理使用人力资源。最大限度地提高人力资源使用效益，对社会组织的生存与发展具有至关重要的意义，只有做到人尽其才，才能做到物尽其用、财尽其力，才能使社会组织得到长期的可持续发展。

现代化大生产是将劳动者集中到一起，使用各种劳动工具、机器、设备，作用于劳动对象的一种既合理的分工又密切协作的劳动。这样，就必须对社会组织第一线的劳动进行科学管理，才能提高劳动生产率。劳动管理中最重要的内容就是劳动定员管理、劳动定额管理和劳动组织管理等方面的内容。

第一节　劳动定员

概念*要点

劳动定员是指社会组织为了保证生产经营活动正常进行，根据已定的产品方向和生产规模，在一定时期和一定的技术组织条件下，规定各类人员的数量界限和质量标准的活动。劳动定员是社会组织在用人方面的一种标准。

一、定员的作用和意义

劳动定员作为一项基础工作，是社会组织科学组织劳动力，并在此基础上进行现代化管理必不可少的先决条件。

1. 定员是组织生产的科学依据

劳动定员是组织劳动计划工作的基础。要组织好生产经营,就要在生产经营过程中使劳动力、劳动手段、劳动对象得到合理的结合。现代企业分工细密,协作关系复杂,无论是为了保证企业发展,还是为了及时满足市场需求,都应组织好均衡生产。这就要预先了解生产经营过程中各岗位、各阶段所需劳动力的质量和数量,合理确定各类人员的比例关系,使各工种、各环节的职工需要量得到保证,从而提高企业的经济效益。劳动定员还可以有计划地根据需要招收职工,组织职工培训,进行必要的人员分流与储备。企业有了配备人员的标准,就可以据此进行劳动力的调节,以便保证生产需要,避免人员浪费,提高劳动生产率。

2. 劳动定员是提高劳动生产率的重要手段

影响劳动生产率的因素主要有两个方面,一是将新的科技成果转化为生产力的速度;二是人力资源的使用状况。做好劳动定员工作是合理使用人力资源的重要措施。劳动定员工作的核心是要求社会组织在保证生产经营需要的前提下,合理节约地使用劳动力,尽可能用较少的人力投入取得较多的成果,用最少的劳动消耗获得最大的经济效益。确定了定员,社会组织在用人方面就有了明确的标准,这有助于各车间、班组、科室注意节约使用劳动力,克服人浮于事、工作散漫、纪律松弛的现象。社会组织少用人、多办事,其结果是劳动生产率的不断提高。

3. 劳动定员是加强劳动纪律的基本保证

劳动纪律是社会组织各项工作得以顺利开展的重要保证。劳动纪律松懈,再先进的管理方法也难以采用。而劳动纪律松懈的重要原因之一,是劳动定员工作没有做好。如岗上人员安排过多,会导致纪律松懈,紧张的工作节奏无法长期维持。至于因为用人不当,影响到职工收入,就更会损害劳动纪律。在这种情况下,单纯靠思想政治工作来加强劳动纪律是不够的,必须与定员定额工作相结合才能解决问题。劳动定员可以促使企业内部各个单位提高劳动组织水平,对用人进行控制,有利于加强劳动纪律管理,提高劳动生产率。

4. 劳动定员是实行经济责任制的必要条件

社会组织实行经济责任制的关键是处理好职工劳动支出与劳动报酬关系,真正做到多劳多得。这需要认真核定单位各岗位的工作量,合理安排人员。如果在某些岗位上存在人浮于事或降格使用劳动力的情况,这部分职工的劳动能力的发挥就会受到限制,造成他们的劳动能力与劳动支出脱节。这时,即使把职工的实际支出与劳动报酬紧密结合在一起,但职工的劳动能力尚未得到充分挖掘和合理使用,其劳动积极性仍会受到影响。因此,实行经济责任制,把职工劳动支出与劳动报酬紧密结合的先决条件之一是作好劳动定员工作,使职工的劳动能力与岗位相匹配,与劳动支出相一致。

二、劳动定员的原则

劳动定员工作中应坚持如下原则:

1. 先进性原则

劳动定员水平要有先进性,劳动生产率愈高,用人自然相对要少。定员水平的先进性体现在横向比较与纵向比较两个方面。横向比较是与同行业生产条件相同社会组织比较,是否达到了行业的最高水平。纵向比较是与自身历史比较,是否超过了历史最高水平。

2. 合理性原则

劳动定员水平要科学合理,要满足正常生产对各类人员合理的需要,事事有人做、有人负责。各类定员要有合理的比例关系:确定非直接生产人员与直接生产人员的合理比例;注意基本工人与辅助工人的合理比例;注意各类人员内部各工种之间的合理比例。

3. 稳定性原则

劳动定员要保持相对稳定。由于科学技术的不断发展变化,为适应生产技术发展需要,定员标准要进行调整。但是定员一经确定要保持相对稳定,不要随意改变。

三、劳动定员范围

劳动定员是社会组织根据生产方向、生产规模和产品方案,根据劳动定额的定员标准以及组织经营管理层次和机构设置等方面来编制的。它规定了一定时期内、一定技术条件下组织各部门应当占有的人力资源数量。因此,定员是社会组织实现分工协作、明确岗位职责的重要手段,也是内部劳动力调配的主要依据。

社会组织的定员范围包括进行正常的常年性生产所需要的全部职工。从职工工作岗位的性质的特点来看,包括工人、工程技术人员、管理人员、服务人员。这些人员是企业正常生产所必需的,都属于定员范围。

当然,有些单位还有些"其他人员",包括农副业生产人员、援外人员、休 6 个月以上长期病伤假人员、外出学习人员、外借人员、关停企业留守人员和待分配人员等,这些不包括在社会组织定员的范围内。

社会组织劳动定员不包括为外单位培训和准备输送的后备人员,也不包括为临时性生产和工作所招用的人员。

定员范围与组织的用工制度没有直接关系。常年性生产或工作岗位上配备的人员,既可以是固定职工,也可以是临时工和合同工。

学徒工在他们顶岗位生产时才计算定员。

四、劳动定员标准

定员标准亦称定员示范标准,是指在一定生产技术组织条件对不同社会组织的同类型岗位的人员配备制定的统一用人数量标准。定员标准可以为社会组织定员方案提供依据和作为主管部门考核企业定员水平的尺度,同时可以为单位的新建和扩建定员提供依据等。

进行定员管理,有一个如何确定员工工作的问题。例如维修车间,一个维修工应该负责几台设备的维修;纺织车间,一个挡车工应该看管几台织布机等。这就需要建立定员标准。定员标准的建立,需要参照技术条件和组织条件,在不同的技术条件或组织条件下,有不同的定员标准。例如随着自动监管系统的设置,挡车工所看管的织机数量就会增加。在实践中,不同的员工和不同的组织,工作效益是不一样的,但定员标准必须相对统一,才能达到标准化管理的要求。每个企业、行业或者国家制定的定员标准,对本企业、行业或者国家有效,称为企业、行业或国家的定员标准。

劳动定员和劳动定额均已纳入国家标准化体系。劳动定员标准化管理,是指定员标准的制定、贯彻实施及管理的全过程,均按标准化法的规范进行。定员标准化管理的核心是制定定员标准。定员标准化标志着我国劳动定员工作已开始走上标准化、科学化、规范化、法制化的轨道。

1. 定员标准的类型

按定员标准实施的范围和层次级别关系,可分为国家定员标准、行业定员标准、地方定员标准和企业定员标准四种。

按定员标准的综合程度,可分为单项定员标准,即对某些设备、岗位、产品规定的定员标准;综合定员标准,即规定某类人员或企业全部人员配备的标准。

按定员标准的表现形式,可分为效率定员标准、设备看管定员标准、比例定员标准等。

定员标准中,由于影响人员多少的因素不同,有的要根据影响程度分别确定。如炊事人员的定员标准需要根据用餐人数和开放次数,分成几组,分别确定用人的数量。定员标准中的人员数量,有的用绝对值表示,有的用相对值表示,有的还要规定幅度。幅度下限是多数组织经过努力可达到的一般水平,上限是组织要经过持续努力,方可接近或达到的水平。

2. 制定定员标准的指导思想

指导思想的正确与否,直接关系到定员标准质量的高低。

首先,要有明确的效率意识。实施定员管理的目的是为了用较少的人,生产出尽可能多的产品。这要求克服传统的"人多好办事"的思想,既要节约用人,又要保证社会组织生产经营的需要,努力提高劳动生产率。

其次,要明确编制定员标准的目的,即发挥其目标、示范、引导作用。为此,应选择最佳方案。定员标准的水平如一时达不到,可以通过一定努力逐步达到,以促进社会组织不断改进工作方法,改善劳动条件,调整劳动组织,以达到节约用人、提高效率的目的。

3. 制定定员标准的基本原则

(1) 定员标准水平应先进合理。只有这样,才能发挥标准的目标、示范和引导作用。在合理可行的基础上,社会组织的定员水平可以超过国标、行标或地方标准的定员水平。

(2) 编制定员标准的依据要科学、充分。标准的编制应在大量调查研究的基础上,参照国内外先进且行之有效的资料,制定出科学及合理可行的定员标准。

(3) 定员标准的形式要简明、适当。社会组织应根据各自的生产特点选择适当的定员标准形式。标准的形式应表现直观,使用方便。

(4) 定员标准应符合标准化法的有关规定和要求。计算口径和计算方法要统一,各项内容协调;有关工种名称、岗位划分、工作范围、技术要求等应与其他有关的技术标准、工艺规范等规定一致,以保持标准之间的协调统一。

4. 定员标准的管理

(1) 定员标准的组织管理。国家技术监督局已明确,劳动定员、定额标准化的管理归劳动部管理,由劳动部统一发布定员定额的编码、代号。社会组织的劳动定员管理应由其劳动工资部门归口管理。

(2) 定员标准的贯彻实施。定员标准制定后,单位应组织各有关方面,严格按标准配备人员。一时难以达标的,应帮助其积极创造条件限期达标,并规定必要的奖罚政策。

(3) 定员标准的修订。随着生产发展、技术进步、劳动组织的改善、先进方法的应用推广,以及产品的设计和工艺的改进等,定员标准应及时进行修订。定员标准的修订过程,就是定员标准制定、贯彻实施及修订的反复循环过程,也是定员标准水平不断提高的过程。

(4) 定员标准的考核。社会组织劳动工资部门通过统计分析、现场调查手段,对定员标准的执行情况定期和不定期地进行考核。考核应与奖罚结合起来,对节约用人的单位进行奖励,对超员单位实行处罚。

(5) 调剂余缺,妥善安置富余人员。社会组织内部由于生产及劳动条件变化等因素,部门、工种、工序间出现劳动力不平衡是经常的,定员管理部门要及时予以调剂。

五、劳动定员方法

由于社会组织各类人员的工作性质不同,总的工作量和各人的劳动效率表现形式不同,影响定员的因素不同,确定定员的方法也各不相同。

1. 效率定员法

这种方法是根据工作量和劳动定额计算定员,适用于一切能够用劳动定额表现生产工作量的工种或岗位。计算公式是:

$$\text{定员人数} = \frac{\text{生产任务}}{\text{工人劳动效率} \times \text{出勤率}}$$

公式中,工人劳动效率用劳动定额乘以定额完成率计算。

由于劳动定额的形式有工时定额和产量定额,因此生产任务和工人劳动效率,可相应按工时或产量表示。不论用产量定额或工时定额计算得出的定员人数是相等的。具体定员计算见下题:

例 1　某厂每天要生产服装 1 000 件,每个工人的班产量定额为 10 件,定额完成率预计为 100%,出勤率为 90%,求该厂的定员人数。

解:

$$\text{定员人数} = \frac{\text{生产任务量}}{\text{工人的劳动效率} \times \text{出勤率}} = \frac{1\,000}{10 \times 1 \times 0.9} = 112(\text{人})$$

2. 设备定员法

这种方法是根据完成一定的生产任务所必须开动的设备台数和班次,以及工人看管设备的定额状况计算编制定员的方法。适用于操纵设备作业工种的定员。计算公式是:

$$\text{定员人数} = \frac{\text{机器设备台数} \times \text{每台机器设备开动班次}}{\text{工人看管设备定额} \times \text{出勤率}}$$

公式中,机器设备台数和开动班次,需要根据设备生产能力和生产任务来计算,不一定是实有的机器设备台数,因为备用设备不必配备人员,有时生产任务不足又不必开动全部设备。不同的机器设备必须开动的台数,有不同的计算方法。一般要根据劳动定额和设备利用率来核算单台机器、设备的生产能力,再根据生产任务来计算开动台班和班次。

例 2　某厂需要开动自动车床 20 台,每台开动班次为 2 班,看管定额为每人看管 2 台,出勤率为 95%,求该工种的定员人数。

解:

$$\text{定员人数} = \frac{\text{机器设备台数} \times \text{每台机器设备的开动班次}}{\text{工人看管设备定额} \times \text{出勤率}} = \frac{20 \times 2}{2 \times 0.95} = 22(\text{人})$$

3. 岗位定员法

这种方法是按岗位定员标准、工作班次和岗位数计算编制定员的方法。适用于大型装置性生产、自动流水线生产的工人以及某些看守性岗位的定员。对于多岗位共同操作的设备,计算公式是:

$$\text{班定员人数} = \frac{\text{共同操作的各岗位生产工作时间总和}}{\text{工作班时间} - \text{休息与生理需要时间}}$$

对于单人操纵设备的工种,如天车工、皮带输送机工等,主要根据设备条件、岗位区域、工作量,实行兼职作业和交叉作业的可能性等因素来确定定员。

4. 比例定员法

这种方法是以服务对象的人数为基础,按定员标准比例来计算编制定员的方法。比例定员适用于辅助性生产或服务性工作单位的定员。这种定员方法的出发点是某种人员的数量随社会组织员工总数或某一类人员总数的增减而增减。如炊事人员与食堂就餐人数之间、幼托人员与入托儿童人数之间存在一定的比例关系,可以用比例定员法计算定员。

5. 职责定员法

这种方法是按照既定的组织机构和职责范围,以及机构内部的业务分工和岗位职责来确定定员,适用于管理人员和工程技术人员。按这种方法定员时,要本着精简、高效的原则,考虑本企业的规模、生产管理的特点和生产过程的复杂程度,以及管理人员的业务能力等因素,既要做到定员精干,又要保证事事有人做。

以上各种定员的方法,在实际工作中可以根据社会组织内各单位以及各类人员的特点,灵活加以运用,也可以把几种方法结合起来运用。由于行业的不同,在生产工人的定员中,有的企业如制造业企业以效率定员为主,有的企业如冶金企业则以岗位定员为主。

六、定员的制定、执行、调整和日常管理

劳动定员的制定要按照先进、合理、稳定的原则进行。① 既要考虑到现实的技术和组织条件,又要充分挖掘劳动潜力,使定员建立在尽量采用先进工艺技术,改善劳动组织和生产组织,发挥职工潜能和积极性的基础上。② 参照主管部门下达的定员标准,并与同行业的先进水平和本组织历史先进水平进行比较。③ 合理安排基本工人与辅助工人的比例,基本工人和辅助工人内部各工种间的比例,管理人员占职工总数的比例,固定职工和临时工之间的比例,女工占职工总数的比例等。

执行定员需要做的工作是:① 落实各种与定员有关的技术组织措施,如整顿劳动组织、实现技改项目等。② 妥善安置,分流超过定员的多余人员。如辞退和清理临时工和计划外用工,建立组织内部劳动力市场进行余缺调剂和支持新建扩建项目、组织轮训等。随着社会保障制度的建立健全,应当帮助社会组织建立一种机制,能够把那些表现不好的人和确实无法安排的人辞退到社会上去。③ 做好劳动力的日常平衡调剂工作。定员确定以后,不要随意抽调生产工人从事非生产劳动,主管部门和有关单位更不能任意从下属单位抽调人员。

调整定员是一个相对稳定的动态过程。定员是在一定的技术组织条件下制定,随着生产任务、机器设备、工艺技术、劳动组织和生产组织、劳动者业务技术水平发生变化后,定员也要随之作相应的修改。否则,定员就会流于形式。但是,定员的调整频率不能过快,以免

失去稳定性并增加不必要的管理工作。

定员的日常管理包括：掌握职工动向，检查定员执行情况，了解生产和人员变动情况，研究进一步挖掘劳动潜力的措施、统计、汇总和积累有关人员数量和结构的资料，为制定和修订定员方案提供依据等。

第二节 劳动定额

概念*要点

劳动定额是指在一定的生产技术和组织的条件下，为生产一定量的产品或者完成一定量的工作所必需的劳动消耗的规定标准。

社会组织在一件产品投产之前总是要进行工时定额或产量定额等方面的计算。劳动定额直接为组织生产与组织分配服务。劳动定额是社会组织管理中的基础性工作，也是社会组织人力资源管理最基础的工作。要做好劳动管理工作，必须首先做好劳动定额工作。

一、劳动定额的作用

实行劳动定额是社会化大生产分工协作的客观要求，是社会组织生产、合理分配劳动时间的必要条件，是衡量个人劳动成绩的主要尺度，是合理利用工作时间，提高劳动生产率、降低生产成本、促进技术水平提高的有力工具，是社会组织内部实行经济核算制、实行按劳分配的重要依据。先进合理的劳动定额对促进社会组织生产的发展起着极为重要的作用。

劳动定额的作用表现在以下几方面：

(1) 劳动定额是社会组织合理组织生产劳动的重要依据。任何集体的生产劳动都必须要有组织地进行，使每个个体的活动在时间与空间上协调一致。劳动定额在劳动分工与协作中起着双重的量的规定性作用：一方面它确定一个劳动者完成一项工作所需的时间，规定职责的数量标准；另一方面，在此基础上核算和平衡各工种、工段、车间、部门之间劳动量的比例以及所需要的劳动者人数，即劳动定额合理地规定了完成生产过程的各个工序、各项工作的劳动消耗量（一般是指工时消耗），这就为生产过程组织提供了时间安排的依据，使整个过程能够连续地、按比例地均衡进行。劳动定额同时也为合理配备车间、班组劳动力，搞好劳动定员提供了计算的依据。随着现代分工日益深化、细化，在协作的条件下，劳动定额保证生产的连续性、比例性的作用日益显著和重要。所以，只有有了劳动定额才可以合理地配置人员、设备与场地，保证生产连续、协调地进行。

(2) 劳动定额的制定有利于提高社会组织的劳动生产率。劳动定额是衡量社会组织生产水平的重要标准，没有劳动定额指标也就没有了衡量劳动生产率的尺度。通过采用先进设备与技术、以劳动竞赛及合理化建议的方式突破原劳动定额，提高劳动生产率，保持同行业中的先进水平是社会组织追求的目标。

(3) 劳动定额是社会组织实行经济核算、成本管理的基本计算单位。为了用较少劳动投入取得较大的经济效果,为计算和比较工人在生产中的劳动成果,为反映车间和班组的劳动消耗所进行的经济核算,必须要以先进合理的劳动定额为前提。产品成本中直接人工的消耗,车间之间、企业之间产品转移计价都必须以劳动定额为标准。无先进合理的劳动定额,就难以反映单位产品的成本。劳动定额直接影响着产品成本计算与经济核算的准确程度。

(4) 劳动定额是社会组织计划管理的重要基础和依据。劳动定额是计划管理的基础。在计划管理中,编制生产、成本、劳动、财务计划及作业计划,进行生产能力的平衡都是以劳动定额为依据的。社会组织没有正确的劳动定额就不可能编制出正确的生产计划、劳动计划、成本计划与财务计划,也不可能真正实施经济核算制和经济责任制。先进合理的劳动定额是社会组织计划得以顺利完成的保证,同时又促进了计划管理水平的提高。

(5) 劳动定额是贯彻"各尽所能、按劳取酬"分配原则和衡量劳动者贡献大小、实行奖励的依据。无论采用计时工资制还是计件工资制,个人的劳动量与他所得到的报酬都是以劳动定额为标准的。先进合理的劳动定额既反映了社会平均劳动时间,又反映了社会组织实际的技术水平。要贯彻"各尽所能、按劳分配"的原则,就必须要以先进合理的劳动定额来衡量劳动者为社会提供的劳动量,实行多劳多得。同时,不同的定额水平,也是反映工人工资等级的主要依据之一。可以说,劳动定额是衡量劳动者劳动付出的尺度。有了这一尺度,社会组织就可以根据劳动者完成的定额考核和评价职工劳动,确定劳动者所应得到的工资与奖金的数额,奖勤罚懒,调动员工的生产积极性,促进组织的发展。

总之,劳动定额的制订和管理是生产管理极其重要的环节,定额的好坏直接影响到组织生产的成本和职工的劳动积极性。搞好定额工作必须要与职工的思想教育工作相结合,有效地发挥人的主观能动性,促使企业劳动生产率不断提高。搞好定额工作也是社会组织提高经济效益,减少劳动消耗的重要手段,这在现代生产管理中处于举足轻重的地位。

二、劳动定额的种类

劳动定额的种类主要有:

(1) 时间定额(亦称工时定额),是规定单位产量或一定量工作所必需的时间。时间定额是计算产量定额和其他定额的基础。劳动定额是生产一定量产品或完成一定量工作所规定的劳动消耗量标准。具体地说,就是在单位时间内应当生产多少产品,或者生产每一单位产品应当用多少时间,它体现的是生产量与相应的劳动时间消耗之间的比例关系。由此可得出劳动定额的两种基本表现形式:用时间表示劳动定额,称时间定额;用产量表示的劳动定额,称产量定额。

(2) 产量定额(亦称工作量定额),是规定单位时间必须完成的产量和工作量,又称为工作量定额。它和时间定额成倒数关系,多用于基本生产工人。在生产实际中选择何种定额形式,要根据产品结构和企业生产类型确定。一般地,产量定额适用于大量生产类型的企业,工时定额适用于成批或单件小批生产类型的企业。

(3) 操作定额,是为某些特定操作工种规定的工作数量。一是看管定额,是规定为单位设备、工作场地和其他生产单位服务的时间或数量,多用于辅助工人和多机床看管工人。二是销售定额,是规定完成销售额多少的定额。三是设计定额,是规定设计人员要完成的设计定额。

(4) 服务定额，是规定为一定数量职工或集体单位如班组、工段、车间等提供符合质量要求的服务的数量，多用于管理人员和后勤人员。

(5) 人员定额，是规定为完成一定工作量或管理职能而确定的职工人数。它适用于完成工作任务的时间不稳定的服务工作的工人或职员。

三、劳动定额的制定

1. 制订劳动定额的原则

不同的行业和不同的企业有不同的生产过程和特点，其劳动定额的内容也不尽相同，因此制订的方法也可能各不相同。但为了使劳动定额发挥促进生产的应有作用，根据工业生产的普遍特点，在制订劳动定额时必须符合下列原则：

(1) 制订定额必须走群众路线，使劳动定额具有坚实的群众基础。

(2) 确定定额水平应有科学根据，实事求是，力求做到先进合理。

(3) 同一企业内，各个车间、班组、工序间的定额水平必须平衡，要保证相同工作其定额水平的统一。

(4) 定额工作必须要以提高劳动生产率、激励职工积极性、贯彻"各尽所能、按劳分配"方针为目的，结合社会组织实际情况，逐步健全，不断提高。

2. 制订劳动定额的要求

(1) 定额水平必须先进合理。

定额水平是社会组织在一定的生产、组织、技术的条件下定额达到的高低程度。定额水平必须做到先进合理。

先进，就是定额能充分反映新的生产水平，即先进的生产技术和先进的生产组织条件、先进的操作方法和先进的工作经验。这要求不断总结和推广节约劳动的先进经验，发挥劳动生产力的潜能，以保持劳动定额的高效率。

合理，就是要结合社会组织现有的生产水平。劳动定额的制定必须不脱离实际，应保持绝大部分工人经过努力能达到和突破现行定额的水平，还要考虑职工的生理、心理方面的要求，如要考虑一定的劳动休息制度等。

要使劳动定额有利于提高劳动生产率，提高生产水平，又能调动职工的劳动积极性，定额水平必须要定在先进合理的基础上。定额过低，大部分工人不经努力即可达到，不但不能提高生产水平，还会增加生产成本，造成劳动力和资金的浪费。过高的定额水平，则使较多工人尽了最大努力仍达不到定额，挫伤了他们的积极性，影响了定额的贯彻执行。因此，先进合理的定额水平应该既能比较确切地反映社会组织现有劳动生产率，又能充分反映促进劳动生产率提高的各种积极因素。换言之，合理的定额水平就是正常条件下大多数工人经过努力能够达到，部分先进工人能够超过，少数后进工人能够接近的水平。

(2) 制订定额必须"快、准、全"。

快，就是要迅速及时，方法简便易行，工作量小，及时满足生产和管理上的需要。

准，就是制定劳动定额要有科学依据，能正确反映生产技术水平，先进合理。所谓科学依据主要是指设计文件、工艺文件、质量标准、以往定额完成情况的记录与统计资料，同行业、同工种在相近条件下的定额参考等,这样才能保证劳动定额制定的准确。

全,就是凡是需要和可能制订劳动定额的产品、车间、工种都要有定额。

在“快、准、全”三者中,准是定额的关键,决定了定额的质。由于各社会组织生产类型不同以及生产技术组织条件不同,要按实际情况掌握定额的准确程度。

(3) 定额水平必须综合平衡、整齐划一。

定额的平衡是指社会组织内部产品之间、车间之间、工种之间、工序之间完成定额的可能性大体一致,以免产生生产忙闲不均、奖励苦乐不均的现象,影响职工的劳动积极性。

对于相同、相近的工作,同一个工序、同一个产品,劳动定额要基本统一;对于不同的工作,劳动定额水平要均衡。不能因工人技术水平不同而定额不同。只有这样才能使定额真正反映生产组织水平,起到鼓励先进,督促后进的作用。

3. 劳动定额制订的影响因素

从技术依据方面看,影响劳动定额的因素有三种:一是生产条件,如设备和工、模具的技术性能,原材料、燃料、协作件的质量,工艺加工特点等。二是劳动工作地状况,如对工作地的供应服务和组织状况。三是劳动者的状况,如劳动操作者的技术水平,劳动熟练程度,经验和体质状况。因此,制定劳动定额一定要深入分析这样一些因素,并充分考虑挖掘生产的技术潜力。一般的说,制定劳动定额工作的重点要放在操作动作研究、工作地布置和工作条件、工具和设计等方面。

四、劳动工时的构成

为了制定科学、先进、合理、一致的劳动定额,必须对职工在生产或工作中的全部工作时间,也就是工时消耗,进行具体的分析研究,确定哪些工时消耗是必需的,哪些工时不是必需的,以便采取措施降低工时消耗,减少和消灭工时损失。

工人在生产过程中的工时消耗是多种多样的,但可以分为两个基本部分:定额时间和非定额时间。

1. 定额时间

是指为完成某项工作所需的工时消耗。它是由作业时间、布置场地时间、休息与生理需要时间和准备与结束时间四个部分组成。

第一,作业时间,是指直接用于完成生产任务、实现工艺过程所消耗的时间,它是定额时间中最主要的组成部分。作业时间按其作用不同,又可分为:① 基本时间,直接执行基本工艺过程,用于改变劳动对象的性质、尺寸、形状、外表、组合位置等所消耗的时间,如机械制造业中的锻压、切削、装配时间,煤炭企业中的打眼、装药、放炮、装煤时间等。② 辅助时间,为保证完成基本工艺过程而进行的各种辅助操作所消耗的时间,如在机床上装卡工件的时间等,作业时间按其性质又可分为机动时间、机手并动时间和手动时间。

对每件产品来说,作业时间越少越好,对整个工作来说,作业时间占的比重越大越好。在作业时间中,辅助时间所占的比重越小越好。辅助时间大都是手动的,在少数情况下也有机动的和机手并动的。因此,要注意改进操作方法,并采用新工艺,改进设备和工具,利用基本作业时间中的机动时间交叉地进行辅助工作来缩短辅助时间。

第二,布置工作地时间,是指工人用于整理和布置工作地,使其保持正常的工作状态及良好环境所需要的时间。按其性质不同又分为:① 组织性布置工作地时间,指用于上班和下班的准备与结束工作,以及交接班工作所消耗的时间。这部分时间随轮班而重复出现。如准备工具、接受生产任务、办理交接班手续、填写生产记录表等。② 技术性布置工作地时间,指为了维护技术装备处于正常状态所消耗的时间,如更换刀具、调整设备、清除切屑等。

第三,休息与生理需要时间,是指在生产中,为了使工人保持充沛的精力而规定的适当休息和生理需要所必须消耗的时间,如喝水、上厕所等。这类时间一般根据劳动条件、劳动繁重程度、劳动危险性以及环境因素分别规定。它可以按照占作业时间的百分比来确定,这个百分比也叫休息与疲劳宽裕。

第四,准备与结束时间,指在工作时间内,工人为完成一批产品或某项任务,事先进行准备和事后结束工作所消耗的时间。如工作开始前接受任务、熟悉图纸、领取材料、调整设备等,结束后卸下工具、办理工件交验手续等。这部分时间特点是每加工一批产品或完成某项工作只消耗一次,在大量生产条件下,这部分时间分摊到每一产品上很少,可以不予计算。

此外,对某些产品生产来说,由于工艺程序的需要,还存在不可避免的工艺性中断时间。如铸件浇铸后所需的冷却时间,煤矿井下打眼放炮后排除炮烟的时间等。

2. 非定额时间

是指工人在工作班内从事生产劳动以外的其他工作所消耗的时间或停止工作的时间,这并不是为了完成某项工作所必需的时间,它包括停工时间和非生产工作时间。

第一,停工时间。工人在工作时间内因某种原因中断生产活动所损失的时间。造成这部分工时损失的原因是:① 组织管理或生产技术准备不善,以及外部条件造成,如停工待续、停电、机器设备故障停工、工作时间开会学习等。② 工人违反劳动纪律造成,如迟到、早退、串岗、办私事、干私活,违反操作规程酿成事故等。

第二,非生产工作时间。工人在工作时间内做本职以外工作或不必要的工作的时间,也称无效工时。其原因有两个方面:① 生产组织管理不善,如抽调工人做非本职工作,生产过程中整修工夹具,寻找工具等。② 工人操作失误造成工件返修和其他的时间浪费等。

五、劳动定额的制定方法

根据社会组织的生产特点、技术条件和不同的生产类型,正确地选择制定、修定定额的方法,是关系到能否快、准、全地制定先进合理的劳动定额的重要问题。目前工业企业中常用的定额制定方法主要有:经验估工法、统计分析法、类推比较法和技术定额法。

1. 经验估工法

经验估工法是由定额员、技术员、有经验的老工人,根据产品(零件)的图纸、工艺规程或实样,凭过去的生产经验,进行分析并考虑到所使用的设备、工具、工艺装备、产品材料及其他生产技术组织条件,直接估算定额的一种方法。经验估工法又可分为综合估工法、分析估工法和类比估工法。

综合估工法又称粗估工法,是对整个工序进行粗略估计。分析估工法又称细估工法,是把要制订定额的活动分为若干个组成部分,对各部分的工时进行估计然后再累加。类比估工法是对类比相似零件的定额进行粗估的一种方法。

经验估工法的优点是简便易行,方法容易掌握,制定时间短,工作量小,能满足定额制定上快和全的要求。但是,容易受估工人员的水平和经验的限制,结果容易出现偏高或偏低现象,准确性差,定额水平不易平衡,缺乏先进性。经验估工法一般适用于多品种、少批量、定额基础工作较差的场合,如新产品试制和一次性定额的制定或新制定定额的社会组织。

2. 统计分析法

统计分析法是社会组织根据过去(特别是最近一段时间内)生产的同类型产品或零件、工序的实耗工时或产量的原始记录和统计资料,通过一定的统计分析整理,计算出平均先进的消耗水平,以此为依据并考虑今后生产技术组织条件变化,制订或修订劳动定额的方法。运用这种方法,以统计资料为依据先求平均数,在计算平均数的基础上,求出平均先进数,再结合考虑今后生产技术组织条件可能的变化,劳动生产率可能提高的因素,确定新的定额。

这种方法从 20 世纪 50 年代开始采用,其特点是简单易行、工作量小。它以大量的统计资料为依据,有一定的说服力,比经验估工更能反映实际情况。但是统计资料只能反映过去达到的水平,而且统计数据中可能包括有不合理的或虚假的因素,如损失工时或加班加点的工时等,从而影响定额制定的准确性。

这种方法一般适用于生产条件比较正常,产品比较固定,大量生产和成批生产,原始记录和统计工作比较健全的社会组织。

3. 类推比较法

这种方法是以现有同类产品、零件、工序的定额为依据,经过分析比较推算出另一种产品、零件、工序的定额的方法。作为依据的定额资料有:相似的产品、零件或工序的工时定额;类似产品、零件或工序的实耗工时资料;典型零件、典型工序的定额标准。用来类比的两种产品必须具有可比性。

类推比较法的步骤是把产品结构和工艺相似的零件进行分组排列,从各组中选择具有代表性的典型零件,根据其直径、长度、精度、重量等影响工时消耗的因素,按照工序制定出典型定额标准,然后根据典型定额来比较类推制定出同类型零件的工序定额。

类推比较法兼具了经验估工法和统计分析法的内容。优点是制定定额简便易行,便于保持定额水平的平衡。只要典型工序、典型零件选择得当,对比分析细致,就可以较好地保证定额的水平,而且工作量较小。适用于生产同类型产品、零件较多、批量少的企业和生产过程。产品的系列化、标准化、通用化的程度越高,相似零件越多,使用的范围也就越广泛。

但是,采用这种方法在典型零件、典型工艺的选择方面具有一定的局限性,并受可比性的限制,不能广泛应用。如果典型零件、典型工艺选择不当或对影响工时消耗的因素考虑不充分,会影响定额的准确性。

4. 技术定额法

技术定额法是在分析技术、组织条件和工艺规程、总结先进经验、尽可能充分挖掘生产潜力的基础上,设计合理的生产条件和工艺操作方法,对组成定额的各部分时间,通过分析计算和实地观察来制订定额的方法。这是制定劳动定额的比较科学的方法。

技术定额法又分为分析研究法和分析计算法。分析研究法是用测时和工作日写实等方法,来确定工时定额各部分时间。现代的分析研究法还应用人体工程学和数学工具对工作进行分析研究,使之更合理更科学化。“动作与时间研究”这门学科为确定先进合理的劳动定额提供了科学的依据。分析计算法则是根据定额手册中提供的各项定额标准,通过计算来制定。如机械加工,可以根据工艺规程,从定额手册中找出相应的定额标准。

技术定额法的步骤如下:

首先,分解工序。一般将工序分解为工步、操作、综合操作、动作、动作单元等,进而分析工序结构,取消不合理的、多余的操作和动作,重新组合,使操作方法趋于合理化。

其次,分析设备工具状况。主要分析设备工具的性能和技术参数,充分发挥现有设备和工具的效能,尽量使用新技术和新工艺规程。

再次,分析生产组织和劳动组织状况。主要分析劳动分工和协作及车间布局是否合理,操作者的技术水平,设备的性能、精度和加工技术等级要求是否相适应,工作地的布置和供应服务状况,劳动条件与工作环境对操作者的工作有无影响,推广先进经验的可行性等。

最后,实地观测和分析计算。在上述分析的基础上通过工作日写实,测时摄影,录像和分析计算等方法,定出该项作业的各部分工时消耗的数值。

技术定额法的优点是:技术定额法是定额制订方法中最有科学依据的方法,重视对生产技术组织条件和操作方法的分析,制定的定额比较准确;由于采用比较统一的衡量标准,可使劳动定额水平容易做到先进合理;复杂的定额工作能条理化、定量化;便于掌握定额水平,有利贯彻执行,并能保持车间、工种、产品间定额水平的平衡。

其局限性在于:制订方法比较复杂,工作量大,难以做到迅速及时,对定额管理人员的文化水平、实践经验和能力的要求比较高。

这种方法一般适用于生产技术组织条件比较正常,产品品种少,生产批量大和流水线作业的企业。它的实行有利于促进社会组织各项管理工作的提高和劳动组织的完善。现代化的生产管理,要求企业组织应努力创造条件,推广和运用这种科学的方法。

以上几种定额制定方法各有适用的范围,具体区别见表 4-1:

表 4-1　定额方法应用表

制订方法	适用范围
经验估工法	1. 多品种、小批量、单件生产 2. 新产品试制 3. 一次生产和零星任务
统计分析法	1. 大量、成批生产 2. 经常重复的产品 3. 修改老产品定额
类推比较法	1. 多品种、小批量、单件生产 2. 有相似类型的产品 3. 新产品试制(有可比性的)
技术定额法	1. 大量生产适用详细定额标准 2. 成批生产适用概略定额标准 3. 品种少,大量生产,流水线,自动线,关键工件或工序 4. 直接采用测定时间分析、动作分析等计算研究方法

第三节 劳动组织

概念*要点

劳动组织是以劳动力为中心的劳动过程的组织。劳动组织工作就是根据生产发展的需要、单位的内外条件,来合理地处理生产过程中劳动者之间的关系,以及劳动者与劳动手段、劳动对象之间关系,使劳动者在空间(如工作地、工作组等)和时间(如轮班等)上有效地组合起来。

一、劳动组织的作用和任务

1. 劳动组织的作用

劳动组织是人力资源管理的一个重要内容。它的作用从根本上讲,是合理组织劳动,提高员工在生产劳动过程中从事劳动的效率,即劳动生产率。具体表现为:第一,通过科学分工和严密协作,为保证企业进行正常生产提供必要条件。第二,通过合理配备人员,做到人事相宜,能充分发挥劳动者的技能和专长,又能提高组织的绩效。第三,通过分工协作,充分利用工时,避免窝工浪费,节约使用劳动力,提高企业经济效益。

2. 劳动组织的任务

劳动组织包含劳动定员编制、作业组的组织、工作轮班的组织和工作地的组织等方面的内容。它的具体任务分为三个方面:

(1) 在合理分工与协作的基础上,正确配备职工,充分发挥每个劳动者的专长和积极性。要达到这一点,必须搞好两方面工作:第一,科学合理地进行劳动分工。社会组织按照技术内容进行劳动分工的形式多种多样,一般的要求是,把不同的工艺阶段和工种分开,把准备性工作和执行性工作分开,把基本工作和辅助工作分开,把技术等级高的工作和技术等级低的工作分开。第二,正确配备工人,做到人事相宜,提高劳动生产率。使每个工人都能发挥自己的专长和积极性,使每个工人都有足够的工作量,使每个工人都有明确的责任。

(2) 根据生产发展的需要,适时调整劳动组织,合理组织生产,保证不断提高生产效率。一般的说,合理组织生产有四方面的要求。

第一,应当保持生产过程连续性。生产过程的连续性是获得较高劳动生产率的重要因素。产品生产周期的缩短、减少在线产品在生产流程的数量,从而节省流动资金、有效利用设备和生产场地等,都与生产过程连续性分不开。因此,要保证生产过程各阶段、各工序之间的紧密衔接,不能发生中断,出现所谓的误工现象。这里,采用先进技术设备是提高生产连续程度的重要手段,但是更重要的是要有先进的劳动组织形式。第二,应保持生产过程的平行性,即生产过程在时间上要保持平行进行。生产过程的平行性是指生产过程的各项活动、工序在时间上平行地运行,在同一时刻各道工序都在进行作业,这样才能大大缩短生产周期。也只有做到平行性生产才能保证生产过程的连续性。这也必须靠劳动组织。第三,要保障生产过程各阶段及各工序的相互协调性。协调性是要保持各工序生产能力的合适比例关系。造成不协调性的主要原因在于设备、人力与操作者技术水平、作业组班次配置的比例失衡。所以有时也将生产过程的协调性称为生产过程的比例性。上述配置问题在工艺过程的设计中就要充分予以考虑。操作者技术水平的不断提高、产品升级换代与技术革新等各种因素的影响,都需要在劳动组织日常管理中通过加强过程监控与计划管理,不断建立合理的比例关系来解决。第四,应当保持生产过程均衡性。均衡性也是生产过程组织的重要要求。均衡性是指生产过程的节奏,在相同时间间隔内要保持产品生产数量的均衡。否则,生产组织不均衡、节奏紊乱,不利于资金的调配和产品质量的保证,降低了产品生产对市场需求的适应能力。这也需要劳动组织来加以解决。

(3) 正确处理工人与劳动手段、劳动对象之间的关系,做好工作地组织工作,保证生产第一线劳动效率的提高。

二、工作地组织

1. 工作地组织的意义和要求

工作地是工人进行生产活动的场地。它是由劳动者、劳动工具包括机器设备和工艺设备、劳动对象包括材料毛坯和半成品三方面所构成,占有一定面积的空间。

工作地组织工作就是在工作地上,合理安排工人与劳动工具、劳动对象之间的组织工作。合理组织工作地,可以减少工人的多余动作、节省劳动时间、减轻劳动强度,使工人能够在方便、有效、安全卫生的条件下,从事劳动生产,顺利完成自己的工作,提高工作效率。

工作地组织要搞好,应按以下条件行为:第一,保证提高劳动生产率,使工作地组织最便利于工人进行操作,节省工时。第二,在客观条件允许的前提下,最充分地利用机器设备,尽可能地节约生产面积。第三,保证有良好的工作环境和劳动条件,保证工人的安全和健康。

2. 工作地组织的具体工作内容

工作地是工人运用劳动工具,对劳动对象进行加工制作的场所。工作地组织是指在一个工作地上,把劳动的三要素科学合理地组织起来,正确处理它们之间的关系,使人、机、物之间有合理的布局与安排,工作地组织的具体工作内容有:

第一,合理装备和布置工作地。工作地的装备一般根据工艺技术和安全防护要求而定。装备一般包括生产设备、工具、防护装置、监控仪表、运输工具、检验工具、工位器具等。例如,药品的某些生产过程要求无菌操作,工作地要有与外界隔离的装置;制造精密仪器,要求作业空间有恒温、防震、防尘设备;大批量生产要求选用专用的设备和工装模具。

合理布置工作地要求合理安排各种装备和原材料、毛坯、半成品,科学地确定劳动者的工作位置等,通过合理布置工作地,为工人操作符合操作规程和动作经济原理制造条件。

第二,保持良好的工作环境和工作秩序。根据生产和劳动保护的要求,工作场地必须保持整洁、卫生、明亮、舒适、安全,具有良好的工作秩序和工作气氛。工作地的温度、湿度和通风要符合国家工业卫生的统一规定及标准;工作地的噪音、粉尘和有毒有害气体的浓度不得超过国家规定的卫生标准。工作地还可以采取不同的色彩、作画以美化环境。

第三,组织好工作地的供应服务工作。工作地所需原材料、毛坯、半成品、工具、图纸、要按质按量及时供应,按指定地点码放整齐,交接清楚;并做好设备检修、运输、化验、计量和其他服务工作。

三、工作组和工作轮班的组织

工作组和工作轮班是劳动组织的基本形式。一般的说,工作组是劳动分工协作在空间上的联系,工作轮班则是劳动分工和协作在时间上的联系。通过工作组和工作轮班的组织,就可以在劳动分工的基础上,把工人之间最基本的协作关系,从时间和空间上有效地组织起来,提高劳动生产率,保证正常生产的进行。

1. 工作组的组织

工作组又称作业组,是在劳动分工基础上,把为完成某项工作而相互协作的有关工人组织在一起的劳动集体。

在工作组内,每个工人都有明确的分工和职责,由组长负责领导生产,保证协调。工作组的规模比生产小组小,在一个生产小组中,可以有多个工作组。

工作组可以作不同的分类:第一,按工人的工作组成情况分为专业工作组和综合工作组。第二,按是由一班工人还是三班工人组成分为轮班工作组和圆班工作组。

2. 工作轮班的组织

工作轮班是劳动协作在时间上的表现形式。工作轮班制的组织是指在工作日内组织不同班次生产的劳动协作,反映了劳动分工与协作在时间上的联系。

工作轮班种类主要有两班制、三班制、四班制。选择何种工作轮班制,取决于具体生产条件的要求:第一,生产工艺连续性的要求,如电力钢铁,石油、化工、采煤等部门的主要生产工艺过程都必须昼夜连续进行;第二,充分利用机械设备的要求;第三,其他生产条件限制的要求,如榨糖厂、酿酒厂必须在原料收获季节昼夜不停地生产。

合理地组织轮班一般应遵循以下原则:第一,保证工作时间和休息时间的优化配合,减缓倒班造成的员工生物钟紊乱以及夜班疲劳和工作效率下降程度;第二,保证合理地使用生产设备和其他生产资源。

四、劳动协作的时间组织

劳动协作的时间组织包括工作时间制度和工作轮班组织两大部分内容,其任务是协调劳动过程,使工时得以充分利用,并保护劳动者的身心健康。工作轮班问题在前面已经论述,这里主要论述工作时间制度问题。

1. 工作时间制度和工作时间

工作时间制度是指对工作时间长度、休假和上下班时间、工作班内的休息等方面的规定。

工作时间亦称制度工作时间,规定劳动者在工作场所从事生产劳动或工作的时间,以小时为计量单位。当以工作日表示时,则需明确工作日长度,即在工作日内工作的小时数。

工作时间不能无限延长,它只能在一定的界限内变动,它的最高界限取决于劳动者的生理极限。工作时间的长度和休假制度一般由国家法律规定。我国宪法规定,国家规定职工的工作时间制度。劳动法第三十六条规定,国家实行劳动者每日工作时间不超过 8 小时,平均每周工作时间不超过 44 小时的工作制度。如果工作时间超过这个时间,用人单位就要发放加班工资，且每月加班不得超过 36 个小时。

另外，还有计薪工作时间，这是用来计算劳动者每小时和每天工作的"基薪"，用基薪乘以 200% 或 300%，则分别为双休日和法定节假日的加班工资。国家规定，法定节假日用人单位需支付薪酬，因此除双休日外，其余时间都是计薪工作时间。全年的计薪天数为 365 天 －104 天 ＝261 天。再除以 12 个月，每个月计薪天数为 21.75 天。劳动者的日工资则为月工资收入 －21.75 天；小时工资为日工资 ÷8 小时。

2. 工作时间的种类

由于社会组织的生产特点的条件不同，可以划分不同类别的工作时间：

第一，标准工作时间，即企业、事业、机关等单位在正常情况下，普遍实行的法定工作日，每天工作小时数，每周工作天数，每周制度工作时间。

第二，非标准工作时间，多于或少于标准工作时间。这有两种形式：

（1）减少工作时间。特指对有害身体健康、劳动条件恶劣、特别繁重体力劳动的职工及女工和未成年工等特定条件下的职工实行的：① 从事矿山、井下、高山工种和从事有严重毒害、特别繁重或过度紧张作业的职工，每个工作日要少于 8 小时；如化工行业对有毒有害岗位，全年工休假日 91 天，每工作 3 天休息 1 天。② 夜班工作时间，实行三班制的职工夜班可减少 1 小时并发给夜班津贴。③ 哺乳未满 12 个月婴儿的女职工，每日工作时间给予两次哺乳时间，每次 30 分钟。④ 对未成年工实行缩短工作时间，每日工作时间一般不超过 7 小时。

（2）延长工作时间。是指劳动者每个工作日的工作时间超过标准工作时间长度的工作日制度。根据《劳动法》第 41 条规定，用人单位由于生产经营需要，经与工会和劳动者协商后可以延长工作时间，一般每日不得超过 1 小时；因特殊原因需要延长工作时间的，在保障劳动者身体健康的条件下延长工作时间每日不得超过 3 小时，每月累计不得超过 36 小时。但有《劳动法》第 42 条情形之一的，延长工作时间不受本条限制。延长工作时间，用人单位应按《劳动法》第 44 条规定支付劳动者工资报酬。采取延长工作时间的劳动一般具有突击性和季节性特征，如在规定时间内必须完成的抢险任务、临时性任务、季节性生产等，实行临时性的延长工作时间。

第三，不固定的工作时间。由于特殊的生产条件或工作需要，有些工作不能或无法固定工作时间，如铁路运输部门的某些工种、大学教师、科研人员、外勤人员、采购人员等。

相应案例

加拿大人时兴"远距离工作"

加拿大企业为吸引、留住高科技人才，纷纷采取各种灵活策略，"远距离工作"便为其一。在家上班正日益成为加拿大高新技术产业界的一种新时尚。

克雷布女士在加拿大北方电讯公司从事多媒体技术的开发，早上上班对她来说，就是穿上便服，下到地下室去，无需精心梳妆打扮，也不要驾车在路上耗费一个多小时的宝贵时间。工作室里，办公家具、电话、电脑等设备一应俱全，这都是公司免费为她所配的。此外，公司还专门为她设了一条调整通讯专线，通过它直接与北方电讯的内部网络相连，传送和接受数据及其他电子文件。克雷布女士对目前的工作方式感到非常满意。她说，在家工作使她的工作效率提高了,和同事在一起工作时的紧张感也不复存在。此外,她自己支配的时间也更多了,可以学些新东西,居室也比过去整洁了许多。

北方电讯公司是加拿大最大的电讯设备制造商,全球员工数追73 000名,位于素有“北方硅谷”之称的加拿大首都渥太华,雇员就有10 500名。在渥太华分部,像克雷布这样的远距离工作者,大约有950人,其中的60%在公司和家里两处上班,余下的40%则完全在家里办公,他们通过电子邮件和同事及主管联系,公司每月举行一次电话或电视会议,让大家有机会相互交流信息。

这家公司的远距离工作项目负责人里德女士说,允许科技人员在家工作,至少有以下几个好处:使员工心情愉快;有助于公司吸引和留住人才;节省办公场地及相关费用等。公司的调查显示,95%的在家工作员工对自己的工作感到非常满意,其工作效率比过去平均提高26%。

里德女士说,北方电讯公司1993年开始试行在家上班制度,公司始终对选择在家工作的所有员工持完全信任的态度,相信他们有能力很好地完成自己的任务。不过,她认为不是所有的员工都适合在家工作。例如,公司规定,进入北方电讯一年后,方有资格申请在家工作,申请者必须具有实干精神、有较强的独立性,能掌握自己的工作时间,所从事的工作适合在家进行等。

但是,在家上班也有不利的地方,主要就是缺少与同事面对面的交流与沟通。对此,公司要求他们定期参加公司会议,甚至规定,每隔一段时间,这些人要回公司一趟,午饭也要在公司吃,以增加他们和同事、上司等的接触机会。

据加拿大远距离工作者协会主席福蒂埃介绍,仅在渥太华,目前在家工作的高科技人员,估计就有5 000—10 000名。一些公司在招揽人才时,也把允许在家工作作为一项优惠条件来宣传。他说,即使是像北方电讯这样的巨型高科技公司,也面临着激烈的人才竞争,虽然它的工作条件和待遇却较为优越,但是每年还是有数以百计的技术骨干和管理人员被同业,尤其是美国公司挖走。最大限度地满足科技人员的合理要求,让他们感受到公司的信任和重视,充分发挥他们的积极性和创造性,是企业保持长盛不衰的重要经营之道和成功策略。

不过,目前在加拿大,除了北方电讯这样的大公司做得较好外,大多数公司企业还没有形成一套完整的远距离工作规划和规章;有些公司则压根不允许员工在办公室以外的地方上班,他们的普遍心理是:看不到人,怎么知道员工是否在为自己工作。

福蒂埃说,远距离工作在加拿大的历史还较短,人们对其存在疑虑或抵触心理是正常的。他相信,随着通信技术的进步、世界范围人才争夺的日益加剧,越来越多的加拿大公司将会被迫跟上这一时代潮流,为员工提供包括在家工作在内的各种优惠和便利,以吸引住宝贵的高质量人才。

资料来源:http://www.fjxedu.gov.cn:8010/TempResourceFiles/1931140319.pdf。

3. 时间结构设计

如果将一天24小时作为一个周期,那么劳动者在一天的活动时间可分为工作时间与非工作时间。工作时间包括劳动者从事生产劳动的全部时间。非工作时间即法定工作时间之外的时间,包括劳动者吃饭睡眠等满足生理需要的时间、上下班往返时间、家务劳动时间以及闲暇时间。在时间结构中,工作时间与非工作时间是此消彼长的关系。

目前,缩短工时已成为一种趋势。其原因在于:

第一,时间增加和产量增加并不总成正比,而是呈单峰型曲线,即增加工作时间有一个限度,超过这个限度,产量反而会下降。美国工业心理学家于 20 世纪 40 年代比较了许多企业实行每周六天工作 48 小时和每周五天工作 40 小时的生产率,结果表明,每周五天工作 40 小时的劳动生产率较高。

第二,科学技术的发展,能够使劳动能力密集,劳动时间浓缩,产量不减甚至增加。

第三,随教育水平和社会文明程度提高,工人已不能屈从处于机器附属的地位,以"行为科学"为代表的现代管理理论很快被许多管理者所接受,在生产管理上提倡从以机器为中心转向以人为中心,表现在工时制度上是工作日长度的缩短和灵活。总体上看,缩短工时有利于工时利用率提高。

4. 软化工时模式

软化工时是把过去每天固定的 8 小时工作模式改变为有弹性的、灵活的、职工有一定选择余地的工时模式。

软化工时模式起源于上世纪 60 年代弹性工作时间的兴起。当时由于交通拥挤造成员工上下班困难,原联邦德国一家公司为了解决这个问题,率先采用弹性工作制。实行这种工时制度的意义不仅是它带来的益处,更重要的是它对过去硬性的固定工时模式的突破。由此开始,产生了多种软化工时模式,具体类型如下:

(1) 弹性工作时间制度。弹性工作时间是指规定在干满制度工作时间的前提下,由员工自己选定工作日内的部分或全部工作时间以代替统一固定的上下班时间的制度。从 20 世纪 70 年代开始,西欧和拉美一些国家不断扩大弹性工作时间制度的实施范围。

弹性工作时间有多种形式:第一,将工作时间分为两部分:核心时间和弹性时间。核心时间是某几个小时所有员工必须到班的时间。弹性时间是员工可以在这部分时间内自由选定上下班的时间,两部分时间相加,必须达到规定的制度工作时间。第二,除规定的核心时间员工必到,每周有两天要干满制度工作时间外,其余时间员工可自行安排。还有的不规定核心时间,只要求每周干满规定的制度工作时间,其上下班时间由员工自行选择。

实行弹性工作时间制度,可以减少员工的懈怠、旷工、病假、事假、迟到和早退现象,有利于解决上下班交通拥挤,以及个人和家庭的生活困难,从而提高了工作效率。

(2) 分职制。分职制是把一个职业岗位由两个人分做,共同从事全时的工作。工资与福利待遇按各人所作的工时比例分配。分职制要求工作的连贯性,分职的两人之间必须自愿结合,密切协作,沟通情况,采用分职制的关键是如何把一个全时的岗位分成两半。即将退休的职工和学徒认为它是一种较好的过渡方式。

(3) 非全时工制。国际劳工组织对非全时工下的定义是:以天或以周为单位的工时须大大少于社会的正常工时,而且其劳动是有规律的,自愿的。非全时制在一些劳动力不足的国家应用较广,这种工作时间制度为妇女就业提供了方便,而雇主则收到在工作最松的时候有人工作而不用付全天工资的益处。

(4) 一周两天工制。该制度就是只让工人在星期六和星期天工作,一般每天工作 12 小时,这 24 小时按他们在非假日时间里工作的 36 小时计算。采用这种工时制度的目的是保证生产连续进行。

(5) 有效的工作时间制度。在该制度下工人可以在一周中的三天内完成一周的工作量,或者在几个月的时间内一鼓作气完成全年的工作量。

当今世界各国工作时间制度改革的总趋势是:采用多种形式和措施缩短周工作天数和工作总时数;固定的、硬性的工作时间制度逐步软化,由有弹性的、灵活多样的工时制度所替代。

核心概念

劳动定员 Labor quota
效率定员法 Efficiency quota law
设备定员法 Equipment quota law
劳动定额 Fixed labor
工时定额 Working hours quota
产量定额 Quantity quota
劳动工时 Working hours
工作时间制度 Working hours institution

思考题

1. 简答劳动定员及原则、作用。
2. 简答劳动定员标准和方法。
3. 简答劳动定额的种类和作用。
4. 简答劳动定额的制订方法。
5. 简答劳动工时的构成。
6. 简答工作时间制度和工作时间。
7. 简答工作时间的种类。
8. 简答软化工时模式及具体类型。

案例研究

校办企业的困惑

N 药业有限责任公司是在原 N 大学制药厂、生化厂的基础上,由 N 大学、M 股份有限公司等合资成立的制药生产企业,成立于 1998 年 8 月。公司运作至今,还未走出校办企业的圈子,尤其在人力资源管理方面出现的问题总是层出不穷,让人们感受到校办企业种种独有的困惑。

困惑之一:公司高层领导的选聘。公司成立时,公司的总经理理所当然由 N 大学委派,三位副总则由前三大股东各委派一人。而问题恰好出在两位股东方委派的两位副总身上。由于这两位副总一位是汽车运输公司出身,对医药行业太陌生,另一位虽说是熟手,却是以搞垮过若干企业而闻名。由于他们被委以重任,分别主管生产和销售等命脉部门,其拙劣表现及总经理对此的漠视使公司遭受重创,损失巨大。反思对他们的选聘,如果当时能认真了解一下他们的背景,听一点老厂长、老专家的意见,按照规范一些的选聘程序,管理层的“天灾人祸”也就不会发生,公司也不会受如此损失。

困惑之二:人员编制问题。校办企业一般在开办时基本为校方人员,随着企业的发展壮大,必须从校外引进一定的外来人才,由此员工的“成分”也就复杂起来。N药业公司成立后,公司就存在着员工工作相同而身份、待遇各异的情况。原N制药厂、生化厂的大部分人员为N大学编制,且有事业编制和企业编制之分,他们在分房、子女医疗入托等方面待遇不一,而划分的标准又十分牵强。虽然N编制的这部分员工与非N编制的药业公司企业编制员工相比,在医疗、福利等享受学校相关待遇,但在养老保险、公积金等方面却由于学校人员性质原因没有理顺,他们基本上未缴纳保险及公积金,造成的后果不言而喻,其中有人因为考研、调动等离开公司和学校,却由于上述原因闹出纠纷并申诉至市人事、劳动部门仲裁,许多问题至今未决。

N药业公司的绝对控股股东是N大学,员工大部门来自原校办企业,N大学的人事制度及其变革直接影响公司的人事管理。随着高校改革的深入,学校后勤、产业方面的变革前所未有,遇到的问题将会日益尖锐和复杂,企业的出路只有一条:理顺关系,创造有利于充分发挥每位员工的潜能的软环境。

困惑之三:薪酬制度严重不合理。国企加校办性质的N药业公司,从总经理到一般员工,实行的是岗位工资制,奖金则根据企业当月的效益核发。岗位工资制中存在着岗位级差对岗位工资影响小于年龄对岗位工资影响、总经理工资起点低等不合理因素,加上奖金分配中的平均主义,造成了同等岗位的员工毫无竞争意识,更谈不上任何激励作用。正常情况下,总经理月收入不足2 000元,可以推算出员工(除销售人员外)的工资水平,至于福利、保险等则处于社会较低水准。不合理的薪酬容易使得员工产生不满情绪,造成工作不负责任甚至贪赃枉法。

困惑之四:人事安排和岗位培训问题。从学历上看,公司整体水平极高,不负“省、市高新技术企业”之名。但由于众多原因,公司存在着较普遍的人事安排不当情况,从98年以来,先后经历过两次所谓的“定岗定编”,由于没有很好的内部环境和规范的专业实施 计划,“定岗定编”成了部分领导调整个人势力范围和“整编嫡系部队”的手段,根据亲疏好恶而非实事求是原则的人事安排使总经理也不得不承认“定岗定编”是失败的。

而岗位培训也暴露出许多不足,由于通过“定岗定编”后,许多岗位上并不是相对合适的人,各层次的培训是十分必要的,包括中层干部以及公司领导。实际情况是各部门人员的培训毫无计划和系统性,许多在岗员工得不到培训和提高,存在人浮于事、不求进取等不良的组织文化倾向。

基于以上各种公司存在的不足和困惑,可以明显感到人力资源管理对于企业的重要性。一个国有企业,应该是特殊的国有企业——校办企业的当务之急是真正的建立现代企业制度,引入健全的人力资源管理体系,树立以人为本的思想,将企业员工上升至人力资源高度,不断提高企业员工的成熟度,使公司人力资源得到有效开发、合理利用和科学管理。

首先,应建立管理人员竞聘上岗、能上能下的机制,除应由法定程序产生的公司领导成员外，对所有管理人员都应实行公开竞争、择优录用。

其次，要积极优化组织结构，合理确定定员定岗，严格管理。对在岗职工要进行动态考核，依据考核结果实行内部淘汰；对不胜任工作和未竞争到岗位的人员，要进行转岗或培训。

再次，进行分配制度改革，尽快建立收入能增能减、有效激励的机制，建立以岗位工资为主的基本工资制度，明确规定岗位职责和技能要求，实行以岗定薪、岗变薪变，适当拉开差距，实现有效激励。

正本清源，从解决好“人”的问题着手，N 药业公司方可走出困惑，迈向向成熟和成功。

资料来源：http://wenku.baidu.com/view/9cf168e9856a561252d36fd2.html。

案例分析思考题：

1. 你认为 N 药业公司的困惑问题出在哪里？
2. 他所提出的解决问题方案行吗？
3. N 药业公司要合理定员定岗应注意哪些问题？

第5章

招聘——人力资源管理的入口

雇用合适的员工是任何公司应该做的最重要的决定。

——*彼得斯*

预期目标

通过本章的学习,可以掌握以下知识与技能:

- 人员招聘的含义、作用、原则和基本程序
- 内部招聘和外部招聘的方式
- 招聘信息发布的方式
- 招聘测试具体方法

三泽企业的选人经验

日本的企业家,尤其是那些创业者,都懂得"企业即人"的道理,因而高度重视人才的选拔、培养和使用,并且都有与众不同的高招,三泽亦不例外。

首先,三泽在每年招收新职工时,必定要同每一个报考者谈话,亲自进行"面试",他不过分看重笔试分数的高低,而高度重视"入社动机"。他不喜欢听"因为三泽住宅公司是最大的住宅建筑公司","因为前辈推荐介绍"之类的答复,而希望考生说"因为三泽住宅公司是一个有个性的企业"等有新意的话。

在面试时,他还注意考生是否有绘画和制作之类的爱好。其用意是可想而知的。自幼喜欢动手、动脑的人在技术上可能有较大的发展前途。他的人才标准是:经理财会人员要认真细心,一丝不苟;营业行销人员须能吃苦耐劳,有饥饿精神;设计技术人员则应善于独立思考,有创造性。

日本企业要求和教育职工“爱社(公司)如家”,忠于公司,把自己的一生贡献给公司,不到退休年龄而中途离去者,大都被认为是忠诚心不强,对公司不满或因故辞退的人。

三泽认为,从别的公司来的人,带有与本公司不同的色彩,这一点十分可贵。他们的到来会使原有的职工受到某种刺激,增强活力。此外,他们还会从外界带来许多有用的信息。来自银行的人会告诉你有关银行的知识,来自商社的人精通国内外贸易,从而增强同社会各界的交流。

三泽认为,在国际化、全球化时代,画地为牢、故步自封的观念是最危险的敌人。为此,他设立了“互换职工”和“社(公司)外留学”等制度。互换职工的建议原是一家汽车制造公司的负责人向他提出来的,他觉得这是一个有趣的想法,于是欣然接受,进而提出互换职工的主张。他把这一制度作为让“土生土长”的职工拓宽视野,见世面,长知识,焕发活力的重要措施。而换进来的这些人在这里可以发挥自己的专长和爱好,以从事不同的工作的方式使自己得到积极的休息,并又获得一定的报酬。

靠装配式住宅起家的三泽住宅公司,从 1971 年起,已连续 20 年在日本住宅工业界独占鳌头。

资料来源:http://www.labournet.com.cn/caselib/yggx25.asp。

人才是社会组织立业之本,没有人才,也就没有成功的社会组织。作为社会组织的推动者与创造者,人才的重要毋庸置疑。对于一个现代社会组织,员工素质的高低通常是影响其生产经营效果的最终决定因素。因此,许多求才若渴的社会组织在人才的聘用上不惜一切代价,一掷千金亦在所不惜。而人员招聘就是社会组织获取人力资源的入口,它是按照人力资源规划的要求把优秀、合适的人才招聘进企业,是关系社会组织成败的重要一步。同时,招聘工作作为人力资源管理中的关键一环,也决定着员工的素质。

社会组织如果能够招聘到高素质的人员并保留住他们,使他们在企业技术创新和发展方面充分发挥作用,就为社会组织企业在竞争中获胜取得了一定的保障。人力资源招聘和选择通过各种信息途径找到和确定能够为各种生产经营活动提供知识的人,是人力资源管理的重要内容之一。社会组织要善于分析不同业务所要用到的知识,不同的知识可能被哪些人掌握,不同的人可能通过哪些方式获得。因此,做好人员招聘工作是十分重要的。

第一节　人员招聘的界定

概念*要点

人员招聘是指社会组织采取一些科学的方法寻找、吸引具备资格的个人到本组织来任职,并从中选出适宜人员予以聘用的过程。

一、什么是人员招聘

人员招聘,实际上分为“招”和“聘”两个部分。“招”就是征召部分,“聘” 就是选择部分。前者是指社会组织根据自身的需求状况,通过发布广告、推荐、职业介绍机构等各种渠道把可能的候选人召集到社会组织的过程,这一过程确保社会组织有人可选。后者是指社会组织按照一定条件和标准,采用适当方法,选拔录用社会组织所需的各类人员的过程。

人员招聘过程确保社会组织获得所需要的人员,是现代管理过程中一项经常性的、具体的、重要工作,是人力资源管理活动的基础和关键环节之一,是各项工作开展的前提。

人员招聘作为一种科学人力资源管理活动很早出现在泰罗的科学管理时代,就已经实施了招聘、筛选、职位分析等人力资管理工作。这些工作一直是人力资源管理的具体业务活动,是人力资源管理的基础和主要职能。

不管是新社会组织,还是老社会组织都要进行招聘。因为对于一个社会组织的员工来说,随着组织环境和组织结构的变化,员工的素质要求也在不断的变化。而且,员工要不断更换,老的要退休,不合格的应解雇。

人员招聘工作主要在以下几种情况下提出:第一,新组建一个社会组织。第二,原有社会组织由于业务发展,而员工不够。第三,员工队伍结构不合理。在裁减多余人员的同时,需要及时补充短缺的专业人才。第四,社会组织内部由于原有员工的调任、离职、退休或死伤而出现职位空缺。

总之,人员招聘的目的就是为一个特定的职位,吸引合适的、有能力的候选人,进而引进优秀的人员满足用人需要。人力资源部门需要不断吸收新生力量,为社会组织不断适应市场需要而提供可靠的人力保障。

二、人员招聘的意义

社会组织的竞争说到底是人才的竞争。能否招聘并选出合适的员工是社会组织成败的关键。比尔·盖茨曾经说过:“如果让微软最优秀的 20 个人离开公司,那么微软将会变成一家无足轻重的公司。”因此,人员招聘与选用在人力资源管理活动中具有重要地位。

在市场经济下的今天,人们越来越认识到,没有什么比招聘到最合适的人更为重要的了。因此,社会组织一定要对招聘给予高度的重视,使每一次招聘都是成功有效的。招聘工作对社会组织的意义主要有以下几个方面:

(1) 人员招聘满足了社会组织发展对人员的需要。社会组织在发展的任何时期都会需要不同类型、不同数量的人才,这是社会组织持续发展的保证。即使在社会组织生命的成熟期或衰退朗,也要调整人力资源的结构,以保证人力与物力、财力的最佳结合。招聘工作既满足了社会组织发展对人员的需要,又能够改善组织内人力资源的结构和质量。

(2) 人员招聘是确保员工具有较高素质的基础。招聘过程有很多步骤,每一步实际上都有选择,经过层层选拔,最后被录用的总是社会组织满意的人员,这些人员的文化水平、技能等都是社会组织所需要的。因此,招聘可以保证员工队伍的基本素质有较高水平。

另外,做好招聘与选拔工作,找到了那些社会组织空缺职位所需要的人员,就无须再对他们进行专门的培训与开发,这也就可以节约一定的培训费与开发费,而且还可能具有原有人员经培训也达不到的效果。

(3) 人员招聘还可以在一定程度上保证员工队伍的稳定。人员流失意味着社会组织在员工身上进行的人力资本投资的丧失,包括招聘费用、培训费用、员工更替费用等。同时,人员的流失对继续留任的员工也有不好影响。因此,减少不必要的人员流失,是社会组织必须考虑的问题。而做好招聘工作,慎重选择员工,对控制人员流失有着重要意义。在招聘过程中,招聘人员一般都会注意审查申请人的背景及其经历,以断定他们会不会很快离开并给社会组织造成损失。因此说招聘工作从一开始就有可能部分地消除不稳定因素。

(4) 人员招聘也是一项树立组织形象的对外公关活动。招聘,尤其是外部招聘,从开始就要准备招聘材料,其中包括许多社会组织的基本情况介绍、发展方向、政策方针等。通过各种广告形式,将这些内容扩散出去,除了应聘的人员外,其他人也会注意到招聘的内容,有意无意地会使许多人了解社会组织的情况,从而使招聘也成为向社会宣传企业的大好时机。

(5) 人员招聘的成功与否是社会组织成败的关键。成功有效的招聘工作对社会组织获取成功有着重要作用。新补充的员工,犹如制造产品的原材料,他们的素质高低,对社会组织今后的生产经营活动会有很大的影响。比如,招聘的生产线上的员工不符合要求,就可能导致花费额外的精力和成本去重新培训;招聘的营销人员缺乏技巧就可能使社会组织丧失商业机会;如果招聘的人员素质不佳,还会影响管理的氛围,使整个团队凝聚力和产出效率下降。

总之,能不能聘到合格的,特别是优秀的人才,将会对社会组织今后的发展有很大的影响。此外,这也是衡量人力资源部门成绩的主要依据之一。

三、人员招聘的作用和地位

1. 人员招聘的作用

人员招聘最基本的作用是解决社会组织的人员补充问题。由于社会组织用人要求在时间上有不同的层次,因此,在解决人员补充问题时,人员招聘分为四个层次:

① 应急型人员招聘。这是某一岗位人员突然离职或社会组织突然接到一大笔订单,造成这某些岗位人员紧缺,人力资源部门立即去招聘,人员一到岗,人力资源部门便无须再管。

② 程序型人员招聘。这是社会组织根据现有的发展规模、员工流失现状,制定招聘计划,定期招聘。这种程序型人员招聘计划如同制度一样,通常不会改变,人力资源部门的招聘工作是根据计划,定期为不同的岗位招聘到一定数量的人员。程序型人员招聘一般基于人员流失数量给予补充。

③ 规划型人员招聘。这是社会组织根据规划的人才战略,分析不同的岗位对于人才的需求状况,制订详细的员工招聘计划,定期招聘。规划型人员招聘不仅仅是基于人员流失数量给予补充,还更细致地考虑了岗位技能的需求,同时重视人员的综合素质及价值观取向,比如是否认同企业的文化等。这样招聘的人才更加符合岗位要求,既解决了人岗匹配问题,也有助于解决员工与社会组织匹配问题。

④ 战略型人员招聘。这是社会组织根据发展战略、外部竞争等要求而进行的招聘。这一层次招聘的作用已不仅仅属于满足社会组织人才供需这一范畴,而是为社会组织发展战略、外部竞争等服务,属于较高层次的招聘,相对要付出更多的成本。比如某集团需要 30 名

某一类型的高端人才，而市场上目前这类人才约有300名是相对优秀的，这家集团可能会招聘100—200名，然后在试用期内慢慢选择，这样，在试用期内，本行业的竞争对手在人才市场上就可能很难找到较多的这方面优秀人才，在人才竞争上便失去了先机。

目前国内大多数社会组织的招聘工作大多停留在前三个层次。一些社会组织的人力资源招聘被日常的招聘占用了太多的时间，而给招聘所配备的人员过少，或者根本就没有专门的人负责，而招聘工作在人力资源工作中又是必不可少的。这使招聘工作质量自然大打折扣，能做到规划型人员招聘就已经不错了，很难再提升到更高的层次。这种状况表面上是社会组织的人力资源管理者没时间做战略性工作，本质上是因为在人力资源管理工作分配中不重视战略型人员招聘在人力资源部门所占的位置。

2. 人员招聘的地位

人员招聘作为人力资源管理的基本职能，与其他的人力资源管理活动有着密切的关系，人员招聘的地位也就体现在这种相互的关系中。

① 人力资源规划规定了人员招聘的数量和类型，而职务分析又决定了对应聘人员的具体要求，同时也向招聘人员提供了在招聘中要用到的工作描述和工作说明的信息。而人员招聘则是实施招聘计划、执行应聘要求、聘用合适人员的基本形式和途径。

② 薪酬与福利管理与工作条件等内容在一定程度上决定了人员招聘工作的难易程度。被招聘人员的工作性质、岗位规范、职责要求、技术水平等，必须与相应的报酬与福利待遇基本相符，否则难以招聘合适的人员。

③ 培训和人员招聘联系非常密切，一方面人力资源的培训要求招聘的人员具有相应的基本素质；另一方面，对招聘到的人员进行分析，也可以确定他们需要什么样的培训。

④ 考核和人员招聘是相辅相成的。任何招聘成功进入工作的员工都要经过考核。同时，对员工表现的评价过程可以决定提升、降职、解雇等问题，因而可以部分地决定是否需要招聘新成员。

从以上几点可以看出，人力资源活动的主要方面，即计划和控制、工作分析和设计、培训开发、考评与激励、薪酬与福利等，都与人力资源的招聘或多或少地存在着联系。

四、招聘的原则

招聘是保证员工队伍素质的重要一环，是提高员工劳动效率的前提，通常遵守以下原则：

1. 岗人匹配原则

岗人匹配，就是人员招聘应以空缺岗位所需人员特性为出发点，以岗位对人员的知识、技能、道德等方面的实际要求为标准，选拔录用各类人才。岗人匹配是提高劳动效率的基本条件。另外，员工与岗位之间的有效配合也是防止组织机构臃肿、人浮于事的重要手段。岗人匹配必须量才录用，根据应聘者的测评成绩和录用标准，选择优秀者安排到合适的岗位。量才录用是招聘成败的关键因素之一。唯有任人唯贤、量才录用，才能做到岗人匹配。

2. 经济效益原则

总体上看，人员招聘应当以确保社会组织的经济效益为目标。招聘计划的拟定要以组织需要为依据,以保证经济效益的提高为前提。招聘不是盲目地扩大员工队伍,更不是为了解决职工子女就业,而是为了保证单位生产经营活动的正常进行,使组织的经济效益能够得到不断提高。因此,招聘时不仅要考虑人员的素质,还要考虑报酬因素,综合分析对社会组织现在和将来经济效益的影响,坚持"可招可不招时尽量不招"、"可少招可多招时尽量少招"的原则。招聘来的人一定要充分发挥其作用。就是说,一个岗位宁可暂时空缺,也不要让不适合的人占据。这要求我们必须广开贤路、量才录用,特别是要依法办事,杜绝不正之风。

3. 公平竞争原则

只有通过公平竞争才能使人才脱颖而出,才能吸引真正的人才,才能起到激励作用。公平竞争原则包括三方面要求:

一是要公开招聘,指把招考单位、种类、数量,报考的资格、条件,考试的方法、科目和时间均面向社会通告周知,公开进行。这一方面给予社会上人才以公平竞争的机会,达到广招人才的目的,另一方面使招聘工作置于社会的公开监督之下,防止不正之风。

二是要竞争招聘,指通过考试竞争和考核鉴别,以确定人员的优劣和人选的取舍。为了达到竞争的目的,既要动员、吸引较多的人报考,又要严格考核程序和手段,科学地录取人选,排除"拉关系"、"走后门"、"裙带风"、贪污受贿和徇私舞弊等现象发生。通过激烈而公平的竞争,选择优秀人才。

三是要平等招聘,指对所有报考者一视同仁,不得人为地制造各种不平等的限制或条件,如性别歧视、身高歧视等,也不得人为地制造各种不平等的优先优惠政策。社会组织应努力为社会上有志之士提供平等竞争的机会,不拘一格地选拔录用各方面的优秀人才。

4. 全面择优原则

招聘工作是保证员工队伍素质的重要一环,是提高员工劳动效率的前提,因此必须全面择优,才能使招聘成功有效。全面择优原则包括两方面:

一是全面考查招聘对象,就是对报考人员要从品德、知识、能力、智力、心理、过去工作的经验和业绩进行全面考试、考核和考察。因为一个人能否胜任某项工作或者具有发展前途,是由其多方面因素决定的,特别是非智力因素对其将来的作为起决定性作用。

二是要择优招聘,择优是招聘的根本目的和要求。只有坚持这个原则,广揽人才,选贤任能,才能为单位引进或为各个岗位选择最合适的人员。为此,应采取科学的考试考核方法,精心比较、谨慎筛选。招聘决策时,一定要树立起"宁缺毋滥"观念,应坚持少而精原则。

第二节　招聘的基本程序

概念*要点

招聘工作通常要经过制定招聘计划、发布招聘信息、进行招聘测试、人事决策、招聘评估等环节。

一、制定招聘计划

招聘计划是进行招聘的基础,它在招聘工作中居于首要的地位。要进行有效的招聘,吸引最优秀的人才,就必须得把招聘计划制订好。招聘计划所涉及内容有:

1. 明确人力资源需求

任何活动的开展都必须以计划为基础,招聘也不例外。制定招聘计划的第一步是明确人力资源需求。这并不是说要由招聘人员来预测组织的人力资源需求,事实上人力资源规划已对人力资源需求作出了大致估计,尤其是人员需求短期规划针对组织的实际情况预测出了不同时期对人员的具体需求。招聘就是满足某一阶段社会组织具体的人员需求而进行的第一项工作。明确了人力资源需求就可以了解这一次招聘的具体目标是什么,即需招收多少人,各自需掌握哪些技能,空缺职位的性质和要求是什么等,以此作为招聘活动的指导。

在明确人力资源需求后,除了大量正式招聘外,还可做出用人的基本备用方案。基本的备用方案三要有加班、转包、应急工和租赁员工四种形式:

第一,加班。解决工作量中短期波动最常使用的方法就是加班。加班对组织和员工双方都有帮助。社会组织由于避免了招聘、选择和培训等费用而获益,员工则可以得到较多的报酬。但是利用加班获取优势的同时,相伴而来的是潜在的问题。如社会组织支付增加而得到的回报减少,员工会变得疲劳并缺乏正常的工作效率及完成工作的精力,员工会习惯于这种加班报酬而增加的收入,而当不需要再加班报酬减少时,可能会引发员工的不满。

第二,转包。这是解决工作量增加且需要专门设备及专长,又一时找不到众多合适人选时最常使用方法。一般来讲,即使一个社会组织预测市场对它的商品或服务的需求是长期增长的,它仍然可能会拒绝招聘,因为购买专门的设备和培训成熟的工作人员,往往成本较高。相反,社会组织会采取将工作转包给另一家企业的方式。实际中,当转包商在生产某些商品或服务上更具有专长时,这种方法特别具有吸引力,常常会使双方都受益。

第三,应急工。应急工也被称为兼职工、临时工、钟点工。目前社会上大多数应急工多是流动人口、妇女。目前,应急工的数量增长要比全部劳动力的增长快3倍。一个长期在编员工的全部成本一般要占到工资总额的30%—40%以上,并且还不包括招聘成本。为避免这样一些成本并保持随工作负荷变动的灵活性,许多组织利用应急工。使用应急工,有助于社会组织解决临时用工、特殊用工的问题,也可以避免员工管理中如旷工、人员调整、员工福利所需的费用等方面的不利因素。在经济衰退时期,应急工相当于人力资源的即时存货,对社会组织来说有着极大的灵活性,而且降低了人工成本。许多单位的具体做法是:以传统的方法招聘的员工构成核心人员,他们出现在组织的工资表上并被认为是"长期工";应急人员虽然为某些社会组织工作,但并不在该组织的"长期工"工资表上。

第四,租赁员工。租赁员工是愈来愈流行的一种招聘的备选方案。社会组织使用了这种方法,就可以少招聘正式员工。具体操作方法是,租赁公司通常以不同待遇雇用或登记各种人才,根据各用人单位的不同要求将他们租给单位。这时,社会组织成为租赁公司的顾客。各种人才在租用单位的管理和监督下工作。租赁公司承担着所有相关的责任。对于社会组织来说,租赁员工首要的好处是不必再进行人力资源的管理,包括对福利方案的维护。对员工来说,租赁的好处也是较多的。由于租赁公司为许多公司提供工人,所以他们常常得到规模经济的好处。规模经济能够给他们带来较优的、低成本的福利方案，另外，也使得流动就业的机会更多。由于一些租赁公司经营范围遍布全国，所以如果双职工家庭中配偶一方的工作重新安排，那么租赁公司也可以给另一方提供一个新的岗位。还有，若某客户的组织在商场上遭到失败而减少员工时，租赁公司则可以将员工转租给另一家客户，从而使这些员工免遭解雇，同时也避免了其工龄上的损失。

明确人力资源需求的目的在于，如果社会组织选择填补工作空缺，首先需要处理两个问题：一是用核心人员还是用应急人员，同时要考虑用哪种方案；二是如果用核心人员，是从内部还是外部招聘他们。

2. 对时间、成本和人员进行估算

① 估计时间是指了解并确定整个招聘活动的大体时间，安排及各个环节的时间限制，并据此制定招聘时间表。如从公布招聘信息到报名截止时间为 7 天；再选择一部分人，向他们发出初步面试通知的时间间隔为 4 天；发出通知后 5 天开始面试，等等。

② 成本预算

招聘预算是人力资源管理总预算的一部分。当然，每个社会组织可以根据自己的实际情况来决定招聘预算。

对资金的估计主要是考虑招聘成本。招聘成本的计算可以使用下面的公式：

招聘成本 = 招聘总费用/雇用人数

一般说来，招聘总费用包括以下几项：① 人事费用，即招聘工作人员的薪酬、福利、差旅费、生活费补助和加班费等。② 业务费用，在招聘预算中主要包括招聘广告预算、招聘测试预算、体格检查预算及其他预算（通信费，如电话、传真、邮资、上网费；专业咨询与服务费等）。其中招聘广告预算占据相当大的比例，一般来说按 4:3:2:1 比例分配预算较为合理。例如，如果一家企业的招聘预算是 5 万元，那么，招聘广告的预算应是 2 万元，招聘测试的预算应是 1.5 万元，体格检查等的预算应是 1 万元，其他预算应是 5000 元。③ 一般开支，即设备租用费、办公室用具设备、水电及物业管理费等。

在计算成本时，应仔细分析费用来源，以免漏算或重复计算导致成本估计产生偏差，从而不利于今后的评价工作。

对人员的估计主要包括两方面：一是对要吸引的应征者人数的估计。假设某公司的人员招聘和选拔过程分为报名、确定名单、初步面试、确定候选名单和选拔聘用五个阶段。如果该公司希望录用 50 名员工，候选与录用比例为 2:1，则需要 100 名候选人；初步面试与候选人比例为 3:2，则参加初步面试的应有 150 人；以此类推。

3. 信息分析

有效的招聘计划离不开对招聘信息的分析。招聘信息可以分为内部和外部两个方面：

内部信息分析主要是对与社会组织有关的各个方面作出评估。例如，公司所处的城市环境、地理位置、气候条件、生活费用、文化设施和氛围、住房条件、距商业中心的远近、形象和声誉、工资水平和福利政策、发展前景、组织内部的劳资关系和人际关系、在组织中个人的发展机遇等，都是必须加以考虑的信息。

外部信息分析主要是指对外部人才市场条件的分析。一般来说，组织在招聘各阶段选取人员的比例、所需成本以及时间间隔数据都不是固定的，会受到人才市场条件的影响而发生变化。在人才市场中,供(求职者)与求(组织)之间相互作用,决定人才市场的价格。如果人才市场中社会组织所需要的人才供过于求,则人才价格比较便宜。相反,如果供不应求,则价格较高。因此,供过于求时,可以将招聘范围和人员选取比例缩小,时间间隔也缩短。供不应求时,应将招聘范围扩大,时间间隔拉长,以保证招聘数量达到预定目标,人员选取比例也应适当放宽,以免漏选合适的应征者。最后录取时还是应以人员质量为重,宁缺毋滥。

除了人才市场供求以外,还应分析竞争者对同种人员的需求,该需求将影响人才市场的供求状况,也可以直接影响社会组织的招聘计划。

4. 挑选和培训招聘人员

招聘人员素质的高低不仅直接关系到招聘的效果,还会影响企业的形象和声誉。前去招聘的工作人员是应征者了解社会组织的第一个窗口,他们办事能力和效率以及外观形象都向应征者传递着组织理念和文化的信息。因此,应挑选有经验、对内部情况和岗位十分了解,且表达能力强、形象较好的人员作为招聘者,还可以针对每次招聘的具体要求加以培训,确保招聘工作的顺利进行。

5. 确定招聘的范围和渠道

在制定人员招聘计划时,必须根据招聘要求确定招聘范围和渠道,即是通过什么方式、到什么地方去寻找社会组织所需要的各层次应聘对象。确定招聘的范围和渠道,应该在明确具体目标的前提下,广泛收集和了解人力资源供求情况,并从招聘成本、质量以及时间限制等几个方面加以综合考虑。

二、发布招聘信息

一旦招聘决策后,就应该迅速发布招聘信息。发布招聘信息就是向可能应聘的人群传递社会组织将要招聘的信息。发布招聘信息是一项十分重要的工作,直接关系到招聘的质量。

1. 发布招聘信息应遵循的原则

第一,面要广。发布招聘信息的面越是广,接受到该信息的人越多,应聘的人也越多,这样可能招聘到合适人选的概率就越大。

第二,要及时和适时。在条件许可的情况下,招聘信息应该尽早向人们发布,这样有利于缩短招聘进程,而且有利于使更多的人获取信息,使应聘人数增加。同时要考虑信息发布的适时问题,只有选择适当的时机招聘信息,才能引起更多的人注意。

第三,要有针对性。应聘的人员都是处在社会的某一层次的。因此,要根据招聘岗位的特点,针对特定层次的人员发布招聘信息。

2. 招聘信息发布的类型

招聘信息发布的类型又可称为招聘信息发布的渠道和方式。信息发布的渠道有报纸、杂志、电视、电台、网络、布告和新闻发布会等。

除以上主要渠道方式外,还有随意传播的发布方式。这是有关部门或有关人员用口头的、非正式的方式进行发布招聘信息的方式。其主要特点是:费用最低,可以进行双向交流,速度较快;缺点是覆盖面窄,一般在劳动力市场上明显供大于求、招聘层次不是很高时可以选用这种类型。

关于具体的招聘渠道和方式在下一节专门论述。

三、进行招聘测试

在员工招聘过程中,招聘测试是关键的一环。招聘测试是指在招聘过程中,运用各种科学方法和经验方法对应聘者加以客观鉴定的各种方法的总称。

1. 招聘测试的意义

招聘测试,有时简称测试,在员工招聘中具有重要意义。

第一,挑选合格的员工。应聘者的各种条件不一定符合招聘者的各种要求。挑选合格的员工对于提高生产率和社会组织的发展有着重要的推动作用,而只有通过测试才能挑选到合格的员工。

第二,让适当的人担任适当的工作。许多应聘者来应聘多个岗位,只有通过测试才能了解谁担任哪个岗位最合适。

第三,体现公平竞争原则。当应聘者多于招聘名额时,测试可以让最合适的人选脱颖而出,落选者也能了解自己的不足之处,相比之下可以心平气和地接受落选的事实。

2. 招聘测试的种类

员工招聘测试种类很多,目前比较适用和普遍的是以下几种:

第一,面试。面试是要求被试者用口头语言来回答主试者提问,以便了解被试者心理素质和潜在能力的测评方法。

第二,心理测试。心理测试是指通过一系列的心理学方法来测量被试者的智力水平和个性方面差异的一种科学方法。

第三,知识考试。知识考试是指主要通过纸笔测验的形式,对被试者的知识广度、知识深度和知识结构了解的一种方法。

第四,评价中心。评价中心是指根据被试者可能担任的职务,编制一套与该职务实际情况相似的测试项目,将被试者安排在模拟的、逼真的工作环境中,要求被试者处理可能遇见的各种问题,采用多种方法来测评其心理素质、潜在能力的一系列方法。

关于不同种类招聘测试的具体方法后面的章节中专门论述。

四、人事决策

广义的人事决策可以指有关人力资源开发与管理各方面的决策,主要包括:岗位定员决策、岗位定额决策、薪酬决策、职务分类决策、员工培训决策、劳动保护决策、人事任免决策等。狭义的人事决策就是指人事任免决策,也就是指决定让什么人从事哪一项工作的决策。员工招聘中的人事决策是指狭义的含义。

人事决策是员工招聘中的最后一环,也是十分重要的一环。如果以前几个步骤都正确无误,但是最终人事决策错了,社会组织依然招聘不到理想的员工。

人事决策的基本步骤有:① 对照招聘决策;② 参考测试结果;③ 确定初步人选;④ 查阅档案资料;⑤ 进行体格检查;⑥ 确定最终人选。

确定最终人选之后,就进入录用阶段,就要考虑发录取通知,准备接待新员工报到等事宜。

五、招聘评估

招聘评估是社会组织对于人员招聘全过程和全部工作所进行的一种评价，其目的是审视组织的人员招聘工作，分析招聘工作中的经验和教训，以便为未来的人员招聘工作提供经验和信息。这是一项事后控制工作。招聘评估主要包括招聘成本评估和录用人员评估。

1. 评估招聘工作的标准

招聘的目的在于了解应聘者的实际能力，如果应聘者受试的结果高于公司所要求的标准，应聘者就是公司所要求的人才，因此招聘应该符合以下标准：

① 有效性。测试应围绕岗位要求拟定测验项目，内容必须正确、合理，必须与工作性质相符合。例如，如果要挑选市场调查研究员，则所要测试的内容必须与调查、营销、统计和经济分析的知识有关，否则测试便无意义。

② 可靠性。这是指测试结果能反映应聘者的实际情况，测试成绩能表示应聘者在受试科目方面的才能、学识高低。

③ 客观性。这是指招聘者不受主观因素的影响，如成见、偏好、价值观、个性、思想、感情等，也不因应聘者的身份、种族、宗教、党派、性别、籍贯和容貌等因素不同而对其有高低之分。招聘要达到客观性，就必须在评分时摒除以上两种主观的障碍，这样才能达到公平。

④ 广博性。这是指测试的内容必须广泛到能测出所要担任的工作的每一种能力，并且每一测试科目的试题应该是广泛的，而不是褊狭的。如要招聘一位医药业务代表，其测试的科目不能只限于医药专科知识一科，还得包括社交能力、英文、推销技巧等。

当招聘工作符合以上标准时，招聘到的人选将会是合格的。

2. 招聘成本评估

招聘成本评估是指对招聘中的费用进行调查、核实，并对照预算进行评价的过程，包括招聘成本评估和招聘核算两部分。

① 招聘成本评估是鉴定招聘效率的一个重要指标，如果成本低、录用人员质量高，就意味着招聘效率高；反之，则意味着招聘效率低。

另外，成本低，录用人数多，就意味着招聘成本低；反之，则意味着招聘成本高。

一般来讲，社会组织进行小型招聘时，成本评估工作很简单，如果是一次大型的招聘活动，成本评估工作就复杂些，一定要认真做好。

② 招聘核算是指对招聘的经费使用情况进行度量、审计、计算、记录等的总称。通过核算可以了解招聘中经费的精确使用情况是否符合预算以及主要差异出现在哪个环节上。

3. 录用人员评估

录用人员评估是指根据招聘计划对录用人员的质量和数量进行评价的过程。在大型招聘活动中，录用人员评估显得十分重要。如果录用人员不合格，那么招聘过程中所花的时间、精力、金钱都浪费了。只有全部招聘到合格的人员才能说全面完成了招聘任务。

录用人员的量和质可用以下几个数据来表示：

$$录用比 = 录用人数/应聘人数 \times 100\%$$

$$招聘完成比 = 录用人数/计划招聘人数 \times 100\%$$

$$应聘比 = 应聘人数/计划招聘人数 \times 100\%$$

一般地讲，录用比越小，相对来说，录用者的素质越高；反之，则可能录用者的素质较低。如果招聘完成比等于或大于100%，则说明在数量上全面或超额完成了招聘计划。应聘比越大，说明发布招聘信息的效果越好，同时说明录用人员的素质可能较高。

录用人员质量评估除了运用录用比、招聘完成比、应聘比这几个数据来反映录用人员的质量外，也可以根据招聘要求或职务分析中的要求对录用人员进行等级排列来确定其质量。

第三节　招聘的渠道和方式

既然人才对社会组织的成长与发展如此重要，那么组织如何才能招聘到合适的人才？同时，一个普遍的现象是，真正优秀的人才通常在工作，他们对找新工作并不积极。因此，如何吸引那些所谓的不积极的求职者越来越重要。这需要有正确的招聘渠道和方式。

一、招聘渠道

概念*要点

社会组织的招聘分为内部招聘和外部招聘两个渠道。

1. 内部招聘

内部招聘即内部选拔，是员工招聘的一种特殊形式，是指在组织内部，通过提升、工作调配和内部人员的重新培养等方式挑选出组织所需人员的一种方法。严格来说，内部选拔不属于人力资源的招聘范畴，而应该属于人力资源开发的范畴。但实际上，社会组织中绝大多数工作岗位的空缺是由单位的现有员工填充的，因此组织内部是最大的招聘来源。

进行内部招聘时，也要在公司内部张贴招聘告示，其内容包括职务说明书的信息以及薪酬情况，说明工作机会的性质、任职资格、主管的情况、工作时间和待遇标准等相关因素。目的是让单位的现有员工有机会将自己的技能、工作兴趣、资格、经验和职业目标与工作机会相互比较。

(1) 内部招聘的优点

内部招聘被相当多的社会组织采用，如日本企业就运用较多，这是因为内部补充机制有很多优点。第一，受聘员工会认为自己的才干得到了组织的承认，他的积极性和绩效都会提高。第二，内部员工比较了解组织的情况，为胜任新的工作岗位所需要的指导和训练会比较多，离职的可能性也比较小。第三，选拔内部员工可以提高所有员工对组织的忠诚度，使他们在工作中能做比较长远的考虑。第四，上级对内部员工的能力比较了解，因此选拔内部员工比较保险，录取率也比较高。第五，由内部员工来递补职位空缺是最经济、成本最低的方法，可以节约大量的人员培训费用，甚至出现有的在职员工来兼做这一职务。这还可以使员工工作内容丰富化，为组织的内部人员提供职业发展机会，从而提高他们工作的积极性和创造性。第六，有利于激励员工奋发向上，较易形成企业文化。一项研究发现，晋升机会能导致流动率下降、高涨的工作满意度及更好的工作绩效。

（2）内部招聘的缺点

内部招聘除了以上所讲的优点之外，也有缺点。第一，那些没有得到选拔的应征者可能会不满，因此需要做解释和鼓励的工作。第二，当新主管从同级的员工中产生时，工作集体可能会有不满和不服的情绪，这使新主管不容易建立领导声望。第三，如果组织已经有了内部补充的惯例，当组织出现劳动力新需要而急需从外部招聘人才时，就可能会遇到现有员工的抵制，损害员工工作的积极性。第四，不易吸收优秀人才，自我封闭，可能使社会组织缺少活力。

（3）内部招聘的方式

内部招聘的主要做法有：

① 提升。从组织内部提拔一些合适人员来做组织的管理人员是最常用的方法。一般的管理人员都是通过内部提拔的方式选聘的，因为通过提升方式的管理人员对组织的情况较为了解，对工作环境适应得比较快。

② 工作调配。这是指从组织内部人员中选聘一部分人去做管理人员，但是这些人的职务或岗位、级别可能都不变，只是从原有的工作岗位变动到另一个工作岗位或职务上。工作调配是内部招聘中使用最多的一种做法。

③ 内部人员重新聘用。这是指在组织从内部招聘的过程中，会要求录用的人员与原有部门解除聘约，然后与组织签署聘用合约，从而在组织内部获得人力资源的一种方式。这种重新聘用的方式是一种介于内部和外部招聘之间的做法。人的来源是内部的，聘用合同方式与外部招聘相似。

④ 推荐法。根据组织的人员需要计划，由组织内部的单位和员工推荐其熟悉的合适人员，供组织的人力资源部门进行选择和聘用。由于人力资源部门对被推荐者比较了解，这种方式一般成功的概率较大。当然这需要征得应聘者的同意。

⑤ 档案法。组织的人力资源部门可根据工资或员工档案资料，了解员工的教育、培训、经验、技能等方面的信息，并从中寻找合适的招聘人选，然后可以通过面谈的方式，在招聘双方同意的基础上获得所需的人力资源。

2. 外部招聘

长期以来，尽管人们很想知道哪一种员工来源最可能创造好的工作绩效，但是现有的研究还无法精确地回答到底哪种工作应该采用哪种招聘渠道。一般来说，内部来源的员工比外部来源的员工离职率要低，长期服务的可能性要大一些。但是，在内部补充机制不能及时、完全地满足社会组织对人力的需求时，就需要考虑在外部劳动力市场进行招聘。同时，为了弥补内部招聘的不足，也要进行外部招聘。

外部招聘是从组织外部获取所需人力资源的一种方法。一般来讲，外部招聘主要仅限于入门水平工作的新员工，高于入门水平的工作通常通过晋升的方法由已有雇员来补充。

（1）外部招聘的优点

第一，给社会组织带来新思想、新观念，补充新鲜血液，使组织充满活力，从根本上解决了企业内部人才补充普遍存在"近亲繁殖"的弊端。第二，可以规避涟漪效应[①]产生的各种不良反应，无须调整其他岗位和人员。第三，避免过度使用内部不成熟的人才。由于组织内部人力资源的相对稀缺性，当经营业务迅速发展，组织机构急需扩充时，组织人事部门往往"饥不择食"，为了满足岗位的需要，不得不削足适履将一些尚不具备条件的人员推上所需岗位，这样做虽解决了一时之需但后果不堪设想。如果建立了规范化的人员招聘选拔机制，采用外部招聘，是可以较好地解决这一问题的。第四，选择面广，易于得到更多更好的人才。由于外部人才的引进，一般是根据岗位的标准和要求，通过严格的初审、考核、面试等程序，从一定数量的候选人中认真甄别和挑选出来的，所以引进的人才已经基本上具备了任职的资格和条件，特别是那些通过"猎头"公司选拔的人才，一般具有较丰富的实践经验和较高水平的专业技术或专门技能，从而使企业节约了大量的培训费用，相对缩短和减少了在现岗锻炼培养的时间与领导精力的投入。

（2）外部招聘的缺点

第一，吸引、评价外部人员比较困难，人才获取成本高，还可能会选错人。第二，给现有员工以不安全感。外部招聘会对原组织内部那些认为能够胜任空缺职位的员工产生不利影响，会对现岗的员工带来一定的压力和影响，竞争过度容易使员工缺少归属感。第三，由于外部引进人才的社会背景和具体经历不同，新来的员工对工作的熟悉以及与周边工作关系的密切配合需要时间。第四，新任员工对组织文化的认同和融合难度较大，文化的融合需要时间。

（3）外部招聘的方式

外部招聘工作可按下述办法进行操作：

第一，自行招聘。由用人单位自行组织招聘员工，由人力资源部负责具体组织协调和操作。招聘过程中，按招聘程序进行。应聘人员的面试和筛选应会同有关业务部门共同进行，并由业务部门拿出主导意见，并及时公开招聘的结果及招聘人员的配置情况。

第二，委托人力资源管理咨询公司招聘。用人单位可以与人力资源管理机构签订委托招聘协议，由人力资源管理机构负责按用人单位要求发布信息、组织招聘、收集整理应聘人员资料、联系办理调动等事项。用人单位人力资源部应派员全程参与，特别是对应聘人员的资格审查、面试、筛选、体检等关键环节，必须由双方共同进行，由用人单位拿主导意见。

第三，委托职业中介招聘。职业中介是帮助社会组织招聘员工和帮助个人找到工作的一种组织，包括各种职业介绍所、人才交流中心等。我国的大部分城市都设有大大小小的职业介绍所，其中有的是当地政府开办的，有的是私人开办的。改革开放以来，职业介绍所已经成为我国劳动力市场的重要组成部分，是联系劳动力供求双方的重要桥梁和纽带。职业中介的优点是应聘者面广，招聘时间短，可以和应聘者进行面对面的交流，征召和选择过程可同时进行。职业中介的缺点是缺乏应聘者信息，难以确定组织需要的合适人选，成本相对较高。一般来讲，寻求职业介绍机构帮助的求职者主要是熟练和非熟练工人、一般办事员、中低层管理或技术人员。

---

① 涟漪效应亦称模仿效应，定义为一群人看到有人破坏规则，而未见对这种不良行为的及时处理，就会模仿破坏规则的行为。

第四,委托猎头公司招聘。猎头公司全称“经理搜寻公司”,最早出现于二战后的美国。它是一种特殊的职业中介,专门帮助顾主搜寻符合特定职位的中高级管理人员和特殊技术人员。目前猎头公司在国外已经成为一个成熟的行业。在我国,随着市场经济的发展,“猎头公司”也开始在招聘高级管理人才方面占有一席之地。北京自 1993 年成立第一家猎头公司以来,现已经发展到几十家,其中一些是国际著名的猎头公司。猎头公司的业务有两项:一是为企业寻找到企业需要的特殊人才;二是为需要工作的个人提供服务。猎头公司既熟悉各种企业的特殊人才需求,也了解具有特殊技能的许多个人信息。在为个人的服务上,个人无论是否应聘成功,都要支付一定的费用。在为社会组织的服务上,只在单位招聘到需要的人才时,才支付相应的费用。猎头公司招聘的优点是:省时省力,用人单位花费时间少,也可节省一定的广告费用和筛选费用。猎头公司招聘的缺点是:招聘费用较高。

另外,外部招聘还可以采取校园招聘和网络招聘等方式,这两种方式我们在下一问题介绍。

就社会组织的人力资源规划策略的角度来看,招聘也必须将内部招聘和外部招聘兼顾结合使用,才能确保人力资源招聘的效率与质量。具体偏向于内部招聘还是外部招聘,取决于组织战略、职位类别和组织在劳动市场上的相对地位等因素。一般来说,对于需要保持相对稳定的组织中层管理人员,可能更多地需要从组织内部获得提升,而招聘组织的中高层管理人员时,内部与外部招聘都是行之有效的方法。当高层管理人员如需要引入新的风格、新的竞争时,就可以从外部引进合适的人员。在实践过程中并不存在统一的标准。

总体而言,人力资源管理单位只有建立组织内部与外部的人才库与通道,才能确保人员招聘渠道的畅通。

二、校园招聘和网络招聘

校园招聘和网络招聘是目前使用比较普遍的招聘方式。

1. 校园招聘

校园招聘就是社会组织直接进入大专院校、面向毕业生进行的招聘。大中专院校的毕业生一直是专业技术人员和管理人员的主要供给者。我国每年有上百万各类院校的毕业生,这是一个庞大的专业人才的供给市场。目前,校园招聘已经成为越来越多的社会组织喜欢运用的招聘渠道和方法。国际跨国公司也是校园招聘的积极参与者。

(1) 校园招聘的渠道:第一,社会组织到校园招聘。第二,学生提前到社会组织实习。第三,社会组织和学校联手培养,以补充组织所需要的专门人才。

(2) 校园招聘的程序:第一,做好准备工作,即组成招聘小组,并准备好介绍公司概况的小册子和现场演示所需的资料、电子文件和相关设备(设备也可利用学校的),以及选择进入招聘的学校和专业。第二,准备面试题。第三,与校方联系,确定校园招聘的时间和地点。第四,在校园内提前进行招聘的宣传,尽量吸引优秀的毕业生到招聘现场。第五,进行现场演示,介绍公司的历史、文化、发展前景、人力资源管理的概况特别是员工薪资福利概况和培训发展概况。第六,请应聘者递交简历,或填写求职申请表。第七,对简历进行初步筛选,通知并组织面试。第八,向学校相关部门和老师了解应聘毕业生的在校表现。第九,进行初步人事决策。

（3）校园招聘的优点：第一，针对性强，选择面大，应聘者专业覆盖面广，人才层次多、素质高。社会组织能招聘到大量有关工程、财会、管理、法律、机械电子、计算机等各个学科、各个领域的专门化的中高级水平的人才。第二，适宜进行战略性人才选择和储备部分优秀人才。校园招聘的人才比较单纯，接受能力和可塑性均强于其他来源的人才，如果培养、任用得当，人才对企业的认可度较高，忠诚度也较高。

（4）校园招聘的缺点：第一，由于毕业生缺乏经验，社会组织投入的培训成本高。很多社会组织不喜欢招聘刚出校门的学生，主要原因是想节约培训成本。第二，由于毕业生常有对工作期望值过高和眼高手低的倾向，因此一年内跳槽的概率高，此外校园招聘成本高，招聘花费的时间较长。一般来讲，招聘的毕业生要到7月份毕业后才能被使用。例如，宝洁中国公司每年从校园招聘到毕业生毕业上岗需要几个月的时间，每年用于校园招聘的费用达几百万元。第三，由于毕业生没有任何工作经历，社会组织对应聘者今后可能的表现和绩效缺少充分的把握。如果任用和培养不当，毕业生可能会不认可组织的文化和价值观，影响组织的团队建设。

2. 网络招聘

和上述几种传统招聘方法相比，网络招聘是一种新兴的招聘方法。网络招聘是利用计算机及网络技术支持招聘活动的过程，它改变了传统招聘方法的运行模式。目前，人才网站已经成为社会组织与人才沟通的重要的桥梁之一，网络招聘已经成为人力资源管理者提高招聘效率的一种具体渠道和方式。

网络招聘借助互联网和组织内部的人力资源信息系统，将申请过程、招聘过程及录用过程有机融合，形成一个全新的网络招聘系统，使组织能够更好、更快并且以更低的成本吸引并招聘到组织所需要的人才。

（1）网络招聘渠道：

第一，注册成为人才网站的会员。专业人才网站资料库大，日访问量大，招聘者较易招聘到所需人才。专业人才网站收费较低，招聘单位可以同时在多家网站注册，这样选择余地更大。

第二，在自己单位的主页或网站上发布招聘信息，并建立相应的链接。利用单位网站进行招聘的好处是可以根据组织需要进行专门设计，形成包括信息发布、简历管理、候选人检索以及网上测评在内的完整的招聘系统。世界500强中有很多公司经常在自己的站点上发布招聘信息，这种方式既达到了广告宣传的目的，又能使来访问的求职人员在了解组织的实际状况后，有针对性地选择应聘岗位。

第三，在某些专业的、浏览量很大的网站发布招聘信息。由于这些网站往往能聚集某一行业、大量的人才，在这样的网站发布招聘信息，对吸收某一特定专业的人才往往效果更好。

第四，通过网络猎头公司。专业的网络猎头公司利用互联网将其触角伸得更深更远，再高的职位他们都会猎寻到，但是费用相对较高，比较适合招聘高级管理人员。

第五，其他方式，如在BBS或聊天室里发现或挖掘出色人才，利用网站的搜索引擎来搜索相关专业网站及网页。这样既可发现可用人才，也可自己做猎头，是一种更为经济的方式。

（2）网络招聘的优点：

第一，覆盖面广。互联网的覆盖面可能是以往任何媒介所无法比拟的，它的触角可以轻易地延伸到世界的每一个角落。网络招聘依托于互联网的这个特点，往往达到传统招聘方式无法获得的效果。

第二,方便、快捷、时效性强。网络招聘与传统招聘方式不同,它不强求时间和空间上的绝对一致,方便了双方的时间选择,相对节省了大量的时间。互联网本身不受时间、地域限制,也不受服务周期和发行渠道限制,不仅可以迅速、快捷地传递信息,而且还可以瞬间更新信息。

第三,成本低。网络招聘在节约费用上有很大的优势。对于毕业生来说,通过轻点鼠标即可完成个人简历的传递,原先一个月才能完成的信息整理、发布工作,现在可能只要半天就能够完成。对用人单位来讲,网络招聘的成本更低。

第四,针对性强。无论是用人单位还是求职个人都可以根据自己的具体条件有针对性地在网上进行选择,这种积极的互动,减少了在招聘和应聘过程中的盲目性。

(3) 网络招聘的缺点:

第一,对于网络招聘信息的真实性,缺乏有效的鉴别和筛选手段。

第二,处理信息难度大,成功率低。有统计表明,一些进行网上招聘的规模较大的社会组织每周要接收 5 000—10 000 份新简历。

第三,缺乏有效的管理制度和机构。由于没有相应的管理机构,也缺少规范网络招聘的政策法规,市场的秩序比较混乱,恶意行为时有发生。

第四,网络资源有限、上网速度、网络技术和安全等问题。

三、招聘信息发布方式

招聘信息发布的方式和招聘方式往往是联系在一起的。

概念*要点

招聘信息发布方式大致可以分为三类:一是招聘广告类,又由于选择的媒体不同,有报纸、杂志、电视、广播、网络等方式。二是中介招聘类,又由于利用的中介机构不同,可有人才市场、猎头公司等方式。三是联合招聘类,又由于联合的对象不同,有校园招聘、活动招聘等方式。

具体方式包括:

1. 报纸招聘广告

在报纸上登招聘启事,招聘的时效性强,求职应征者获取的信息普及率高,是目前公认最有效的招聘方式。但其花费的成本也是所有招聘渠道方法中比较高的。

刊登报纸招聘广告,随着报纸发行量的多少而有不同版面见报,人力资源管理人员必须依照招聘的工作性质与读者群,来选择最经济、最实惠的报纸与版面来刊登,用设计独树一帜、最醒目、最贴切的广告用词来吸引读者的注意,使其踊跃应征。

2. 夹报招聘广告

招聘广告也可以利用夹报方式在社会组织所在地、交通车行驶经过地区散发,吸收当地可就业的人口。一般夹报招聘广告都委托当地送报员代送,属于有偿服务。

3. 校报、系刊招聘广告

社会组织针对经营类别所需的职位,在相关的高校校报、系刊上刊登招聘广告,例如:招聘电子工程师,可在电子学院、电机系的内部报刊上刊登招聘广告;招聘会计人员,可在会计系系刊上登载招聘广告。这种方式不但广告费低廉,而且可以与相关科系建立良好关系,或由系办公室转介绍社会组织求才信息。

4. 社会张贴招聘广告

社会组织自行制作招聘广告,通过社会组织所在地的街道公共广告栏直接对社区附近居民发布招聘信息,或在社会组织的外墙悬挂招聘条幅,吸引过路人的注息,促使其前来应征或推荐。此招聘手段在招聘大量生产工及半技术工时较为常用。

5. 店面张贴招聘广告

有些大中型连锁店,因有通路之便,逐渐利用店头发布信息,以吸引行经附近之路人及顾客的留意,招来应征人员前来洽谈。

6. 就业杂志招聘广告

社会组织招聘人才也可委托专业的就业杂志做媒介发布招聘广告,这是求职者获取求职信息的另一窗口。这种广告费用较报纸便宜,但因就业杂志为周刊、半月刊或月刊,对那些有时效性的职种则不太适合采用。在社会组织形象塑造方面,采用这种招聘方式较能畅所欲言,增加企业的知名度。

7. 电台招聘广告

电台广告有各种各样的听众,对接收到这一信息的人来说,因有音效配合,效果颇大。但这些广告传播的信息很快就消失,广告效果不能持久。

8. 电视招聘广告

随着电视收视率的提高,部分行业也会利用电视台做招聘广告。但电视广告不像报纸、杂志广告,可保留一段时间供多人阅读。有线电视台的广告画面一瞬即逝,且选择的时段、节目内容、收视观众的受教育层次,都会影响招聘广告的效果,对其效果必须详细评估。

9. 商业招聘广告

这是各种广告的搭配使用。社会组织推销产品或塑造企业形象,必须凭借媒体广告来传播,而人事招聘信息也可以通过商业广告的篇幅来传递。采用商业广告方式一举两得,既可以节约招聘成本,又可加深观众的印象。

10. 网络招聘广告

利用科技的进步、电脑信息的普及化,社会组织招聘员工可通过网络进行,使社会组织招聘者与求职者取得联系,找到合适的人才。

11. 通过地区就业服务中心招聘

目前,各地都有就业服务中心、人才市场。社会组织可到各地区就业服务中心或人才市场招聘,这里委托求职、求才者,其资历以高中、高职以下程度者为主。社会组织招聘基层人员、半技术工,可到各地区就业服务中心或人才市场。

12. 通过职业介绍所招聘

职业介绍所包括人才租赁公司、猎头公司等。社会组织可将用人的条件与数量提供给职业介绍所,由职业介绍所介绍或代招。企业为此需付一定的佣金。至于猎头公司,则是社会组织招聘高级人才时才会使用的方式。相对来说,猎头公司收取的佣金比职业介绍所收取的佣金要多许多。

13. 到高校招聘

社会组织招聘人员直接走向即将毕业的高校学生，向学生提供本组织的招聘信息，以此吸引即将踏出校门的毕业生来应聘。社会组织还可以从各校应届毕业纪念册可取得相关科系学生的通信地址、联络电话，用信函或电话联络，直接将招聘信息通过这一渠道传播以吸引人才。这就是校园招聘，在上文详细论述过。

14. 与职业训练机构合作招聘

用人单位与职业训练机构合作招聘，这要配合组织的中长期人力资源规划，与职业训练机构签订合约，也可以根据具体状况进行招聘。职业训练机构可分为公立和私立职业训练机构，其培养的毕业生主要是初级职位的操作人员。用人单位在招聘此类人员时，可以对其专业素质做更深入一层的了解。

15. 到裁员公司招聘

当同地区的社会组织有裁员消息时，可通过该单位人力资源部门的推荐，挑选合适的优秀人员并鼓励其前来应征。这种招聘可以得到较好的熟练工人。

16. 举办活动招聘

一是组织参观活动招聘，针对社会组织所需人才的科系或学校，请学生来工厂参观，有形无形地建立组织形象，扩大社会组织的知名度。二是参加或组织专门招聘活动，集中招聘，如各种招聘会。

17. 接受推荐招聘

一是接受客户的推荐。客户与社会组织之间有密切往来的业务关系，经客户或协办组织介绍的人员，其可用性很高。二是接受自我推荐。形象好的社会组织是求职者想一展抱负的场所，对于求职者"慕名"以自我推荐函来求职的，必须加以特别重视，分门别类归档备用，且收到信函后必须回函，以保持随时可通知其面谈的机会。

总之，招聘的方式很多，社会组织在招聘时可以单独使用其中一种，也可以几种组合交互使用。

第四节 招聘测试方法

招聘测试具体方法种类很多，目前比较适用和普遍的是以下几种：面试、知识考试、心理测试、评价中心。

一、面试

面试是要求被试者用口头语言来回答主试者提问，以便了解被试者心理素质和潜在能力的测试方法。

1. 面试目的及优缺点

面试几乎成为当前社会组织招聘、选拔人才必须使用的方法。

面试主要有两个目的：第一，求职者可否担任某职。第二，与其他求职者相比，此人如何。面试就是通过正式的深入的交谈，以确定求职者有无可能被录用。

面试的优点有：第一，可全面了解应聘者业务知识水平、反应能力、外貌风度、发展潜力、心理素质(如忠诚心)等,获取的信息量大;第二,可以双向沟通,使主试者了解应聘者态度、兴趣、愿望,也使应聘者了解招聘组织及对自己的希望;第三,灵活性强,适用于各类人员。面试缺点主要有两点:一是不易保证可信度,同一应聘者会给人以不同的印象;二是成本较高。

2. 面试的类型

面试的类型可以分为两大类:

(1) 可以按面试及应试人数分为四种:第一,一个主试人对一个求职者。第二,多个主试人对一个求职者。第三,一个主试人同时对若干名求职者。第四,多个主试人对若干名求职者,也称为集体面试。

虽然一对一的面试最为常见,但采用集体面试(多个主试人对若干求职者)有一定的优点,即主试群体可根据不同求职者对同一问题的回答进行比较,以获得印象比较,另外这也是节省面试时间的一种办法。

(2) 可根据面试时所提问题,分为结构型面试、非结构型面试及混合型面试三种:

第一,结构型面试,这是事先准备好问题的面试,又称直接面试。这种面试可以提高效度,但主试人员没有机会追踪感兴趣的不同一般的回答,因此相当机械,有时甚至使习惯于更灵活面试的被面试者不感兴趣。

第二,非结构型面试,又被称为间接面试。这种面试没有事先准备好问题,是由主试人在面试过程中随机提问的面试方式。在这种面试中,就像朋友之间交谈。由于每个被试者的问题可以不同,这种面试方法的效度较低,还可能忽视被试者素质的某些方面。

第三,混合型面试。这种面试是以上两种类型面试的结合。实践中,典型的面试就是将非结构型与结构型问题结合起来,以选择出符合社会组织需要的人员。

3. 面试过程

面试过程主要包括五个步骤:

(1) 设计面试中要提的问题。

面试问题一般会针对招聘职位的要求来提出。因此在面试之前,主试人一定要仔细阅读被面试者的简历。原因一是熟悉被面试者的背景、经验和资格,并将其与职位要求和工作职责相对照,对被面试者的胜任程度作出初步的判断;二是发现在被面试者的简历中的问题,供面试时提问。

下面是某单位招聘大学毕业生担任管理工作面试时所采用的一份问题。这一组问题涉及毕业生以前的工作经验:你经历过第一个工作是什么?你说你在那个工作中的主要成就是什么?哪些事你做得不太好?你在你自己的工作中学到了什么?你认为工作上的哪些方面最有刺激性,最令人满意?你在工作中期待的是哪些东西?你对将来是怎么想的?从现在起5—10年里你想干哪一类工作?

(2) 制造亲密或压力气氛。

第一,努力营造亲密和谐的谈话气氛,以便被面试者能够将真实的信息自然地流露出来。只有建立一种相互信任和舒适的关系,主试人才能大大地解除被试者的顾虑,才使被试者自然说话。面试一开始就应及时创造亲密关系,应从使人放松的问题开始,同时面试人也可用体态语言帮助被试者松弛下来,如微笑、握手等。

第二，制造压力气氛，可以给人带来竞争和威胁的感觉，可以考察应试者的抗压能力、应变能力。主试人可采取连续的直接式提问、直接指出缺点等方法来制造压力气氛。

(3) 提问和交流信息。

面试是提问交流信息的交谈过程。在面试中经常使用四种提问方式：直接式、开放式、澄清性和自我评价式。

直接式的提问可以使应试者把注意力集中在某一信息上，提供具体、直接的答案。答案一般是“是”、“不是”，或者是一些微小的信息和数据，如一个日期、数字等。

开放式提问是向被面试者提出一些没有固定答案的问题，允许被面试者在较大的范围内回答。这样主试者就可以在应试者较多的话语中捕捉信息，从中观察其思考问题的方法和观点、某些决定或行为后面的逻辑推理以及解释某些过程。开放式提问能使双方关系融洽，并可以问出一些意想不到的信息，但花费时间较长，使面试过程不容易控制。

澄清性提问是为了问出更多的信息或是为了使被面试者对其答案作出进一步的解释。当认为被面试者所给的答案不清楚或不完整时，可以使用澄清性提问。

自我评价式提问是要让被面试者对他们自己、他们的行为以及技能进行分析和评估，如“你认为你的最大长处和优势是什么”。

(4) 结束面谈。

如果面试的问题逐步减少或合适的时间已到，面试应引向结尾。此时非语言的沟通变得有用，改变姿势，转向门口，看一下表或钟均可暗示应试者结束时间即到。有些主试人以这样的问题结束：“您最后还有什么问题要提？”

这时，可以当面通知申请人面试过程的下一步，也许是等电话或信件。但是，不管面试者有什么看法，都不能告知被面试人是否获得职位。

(5) 面试评价。

面试结束后，主试人应立即记录求职者回答问题的情况以及总体印象。

根据面试结果，主试人对求职者作出评定时应特别注意以下几种情况：离开以往的工作岗位而无法提供良好的离开理由者；以往薪水显著超过现有薪金者；有家庭问题者；在过去5年内曾经历5次以上工作者；曾经有过劣迹表现者；以往工作从来没有超过两年的工作者；资格显然超过职位所要求者。以上7类人员并非一定不能录用，但在录用前必须调查清楚这些事实的细节。

4. 面试时常见的偏差及解决办法

在面试中，主试者对应试者回答问题的反应有时会有些误差。造成常见误差的原因有许多，如个人的认识角度不同等，但主要原因是主试者本人的一些心理偏见，常见的心理偏见有五种：

(1) 第一印象。是指由于求职者外表或由于紧张而出现的下意识言行往往会给面试人留下一个难以抹去的首次印象。这一印象可能会影响面试人下一步的发问及评价。

(2) 晕轮效应。是从某一优点或缺陷出发去评价求职者其他方面。例如求职者面试开始前的一个自信的微笑在主试人心目中留下好印象，从而忽略了对他弱点的发现和分析，相反也可能一位不修边幅的求职者一开始就给人留下不好的印象而处处被挑剔。

(3) 暗示诱导。在面试中，一些主试人用诱导式问题泄露期望的回答。如主试者对应试者说:“你不觉得你有能力做好这项工作吗?”这样,对于应试者就是一种暗示和引导。

(4) 个人偏见。由于存在个人标准不同,往往面对同一申请者,不同的主试人给予决然不同的评价。个人好恶及偏见可以有两方面的作用:当主试者不喜欢具有某些特点的人,不管这人是否适合该工作,都觉得不能接受这人。相反,当主试者喜欢具有某些特点的人,即使这人不适合该工作,也能接受这人。

(5) 相对标准。一些主试者在接待应试人时,对具体应试人的评价往往是和这些应试人之前的应试人留下的印象相比较而得出的,这样面试评价的标准就带有相对性。例如一个主试者接连与几个很不理想的应试人进行面谈后,在见到一个一般水平的应试人时,往往会认为很出色而高估其水平。相反在接连同几个条件很好的应试人面谈后,对一个一般水平的应试人会认为很差。

以上这些心理偏见会有意无意地影响着主试者的评价,从而降低面试信度和效度,使招聘工作失效。要消除以上心理偏见,减少面试中的误差,最好的方法有:一是严格挑选面试考评人员;二是对考评人员进行培训;三是尽可能采用结构性面试和集体面试的方法。

二、心理测验

心理测试是指通过一系列的心理学方法和技术来测量被试者的智力水平和个性方面差异的一种科学方法。在人员招聘时采用各种心理测验,可以判断应聘者的人格品质、心理能力、特殊才能等。目前,许多社会组织在选聘人才的过程中,经常用到心理测验方法。

常用的心理测验方法有四种:一般能力测验,特殊能力测验,人格测量常用方法,以及技巧及成就测验。

应用心理测验要注意以下几点:第一,心理测验需要专门技术。心理测验工具及其使用方法需由专家设计,否则很难保证其效度和信度。第二,心理测验的结果仅仅是参考意见。专家们认为,心理测验对剔除不合格者有效,但对于发现优秀人才未必有效。第三,有些测验要考虑被测者是否能接收,这里有一个社会舆论和思想观念问题。如测谎器的应用,人们就有争议,许多人认为它蔑视被测试者的人格尊严。

三、知识考试

知识考试是指主要通过纸笔测验的形式来了解被试者的知识广度、知识深度和知识结构的一种方法。根据招聘的需要,有时对被试者的知识广度作全面的了解,有时可能对知识的深度作深入的了解,但有时又可能对被试者的知识结构作必要的了解,以全面了解被试者掌握知识的水平。

知识考试的种类主要有以下三种:第一,百科知识考试,又称广度考试,或者叫综合考试。第二,专业知识考试,又称深度考试。第三,相关知识考试,又称结构考试。

知识考试的使用主要应注意以下四个方面:第一,试卷的设计;第二,考场的安排;第三,监考老师的安排;第四,阅卷的要求及安排。

四、评价中心

评价中心是指根据被试者可能担任的职务,编制一套与该职务实际情况相似的测试项目,将被试者安排在模拟的、逼真的工作环境中，要求被试者处理可能遇见的各种问题，用多种方法来测评其心理素质、潜在能力的一系列方法。评价中心也可称为系统仿真与情景模拟。

评价中心测试方法一般在招聘中高级管理、技术人员时使用，但目前在招聘大学毕业生时也用的较多。这种用系统仿真与情景模拟假设的解决方法往往有一种以上，而且测评主要是针对被试者明显的行为以及实际的操作而言，另外还包括两个以上的人之间相互影响的作用。由于评价中心的系统仿真与情景模拟设计都比较复杂，因此准备工作时间较长，费用比较多，但其正确度比较高。

1. 评价中心的特点

作为一种迅速发展起来的人才素质测评新方法，评价中心具有以下特点：

第一，情景模拟性强。评价中心通过多种情景模拟测评形式观察被测人员的特定行为，提供观察被测人员如何与他人相处、分析问题与解决问题等复杂行为的机会。

第二，综合考察方法兼并。对于问卷、量表、测验、投射、面试、小组讨论、公文处理、角色扮演等测评技术，往往是择其中多种综合实施而不是择其一。它取各种测评技术之长，而补它们各自独立使用之短。被测人员在这种测评形式中行为反应的多样性与广泛性，使评价中心测评的效度与信度大大提高。

第三，动态考评灵活多样。评价中心是通过一系列的活动、安排、环境布置与压力刺激来激发被测评人员的潜在素质，使其得到充分的表现，使主试人员对那些真正体现在运动中、在活动中测评的特点有一个真实、全面的把握。评价中心的动态性还表现在具体操作内容、时间和程序可以灵活变动，没有固定模式。

第四，方法、结论标准化。评价中心更具标准化的特点。一般来说，对于所测评的内容不是随意而定的，而是要通过工作分析来确定，整个的测评活动安排，所有的主测人员与被测评人员的活动，都是以工作分析所确定的素质为目标进行测评。在评价中心的活动中，每个被测人员都是处于竞争机会均等的情景中，并可以获得同等表现自身素质的条件，体现在练习、指导、期限、测评者对候选人的沟通交流等都是同一的特点上。同时，主持测评的工作人员都要接受统一的培训，以保证操作过程的一致性。

第五，整体互动性。在评价中心，主测人员对被测人员的测评，大多数是置于群体互动之中进行比较性整体测评。对于每项素质的测评，不是进行抽象的分析，而是置于动态的观察之中，联系活生生的行为举动作出评定。人的素质测评复杂，要对其作出准确、真实的测评，常常需要在相互比较的实际活动中整体地测评。

第六，信息量大。和其他测评方式相比，评价中心突破了许多限制，测评内容涉及监督、管理与决策诸方面的技能。一方面给测评双方提供了多种表现或观察的机会，另一方面又增强了测评的公正性与客观性。

第七，形象逼真。与心理测验、面试相比，评价中心的另一个显著特点就是形象逼真。评价中心中的“试题”与实际工作有高度相似性，使得它所测评的往往是分析和处理具体工作的实际知识、技能与品德素质，使评价中心具有很高的效应。评价中心的每一个情景测试，都是从许多实际工作样本中挑选出来的典型。由于评价中心的形象性与逼真性，使得整个测评过程生动活泼，不像别的测评方法那么死板，能引起被测评人员的很大兴趣，更大程度地发挥潜能。正是由于被测评人员是在被测过程中充分表现其内在素质，所以评价中心显得形象直观。

第八,预测性强。评价中心主要是以对管理人员的管理能力与绩效进行预测为目的。因此,评价中心的测评内容主要是管理人员的管理素质与潜能,主要用于选拔主管人员。随着评价中心的应用与发展,它的应用范围日益扩大,已被人们用于能力培训与开发、职业能力测评、职业规划以及人事研究等。

第九,操作性强。和笔试相比,评价中心还有一个显著特点,即评价中心测评的行为性,它要求被测人员表现的是行为。这充分体现了评价中心的生动性。

2. 评价中心的主要形式

评价中心是以评价管理者素质为中心的测评活动,其表现形式是多种多样的。从测评的主要方式来看,有投射测验、面谈、情景模拟、能力测验等。从评价中心活动的内容来看,主要有公文处理、无领导小组讨论、管理游戏、角色扮演、演讲与谈话、案例评析、事实判断等形式。本节主要介绍公文处理、与人谈话、即席发言、无领导小组讨论、角色扮演、和管理游戏几种主要形式。

第一,公文处理,是情景模拟最主要的一种形式。公文一般由文件、备忘录、电话记录、上级指示、调查报告、请示报告等组成。在被试者受试前,应该向他介绍有关社会组织的背景材料。然后告诉被试者,他现在就是这家组织的负责人,全权处理各种文件。要使被试者意识到他既不是在演戏,也不是在代理职务,而是一位真正的手控实权的负责人,要他根据自己的经验、知识能力、性格、风格去处理各种问题。公文可多可少,一般不少于 5 份,不多于 30 份,每个被试者要批阅的公文可以一样,也可以不一样,但难度要相似。根据公文的数目和难度,规定完成的时间。

第二,与人谈话,主要分为三种类型:电话谈话、接待来访和上门拜访。在评价中心组织与人谈话,可以和公文处理在同一时间内交叉进行,这样更增添了工作情景的真实性。

电话谈话。在现代社会中,电话是一种很有效的交往工具,也是管理者最常用的交往工具。被试者在电话谈话中,可以反映出他的心理素质、口头表达能力、处理问题能力等。电话谈话可以分为接电话、打电话两种,接电话往往是被动的,打电话往往是主动的。

接待来访。来访者可以多种多样,根据需要,有的是来谈生意的,有的是来推销产品的,也有的可能是来叙旧的,或者是来纠缠的,这些来访者都由主试扮演。在应试者接待来访者时,可以观察他在接待时的态度,驾驭谈话的能力,快速处理难题的能力,如何处理公事和私事的关系等各方面的能力的情况。

上门拜访。在组织管理中主动找某些人谈话是管理活动的一项重要内容。这些有关人士可以包括上级、同事、下级、重要客户、司法人员、新闻界人员等,这些人员由主试扮演。主要观察被试者以下几个方面的能力:待人接物的技巧,语言表达能力,热情真诚的程度,应付各种困难的能力,有关的知识等。

第三,即席发言,指主试给应试者出一个题目,让应试者稍作准备后进行发言,以便了解其有关的心理素质和潜在能力的一种测评方法。即席发言主要是了解应试者快速反应能力、理解能力、思维的发散性、语言的表达能力、言谈举止、风度气质等方面的心理素质。即席发言的题目往往是做一次动员报告、开一次新闻发布会、在员工联欢会上的祝词等。在即席发言以前应该向应试者提供有关背景材料。

第四,无领导小组讨论。是指一组被试者开会讨论一个实际经营中存在的问题,讨论前并不指定谁主持会议,在讨论中观察每一个被试者的发言,以便了解被试者心理素质和潜在能力的一种测评方法。在一般情况下,每个小组会有一名被试者以组长的身份出来负责解决这些问题,出来主持会议,这样这个人的领导能力相对较强。根据每一个被试者在讨论中的表现,可以从以下几个方面进行评价:领导欲望、主动性、说服能力、口头表达能力、自信程度、抵抗压力的能力、经历、人际交往能力等。也可以要求被试者讨论完以后,写一份讨论记录,从中分析被试者的归纳能力、决策能力、分析能力、综合能力、民主意识等。

第五,角色扮演,是要求被试者扮演一个特定的管理角色来处理日常的管理事务,以此来观察被试者的多种表现,以便了解其心理素质和潜在能力的一种测试方法。例如,要求被试者扮演一名高级管理人员,由他来向主试扮演的下级作指示,下命令;或者要求被试者扮演一名销售人员,实际地去向零销单位销售产品;或者要求被试者扮演一名车间主任,请他在车间里直接指挥生产。在测评中要强调了解被试者的心理素质,而不要根据他临时的工作情况作出评价,因为临时工作的随机因素很多,不足以反映一个人的真才实学。有时可以由主试主动给应试者施加压力,如工作时不合作,或故意设置障碍,以了解该应试者的各种心理活动以及反映出来的个性特点。

第六,管理游戏,是评价中心常用的方法之一。在这种活动中,小组成员各被分配一定的任务,必须合作才能较好地解决它。有时,主试人员还会引入一些竞争因素,以进一步分出优劣。有些管理游戏中包括着劳动力组织与划分,再加上动态环境相互作用及更为复杂的决策过程。通过被测试人员在完成任务的过程中所表现的行为来测评被试人员的素质。

管理游戏是一种以完成某项"实际工作任务"为基础的标准化模拟活动。对被试人员实际的管理能力,可以通过活动观察与测评。管理游戏的优点是:它能够突破实际工作情景中时间与空间的限制;模拟内容真实感强,具有浓厚的趣味性;具有认知社会关系的功能。当然,管理游戏本身也存在某些缺点:首先,组织好一次管理游戏,通常需要花费很长的时间去准备与实施;其次,富有开创性精神的被试人员往往会因处于被试地位而受压抑。

核心概念

招聘 Recruitment

招聘测试 Recruitment test

人事决策 Human affairs decision

内部招聘 Internal recruitment

外部招聘 External recruitment

面试 Interview

心理测试 Psychological test

评价中心 Assessment centers

思考题

1. 什么是招聘？
2. 招聘在组织的人力资源管理活动中有什么作用？
3. 招聘的原则和程序各是什么？
4. 比较各种招聘方法各有什么优缺点？
5. 什么是心理测试？
6. 什么是面试？哪些是面试过程经常使用的提问方式？
7. 简答招聘的基本程序
8. 简答评价中心主要形式.

案例研究《××矿业集团招聘在职专业技术人才和熟练技术工人试行办法》

根据集团公司“建大矿、办大电、做资本”发展战略的需要，为加大专业技术人才和高技能人才引进力度，规范招聘条件和程序，特制定本办法。

（一）招聘范围

1. 专业技术人才

采矿、矿建、通风与安全、煤矿机电、地质、测量、选矿等煤矿主体专业；电力、铁路、资源环境、证券与投资、税费等急需紧缺专业。

2. 熟练技术工人

综采司机、综掘机司机、综采集中控制操作工、综采维修电（钳）工、液压支架工、液压泵工、液压钻车司机、侧装机司机、井下机电工、瓦斯检查工、瓦斯防突工、矿井通风工、矿井测风工、测尘工、瓦斯抽排工、钻机工。

（二）招聘条件

1. 专业技术人才

(1) 煤矿主体专业必须是国家统招全日制正规普通高校国民教育中专及其以上学历的人员（均为第一学历，选煤专业须本科及以上学历），男性，年龄40周岁以下（中专35周岁以下），具有煤矿相关专业的实践经验和较强的实际工作能力。其中：煤矿机电专业专科学历要具有煤矿相关专业在岗3年以上实践经验、助理工程师职称；煤矿主体专业中专学历人员仅限于2000年以前原煤炭普通中专学校毕业（限指徐州煤校、徐州煤建校、北京煤校、大同煤校、抚顺煤校、阜新煤校、海拉尔煤校、陕西煤校、重庆煤校、杭州煤校、安徽煤校），并具有在岗5年以上煤矿工作经验、助理工程师职称。其中具有工程师职称、经面试考核优秀的，年龄可放宽至不超过40周岁。

(2) 电力、铁路、资源环境、金融、证券与投资、税费等急需紧缺专业人才，必须是国家统招全日制普通高校国民教育本科及其以上学历（第一学历），年龄40周岁以下，具有相关专业的实践经验和较强的实际工作能力。

2. 熟练技术工人

(1) 在煤矿从事应聘工种工作3年以上，男性，技校或高中以上文化程度，年龄35周岁以下，并具有同工种中级及其以上职业资格证书。

(2) 煤矿主体专业国家统招全日制正规普通院校大、中专应、历届毕业生，男性，年龄在28周岁以下，自愿从事井下工人岗位工作的。

以上人员要求身体健康，能胜任应聘岗位的工作。

(三) 招聘程序

(1) 申请和登记。符合招聘条件的人员，可通过个人自荐或集团公司有关单位推荐的形式，携带个人有效居民身份证、个人业绩简历、学历证书、岗位资格证书、职称资格证书、技能等级证书等相关资料原件及复印件，向集团公司人力资源部申请，并填写《淮南矿业集团招聘人员登记表》。

(2) 资格审查。集团公司人力资源部负责对拟招聘人员的基本情况进行审查了解，审核相关证件及材料，并组织资格审查合格人员参加招聘。

(3) 组织招聘。经资格审查合格的人员，参加面试(或技能测试)、体检，均合格的人员，由人力资源部办理调动、调档或建档等引进手续。

(4) 安置去向。引进的人员，除金融、财税、证券与投资专业人才以外，其他人员原则上根据工作需要，按照专业对口，适当考虑个人意愿，充实到煤矿生产技术一线工作。

(5) 签订合同。凡经招聘录用的人员，在办理完引进的有关手续后必须与用人单位签订劳动合同。第一次签订一年期劳动合同，合同期满经用人单位考核合格的，可续签劳动合同。

(四) 相关政策

(1) 薪酬福利待遇

① 工资待遇。从签订劳动合同之日起，引进人才与集团公司现有同类人员同岗同薪，岗变薪变。

② 工龄。引进人员原则上按本人档案记载工龄连续计算(中断、买断等特殊情况除外)，暂无档案人员按相关证件(包括毕业证、技术等级证、原工资表和个人简历等)进行综合认定，在双方意见一致的情况下重建工龄卡。

③ 社会保险接续。原单位已建立养老保险，并能转入集团公司的，可办理接续手续；未参加养老保险或原单位已建立，未能转移养老保险关系的，从与集团公司签订劳动合同之日起重新建立个人养老保险账户，并按规定交纳医疗保险金、住房公积金、工伤保险金、失业保险金。

(2) 引进的煤矿主体专业人才，在原工作单位现任的科级及其以下职务或聘任的技术职称，两年以内或项目建设期间予以保留，以后根据工作需要和个人考核表现，按规定重新聘用，易岗易薪。

(3) 引进的煤矿主体专业人才中，具有本科学历(第一学历)且有高级工程师职称，或具有硕士学位的，其配偶系机关事业单位和国有企业全民合同制在册在岗职工(已与全民单位签订劳动合同)，经面试、体检合格，且个人服从分配的，可随同迁调。

(4) 办理引进手续。经招聘录用的人员到淮南矿业集团报到前，本人要与原工作单位解除或终止劳动关系，或办理辞职手续。原单位同意办理调动的，通过正常渠道办理调动手续；原单位不同意调动或调档的，根据劳动合同管理的有关规定，建议其个人应提前30天向原工作单位递交书面辞职报告,在办理完与原工作单位劳动合同约定的事项后(XX矿业集团不承担引进人员个人与原单位签订劳动合同的违约责任),由人力资源部安排用人单位重新建立临时档案。

本办法由集团公司人力资源部负责解释。

案例分析思考题:

1. 如何理解案例中的招聘程序?
2. 分析案例中的招聘条件。

第6章

培训与职业生涯管理——人力资源管理的支撑

工欲善其事，必先利其器。居是邦也。事其大夫之贤者，友其士之仁者。

——孔子

预期目标

通过本章的学习，可以掌握以下知识与技能：

- 人力资源开发、教育、培训
- 员工培训及特点、内容、形式、分类及方法
- 职业生涯及发展阶段、劳动者的职业性向、职业锚
- 员工的职业生涯路径、职业生涯设计的过程、方法及管理

IBM公司重视销售员工培训

IBM公司追求卓越，特别是在人才培训、造就销售人才方面取得了成功的经验。具体地说，IBM公司决不让一名未经全面培训的人到销售第一线去。销售人员们说些什么、做些什么以及怎样说和怎样做，都对公司的形象和信用影响极大。如果准备不足就仓促上阵，会使一个很有潜力的销售人员夭折。该公司用于培训的资金充足，计划严密，结构合理。一到培训结束，学员就可以有足够的技能，满怀信心地同用户打交道。

IBM公司认为，不合格的培训几乎总是导致频繁地更换销售人员，其费用远远超过了高质量培训过程所需要的费用。工作人员的频繁更换将会使公司的信誉蒙受损失，同时，也会使依靠这种销售人员提供服务和咨询的用户受到损害。近年来，该公司更换

的第一线销售人员低于3%,从公司的角度看,招工和培训工作是成功的。

资料来源:http://wenku.baidu.com/view/cdbd281aff00bed5b9f31d63.html。

人力资源是世界上最宝贵的资源,人才是事业之本。在人才至上以及知识更新换代极快的21世纪,社会组织要想立足与发展,只有拥有知识武装的员工,才能在激烈的竞争中立于不败之地。把人的智慧、能力看做资源,加以"开发",对一个组织来说,具有特别的重要意义。因此,注重员工培训和员工职业生涯管理成为人力资源管理的支撑和重要内容。

第一节 员工培训

人力资源的开发培训是社会组织进行的一种重要的人力资源投资。社会组织通过对各层次人员进行培训、教育,可以使员工明确自己的工作职责、任务和目标,提高知识与技能,具备与实现社会组织目标相适应的自身素质与业务能力,在个人得到提高的同时为组织创造更大的效益与价值。

一、员工培训概述

对组织各层次人员进行培训、教育,提高其素质,是人力资源开发的主要途径。

1. 人力资源开发、培训和教育

人力资源的核心问题是开发。人力资源开发可以从两方面理解:从广义上说,人力资源开发就是指人才的选拔、培养、使用和管理,是指人的智慧和能力,可以作为一种巨大的资源来开发和利用,为经济建设服务。从狭义上讲,人力资源开发仅指对人才的培训和教育。

也就是说,人力资源开发首先往往从人才的培训和教育开始,在对人的教育培养基础上选拔人才、使用人才,同时在人才使用中继续有针对性地培训、教育。这些都离不开管理。具体地讲,人力资源开发的意义比较广泛,既可以针对目前工作所需要的知识、技能,也可以着眼于未来组织的工作要求,从长远角度来考虑,它是一种人力资本的投资。

人力资源教育则是指通过系统的、正规的、整体的教学或实践等活动来提高教育对象的素质,包括知识、能力、品德修养等,以适应未来的情况。

人力资源培训是指通过短期的、以掌握某种或某些较专门的知识、技能和技巧为目的的指导活动,使培训对象具有完成某项工作所必需的技能。

人力资源开发和人力资源培训的区别在于,第一,开发时间相对长一些,培训时间较短。第二,开发阶段性相对不明显,培训的阶段性则明显些。第三,开发的内涵包括更多的方面,培训的内涵则较窄些。

人力资源教育和人力资源培训的主要区别在于两者目的不同,教育是针对知识来讲的,培训则是针对具体技能来讲的。为了弥补传统教育重知识轻素质的缺陷,现代教育中增加了很多培训的成分。与此同时在知识经济时代，培训中也加大了教育的成分。在许多学习过程中，两者常交叉在一起，因此人们并不严格区分它们。

2. 员工培训及作用

概念*要点

员工培训，也称人员培训，是社会组织为适应业务工作及培育人才的需要，对全体职工，采取训练、进修、考察等方式，有计划的增进其所需学识、技能，减少个别差异，使职工能适应现职工作，或担任更重要职务的活动。简言之，员工培训就是根据实际工作的需要，为提高职工的素质和能力，而对其实施的教育和训练。

员工培训的作用有两大方面：

① 对社会组织的作用：

第一，振作士气。社会组织在员工身上耗费培训开支，员工会感到自己的价值被组织认可和重视，从而有更强的动力去努力工作。

第二，增强社会组织的竞争力。培训将会为社会组织造就一支目标明确、合作愉快、技术娴熟的员工队伍，在竞争中将发挥无可比拟的重要作用。

第三，使社会组织面对变化游刃有余。社会组织所面对的事物是动态的，顾客在变化、需要在变化、环境在变化，没有一家社会组织会保持静止。但通常变化并不受欢迎。人们已经习惯于他们既定的生活方式和工作方法，许多人以一种恐惧的心态来看待变化。而培训帮助人们适应变化，进而从变革中获益。

第四，提高工作效率。我们知道，效率对一个社会组织而言是极端重要的，也许我们可以通过改变工作体系或者顺其自然而达到效率的更高层次。在上述的两种情况下，员工只有通过培训，才能学会使用新的装备或者适应新的体系，进而可能有更高的效率。

第五，留住社会组织宝贵的人才。人才过于频繁的流动对于企业的损害是有目共睹的。为了培养安定型员工，培训也是很必要的。

第六，为社会组织节省成本。不搞培训，尽管短期内我们暂时省下了对于培训的支出，但未来我们要为老员工离开后，进来的新员工付出更多的训练成本，同时招聘新员工也是有成本的。及时进行员工培训可以为社会组织节省成本。

第七，维持一个稳定的工作标准。培训有助于保证员工以同样的方法来工作，并且当员工群体出现新的特点时，培训可以保证工作标准的连续性，从而不会让社会组织经营有太大的足以危害本身的变动。

② 对员工个人的作用：

第一，增强工作主动性，克服惰性。培训能使员工的工作主动性成为一种经常存在的力量。

第二，更深刻地认识自己的工作。社会组织里的员工往往都面临着使其永远应付不过来的工作，从而使得他们很少考虑他们自己的工作，而培训恰恰能够提供一个使员工远离日常工作压力的机会，可以跳出来看待工作。所以培训也有助于员工理解自身在组织中的作用，同时使其更加认同组织的一些行为。

第三，增长知识。这也是员工获得的最主要的好处，因为人们仅仅从日常生活偶然出现的事件所带来的经验中学习是不够的，而培训则作为一种系统有效的训练可以弥补经验的缺陷。

第四，有助于职业生涯的发展。培训不仅给员工以适应变化的能力，还使其在培训中明确未来的发展方向。

3. 员工培训的特点

员工培训的特点，大致可归纳为以下几个方面：

第一，员工培训是"在职"培训。人员培训的对象是在职职工，"在职"是人员培训的最基本的特点，也是员工培训与普通教育的根本区别。普通教育的对象是青少年，其主要目的是帮助青少年更好地成长，为今后就业打下良好的基础。普通教育是一种基础性教育，采取的是全日制学习方式。员工培训的对象一般都具有一定文化技术素质和思想道德素养。培训的目的，是进一步提高他们的素质和素养，以提高其做好本职工作的能力和为今后的全面发展创造条件。

第二，员工培训是职业性培训。员工培训的"在职"特征，决定了员工培训的职业性，即主要是针对岗位、职务上的需要进行专业技术教育，以提高职工胜任本职工作的专业知识水平和技能，使他们成为精通本行专业的人才，从而提高其适应能力。所以，员工培训必须坚持按需施教、学用结合的原则，实行定向培训、走岗位、职务培训的道路。它较之普通学校对青少年的教育培训，目标更明确，针对性更强，理论与实践结合更紧密。

第三，员工培训是成年教育。职工培训是在职职工的职业性培训，其培训对象是具有一定专业实践经验的社会经历的成年人。成年教育与青少年教育不同，青少年教育的对象是青少年。他们年少，未经历过任何专业实践的锻炼，主要是接受基础性的文化教育。他们的年龄、文化程度，阅历等基本相同，所以在学习目标、课程设置、学习内容、教学方法、教学活动组织等方面，都可做到一致性。并且由于年少，无家务缠身，青少年不仅记忆力强，而且在学习上容易做到专一性。成年人却不同，由于年龄的增长和家务缠身，其记忆力和学习的专一性不如青少年。但由于他们经历过专业实践锻炼，掌握了一定的实践经验，具有较多的阅历和感性知识，所以他们的分析判断能力、理解能力较之青少年要强得多。另外，由于在职职工在年龄、经历、岗位、职务、文化程度、理论水平、业务技术水平、家庭条件等方面参差不齐，所以对职工培训、教育不可能像普通学校对青少年的基础教育那样单纯、统一，其学习目标的确定、课程的设置以及所采取的教学方法和教学活动的组织，比普通教育要复杂得多。因而，员工培训需从成年人的实际情况出发，从课程到教学方法要有一定的灵活性、多样性、要处理好整体的统一和个体的差异性之间的关系。

第四，员工培训是全员培训，即对社会组织全体人员的培训。从厂长、经理到生产第一线的生产工作，各级各类管理干部以及工程技术人员都是培训对象。

第五，员工培训是全过程的培训，即从职工进入社会组织的第一天直到他退休离开，都要接受培训。

第六，员工培训又是全面的培训。就培训内容来说，既包括政治思想教育，也包括科学文化，业务技术和经营管理知识诸方面的学习。在培训过程中，还要注重理论联系实际，提高他们应用知识、解决实际问题的能力。

4. 员工培训的原则

要做好员工培训工作，必须遵循以下原则：

第一，培训的普遍性（全员培训）和培训的连续性（终身教育）相结合的原则。全员培训是指社会组织内全体成员都要普遍接受现代教育，只有全体人员的文化技术水平提高，才能为组织发展创造有利的条件。社会组织不仅要对所有成员实行全员培训，而且对每个成员的培训必须是不停顿的，每个职工从进厂的第一天起就要不断地接受企业的在职教育，直到退休。

第二，通识教育与专业教育并重，普及与提高相结合的原则。通识教育应特别注意组织能力和领导能力的培养，专业教育应特别注意其专门学识与专门技能的培训。员工培训要考虑长远的要求，要做到远近结合、普及与提高结合。不抓好普及性教育，提高就缺乏应有的基础；不以提高为指针，普及也势必迷失方向，目标不明，效果也必然不佳。所以，在抓好普及的同时，必须抓好提高工作，逐步把主要的精力转到中级以至高级的专业、技术培训上来，使职工队伍的整体素质有一个的提高。

第三，科学文化教育和思想道德教育并重的原则。员工素质，不仅包括科学文化素质，也包括思想道德素质。开展员工培训，必须对这两类素质加以统筹兼顾，不得畸轻畸重。科学文化是物质文明建设的重要条件，也是提高广大职工思想道德觉悟的重要条件。当今科学文化迅猛发展，并越来越成为推动历史进步、经济发展的巨大力量。要搞好组织建设，应该自觉地依靠科学文化，不断吸取新知识，抓好职工文化、技术、业务方面的培训。强调科学文化素质的培养提高的同时决不能忽视思想道德素质的培养提高。在开展员工培训时，不仅要抓好科学文化技术教育、业务教育，而且要抓好思想政治教育。要加强理想教育、道德教育、法制教育，使广大职工成为爱祖国、爱人民、爱科学、爱社会主义的有文化的劳动者。

第四，理论与实践相结合的原则。理论是行动的指南，只有学好理论并以理论做指导，才能更好地把握事物的本质和发展的规律性，避免经验主义和事务主义。把工作做好，要从根本上提高职工的素质，在开展职工教育时，必须注意加强理论学习，向职工系统地传授生产、技术、经营管理、职业道德等方面的基本原理，使职工在理论上求理解、求提高。但是，理论来自实践，学习理论是为了更好地服务实践，指导实践。所以，学习理论必须与实践紧密结合，坚持按需施教、学习结合的教学方法，根据生产的经营活动的需要和职工的程度高低，结合实际进行教学，把学到的理论运用到实际工作中去。

第五，提高个体素质与提高群体素质相结合的原则。现代生产经营活动，是社会化的群体活动，对职工的专业、工种、等级、能力等都有其一定的客观比例要求，需要合理配备、组合。群体活动的能量大小和效益高低不仅取决于群体中每个成员的素质，更重要的是取决于群体的结构。群体素质的培养提高，较之单独地培养一个、两个尖子人才重要得多，这是开展员工培训工作必须注意的问题。

一个社会组织，有其总体的群体结构和领导班子结构；一个科室、一个车间也有其相应的群体结构和领导班子结构。为了建立合理的群体结构，不仅要在劳动组织上进行合理分工和配备人员，而且要在职工培养上充分注意提高集体的能力。在此前提出，应通盘规划各类人员和每个职工的培养问题，搞好成龙配套的人才培训。通过培训，使组织及其各个子系统的成员不仅在量上成比例，而且在文化知识、专业、工种、级别、能力等方面达到最佳组合，从而形成门类齐全、专业配套、业务技术等级结构合理的职工队伍，强化职工队伍的战斗力。

二、员工培训的内容和形式

1．员工培训的内容

员工培训包括对工人、技术人员和管理人员的培训。由于各类人员的工作性质、业务内容、所负职责不同，培训的内容也应有所不同，特别是在专业知识技能方面，各级各类人员要有所区别，要有针对性，这样才能收到良好的培训效果。一般而言，员工培训的基本内容可概括为以下三个方面：

（1）思想政治方面的教育。人力资源开发的对象是人。人的思想、意识对人的行为有决定性的影响。通过思想政治方面的教育，提高职工对自己所在地位和所肩负责任的认识，有利于提高的思想政治素质，也利于职工积极性的发挥。同时这也是建设社会主义精神文明的重要内容。社会组织思想政治教育的内容很多，主要包括：对广大职工进行开展爱国主义、集体主义和社会主义教育；开展社会主义公德和职业道德教育。

（2）文化科学知识方面的教育。要想胜任现代化的生产和管理，没有一定文化科学知识是不行的，因为它是学习专业知识、掌握专业技能的基础。对职工进行文化科学知识教育的内容主要包括两个方面，即文化知识的学习和科学知识的普及，其中重点是科学知识的普及。科学知识包括自然科学知识和人文社会科学知识。

（3）专业技能方面的教育。对职工进行专业技能方面的教育，是员工培训的重点。教育的目的是提高职工从事本职工作的专业理论、专业知识和专业技能的水平。培训的内容要根据不同的对象进行选择。要注意的是内容一定要有定向性，即根据不同培训对象的需要来确定培训的内容。

2．员工培训的形式

一般地说，员工培训根据组织的不同需要而有所差别，组织的规模、经营内容、项目经费、培训目的、参加培训的人数等都影响到培训形式的选择。

员工培训的形式多样，可以按不同的标准来分类。

（1）按在职程度划分，可分为：第一，在职培训。这是员工不离开工作岗位，由上级或有经验的员工对新进员工、需要培训的员工或下级进行现场指导、讲授和示范，由受训者通过实际操作来完成的一种培训。这种培训是最常用、最必要的一种培训方式。其最大特点是受训者不离开现工作岗位，节省培训成本，因此广为各类组织所采用。在国外，这种培训类型也得到广泛采用，甚至还得到政府的支持，如美国，为了鼓励社会组织实施在职培训，政府为那些专门对无法胜任工作的人提供在职培训的企业提供资助。在职培训有半脱产培训和不脱产培训两种。

在职培训的优点主要有：一，节约培训成本。员工不必离开工作单位，一般也不需要专门的训练设备或教材。这一方面可节省很多学费、差旅费、资料费等直接成本，另一方面由于边工作边学习，对工作影响相对较小，可节省很多机会成本。二，受训者所学到的知识和技能直接在实际工作中得到运用和验证，培训情况能迅速在实际工作中得到反馈，便于检验培训效果以及进行必要的、及时的纠正，因而有助于增强培训的针对性和实效性。

在职培训的不足之处在于有时缺乏良好的组织,受训者边工作边接受培训容易分散精力,同时一些昂贵的仪器设备和工作场所也会限制受训者操作,因而影响培训效果。

在职培训的方法有很多种,主要有教练法或学徒培训(让有经验的员工或上级进行培训)、工作轮换、自我指导培训等。此外,从管理学角度看,对于各级管理人员的培训来说,培训方法主要有工作轮换、设置助理职务、临时职务代理及委员会制等。

第二,非在职培训。非在职培训也叫脱产培训、离职培训,是指员工暂时离开现职,脱产到有关高等院校、科研机构或其他有关组织参加为期较长的培训。这种培训类型主要用来培养组织所紧缺的人员,或为组织未来培养和选拔高层次技术人才、管理人才,或为了引进新设备、新工艺、新产品,或为开办新业务,由组织挑选员工。

非在职培训的优点在于能使受训者学习时间有保证,精力集中,过程连贯,免受工作或其他事情的干扰,因而有助于受训者获得更多的知识和技能,有利于增强培训效果和质量。

非在职培训的不足主要是:受训者要脱离现工作岗位专门接受培训,因而会使工作受到损失,进而影响组织绩效。同时进入高校、科研机构等进修学习,往往还须支付学费、伙食补助费、差旅费、资料等费用支出,因此,非在职培训的成本往往较高。非在职培训成本包括两部分:一是机会成本,即受训者放弃工作使组织绩效(如产值、销售额或利润等)受到的损失;二是直接成本,即受训者的学费、差旅费、伙食补助费、资料费等因参加脱产培训而发生的直接费用支出。事实上,从成本角度讲,非在职培训要比在职培训的成本高得多。

非在职培训的方法主要有随堂听课、实验室教学、参加讨论会或研讨会及模拟训练等。

(2) 按教学方式不同划分,可分为:

第一,社会组织自办,这是指社会组织自己创造条件举办的培训,如企业办的各种类型的职工学校、培训班、学习日等。这便于组织领导能紧密结合组织生产经营活动的需要,但要自己筹集资金,调配师资,建设和调剂校舍等。它一般只适用于大型社会组织。

第二,联合培训,这是由两个以上单位共同举办的培训。实行联合的最好是同行业、同类型的。由于它们生产经营性质相近,培训要求大体相同,教者好教,学者好学,能取得好的效果。这种培训形式比较适用于师资力量薄弱、场地狭窄的中小社会组织,如对企业厂长、经理等高层领导人员的培训,也可采取联合形式。有的地方发展一种由企业和社会教育系统的学校联合举办的职工学校,由学校系统提供理论知识教育,企业负责生产操作技能的训练和提供实习场所。这种形式能充分发挥企业和学校的优势,因而对大中小型企业都适用。

第三,委托代培,这是由社会组织提出人员培训的具体要求、由学校或学术机构培训,并收取一定培训费。采用这种形式,对社会组织来讲,可解决师资、教材等不足的困难;对学校来讲,能有利于理论与实际的结合,是一种较好的培训形式。

3. 员工培训形式选择的原则

社会组织在选择培训形式时,要考虑三个方面的因素:

第一,根据社会组织人员的素质和要求选择适当的培训形式。社会组织有各类人员,他们原有的素质各不相同,对他们的要求也有很大差别,因此在选择培训形式时,要根据培训对象、培训目标选择岗位职务培训或学历教育,选择基础教育补课或新知识、新技能的继续教育等,并依培训时间的长短而灵活选用。

第二,根据社会组织生产经营活动的需要选择适当的培训形式。社会组织应将各种办学形式科学合理地结合起来,相辅相成,形成完整的人员培训体系和制度。

第三,根据各种培训形式的特点选择适当的培训形式。由于各种培训形式都有自身的特点,因此采用何种培训方式,要综合比较培训的收益与成本,根据社会组织具体情况统筹安排。

三、员工培训的分类

员工培训是一种多学科、多层次的教育,其内容比较广泛,形式和方法多样。为了更好地贯彻理论与实践相结合的原则,达到按需施教、学用结合的要求,必须对员工培训分类。

员工培训的分类,是指根据职工劳动分工的不同,将培训对象划分为不同的类型。

不同类型人员,其教学内容、教学形式和教学方法是不能完全相同的,因此,将培训对象划分为不同类型,是我们做好员工培训工作的必要条件。

员工培训一般可分为:新员工培训,生产工人培训,工程技术人员培训和管理人员培训。

1. 新员工培训

新员工是指刚入职的职工。为了使他们更快地熟悉环境,进入角色,也为了使他们热爱组织和将要从事的工作,必须要对新职工进行培训,这种培训有的称为“入职教育”、“入厂教育”。

对新员工培训的内容,一般包括以下几个方面:

第一,社会组织基本情况的介绍。要向新员工介绍:组织的内外环境,发展历史、现状和长远规划;组织职工的构成、组织机构的设置及各部门所负的职责;生产的产品、品牌、商标和所获商誉;厂旗、厂标、厂服、厂歌、厂训及其含义等。

第二,组织行为规范的教育。要组织新员工学习组织的规章制度:考勤制度、请假制度、奖惩制度、福利制度、财务制度、人员进出制度、人员培训制度、绩效考证制度、晋升制度、岗位责任制度和安全生产制度;与生产经营有关的业务办事程序、议事规则。对其他诸如怎样接电话,怎样接待客户、文明公约、礼貌用语等一些具体的规定也要学习。

第三,思想政治教育。思想政治教育除了包括前面讲的内容以外,还要向新员工介绍组织的优良传统、组织精神、工作作风、已有先进模范人物的事迹。对新员工进行职业道德和职业纪律的教育,让新员工了解组织提倡什么,反对什么,应以什么样的精神风貌投入工作,怎样看待荣辱得失,怎样做一名优秀职工。

第四,业务知识的培训。在“入职教育”这一阶段,对业务知识的培训仅是一种初步的、入门式的培训。因此它的内容一般包括:了解组织产品的生产过程和工艺流程;学习组织产品生产和经营工作的基本程序和方示;根据各人的不同的工作岗位,分别学习有关的业务知识,工作程序、工作要求及操作要领。这为新员工进一步学习打好基础。

对新员工的培训,根据不同的内容,可以采取不同的形式和不同的方法进行。如参观展览、厂容、厂貌;请组织领导和先进模范人物作报告;请有关部门负责人进行专题讲座;进行案例分析和模拟实习等。

2. 生产工人的培训

生产工人是指处在生产第一线的职工。对生产工人进行培训,是开发人力资源的重要方面,也是提高组织劳动生产率的重要保证。工人的培训,应以提高工人的技术水平和劳动熟练程度为主，因为工人的培训是一种职业培训。当然一个工人，如果没有较深的文化基础知识，适应不了科学技术发展的需要，也不能掌握好工种所需的技能和技巧。因此，在提高工人的技术水平和劳动熟练程度的同时，还要辅以相应的文化知识教育。

技术业务培训的内容包括应知和应会两部分。"应知"是指工人完成某一工种等级的工作时，必须掌握的专门知识和基本原理；"应会"是指工人完成某一种等级的工作时，必须掌握的实际操作技能和解决技术问题的能力。"应知"、"应会"是对生产第一线职工的基本要求，也是顶班上岗的基本条件。通过培训，就是要使工人达到能够胜任本岗位要求的技术水平。

对工人的培训，可以采取以下形式：

第一，学徒培训。指由有经验的老工人与进厂时间不长的工人结成对子，采用师傅带徒弟的方式，由老工人负责对新工人所需的技术和业务知识进行具体的、细致的、系统的指导。

第二，短期轮训。当组织采用新技术、新设备、新工艺和新方法时，为了适应生产发展的需要，可以采取办短期学习班，外出参观的学习等方式对工人进行培训。

第三，离职培训。为了培养组织的生产骨干以适应组织未来发展的需要，可以根据长远发展规划和人力资源规划选拔一批有培养前途的年轻工人，使其脱离生产岗位到有关院校进修或送到有关单位培养，促使其较长时间内，专门进行系统的学习。

3. 工程技术人员的培训

工程技术人员是在社会组织中从事科学研究、产品开发、工艺设计以及技术管理等项工作的职工。

实践表明，现代化建设的关键是科学技术的现代化，一个国家如果没有充足的科学技术力量和一大批高水平的专门技术人才，实现经济的良性增长是根本不可能的。从社会组织角度讲，如果没有一支高水平的、专门从事技术工作的职工队伍，要想在市场竞争中取得胜利，同样也是不可能的。从工程技术人员本身看，由于科学技术迅猛发展，知识老化的速度也越来越快，以原来在学校学到的知识来应付眼前的工作，也是不现实的，必须要进行知识更新，才能适应科技发展的需要。因此，社会组织必须做好对工程技术人员的培训。

对工程技术人员的培训属于继续教育的性质。继续教育的内容，要根据不同的职称和从事不同的工作岗位分别提出不同的要求和规定。一般讲，应结合本职工作，学习先进的理论，掌握新的科学知识和方法，其中要特别注意学习代表科学技术的发展趋势的新理论和新技术。同时，还要学习一些相关的新知识，如现代管理理论和方法，这是因为每个工程技术人员在不同程度上负有一定管理和领导责任的，因此对这方面学习要提出更高的要求。

工程技术人员的培训，可采取以下几种形式：

第一，业余自学。这是指工程技术人员利用业余时间，参加社会组织统一安排的学习。所谓"统一"是指由单位规定进修科目，推荐教材和参考资料，规定学习进度要求，采用技术人员自学为主、集中辅导为辅的方法进行学习，并参加统一组织的考试。

第二，学术交流。学术交流会和学术研讨会，是了解新知识和新技术、掌握科学技术发展趋势的好场所。社会组织应支持和鼓励技术人员积极参加这类活动。

第三，进修和考察。社会组织可以脱产或半脱产的形式，让技术人员就近到大学对口专业进修。如美国贝尔研究所对技术人员就是采用这种形式进行培养。该所的技术人员在征得上级同意后，就可以到大学研究生院选修某些学科，学习期间薪金酌减，修完全部课程可获得相应学位。有条件出国的社会组织，可以为技术人员出国进修创造机会和条件。出国进修和考察，不仅能使他们了解世界科技发展的现状，明确直观地了解本单位存在的差距，而且还能激发技术人员的进取心和创造性，这也是培训工程技术人员的一种较好形式。

第四，建立生产科研教学联合体。长期以来，我国的教学和科研院所与生产相脱离，一方面是教学科研单位研制的新产品、发明的新工艺得不到推广，另一方面是不少社会组织如企业还在用陈旧的设备生产过时的产品。这不仅影响了我国国民经济的发展，也使教学科研单位和企业双方的工作受到严重影响。建立生产科研联合体，不仅能有效地解决上述问题，而且还促进两方的技术人员交流，有利于提高个专业技术人员的科研水平和设计能力，这是当前应着重推广的一种培训形式。

4. 管理人员的培训

管理人员是从事管理工作的职工，主要包括单位领导和各级各类从事管理工作的人员。

如果管理水平不高，就适应不了现代化大生产和走向国际化市场的要求。因此，必须加大对管理人员的培训工作的力度，以适应形势发展和搞好现代管理的需要。在对管理人员的培训过程中，必须要根据他们从事的工作和所负责任的不同，提出不同的学习要求，定出相应学习内容。

组织的高层管理者对社会组织的生产经营活动负全面责任，他们应具有较高的理论素养和决策、组织、指挥能力。他们不仅需要掌握国家的方针和政策、现代经营管理的基本原理和方法，还要学习经济法规以及科学文化技术知识。

职能部门的管理者和专业管理人员，除了要掌握国家的方针和政策，要学习经济法规和经济管理知识外，还要系统学习掌握本职工作岗位的专业知识以及相关的生产技术知识。

基层的管理者包括车间主任、工段长和班组长，是所在车间、工段、班组生产技术、经济活动的组织者和指挥者。作为生产第一线的基层领导，不仅要善于组织指挥，要直接地处理生产技术中的问题，而且往往要亲自动手。班组长一般是不脱离生产的指挥者。对于这类职工，特别是班组长，要以学习生产技术知识，提高生产技能为主，同时也要加强现代管理知识的学习，以便更好地履行其职责。

国外不少企业在对管理人员的培训中，除重视一般管理人员的培训外，更重视高层管理者的训练。即使是工作多年的经营者，由于经济形势的日新月异，经营者的专业知识不断老化，他们必须通过不断接受培训才能跟上形势，才能胜任工作。日本一些大企业非常重视对企业经营者的培训工作，每年都拿出一定数量的资金作为经营者的培训费用，对经营者的管理能力进行开发。日本对企业经营者培训的目的是：提高他们的判断和决策能力；提高他们的经营管理能力；培养他们出色的统帅能力；培养他们的社会活动能力。这种做法值得借鉴。

管理人员培训的形式和方法主要有：

第一，脱产或半脱产学习。抽调现职社会组织领导和具有培养前途的管理人中，暂时脱离或半脱离工作岗位，到有关院校系统学习管理知识参加管理资格培训，参加工商管理硕士学位的学习，参加专题研讨班学习等。

第二，助手制度和替补训练。高层管理者和各职能部门都可以挑选一些有发展潜力的人员当助手,传授管理知识和经验,为以后的正式提拔打下基础。与助手制度相类似,还有一种替补训练,即选择一些管理人员作为替补训练者,除原责任外,还要求他们熟悉本部门的上级职责。一旦上级离任,参加替补训练的人员即可顺利地接替他的工作。

第三,案例法。就是向学员提供管理中曾经遇到过或可能遇到的大量案例,让他们对这些案例进行分析并作出各种决策,以此来提高学员的分析能力和决策能力。

第四,角色扮演法。主要是为了培养管理人员的表达能力和处理人际关系的能力。首先把一组管理人员集合在一起,从中选出两个人模仿某种带普遍性的或者比较棘手的情况,如某人要求调动或要求晋升等。然后任意抽选人扮演下级,另一个扮演主管,在确定了一些规定情节之后,两人即兴模拟这一事件的交涉过程。模拟结束后,组织全体学员讨论。

第五,感觉性训练。目的是要人们意识到自己和他人的感情、态度和需要,因为一个不了解、不关心他人的管理者,是永远不会成功的。感觉性训练通常是把学员带到一个远离工作场的地方,训练主持人简单介绍一下讨论程序,有时指定题目,有时不指定题目,一切由这个新组成的团体自由决定。当团体自行决定组织并尽力解决各种问题时,每个成员都有所动作,有所表演。在这种训练中,成功、挫折、失败、个人差异、激怒及嫉妒等方面的反应都会暴露。经过这种训练,受训人的发现问题、分析问题和解决问题的能力都将有所提高。

四、员工培训的方法

不同的培训形式往往需要采用不同的培训方法。员工培训的方法有很多种:课堂教学法、视听教学法、程序教学法、学术交流研讨法、电脑辅助学习法、工作轮换、学徒培训、自我培训、案例法、角色扮演法、文件处理、助手制度和替补训练、进修和考察、建立生产科研教学联合体、行为模仿、情景模拟法、团体建设法等。以下具体介绍五种教学法。

1. 课堂教学法

课堂教学法也称讲座法,是员工培训中最为普遍的方法。它是由培训者(教师)用语言向受训者传授知识的一种方法。这种方法最适合于以简单地获取知识为目标的情况。讲座的形式有多种多样,如标准讲座、团体讲座、客座讲座、座谈讲座、专家讲座等。

课堂教学法的优点是在时间、资金、人力、物力上都很经济,成本较低,并可以一次性和系统性地将知识传授给很多人,易于掌握和控制培训进度。缺点是比较单调,基本上属于一种单向沟通,受训者比较被动,参与程度低,与实际工作环境联系不密切,很少有实践机会。因此,用这种方法来培训技能不是很合适。

2. 视听教学法

视听教学法是把要讲授或示范的内容做成课件、幻灯、电影、录像、录音等视听教材进行培训。这种方法主要是利用人的感觉,通过视听感官刺激向受训者传授知识或技能,其中课件、录像是最常用的培训方法。

视听教学法的优点有:视听教材可反复使用,能更好地适应学员的个性差异和不同水平的要求;教材内容与现实情况比较接近,易于使受训者借助感觉理解培训内容,同时借助生动的图像、声音等,可以给受训者留下深刻印象。缺点有:成本较高且制作培训内容的时间较长,而且合适的视听教材不容易选择,教学易受视听教材和视听场所的限制等。因此,这种培训方法很少单独使用,往往是与讲座法等一起使用。

3. 程序教学法

程序教学法是在培训前把培训的内容划分为若干个单元,每个单元的后面都设有自我测验题,由受训者按顺序自主学习,培训者不介入的方法。程序教学法的关键在于,受训者通过自主学习,要回答自我测验题,同时其回答会得到培训者的即时反馈。如果回答正确,就进入下一单元学习;如果回答错误,则要重新学习。程序教学法这种的优点是受训者可以按自己的能力安排学习进度;缺点是课程设计的成本往往较高。

4. 学术交流研讨法

此法可以研讨会、讨论会、交流会、专题会等方式表现,是通过与会者的共同讨论、争论,搞清问题的发展变化规律及关键环节,找到问题的答案或解决办法,使受训者学习和掌握有关的知识与技能,从而达到培训目的的方法。目前这种方法在管理领域被广泛采用。

5. 电脑辅助学习法

电脑辅助学习法就是利用电子计算机并通过计算机操作、模拟软件或远程学习进行培训。如教师利用互联网或电子邮件对学员进行的培训,航空社会组织大量应用计算机模拟培训飞行员、巡航员和空中交通管制员的活动。电脑辅助学习法可以和远程培训学习、交互式视频培训学习、互联网培训学习组合操作。

上述各种培训方法各有优势与缺点,各种方法可以为不同的培训内容、培训形式、培训类型所兼用,在培训实践中究竟采用哪种方法,最终取决于培训的目标和效果。

相应案例

IBM 公司员工培训模式

IBM 公司的销售人员和系统工程师要接受为期 12 个月的初步培训,主要采用现场实习和课堂讲授相结合的教学方法。

其中,75% 的时间是在各地分公司中度过的; 25% 的时间在公司的教育中心学习。分公司负责培训工作的中层干部将检查该公司学员的教学大纲,这个大纲包括从公司中学员的素养、价值观念、信念原则到整个生产过程中的基本知识等方面的内容。学员们利用一定时间与市场营销人员一起访问用户,从实际工作中得到体会。

此外,还经常让新学员在分公司的会议上,在经验丰富的市场营销代表面前,进行他们的第一次成果演习。有时,有些批评可能十分尖锐,但学生们却因此增强了信心,并赢得同事们的尊敬。

销售培训的第一期课程包括 IBM 公司经营方针的很多内容,如销售政策、市场营销实践以及计算机概念和 IBM 公司的产品介绍。第二期课程主要是学习如何销售。在课程上,该公司的学员了解了公司有关后勤系统以及怎样应用这个系统。他们研究竞争和发展一般业务的技能。学员们在逐渐成为一个合格的销售代表或系统工程师的过程中,始终坚持理论联系实际的学习方法。学员们到分公司可以看到他们在课堂上学到的知识的实际部分。

现场实习之后,再进行一段长时间的理论学习,这是一段令人"心力交瘁"的课程,紧张的学习每天从早上 8 点到晚上 6 点,而附加的课外作业常常要使学生们熬到半夜。

经过一段时间的学习之后,考试增加了主观因素,学员们还要进行销售学习,这是一项具有很高的价值和收益的活动。一个用户判断一个销售人员的能力时，只能从他如何表达自己的知识来鉴别其能力的高低，商业界就是一个自我表现的世界，销售人员必须做好准备去适应这个世界。

有时，学员们的所作所为还保留着某些学生气，他们对培训课程的某些方面感到不满，遇到这类情况，公司就会告诉他们："去学校上学，你们每年大约要付 15 000 美元的学费。所以，应当让我们决定什么是最好的。这就是经济规律，同时，也是你们学习经营的第一件事。"一般情况下，学员们会在艰苦的培训中、在长时间的激烈竞争中迅速成长。每天长达 14—15 小时的紧张学习压得人喘不过气来，然而少有人抱怨，几乎每个人都能完成学业。

IBM 公司市场营销培训的一个基本组成部分是模拟销售角色。在公司第一年的全部培训课程中，没有一天不涉及这个问题，并始终强调要保证学习或介绍的客观性，包括为什么要到某处推销和希望达到的目的。

同时，学员们对产品的特点、性能以及可能带来的效益要进行清楚的说明和学习。学员们要学习问和听的技巧，以及如何达到目标和寻求订单等。假若用户认为产品的价钱太高的话，就必须先看看这是否是一个有意义的项目，如果其他因素并不适合这个项目的话，单靠合理价格的建议并不能使你得到订单。

该公司采取的模拟销售角色的方法是，学员们在课堂上经常扮演销售角色，教员扮演用户，向学员提出各种问题，以检查他们接受问题的能力。这种上课接近于一种测验，可以对每个学员的优点和缺点两方面进行评判。

另外，IBM 公司还在一些关键的领域内对学员进行评价和衡量，如联络技巧，介绍与学习技能，与用户的交流能力以及一般企业经营知识等。对于学员们扮演的每一个销售角色和介绍产品的演习，教员们都给出评判。

特别应提出的是 IBM 公司为销售培训所发展的具有代表性、最复杂的技巧之一就是阿姆斯特朗案例练习，它集中考虑一种假设的、由饭店网络、海洋运输、零售批发、制造业和体育用品等部门组成的、具有复杂的国际间业务联系。通过这种练习可以对工程师、财务经理、市场营销人员、主要的经营管理人员、总部执行人员等的形象进行详尽的分析。这种分析使个人的特点、工作态度，甚至决策能力等都清楚地表现出来。

在模拟销售中由教员扮演培训案例人员，从而创造出了一个非常逼真的环境。在这个组织中，学员们需要对各种人员完成一系列错综复杂的拜访。面对众多的问题，他们必须接触这个组织中几乎所有的人员，从普通接待人员到董事会成员。

资料来源：http://wenku.baidu.com/view/cdbd281aff00bed5b9f31d63.html。

五、员工培训的组织工作

做好员工培训，关键在于各级管理者重视，提高对人力资源开发意义的认识，克服对员工培训说起来重要、干起来次要、忙起来不要和只抓生产指标、忽视培养人才目标等错误倾向。归根到底，是要清除轻视知识、轻视教育和人员培训的思想障碍。不解决好这个问题，不把人才开发提到战略高度，就不可能重视员工培训，不能扎扎实实、持之以恒地抓好培训。

1. 建立健全员工培训机构

员工培训是经常性的工作而且任务繁重,单靠某一个部门,某一个单位去抓是搞不好的,应该按照"加强领导、统一管理、分工负责、通力协作"的原则,把有关方面的力量组织起来,建立起权威的专门培训机构,充实领导,配备专职人员,从上到下形成培训系统,做到层层有人抓培训,分工明确,责任落实。社会组织要根据具体情况建立培训机构,规模较大的社会组织可以设置培训中心;规模较小的社会组织可以由教育科室负责。不论采用哪种组织形式,除要由教育部门牵头外,人力资源管理、工会组织、宣传、团委等部门都要协调配合,单位内部各个处(科、室)、车间、工段(班组)也要有专职或兼职人员抓培训。

为保证员工培训机构能正常有效地运转并取得实效,既要建立健全培训机构改革责任制度,更要把员工培训纳入各级领导特别是厂长(经理)任期目标责任制,只有这样才能使厂长(经理)重视培训系统的工作,提高责任心,加强领导,从而推动培训机构更好地开展工作。

2. 培训规划的制定和落实

制定人员培训规划,首先要了解影响培训的各种因素,以便有针对性地制订规划。

(1) 影响培训的外部因素:

第一,政府的影响。如规定每个员工最低培训时间,或规定什么职位上的员工必须经过某种培训等,比如我国规定会计从业人员每隔若干年就必须接受培训。

第二,法规的影响。各国、各地区的政策法规各不一样,这会影响到社会组织的员工培训,例如:劳动法、职工安全条例、少数民族保护法、不得歧视妇女条例、外来人口劳动就业条例、严禁使用童工条例等,单位在进行培训时务必注意这一点。

第三,经济水平的影响。一般的规律是经济水平较高,使用的人力资源要求也较高,往往培训也较多,进而推动其经济发展,成为一种良性循环。而在经济水平较低的地区,则不容易形成这种良性循环。

第四,科技水平的影响。通常科技发展水平越高,社会组织员工培训就进行得越多。而且科技的作用在这样的社会里一旦有所凸显,人们也就越乐意去接受培训。

第五,工会的影响。工会要做的就是保护员工的利益,而培训既可以提高员工素质,满足员工自身发展的需要,又可以提高员工技能,增加员工收入,因此工会促进培训理所当然。

第六,劳动力市场的影响。劳动力市场影响社会组织员工培训的作用是巨大的。当劳动力市场有大量符合需求的人力资源时,组织会忽视培训;而当劳动力市场缺乏企业需求的人力资源时,培训的作用则会被重视。

(2) 影响培训的内部因素:

第一,社会组织战略的影响。如果组织的前景与战略较远大,通常就重视员工的培训,反之则会忽视培训。

第二,社会组织的生命周期的影响。社会组织生命周期主要可以分为创业期、成长期、成熟期与衰退期几个阶段。在每个阶段培训的内容与数量都会有不同的特征。

第三,社会组织所在行业的影响。不同行业的社会组织对培训也有一定的影响,一般来说,第二产业和高新技术的企业进行培训较多,因为人力资源的好坏对其发展影响重大。

第四,员工素质的影响。研究表明,员工素质水平越高越渴望得到培训,而员工素质水平较低,则会对培训有反感。

第五，管理人员发展水平的影响。通常管理人员的发展水平与重视员工培训的程度成正比。许多社会组织的管理人员发展水平较高，十分重视员工培训，从而最终使组织获益。

第六，组织文化的影响。社会组织的文化特征对于培训的影响也是极其关键的，它直接关系到组织与个人对培训能否认同并接受。

(3) 制定培训规划的具体要求和步骤：

要使员工培训规划取得实效，必须有计划地组织安排职工培训，做到任务明确、要求具体、措施落实。社会组织应拟定出员工培训的长远规划和年度计划，并把它们作为组织长远发展规划和年度综合计划的组成部分。

员工培训规划，要立足现实，面向将来，根据需要和可能拟定出相互衔接的远期和近期的目标；目标要有数量和质量要求，而且把质量放在首位；要有具体的任务、要求以及切实可行的措施。

编制员工培训规划的步骤大致如下：

首先，要弄清职工的现状和社会组织发展远景规划，为编制规划提供参考依据。职工现状，主要指各个岗位、各种职务的在职职工的文化、技术、管理、思想等方面的实际情况。社会组织发展的远景，主要是指有生产、科技、人力资源和经营管理等方面的远景规划。

其次，在掌握上述资料的基础上，分析对比，找出差距，即分析各个工种、各种职务、各个岗位的职工素质与当前生产经营活动的适应程度，以及数量上、质量上与今后发展要求的差距。据此，为拟定培训规划指明方向，分清轻重缓急。

再次，按照各类人员分别拟定长期、近期的培训目标和措施。各类人员的培训，都要按照岗位、职务的实际需要，确定具体的培训、要求、内容、形式和进度，并且要适当考虑后备力量和转专业、转工作岗位的培养，以及培养出来的人员使用去向等问题。在编制规划、确定培训目标的同时，必须确定实施计划的各种措施如教学的设施和经费、师资力量、教学计划、教学大纲、教材和其他学习资料，这些都要一一落实。如果说是委托其他单位代培，也要及早落实代培计划。

最后，根据需要和可能，本着先重点后一般，先急后缓，远近结合的原则，统筹安排，综合平衡，编制企业的培训规划。

(4) 人员培训规划的落实。

首先，要按员工培训规划抓落实。对员工培训要严要求，这就是要切实保证质量。贪多图快，图虚名，搞形式主义等不重视质量的现象必须坚决纠正。

其次，要全面落实员工培训规划。社会组织的人员培训是全员培训，包括领导干部、各级管理人员、技术人员直至每一个工人。各类人员培训的要求应有所不同，就是同一类人员也应按照岗位、职务的实际需要，分别确定培训的目标和要求，以便有的放矢，因材施教。

3. 加强员工培训工作的日常管理

员工培训的日常管理工作，要以教育计划为依据，检查、监督原订的各项措施的落实情况，以教学计划和教学大纲为依据检查教学的进度和效果；要建立各项培训管理体制制度，如学员考勤、考核制度、教员的岗位责任制，教职员工的奖励制度等，并且要严格执行。

为了搞好日常管理，做好员工培训工作，要充分依靠和调动办学、教学和参加学习三方面人员的积极性。对社会组织来说，应该拥有灵活安排培训任务、合理使用办学经费和力量的自主权;对教师来说,在政治待遇、经济待遇、学术职称等方面应与普通学校的教师一视同仁,不得歧视;对学员来说,应享受应得待遇,并且结合人事制度、工资制度、招聘制度的改革,逐步实行岗位、职务证书制度;实行相应的考核,并严格要求,科学管理,引导职工努力成为精通本行业务并具有多种技能的劳动者。

第二节　员工职业生涯设计与管理

职业是同劳动的精细社会分工紧密相连的。职业是劳动者相对稳定地担当某项具体的社会劳动分工,或者较稳定地从事某类专门的社会工作。职业是社会分工体系中劳动者所获得的一种劳动角色;职业是一种社会性的活动,具有社会性;职业具有连续性和稳定性;员工在职业工作获取劳动收入,职业具有经济性。

进行员工职业生涯设计与管理就是使员工在为社会组织发展作贡献的过程中实现个人的目标,让员工和社会组织共同成长,用事业来留住人才。赫兹伯格的双因素理论认为,工资、工作条件、工作环境等属于“保健”因素,它不具有激励作用,而工作成就、社会认可、发展前途等因素才是真正的激励因素。马斯洛的需求理论也认为人的需求是由低到高的。据调查,56%的归属感、70%的实力和自信发挥满足感,是通过职业生涯设计得到满足的。因此,注重员工职业生涯的设计已经成为目前人力资源管理的重要方面。

一、职业生涯发展阶段

职业生涯是指一个人一生中实际在所有岗位上度过岁月的整个经历。在不同的职业生涯发展阶段,劳动者表现出不同的职业特征和需要,职业行为和态度也明显不同。

一般来讲,一个人的职业生涯发展阶段有以下几个阶段:

1. 职业探索阶段(18—30岁)

这一阶段始于人们参加工作,结束于人们确定了自己的职业行为特点和职业兴趣。

在职业探索阶段,个人试探性地选择职业和工作单位,他们会考虑自身的兴趣、价值观、工作偏好,并从家庭、朋友、业务伙伴、工作单位、媒体那里收集关于职业的各种信息。职业探索阶段的个人调换工作的愿望强烈,可能会频繁跳槽。

职业探索阶段对员工职业生涯规划的形成有重要意义,而且此时的职业生涯规划将对员工终身产生重大影响,但此时的职业生涯规划还有很强的不确定性。

2. 职业确立阶段(30—45岁)

这一阶段也称立业阶段,开始于人们确定了自己的职业行为特点和职业兴趣,并在工作组织中获得一定的职位,结束于人们实现职业目标、达到事业发展的顶峰。

在职业确立阶段,个人积极寻求自己在工作组织中的价值,逐步独立承担更多的责任,收入也逐渐改善,转为重视精神上的满足。

职业确立阶段的职业生涯规划是员工职业行为的指南,也是员工职业行为动力的重要来源。

3. 职业维持阶段(45—55岁)

这一阶段也称职业持续阶段,开始于人们事业达到顶峰之后,结束于人们准备退休,并将生存重心转向非工作事项。

职业维持阶段的主要任务是，处理好工作发展与家庭发展的矛盾，使两者协调起来。同时进一步学习，提高自己的职业绩效，稳固自己在组织中的地位；或者作出新的职业选择决定；学会使用权力的技能和技巧。

在职业维持阶段，人们已经积累了丰富的工作经验和一定的人际关系，对组织也有了深刻的理解。但是他们可能较为保守，也可能有更新知识和技能的需求以避免落伍。

4. 退休或离职阶段（55—60 岁）

这一阶段从人们准备退休开始，一直到人们正式退休。

在这个阶段，人们准备退休，调整时间分配，逐步从组织中退出，收缩原有职责和权力，尝试更多的非工作活动。

退休或离职阶段的主要任务是，要认识和接受退休的现实，学会在家庭和社会活动中寻找新的满足源；学会用已有的知识和技能从事自己的"职业后生涯"，平静地度过晚年。

整个职业生涯发展阶段实质上就是组织与个人相互交往、相互作用的过程，是组织需要与个人满足不断适应的过程。而在个人职业生涯发展的中间两个阶段中，工作组织对个人发展的意义重大。

二、影响职业生涯设计的个人因素

许多因素会影响员工的职业生涯设计，较为突出的个人因素有职业生涯发展阶段、职业性向、职业锚。下面主要介绍职业性向和职业锚。

1. 职业性向

个人的职业生涯发展与职业的满意度、稳定性、实际成就有着直接的联系。而个人职业的满意度、稳定性和实际成就都取决于个体的个性与职业特点的匹配程度。美国著名的职业指导专家约翰·霍兰德在对从事某种职业的人们所具有的共同特征进行研究后，提出了职业兴趣理论。他认为人的人格类型、兴趣与职业密切相关，兴趣是人们活动的巨大动力，凡是具有职业兴趣的职业，都可以提高人们的积极性，促使人们积极愉快地从事该职业。而职业兴趣与人格之间存在很高的相关性，在此基础上霍兰德提出了具有广泛社会影响的职业性向理论。

第一，该理论将职业归属为六种典型工作环境：现实的：建筑、驾驶客车、农业耕作；调查研究性的：科学和学术研究；艺术性的：雕刻、表演和书法；社会性的：教育、宗教和社会工作；开拓性的：销售、政治和金融；常规性的：会计、计算机技术、药理学。

这些工作环境类型可以用来描述员工的个性定位，即我们每个人都偏好于六种职业类型中的一类或多类。职业性向是决定一个人择业的重要因素。

第二，该理论根据劳动者的心理素质和择业倾向，将劳动者划分为六种基本类型：

① 实际性向。其特点是愿意使用工具从事操作性工作，动手能力强，做事手脚灵活，动作协调。偏好具体任务，不善言辞，做事保守，较为谦虚。缺乏社交能力，喜欢独立做事。其典型职业是喜欢使用工具、机器，需要基本操作技能的工作。对要求具备机械方面才能、体力或从事与物件、机器、工具、运动器材、植物、动物相关的职业有兴趣，并具备相应能力。如技术性职业（计算机硬件人员、摄影师、制图员、机械装配工），技能性职业（木匠、厨师、技

工、修理工、农民、一般劳动）。

② 研究性向。其特点是思想家而非实干家，抽象思维能力强，求知欲强，肯动脑，善思考，不愿动手。喜欢独立的和富有创造性的工作。知识渊博，有学识才能，不善于领导他人。考虑问题理性，做事喜欢精确，喜欢逻辑分析和推理，不断探讨未知的领域。其典型职业是喜欢智力的、抽象的、分析的、独立的定向任务，要求具备智力或分析才能，并将其用于观察、估测、衡量、形成理论、最终解决问题的工作，并具备相应的能力。如科学研究人员、教师、工程师、电脑编程人员、医生、系统分析员。

③ 艺术性向。其特点是有创造力，乐于创造新颖、与众不同的成果，渴望表现自己的个性，实现自身的价值。做事理想化，追求完美，不重实际。具有一定的艺术才能和个性。善于表达、怀旧、心态较为复杂。其典型职业是喜欢的工作要求具备艺术修养、创造力、表达能力和直觉，并将其用于语言、行为、声音、颜色和形式的审美、思索和感受，具备相应的能力。不善于事务性工作。如艺术方面（演员、导演、艺术设计师、雕刻家、建筑师、摄影家、广告制作人），音乐方面（歌唱家、作曲家、乐队指挥），文学方面（小说家、诗人、剧作家）。

④ 社会性向。其特征是喜欢与人交往、不断结交新的朋友、善言谈、愿意教导别人。关心社会问题、渴望发挥自己的社会作用。寻求广泛的人际关系，比较看重社会义务和社会道德。其典型职业是喜欢要求与人打交道的工作，能够不断结交新的朋友，从事提供信息、启迪、帮助、培训、开发或治疗等事务，并具备相应能力。如教育工作者（教师、教育行政人员），社会工作者（咨询人员、公关人员）。

⑤ 企业性向。其特征是追求权力、权威和物质财富，具有领导才能。喜欢竞争、敢冒风险、有野心、抱负。为人务实，习惯以利益得失，权利、地位、金钱等来衡量做事的价值，做事有较强的目的性。其典型职业是喜欢要求具备经营、管理、劝服、监督和领导才能，以实现机构、政治、社会及经济目标的工作，并具备相应的能力。如项目经理、销售人员，营销管理人员、政府官员、企业领导、法官、律师。

⑥ 常规性向。其特点是尊重权威和规章制度，喜欢按计划办事，细心、有条理，习惯接受他人的指挥和领导，自己不谋求领导职务。喜欢关注实际和细节情况，通常较为谨慎和保守，缺乏创造性，不喜欢冒险和竞争，富有自我牺牲精神。其典型职业是喜欢要求注意细节、精确度、有系统有条理，具有记录、归档、据特定要求或程序组织数据和文字信息的职业，并具备相应能力。如秘书、办公室人员、记事员、会计、行政助理、图书馆管理员、出纳员、打字员、投资分析员。

霍兰德职业性向理论的实质在于劳动者的职业性向与职业类型的适应。同一类型的劳动者与同一类型的职业相互结合，便达到适应状态。依照霍兰德理论，劳动者职业性向类型与职业类型相关系数越大，两者适应程度越高；二者相关系数越小，相互适应程度就越低。霍兰德的职业性向理论，为职业生涯规划提供了切实可行的评估根据。

2. 职业锚

个人的职业生涯发展还与“职业锚”有着重要的关系。

职业锚是指一个人必须做出选择时，他无论如何都不肯放弃的职业中的一些最重要的事物和价值观。职业锚是人们选择和发展自己的职业时所围绕的中心。随着个人对自己的认识逐步清晰，职业锚也就明晰起来了。职业锚可以分为五类：

(1) 技术型职业锚。这种职业锚与管理性职业锚相对,具有这种职业锚的人们倾向于在特定的专业技术领域不断成长,讨厌一般的管理性事务,不愿成为管理人员。他们只对同自己的区域有关的管理任务加以接受,对全面管理则抱有强烈的抵触。在传统的由职能型向全面管理型职业发展的通道上,这一锚型的个体常经历严重的冲突。为了不损害职业,他们常无法拒绝一些全面管理工作。这使他们感到害怕,或是心烦,或是无法胜任。

(2) 管理型职业锚。这种职业锚与技术型职业锚相对,具有这种职业锚的人们倾向于在管理领域不断成长,他们追求承担更高责任的管理岗位。他们根据需要在一个或多个职能区展现能力,但他们的最终目标是管理本身。他们具有全面组合的能力,包括:第一,精辟的分析能力,特别是可以在信息不全或不确定情况下识别、分析和解决问题;第二,良好的人际能力,能影响、监督、领导和操纵组织各级人员更有效地完成组织目标;第三,克制感情能力,特别是能够为感情危机和人际危机所激励,而不是被打倒,能承担高水平的责任,而不是变得软弱无力,能使用权力而不感觉内疚或胆怯。

(3) 创造型职业锚。持有这种职业锚的人有强烈的创立某种完全属于自己的东西的愿望,时时追求建立或创造完全属于自己的成就。他们要求有自主权、管理能力,能施展自己的特殊才华,创造是他们自我扩充的核心。他们对创建新的组织,团结最初的人员,为克服初创期难以应付的困难废寝忘食而又乐此不疲。这种人通常会逐步成为成功的企业家,而企业一旦建成,他们就会厌倦或不适应正规的工作而退出领导层。

(4) 独立自主型职业锚。持有这种职业锚的人有强烈的自主决定自己命运的愿望,追求的主要目标是随心所欲地制定自己的步调、时间表、生活方式和工作习惯,尽可能少地受组织的限制和制约。这种人通常会逐步成为自由职业者或小型合伙制企业的合伙人。他们可能是自主性较强的教授、自由职业者或是小资产所有者、小型组织的成员。技术职能型的个体也可以从事这些职业,但是他们很少为了自己的需要而放弃晋升的机会,为了更高的地位、收入,他们可以用自由的个人生活方式作交换。创造型的个体同样会拥有很多自主权,但他们关心的不是自由本身,而是全力以赴地建立自主的职业目标。

(5) 安全型职业锚。持有这种职业锚的人有强烈的追求稳定、避免风险的愿望,追求稳定安全的前途,比如工作的安全、体面的收入、退休方案和津贴等。安全锚的人依赖组织或社区对他们能力和需要的识别和安排。为此,他们会冒险,也愿意以高度服从组织价值观和准则作交换。这种人通常会选择做公务员或进大型企业、事业单位。安全锚的人还可以区分出两种类型的取向:一是部分人的安全感和稳定感来自给定组织中稳定的成员资格;二是部分人的安全、稳定感则是以地区为基础,包括一种定居、使家庭稳定和使自己同化于某一社团的感情。

“职业锚”的五种类型不一定能涵盖所有职业类型,但它提供了一个独特的视角,在职业生涯设计和职业生涯管理实践方面提供了新的理论基础。

三、职业生涯设计与管理

职业生涯设计作为新兴起的一种人力资源管理技术,运用这种技术就是要使员工在为社会组织发展作贡献的过程中实现个人的目标,让员工和社会组织共同成长,用事业来留住人才。因此,该项技术一经问世,很快就得到员工和各级人事部门的重视,并得到了迅速发展，甚至引起了整个社会的高度重视。

概念*要点

职业生涯设计是员工个人对自己未来的职业生涯发展进行的总体策划和准备，它包括确立阶段性和长期性的职业目标，确立适合个人的发展路径，明确将要进行对职业的调整和具体的准备工作。

职业生涯管理则是组织对员工职业生涯规划和实施的支持、指导和管理。职业生涯管理包括职业咨询、员工培训等方面的内容。

无论是对组织还是对员工个人而言，职业生涯的设计和管理都具有重要意义。对员工个人而言，职业生涯设计为自己指明了发展方向，避免或减少了职业发展的风险。另外，结合组织的职业生涯管理措施，员工能够不断加深对自己和环境的了解，不断提升自身素质或修正自己的职业目标，最终实现事业的成功。对社会组织而言，组织结合自己的发展目标和对人力资源的需要，鼓励和指导员工进行职业生涯设计，采取一定的措施，创造条件以帮助员工实现职业目标。职业生涯管理强化了组织和员工的共同利益，有利于提高员工士气和生产效率，促成社会组织和员工的长期共同发展。

应该从以下几方面正确理解职业生涯设计与管理：

（1）职业生涯设计的主体不是某个组织，而是组织中的员工个体。组织可能对员工个人的职业生涯设计产生重要影响，但这是通过影响员工对自身、环境、目标的认知间接产生的。

（2）职业生涯设计包含确定和实施目标的整个过程。职业生涯设计是个体在职业生涯中有意识地确立目标并追求目标实现的过程。确立目标是建立在对主客观条件的认识分析之上，目标确立后要通过职业活动去实现。随着主客观条件的不断变化和职业活动的实践发展，员工职业目标可能会更加明晰，可能还需要在反馈后加以修正。当然，个人职业目标的确定、实现、明晰和修正，都离不开组织，甚至需要组织的主动参与和帮助。

（3）职业生涯设计中的职业目标同工作目标有差异，同时又密切联系。工作目标是个人在目前的岗位上想要完成的任务目标，可以是自设的，也可以是给定的。工作目标一般较具体，是同本职工作紧密相关。职业目标相对来说较为抽象，涉及长期规划，而且不一定完全同现实工作有关。选择适当的工作目标并很好地实现这些目标是最终达成职业目标的途径之一。

（4）社会组织应了解员工的职业生涯设计，并通过相应的人力资源政策使之有助于组织目标的达成。组织是员工个体职业生涯的重要场所。在对主客观条件进行分析、确定职业目标的过程中，许多员工需要来自外界的指导帮助。借助组织的聘用、培训、评估、晋升等有效手段，组织可对员工的职业生涯设计产生巨大影响。组织既有责任帮助员工发展和实现自己的职业生涯设计，又有必要加以引导，使员工职业生涯设计的发展同组织整体发展目标和谐一致。

四、职业生涯设计的特点和路径

1. 职业生涯设计的特点

第一,职业生涯设计是个体通过对自己能力、兴趣和可供选择的职业机会的评估,从而确定的个人职业生涯的发展目标及职业活动。

第二,职业生涯设计作为个体主动的职业行为和活动,它必须依靠组织提供的工作岗位和就业机会。

第三,个人制定的职业生涯计划的目标必须和组织的目标协调一致。在多数情况下,个人职业生涯目标是在为实现组织奋斗目标的过程中实现的,离开了组织目标,个人的职业生涯发展是难以获得成功的。

第四,个人职业生涯设计具有灵活性、选择性、自主性和可调整性。

2. 职业生涯设计的路径

员工在组织中变换工作岗位,会形成不同的职业生涯路径:

第一,专业技术型职业生涯路径。选择这一路径的个人会以工程、财会、销售、生产、人事、法律等专业技术领域为职业生涯的发展方向,力求在特定的专业技术领域获得成就和认可。员工在专业技术领域的发展一般是通过职称或资格认证的晋升来体现。

第二,行政管理型职业生涯路径。选择这一路径的个人会以管理领域为职业生涯的发展方向,力求在特定的组织中获得地位、影响力、声誉等。员工在行政管理领域的发展一般是通过管理职位的晋升来体现。

专业技术型与行政管理型两种职业生涯路径的划分是基于涉及的领域不同。在实际工作中,这两种路径涉及的领域并不是完全分割的。管理人员只有取得良好绩效才能升迁,而那些在专业技术领域有一定知识和经验的管理人员更容易取得好的绩效。

第三,纵向型、横向型和核心型职业生涯路径。这是根据工作岗位移动方向的不同所作的划分。纵向型职业生涯路径是员工工作岗位在组织内沿一定的等级而发生的升或降的变化。横向型职业生涯路径是员工工作岗位在组织内同一等级的不同职位间的平行移动。核心型职业生涯路径是员工工作岗位在组织内从外围向权力核心的移动。

在实际工作中,这三种路径常常有一定的关联性。比如,社会组织高层选定的重点培养人才可能先要经历横向型职业生涯路径,通过工作轮换,锻炼提高工作能力,使这些人成为一专多能的多面手之后,就可以逐步提升到重要的管理岗位上来。在晋升的同时,他们也逐步接近了组织的权力核心,更多地参与重大事项的决策。

五、职业生涯设计和管理的内容

职业生涯设计的内容包括职业目标的设定和有效实现职业目标的途径。它不仅决定个人一生事业成就的大小,也关系到社会组织目标的实现。从组织角度来考虑,职业生涯设计主要是对员工职业生涯的管理。通过对员工职业生涯的管理,组织不但能保证未来人才的需要,而且能使人力资源得到有效的开发。对于个人来说,组织可用多种形式来满足员工个人的需要,帮助他们实现个人目标。让每个员工都感到有被激发、被鼓励和获得发展技能、就业能力的机会。

可以说,职业生涯设计的最大作用在于:既能最大限度地满足员工个人需要,也能最大限度地满足社会组织的需要。

职业生涯设计和管理的具体内容可以从三个方面体现:

1. 员工

职业生涯设计是员工对自己人生和事业的总体谋划,即使会从外部寻求各种帮助,职业生涯设计也绝不可能由员工本人以外的其他人来代行。职业生涯管理要以员工为本,没有员工的认可和配合,职业生涯管理也将成为空话。总的说来,在职业生涯设计和管理活动中,员工应做的有:

(1) 主动与直线主管、同事、下属、顾客等工作相关方进行沟通,对自身优点、缺点、性格等方面加深了解,形成正确的自我形象。

(2) 积极主动地了解和学习职业生涯规划和管理的理论和方法,进行自我评估并不断修正评估结果。

(3) 明确自身职业发展的方向和目标,和直线主管、亲友、同事等各方进行探讨,结合其他各方的意见,修正职业发展的方向和目标。

(4) 关心社会组织在人力资源培训和发展方面的活动,结合自身职业发展的需要,主动争取培训和发展机会。

2. 直线主管

直线主管对员工职业生涯设计发展的影响至关重要。员工职业生涯设计所获得的支持主要来自于直线主管。直线主管在员工职业生涯设计和管理中活动主要应做的是:

(1) 对员工进行在职培训与指导。直线主管直接分配和审查员工的工作,也就能最直接和最迅速地发现员工的工作问题。在发现问题后,直线主管可以和员工进行细致的沟通,了解原因,有针对性地提供帮助。同时,直线主管也加深了对员工职业生涯发展需求的认识,今后可以相应地加强培训和指导。

(2) 对员工提供反馈信息,促使员工形成正确的自我评价和职业生涯发展目标。对于员工的自我评估和职业生涯目标,直线主管提供的反馈信息最有价值。直线主管往往能够对下属员工提出现实而又富有建设性的意见。

(3) 向员工推荐有益的培训项目,向社会组织推荐合适的人才。直线主管既是组织资源传递给员工的中间人,又是员工职业生涯发展的关键推动者。

3. 社会组织

社会组织是从总体上组织员工职业生涯设计和管理活动,并为之提供专业性的技术支持。组织在员工职业生涯设计和管理中活动主要应做的是:

(1) 为职业生涯设计和管理提供全面信息支持。如外部劳动力市场的信息,行业和宏观经济发展的信息,当今流行的培训项目信息,员工的工作记录,组织内部的工作机会,等等。

(2) 提供职业生涯设计和管理的专业支持,如辅导员工进行自我评估,帮助员工按正确的步骤进行职业生涯设计和更新。

(3) 统一组织职业生涯设计和管理活功,具体安排和落实各种培训事务,建立有关档案记录,等等。

总之，员工的职业生涯设计要通过管理者对员工的引导、鼓励和帮助来实现。

员工职业生涯设计的内容主要有个人因素分析、环境因素分析、职业的选择、生涯路线的选择、职业生涯目标和完成短期、中期、长期目标的计划与措施等几项内容。

个人的初次职业选择是根据个人因素和环境因素的分析结果确定的，重新选择职业是根据对前一次职业的评价后的重新抉择。在此基础上的职业流动则是根据自我职业发展的意愿所进行的调整。

一般的讲，短期职业生涯目标较具体，但因个体认识的局限性，因而具有很多的试探性因素；中期职业生涯目标现实可行，具体明确，是实现长期目标的保证；长期职业生涯目标较宏大，具有方向性，但不要求具体详细。三种目标的结合更有利于实现职业生涯目标的实现。

职业生涯的实施措施包括：个人职业生涯发展计划的执行系统和操作系统，这要根据自己的具体情况，针对不同的职业、岗位提出。

六、职业生涯设计的过程

职业生涯设计的过程包括自我定位、目标设定、目标实现和反馈与修正四个环节。

1．自我定位

这是职业生涯规划的第一步，员工要客观、全面、深入地分析和确定自己的知识、能力、职业性向、职业锚及职业生涯发展的目标，剖析、了解自己的优势和弱点，对自己形成一个客观、全面的定位。员工的自我定位要用到各种信息，员工可以通过较长时期的自我观察、自我体验来获得这些信息，社会组织也可以提供一些进行自我评价的方法（比如职业性向测试方法）供员工使用。

2．目标设定

这是职业生涯规划的第二步，员工形成职业生涯发展的目标，初步完成职业生涯规划。目标通常表现为在一定时间内提高工作技能、获得理想的工作职位和工作安排。社会组织一般应该鼓励员工和直线主管或人力资源管理者讨论这些目标，尽量保证目标兼顾现实性和挑战性。目标设定是基于正确的自我定位的基础上，设立更加具体、明确的职业目标。就个人职业生涯来说，目标设定可以是多层次、分阶段的，可以分解成若干易于达到的阶段性目标。由于职业生涯跨越个人的青年、中年和老年，人在各时期的体能精力、技能经验、为人处世的特点有明显差别，所以有针对性地制定阶段性目标更具有可行性。

3．规划操作

这是职业生涯规划的第三步，员工要通过各种积极的具体行动去争取职业目标的达成。如撰写求职简历、面试应聘、商议工资待遇、制定和完成工作目标、参加公司培训和发展计划、构建人际关系网、谋求晋升、参加业余时间的课程学习以及跳槽换工作等，都可以看成是实现目标的具体规划操作行动。规划操作同样要得到社会组织的大力支持，直线主管和专门的人力资源管理人员一方面要对员工的行动规划提出合理化建议，另一方面也要由此考虑安排有关的培训和发展项目。保证落实员工成长的平台。

4．反馈修正

反馈与修正是指在达成职业目标的过程中自觉地总结经验和教训，修正对自我的认知和最终的职业目标。由于涉及长期的职业生涯发展目标和行动规划，员工需要不断对实际情况进行评估，借以调整职业生涯规划。这个过程中，社会组织要继续将对员工评估所获得的信息反馈给员工。无论员工怎样调整职业生涯规划，组织都要引导他们兼顾个人和组织的要求，追求个人和组织的共同发展。

事实上，许多人对于职业目标的描述界定，在刚开始时大多数是模糊、抽象的，有的甚至是错误的。在一段时间的努力之后，有意识地回顾自身的职业发展得失，可以检查验证自我定位的结论是否贴切，更可以证明自己对职业目标的设想方向对不对，是太高还是太低。调查表明，不少人是在一段时间的尝试和寻找之后，才了解自己到底适合于哪个领域哪个层面的工作。在自我定位和目标设定阶段，反馈和修正同样是不可缺少的。

七、职业生涯设计的方法

1. 自我设计法

自我设计法是个人进行自我测定、自我评价，明确职业能力及职业倾向等，从而把握职业方向的方法。较常使用的测评工具有：① 性格自我测试。性格是个性中具有核心意义的成分，影响人的心理过程及个性特征的各个方面，对人的职业生涯的发展有着重要的影响。一般来说，能力不足可以培训，但如果性格与某一职业要求不匹配，则难以获得好的工作业绩。如让一个内向型性格的人去做推销员是有一定难度的。② 能力自测，包括分析能力自测、行动能力自测、管理能力自测、经营能力自测和其他特殊能力自测等，这种自测可以为职业选择提供基本参考依据。③ 职业素质自测，包括工作动机、职业适宜性、职业选择、职业方向等自测，其结果是了解自己的优势，并从事相应的工作。

2. 职业生涯计划

这是职业生涯选择中较长期、完整的计划。它包括以下七个步骤：① 明确自己的终身计划与职业意识。② 进行职业生涯选择的分析与决策。③ 对成功风险进行自我评价和分析。④ 为新的抉择作准备，了解成功的途径。⑤ 为实现新职业而努力，提高能力素质。⑥ 确定和执行职业发展的行动战略。⑦ 跟踪和再评价，重新审视和思索职业计划，或者重新制定终身职业计划。

职业生涯计划的七个步骤形成了一个联系的链条，人的职业计划就在这一循环中向上不断发展、不断提高。

核心概念

人力资源开发 Human resource development

培训 Training

新员工培训 Newcomer training

生产工人培训 Training for production workers

工程技术人员培训 Training for technical engineers

管理人员培训 Training for managers

职业生涯 Career life

约翰·霍兰德 John Holland

职业性向理论 Career Orientation

思考题

1. 简答人力资源开发、教育和培训的区别。
2. 简答员工培训及特点、内容。员工培训的方法有哪些？
3. 简答员工培训形式和分类。
4. 简答员工培训方法。
5. 什么是职业生涯？
6. 简答职业生涯设计和管理。
7. 如何寻找、确定自己的职业目标取向和发展路径？
8. 怎样加强职业生涯管理？

案例研究　"大通曼哈顿"的人力资源管理

坐落于纽约市中心的大通曼哈顿银行是一个培养和选拔职业商业银行员工的摇篮，它在人事管理和员工培训方面的一些做法值得我们重视。

大通曼哈顿银行重视培训、重视人才的主要表现形式是在对教育费用的重金投入上。重金的投入加快了人才培养的步伐，也间接地加速了大通曼哈顿银行内部素质的提高。

大通曼哈顿银行设置专门培训机构和专职人员，他们的人事管理部门下属的1—5个培训处都有足够的人员抓培训工作，大通曼哈顿银行的职员培训部门是由83个有经验的培训管理人员组成。他们的主要任务，一是为领导提供员工教育的有关信息（如本年度培养的具体人员和对其培训的基本项目，及其培训的结果）。他们尤为重视对学员心理素质的培训，每个学员都要在培训部门所设的各种各样的困境中，战胜并超越自我。二是负责组织银行领导与员工之间的信息交流。培训部定期让员工与银行领导会面，把自己的想法和愿望反馈给银行领导。这样直接地沟通了员工与领导之间的思想，并缩短了他们之间的距离，对日后的工作起着重要的作用。三是根据银行领导或董事会的要求，组织员工撰写个人年度培训计划。四是组织落实各种培训工作。如他们的职工教育技能培训可分月进行，趣味性的培训每周两次。

认真执行年度培训计划是大通曼哈顿银行每年必做的工作，银行要求全体员工每年做一个自我培训计划，并做到切实可行。如某员工的自我培训计划是：1—2月，对银行内部的基本环境和结构做一次调查；2—3月，对自身不足之处和对银行的不满之处做一个系统的总结；3—7月，主要对自己不足之处加以改善；7—12月，对银行的不足之处提出更好的建议。大通曼哈顿银行的培训计划，是在员工提出的新一年培训计划基础上，由总行制定，再由员工选择。然后，交员工所在部门审核并报上级部门。最后，由培训主管部门汇总、实施。

大通曼哈顿银行把培训与晋级、提升、奖励紧密结合。大通曼哈顿银行搞了一个员工鉴定表，每人每年都要填写一次。其中是否参加培训是重要一栏，关系到将来加资晋职。

一个企业不能故步自封，必须学习他人的长处，吸收外国的新知识更为主要。所以，大通曼哈顿银行的本地员工工作期满6年者就可前往国外分支机构考察。大通曼哈顿银行的老总们认为让员工在国外住上一段时间,获得宝贵经验,自然就产生了国际性构想。除此之外,本部每年还选派业绩校好的七八个分支机构的老板,前往日本的三菱和住友银行实习两个月。银行进一步的计划是在荷兰以及世界各地普遍进行国际交流,这样可派员工到世界各地学习法语、德语、西班牙语,那么无论哪一国的顾客,都能享受到大通曼哈顿银行宾至如归的服务。

在岗位人员培训方面,大通曼哈顿银行多是由本行人员任教。特殊情况下如培训中高级人员时,才请外面人员来进行授课。培训时间一般都在晚上,聘请银行退休专家授课。

为了提高学习的趣味性,大通曼哈顿银行专家们把枯燥无味的数学用动物画面或讲故事、说笑话的形象编入计算机中,然后反馈到学员的记忆库中。

通常使学员培训处的专家们最头痛的事情,莫过于如何提高员工的学习积极性,而在大通曼哈顿的银行培训处,这种事却认为是很简单的。大通曼哈顿的银行专家们认为,只需让员工有使命感自然会充满干劲。办法是平常教导学员怎么做,才能对企业对国家有所贡献。培训处的学员有了前进的方向和目标,就会竭尽全力工作,企业也不愁培养不出人才了。另一方面,大通曼哈顿银行的培训组织让员工渴望通过自己的学习、工作,表达他们贡献社会的心愿,使单纯的为日后高薪收入而努力,更增加了一份责任感。

银行有这么一条规定:"凡无正当理由且多次拒绝参加培训者,银行予以解雇。"以此来推动全体员工提高参加培训的积极性。

大通曼哈顿银行员工培训的成效与其领导带头参加培训是分不开的,大通曼哈顿银行为了使高级主管了解新的信息,经常对他们进行快速培训,有时还要送到有关大学专门培训。大通曼哈顿银行每年也要抽出一部分时间培训银行领导等各级官员,银行教育工作主管把培训工作的主攻方向放在银行领导上。

银行为使基层工作人员迅速掌握计算机知识及其操作技能,曾多次举办短期电脑培训班;为了使员工都能写出简明、准确、有用的报告及信件,银行还专门举办写作技能培训班。有些学员经过一段时间培训后,便能写出一篇文路清晰、语言准确和思想健康的好文章。职工素质的提高使银行的形象也提高了一大步,这无疑是一种生动的广告技巧。

压力使银行的形象得到改变,赢得了储户的信任。压力也使他们的培训工作取得了突破。他们在管理者教育上侧重经营能力的培训也是出于一种压力。由于美国政府对银行的管制很多,因此,银行时常针对政府新出台的一些政策和法规相应地搞一些备忘录。同时召开分行业务主管参加总行负责人主持的专题研讨会,以提高干部的政策水平和经营能力。

大通曼哈顿银行要求技术性较强的工作岗位人员要具备大学以上学历。为此,有些员工积极申请参加学历或学位培训。银行负责支付全部费用,学习期间工资照发,但规定,只能业余时间学习。建立这种"资助自我开发"制度,企业自然增加了部分开支,但从长远看至少有两大好处,一是公司规模扩大时职工可以内部流动,尽快投入较大的工作空间;二是在公司进行技术调整时下岗职工可以增加谋职机会。银行要求职工加强道德修养,鼓励职工在离开银行后继续成为对社会有益的人,并把类似的培训看做是企业对社会的一种回报,这些经验受到了有关部门的重视。科技的更新,经济部门的不断调整,传统企业经营方式正在萎缩或消失,而另一种新的银行经营方式在不断地滋生,这就加快了人才的流动。有条件的企业为社会分担一部分职工再就业的预先培训，这就是大通曼哈顿银行之所以受到美国政府重视的原因之一。

资料来源：http://www.chinahrd.net/case/info/48973。

案例分析思考题：

1. 大通曼哈顿银行的员工培训使用了哪些方法？
2. 大通曼哈顿银行的员工培训的观念有哪些？

第 7 章

绩效评估——人力资源管理的指挥棒

我们公司是每半年一次评估，评下来，虽然你的工作很努力，也很出色，但你就是最后一个，非常对不起，你就得离开。

——马云

预期目标

通过本章的学习，可以掌握以下知识与技能：

- 绩效及绩效考评的内涵
- 绩效考评的内容、分类、原则、作用、程序
- 绩效考评的方法、实务

爱立信完善的绩效考核

爱立信人力资源部门通过职位分析形成规范的职位说明书，明确任职员工的责任，并据此确定员工的工作目标或任务；通过职位评估判断职位的相对价值，建立公司薪酬福利结构及政策，使员工产生较清晰的期望。

爱立信的绩效评价系统建立在两个假设基础上：一是大多数员工为报酬而努力工作；二是绩效评价过程是对管理者和下属同时评估的过程，因为双方对下属发展均负有责任。

绩效评价有两部分内容：结果和成绩（目标、应负责任、关键结果领域），绩效要素（态度表现、能力）。目标结果一般以量化指标进行衡量，应负责任的成绩一般以责任标准来考核。绩效要素包括：主动性、解决问题、客户导向、团队合作和沟通，对管理者而言还包括领导、授权和其他要素，最终的绩效评价结果是两部分内容评估结果加权后的总和，两者分别占60%和40%。对员工进行公正的绩效评价，有利于公司人员相对稳定，但要真正留住人才，却非朝夕之功。

爱立信每年要特别明确地进行绩效评估，员工队伍的工作分几个档级。一般员工按照公司的目标应达到良好，可能有 5% 到 10% 的员工工作不太好，通过调整还是可以接受的；还有不到 5% 的员工确实达不到目标。对这两组人员可能采用激励程序，经理会告诉这些员工：你的工作表现不好，要马上改进。对于做得非常好或者有突出贡献的员工，如果还有潜能的话，可能会提升他们去担任更高的职务。对大部分做得不错的人，公司会维持他们在原岗位上继续工作。爱立信对每个职务的薪金都设立一个最低标准，即下限。当然，规定下限并非为了限制上限，而是保证该职务在市场上的竞争力。据介绍，一般职务上下限的差异为 80% 左右，比较特殊的职务可能会达到 100%，而比较容易招聘的职务可能只有 40% 的差异。

考核无虚言。每个工作都有硬性指标以供考核，例如，在大部分公司，市场推广工作的成功与否，很难用具体的定量指标来考核，在爱立信却是可以的，一般使用市场分析数据来考查。比如，你花了 100 万元的广告费，达到了什么样的目标？如做了多少个广告、覆盖的用户数量是多少等，都有确切的数字可以证明你的成绩，广告影响力的调查通常通过一些第三方公司来做。

资料来源：http://wenku.baidu.com/view/71ef1a781711cc7931b716ff.html。

作为人力资源管理中极其重要的工作，绩效考评是每位人力资源管理者都必须面对，并且必须做好的工作。许多社会组织也把绩效考评与人力资源管理的其他活动紧密结合起来进行组织经营和管理。绩效考评是对员工在工作中表现和业绩的评价，它是调动员工的积极性和责任感的指挥棒，关系到社会组织的效率和效益。

第一节　绩效考评

绩效考评是人力资源管理重要的一环，只有通过绩效考评，确认员工的工作成就，奖优罚劣，才能整体提高工作效率和效益。要了解绩效考评就要先了解什么是绩效。

一、绩效

对于绩效有多种理解。有人认为，绩效应当着眼于工作结果，是个体或群体劳动的最终成绩或贡献；也有人认为，绩效既应当考虑员工的工作业绩，又应当考虑员工的工作过程和行为方式。

概念*要点

目前公认的观点则是：绩效是个体或群体工作表现、直接成绩和最终贡献的统一体。

绩效是个体或群体工作表现、直接成绩和最终贡献的统一体。即绩效包括两方面的含义：一是指员工个体或群体的工作结果，也就是员工个体或群体所完成工作或履行职务的结果；二是指影响员工个体或群体工作结果的行为、表现及素质等。

绩效受多种因素影响，是员工个人素质和工作环境共同作用的结果。这些因素包括：第一，技能，指员工本身的工作能力，是员工的基本素质。第二，激励，指员工的工作态度，包括工作积极性和价值观等。第三，环境，是指员工进行工作的客观条件，包括物质条件、制度条件、人际关系条件等。第四，机会，指可能性或机遇，主要由环境的变化提供。技能和激励两方面是主观方面的原因，是创造绩效的主动因素。而环境和机会则是影响绩效的客观原因，是绩效状况的外部制约因素。了解影响绩效的相关因素，对绩效考评有重要的启发作用。

概念*要点

绩效考评是通过系统的方法、原理来评定和测量员工在职务上的工作行为和工作效果的活动和过程。简称“考评”或“考绩”。

二、绩效考评

具体来说，绩效考评的内涵包括两层含义：一是对员工在工作中的素质能力及态度进行评价；二是对员工的工作业绩或工作结果，即其在组织中的相对价值或贡献程度进行评价。

本质上讲，绩效考评就是对人和事的评价，它本身不是目的，而是一种手段。因此，其内容都会随着管理的具体需要发生相应变化。绩效考评管理的内容一般是：① 从组织目标出发进行考评，并使考评和之后的人力资源管理活动有助于组织目标的实现；② 作为人力资源管理系统的组成部分，运用一套系统的一贯的制度性规范、程序和方法进行考评；③ 对员工在日常工作中显示出来的工作能力、工作态度和工作成绩，进行以事实为依据的考评。

三、绩效考评的内容

因为员工工作性质不同，所以绩效考评的内容也不完全相同。但是，绩效考评的内容一般包括德、能、勤、绩等方面的考评。

德，包括思想政治、工作作风、社会道德及职业道德水平等方面。思想政治主要指员工的政治倾向、理想志向、价值取向，思想政治是起统率作用的；工作作风是员工办事时的风格，如是否雷厉风行、是否尊重别人、是否实行民主、是否尊重科学以及知错必改等；社会道德是指员工在处理个人与社会关系方面的倾向，如是否遵纪守法、维护社会公共利益等；职业道德是指员工在履行职务方面表现出来的道德倾向，如对待客户的态度、是否保守商业秘密和是否公正对待下属等。

能，是指员工工作的能力，包括体能、学识和智能、技能等内容。体能取决于年龄、性别和健康状况等因素；学识包括文化水平、专业知识水平、工作经验等项目；智能包括记忆、分析、综合、判断、创新等能力；技能包括操作、表达、组织、协调、指挥、控制等能力。体能、学识、智能和技能是四个相互联系又有区别的能力因素。体能和学识是基础，一个人若没有足够的精力和体力，就难以承担重任；人的学识为智能和技能的运用奠定坚实的基础；智能和技能则是把体能、学识转化为现实生产力的关键。能力是绩效考评的重点和难点。

勤，是指员工的工作态度。一般来讲，员工的工作能力越强，其工作业绩就越好，对社会组织的贡献就越大。但在实际工作中，常常存在这样的情况：个人能力很强但工作不认真的员工，其对组织的贡献远远不如那些能力一般但工作兢兢业业的人。所以，员工的绩效考评还要包括对工作态度的考评。工作态度包括工作积极性、工作热情、责任感和在工作中的表现，包括出勤、纪律性、干劲、责任心、主动性等，积极性决定着人的能力发挥程度。只有将积极性和能力结合起来考评，才能发挥员工的潜力。

绩，是指对员工工作业绩考评。对工作业绩的考评实质上是对员工工作效率及结果进行评价和认定，也就是考核员工在一定期间内对组织的贡献和价值。对员工工作业绩的考评通常包括：员工完成工作量的大小，员工完成工作的质量、成本费用，以及为组织做出的其他贡献等。工作业绩是社会组织和员工的最终成果，是考评的基本内容。

四、绩效考评的分类

按考核的时间和性质的不同进行分类，绩效考核可以分为以下几种类型。

1. 正式和非正式考评

员工的绩效考评有正式和非正式两种。正式考评有明确的目的和周密的计划，有一套完整的体系和程序；非正式考评则事先无系统计划，只是上级对员工的口头式的赞扬与鼓励。作为人力资源管理重要组成部分的员工绩效考评，是指正式的绩效考评。绩效考评的结果可以直接影响到有关员工的薪酬调整、奖金发放及职务升降等众多切身利益。

2. 日常考评

日常考评也是日常考核，指企业对每个员工每天都要进行的考核。主要考核员工的生产成绩、劳动态度、业务知识、安全生产等，并认真进行记录统计。

3. 定期考评

定期考评是每年或每半年对员工进行政治、技术、业务全面考核。包括学徒学习期满转正，合格可以转为正式工人，不合格的延期转正，成绩优异的提前转正等考核。还包括职工参加各种训练班或专业学校的结业考试、考核等。这种考核的绩效应放入员工技术、业务档案，作为晋升、使用和奖惩的依据。

4. 关键设备、关键岗位工种的考评

关键设备、关键岗位工种的考评是对关键设备、关键岗位，从事危险性作业的工种，或要害部门工作的人员进行的考核。这些岗位和部门的员工要严格挑选，专门培训，经考核合格发给“技术等级证书”，才准上岗位独立操作。

5. 晋升考评

晋升考评是为了对员工升级加薪而进行的考核。员工升级加薪要进行严格的考核，内容包括劳动态度、技术水平高低、贡献大小。工人的技术等级标准考核，也包括技术理论和实际操作考试，其成绩作为升级的依据。对管理人员和工程技术人员的晋升考评按照职务、

职称和责任制要求进行考试，看其是否熟悉岗位职责和业务技术，是否能胜任本职工作，工作表现如何。对于领导干部的晋升考评还要看他们的政治水平、政策水平、组织领导能力以及执行民主集中制的态度等。

五、绩效考评的原则

在绩效考评中应注意把握以下原则：

1．公开透明原则

公开透明原则包括三方面的要求。

第一，公开考评目标、标准和方法。人力资源部门在绩效考评之初就要把这些信息公开地毫无保留地传递给每一位考评对象。

第二，考评的过程要公开，即在绩效考评的每一环节上都应接受人力资源部门以外人员的参与和监督，防止出现暗箱操作。

第三，考评结果要公开，即在绩效考评结束之后，人力资源部门应把考评的结果通报给每一位考评对象，使他们了解自己和其他人的考评信息。

在绩效考评中坚持公开透明原则的优点是：第一，增加了公开性，消除了考评对象对于绩效考评工作的疑虑，提高了绩效考评结果的可信度。第二，由于公开了绩效考评的标准、过程和结果，有利于考评对象弄清问题和差距，找到努力的目标和方向，激发员工进一步改进工作、提高素质的积极性。第三，增加了绩效考评工作的透明度和公开性，也增强了人力资源部门的责任感，促使他们不断改进和提高工作质量。

2．客观公正原则

绩效考评中的客观公正原则包括两个要求：

第一，在制定绩效考评标准时应从客观、公正的原则出发，坚持定量与定性相结合的方法，建立科学适用的绩效指标评价体系。

第二，制定绩效考评标准时多采用可以量化的客观尺度，尽可能采用客观的考评手段与方法，尽量减少个人主观意愿的影响，要用事实说话，切忌主观武断或长官意志。

在绩效考评中坚持客观公正原则有两方面的好处：一是比较公平。对每个考评对象都以同一的、较为客观的考评标准来衡量，可以较为真实地反映其工作状况，考评结果客观、公正，有较强的说服力。二是可以减少矛盾，维护社会组织内部团结。如果绩效考评标准不够客观、公正，则会引发考评对象对于考评结果的怀疑，进而引起员工之间、员工与人力资源部门之间的矛盾，最终影响到社会组织的士气和凝聚力。

3．全方位评价原则

在绩效考评中要做到科学评价员工绩效是很困难的，因为员工在不同时间、不同场合往往有不同的行为表现。为此，人力资源部门在进行绩效考评时，应多方收集信息，建立起多层次、多渠道、全方位的考评体系。这一考评体系应包括上级考核、同级评定、下级评议、专家鉴定、员工自评等几个方面。

4．经常化、制度化原则

由于社会组织的生产经营活动是连续的过程，员工的工作也是持续不断的行为，因此，组织绩效考评工作也必须作为一项长期化、制度化的工作来抓，这样才能最大限度地发挥出绩效考评的各项功能。这有利于调动、保持员工工作积极性，有利于激发起员工改进工作、提高质量的强烈愿望。

在实施经常化、制度化的考评工作时，要建立有效的考评指标体系。在考评指标系统中，应在组织总目标、考评指标、考评目的、考评内容、考评方法、考评手段多方面之间取得一致。同时，要将定性与定量的考评方法相结合，动态考评与静态考评相结合，才能全面考评员工的绩效。

六、绩效考评的作用

绩效考评可以使管理者了解和掌握员工的工作情况，有助于对社会组织人力资源进行有效的控制和使用。而且，绩效考评的结果往往与员工的报酬多少、晋升与否挂钩。因而绩效考评会直接影响员工的工作态度和工作方式，对调动员工积极性、提高员工工作效率具有特别明显的作用。客观、公正、合理的绩效考评，对于一个社会组织是十分关键的。

具体地说，绩效考评的作用主要表现在以下几个方面：

1. 是确定员工奖惩和薪酬的重要依据

一方面，组织管理中的激励是以奖励为主、惩罚为辅、奖惩结合的。对于那些忠于职守、踏实工作、业绩优异的员工要给予物质或精神上的奖励，而对于那些不负责任、业绩低劣的员工则要给予相应的惩戒。奖惩措施对鼓励全体员工向优秀者学习，防止不良行为在组织中蔓延有着很重要的作用。这种对员工的奖惩通常要以绩效考评的结果作为依据。

另一方面，现代社会组织管理要求薪酬分配遵守公平与效率两大原则，组织向员工支付报酬要遵循“按劳分配”的原则。这样就必然要对每一个员工的劳动成果进行评定和计量，按劳付酬。绩效考评的结果是决定员工薪酬的重要依据。同时，进行薪酬分配和薪酬调整时，应当根据员工的绩效表现进行。薪酬制度是否公平合理直接影响着员工的工作积极性。合理的薪酬不仅是对员工劳动成果的公正认可，而且可以产生激励作用，在组织内部形成进取与公平的氛围。因此，定期规范的绩效考评可以为员工报酬的确定提供客观有效的依据，使工资、奖金等物质报酬的高低与员工的贡献大小相联系，从而使员工感到公平合理，以激励其为社会组织的发展多作贡献。

2. 是决定员工升降调配的基本前提

每一项职务都要求特定的知识和技能，每一个员工又都有自己的优点和不足。人力资源管理就是要用人取其长避其短，员工的长短只有通过各种考核才能知道。对于职务的客观要求，可以通过职务分析来衡量。对于人的特点，则有两种测量方法，一是人员测评，侧重于对员工的素质和能力进行考察；二是绩效考评，侧重于对员工的工作成果及工作过程进行考察。通过绩效考评，可以提供有关员工的工作信息，如工作成就、工作态度、知识和技能的运用程度等。根据这些信息，可以进行人员的晋升、降职、轮换、调动等人力资源管理工作。比如一个员工绩效优秀，而且大有潜力，则可以给予晋升，既发挥其才能，又增强组织的竞争力；一个员工绩效不良，可能是因为他的素质和能力同现在的职务不匹配，为了扬长避短，可以进行合理的调动和轮换。

3. 是对员工进行培训工作的准备条件

在社会组织的竞争与发展中，努力使人力资源增值是一项长远的战略任务。员工培训是人力资源投资的重要方式。但是,员工培训必须有的放矢,才能收到事半功倍的效果。在这方面,绩效考评是可以考查出员工在知识、技能、素质等方面的长处与不足、优势与劣势,并以此根据工作发展实际需要,制订培训计划。有效的员工培训必须针对员工目前的表现、业绩和素质特征与其所在岗位的岗位规范、组织发展要求等方面的差距来进行,并以此合理地确定培训目标、培训内容,选择相应的培训方法。

4. 是社会组织与员工合理建立目标的关键环节

一方面,绩效考评工作为员工建立自我发展目标明确了方向。对于员工在工作中取得的成绩以及员工在某一方面的卓越能力,通过绩效考评,可以得到组织的认可与肯定;对于员工在工作中存在的不足以及工作能力方面的缺陷,通过绩效考评也可以使员工有清楚的认识,从而明确其未来的努力方向,鞭策员工不断地进行自我完善。另一方面,现代绩效考评工作要求上下级之间对考评标准、考评方式以及考评结果进行充分沟通。因此,绩效考评有助于社会组织员工之间信息的传递和感情的融合。通过沟通,可以促进员工相互之间的了解和协作,有助于使员工加深对社会组织目标的理解,使个人目标同组织目标达成一致,建立共同远景追求,增强组织吸引力和凝聚力,从而提高社会组织的竞争能力。

七、绩效考评的角色和功能

1. 绩效考评的角色

从绩效考评的作用可以看出,绩效评估是人力资源管理中重要的角色。一方面,它扮演着协作性的角色,提供社会组织现存人力资源的基本信息,为员工的使用、升迁、训练、薪酬确定等提供依据,在晋升、培训、报酬等方面提供了重要的参考作用,使得这些管理在实施上有正确的根据。另一方面,绩效考评也扮演着功能性角色。因为绩效评估本身具有改善员工工作态度和能力的作用。在绩效考评中,通过上级或同事的信息反馈,员工可以更了解自己的优点及缺点,从而更自觉地改善自身的态度及行为。绩效考评作为功能性角色,既有决策性的目的,又有战略性目的。从决策性目的来说,员工绩效考评是为决策服务的,它为各项人事决策提供依据。从战略性目的来讲,绩效考评为组织管理者提供战略决策的依据,这是因为在现代社会中人力资源是决定社会组织命运的重要因素,通过绩效考核把人事状况弄清楚,是进行战略决策的主要依据。

2. 绩效考评的功能

绩效考评主要有控制、激励、标准、发展和沟通等方面的功能。

第一,控制功能。绩效考评是人事管理中主要的控制手段。通过绩效考核,使工作过程保持合理的数量、质量、进度和协作关系,使各项管理工作能够按计划进行。对员工本人来说,绩效考评也是一种控制手段,使员工时时记住自己的工作职责,起到促进员工按照规章制度工作的自觉性。

第二,激励功能。绩效考评对员工的工作成绩给以肯定,本身就能使员工能够体验到成功的满足、对成就的自豪感,由此调动员工的积极性。

第三,标准功能。绩效考评为各项人事管理提供了一个客观而公平的标准,并依据这个绩效考核的结果决定晋升、奖惩、调配等。不断进行绩效考评,并按照标准进行奖惩与晋升,会使社会组织形成事事按标准办事的风气,使组织的人力资源管理标准化。

第四,发展功能。绩效考评的发展功能主要表现在两个方面:一是组织根据绩效考评的结果制定正确的培训计划,达到提高全体员工素质的目标,以推动社会组织的发展;二是在绩效考评中可以发现员工的长处和特点,根据其特点决定培养方向和使用办法,充分发挥个人的长处,促进个人的发展。

第五,沟通功能。绩效考评的沟通功能也是十分明显的。绩效考评的结果出来以后,人力资源管理者要和员工谈话,并向他说明绩效考评的结果,听取员工的申诉与看法,这样就为领导与员工沟通提供了机会,增进相互了解。

第二节 绩效考评的程序

绩效考评工作大致要经历制定绩效考评计划、确定考评标准和方法、收集数据、分析评价、反馈、结果运用六个阶段。

一、制定绩效考评计划

为了保证绩效考评顺利进行,必须事先制订计划,在明确评价目的的前提下,根据目的的要求选择考评的对象、内容、时间。

不同的考评目的,其考评的对象也不一样。如晋升职务,只需考察和评价具有晋升资格的那部分人,而加薪或评先进,其考评对象就应包括全体员工。

不同的考评目的、对象,其重点考察的内容也不一样。如发奖金,则应以工作成绩为主要考察内容,而评定专业职称则应重点考察其专业技术水平。

不同的考评目的、对象、内容,其评价时间会有所差别。如一个人的思想品质在一段时间内是比较稳定的,其考察时间可以长一些,一般是一年一次;对于某些职位,特别是直接从事生产、销售活动的员工,其工作业绩变化可能很快,因此考察期应短一些,可以按月考察。

二、确定考评的标准和方法

1. 考评的标准

绩效考评标准就是指对员工绩效进行考核的标准和尺度。考评标准可分为绝对标准和相对标准两类。

(1) 绝对标准。如出勤率达到96%,废品率为零,文化程度达到大学本科等。这种标准是以某种客观现实为依据的,不以被考评者或考评者的个人意志为转移,有较强的客观性。

绝对标准又可分为业绩标准、行为标准和任职资格标准三大类。第一,业绩标准。如对生产工人的定额要求、对独立核算单位的利税指标,均属业绩标准。第二,行为标准。如上班时间不准看报纸,不准扎堆闲聊,不准在办公室吸烟,不得在工作场所喧哗、打闹等。第三,任职资格标准。如要求社会组织的财会主管必须有大学以上学历、具有高级会计师职称、有5年以上从事财会工作的经验等。

(2) 相对标准。如在评先进时,规定15%的员工可评为各级先进,于是采取相互比较的办法,此时每个人既是被比较的对象,又是比较的尺度,因而标准在不同的被考评群体中往往存在差别。

2. 编制考评标准的原则

绩效考评标准对于一定时期员工的努力方向和积极性的发挥有重要影响,因此在编制绩效考评标准时应慎重对待。在编制绩效考评标准时应遵循以下几项原则:

(1) 绩效考评定量要准确。考评标准能用数量表示时应尽可能用数量表示。同时,标准的定量必须准确。定量准确包括三个方面:第一,各种指标标准的起止水平应是合理的。第二,各标准的含义,相互间的差别应是明确合理的,评分应是等距的。第三,选择的等级档次数量要合理。

(2) 绩效考评内容要科学合理。所谓科学是指考评标准要反映社会组织的技术水平、管理水平。所谓合理是指考评标准不能太严也不能太松,既不能使员工的考核分数都较低,也不能使员工的每项指标都达到满分。一般应以多数员工都能达到的水平为考核的及格分。

(3) 绩效考评标准要针对不同的岗位及承担该岗位被考核者的特点而制定。同样的指标,对于不同的岗位其要求是不同的。比如"出勤率"指标,对于门卫,其要求是严格的,而对于推销员,就不必过于苛求。

(4) 绩效考评文字应简洁、通俗。在绩效考评标准中,应尽量使用人们常用的大众化语言和词汇,表达力求简明扼要,专业术语及模棱两可的词句尽量不用,以减少因考核者对词汇概念理解的不同而产生的评定差异。

3. 考评方法

在确定考评目标、对象、标准以后,就要选择相应的考评方法。需要注意的是,绩效考评的方法很多,每种方法都有自己的特点,在实际工作中应根据具体的考评要求有针对性地加以选择。

常用的绩效考评方法主要有五大类,我们在下一节具体论述。

三、收集数据

绩效考评是一项长期、复杂的工作,因此对作为考评基础的数据收集工作要求很高。在这方面,许多社会组织的经验是注重长期跟踪、随时收集相关信息,使数据收集工作形成一种制度。其主要做法包括:

(1) 生产记录法。对生产、加工、销售、运输、服务的数量、质量、成本等,按规定填写原始记录和统计。

(2) 定期抽查法。定期抽查生产、加工、服务的数量、质量、用以评定期间内的工作情况。

(3) 考勤记录法。对出勤、缺勤及原因、是否请假等,按规定填写原始记录和统计。

(4) 项目评定法。采用问卷调查形式,指定专人对员工逐项评定。

(5) 减分抽查法。按职务(职位)要求应遵守的项目,定出对违反规定的扣分办法,定期进行登记。

(6) 限度事例法。对优秀行为,如在完成自己工作的同时主动给予同事帮助,或不良行为,如不但不能完成自己的工作任务还干扰他人的工作,予以记录。

(7) 指导记录法。不仅记录部下的行动,而且将其主管的意见及部下的反应也记录下来,这样既可考察部下,又可考察主管的领导工作。

四、分析评价

分析评价是一个由定性到定量的过程,包括:

1. 评定等级

对员工每一个考评项目评定等级,如工作质量、出勤、协作精神等。一般可分为 3—5 等,如可分为好、中、差三等,也分为按优、良、合格、稍差、不合格五等。

2. 量化考评项目

为了将不同性质的考评项目结果综合,就必须分别对各个项目予以量化,即赋予不同评价等级以不同分数值,用以反映实际特征。以好、中、差三等为例,可以把"好"这一等定为 10 分,"中"这一等定为 6 分,"差"这一等定为 3 分。

3. 计分评定

在考评过程中,要对每一个员工每一考评项目进行评定打分,然后还要做出综合的评定。在进行综合评定时,有两种情况要区别对待。

(1) 对同一项目不同考评结果的综合。有时同一项目由若干人对某一员工同时进行考评,但得出的结果不一定相同,为综合这些考评意见,可采用算术平均法或加权平均法综合。

(2) 对不同项目的考评结果加以综合。在考评时,往往需要从总体上对一个人进行评价,需要将其知识能力、判断能力、社会交际能力等综合起来考评,而这些项目由于受考评的目的、被考评人的具体职务的影响,同一项目在整个评价体系中的地位是不同的,因此,必须将各个项目分配以合适的权数。

仍以好、中、差三等为例,假设 3 个人对某员工工作能力的考评分别为"好"(10 分)、"中"(6 分)和"差"(3 分)。如采用算术平均的方法,该员工的工作能力应为"中"(6.3 分)。如果参加考评的 3 个人分别是其主管、同事和下属,其考核结果的重要程度不同,则可以通过赋予他们不同的权重反映出来。如果主管上司的意见最重要,则可定为 50%;同事次之,可定为 30%;下属再次之,可定为 20%。可采用加权平均法计算:$10 \times 50\% + 6 \times 30\% + 3 \times 20\% = 7.4$(分),该员工的工作能力应为"中"。

分析评价是一个十分复杂的变化过程,其中涉及因素众多,经过环节也比较多,还涉及考评者与被考评者、考评者之间的关系等问题。因此,这一过程的重点工作,是要提高分析评价的信度和效度,减少评价误差。关于如何减少误差的问题,在后面的章节具体论述。

五、绩效考评反馈

绩效考评反馈是指将考评的意见反馈给被考评者。一般有两种形式:

(1) 绩效考评意见认可,即考评者将书面的考评意见反馈给被考评者,由被考评者予以同意认可,并签名盖章。如果被考评者有不同意见,可以提出异议,并要求上级主管或人力资源部门予以裁定。

（2）绩效考评面谈，则是通过考评者与被考评者之间的谈话，将考评意见反馈给被考评者，征求被考评者的看法。绩效考评面谈记录和绩效考评意见，也需要被考评者签字认可。

六、绩效考评结果运用

绩效考评不是目的，因此要特别注意绩效考评结果的运用。在绩效考评过程中获得的大量有用信息可以运用到社会组织的各项管理活动中。

首先，可以利用向员工反馈评价结果，帮助员工找到问题、明确方向，这对员工改进工作、提高工作绩效会有促进作用。其次，也为人力资源决策如任用、晋升、加薪、奖励等提供依据。最后，还可以用来检查社会组织管理的各项政策的运用结果，如人员配置、员工培训等方面是否有失误，还存在哪些问题等。

第三节　绩效考评的方法

要科学、合理、有效地进行绩效考评，就要使用科学、有效的考评方法，改进绩效考评体系，提高绩效考评方法的信度和效度，运用好绩效评价体系。

概念*要点

绩效考评的方法很多，目前常用的如等级排序法、量表考评法、目标管理法、关键事件法、行为锚定等级法、关键业绩指标法、360 度评价法。

一、等级排序法

所谓等级排列法，也称分级法、排序法，是按照分级程序的不同，将社会组织内全体员工按总体工作表现、绩效状况的优劣程度，通过比较，确定每人的相对等级或名次，即从最好到最差或者从最差到最好依序排列下来的方法。例如，将工作表现最好的员工排在最前面，最差的排在最后面。

如何排列员工考评的顺序是等级排列法的关键。按照具体方法不同，排序法又可分为以下五种：简单排序法、交替排序法、范例对比排序法、对偶比较排序法、强制分配排序法。

简单排序法又称简单分级法。即在全体被考评员工中挑选出绩效最出色的一个列于序首，再找出次优的列作第二名，直到最差的一个列于序尾。

交替排序法又称交替分级法。即首先列出所有被评价员工的名单，然后根据评价因素从中挑选出最优者，然后再找出对比最鲜明的最劣者，将最优者列于榜首，最差者列于榜尾。再在剩下的员工中挑出次优者、次劣者，分别置于首二和尾二，依此类推，由易渐难，绩效中等者较为接近，必须仔细辨别，直到将所有员工评价排列完毕为止。见表 7-1。

表 7-1　交替排序法绩效评价等级

<table>
<tr><td colspan="2">评价所依据的要素：____________________</td></tr>
<tr><td colspan="2">说明：针对你所要评价的每一种要素，将所有员工的姓名都列举出来。将工作绩效评价最高的员工姓名列在第 1 列的位置上；将评价最低的员工姓名列在第 20 行的位置上。然后将次好的员工姓名列在第 2 行的位置上；将次差的员工姓名列在第 19 行的位置上。将这一交替排序继续下去，直到所有的员工都被排列出来。</td></tr>
<tr><td>评价等级最高的员工
1. ____________
2. ____________
3. ____________
4. ____________
5. ____________
6. ____________
7. ____________
8. ____________
9. ____________
10. ____________</td><td>11. ____________
12. ____________
13. ____________
14. ____________
15. ____________
16. ____________
17. ____________
18. ____________
19. ____________
20. ____________
评价等级最差的员工</td></tr>
</table>

范例对比排序法又称范例对比法。此法通常是选择几个关键工作行为因素作为考评维度，如品德、智力、领导能力、对职务的贡献等，而每一维度又分为优、良、中、次、劣五个等级。然后就每一维度的每一等级，先选出一名适当的员工作为范例。实施绩效考核时，将每位被考评的员工和这些范例逐一对照，按他们与各相应范例的近似程度来给他们评出等级分，最后以各维度分数的总和，作为此被考评员工的绩效等级分类。

对偶比较排序法又称对偶比较法、配对比较排序法。是将全体员工逐一配对比较，按照配对比较中被评为较优的总次数来确定等级名次。即将员工两人编成一组，根据考评要素轮流编组进行比较。考评者只需在每组中选出较优者，较优者得 2 分；若两人不分上下，则各得 1 分；较差者得 0 分。最后，将每位员工得到的分数相加，就能够排出顺序。这是一种比较系统的程序，但此法通常只考评总体状况，没有分解维度，也不测评具体行为，其结果也是仅有相对等级顺序。当被考评人员达 10 人以上时，对偶比较次数太多，也就不可行了。

强制分配排序法又称强制分配法。此法是按事物“两头小，中间大”的正态分布规律，先确定好被考评对象各等级在总数中所占的比例。例如若将被考评对象划分成优、中、劣三等，则分别占总数的 30%、40% 和 30%；若被考评对象分成优、良、中、差、劣五个等级，则每等级分别占 10%、20%、40%、20% 与 10%。然后按照每人绩效的相对优劣程度，强制列入其中的一定等级序列。

二、量表考评法

量表考评法又称为标尺评估法。这种方法简单实用，是运用最普遍的工作绩效评价技术之一。它通常作维度分解，并沿各维度划分等级，设置量表（尺度）可实现量化考评，而且操作也比较简单，只要考评者适当勾选即可。

表7-2是一种典型的考评尺度表，表中既列举了一些绩效构成要素，如数量、质量等，也列举出了跨越范围很宽的工作绩效等级，如杰出、很好、好、需要改进、非常优异、不做评价、不令人满意。在进行工作绩效状况考评时，首先针对每一位下属员工每一项要素找出最能符合其绩效状况的分数，然后将每一位员工所得到的所有分值进行加总，即得到最终的工作绩效考评结果。

表7-2　工作绩效考评表

<table>
<tr><td colspan="4">员工姓名：　　　　　　职　位：
部　门：　　　　　　　员工薪号：
绩效评价原因：□年度例行评价　□晋升　□绩效不佳
□工资　□试用期结束　□其他
员工到任现职时间：
最后一次考评时间：　　　　正式评价时间：</td></tr>
<tr><td>一般性工作绩效评价要素</td><td>等级</td><td>评价尺度</td><td>评价事实依据或评语</td></tr>
<tr><td>1. 质量：所完成工作的精确度、彻底性和可接受性</td><td>O□
V□
G□
I□
U□</td><td>100—90
90—80
80—70
70—60
60 岁以下</td><td>分数</td></tr>
<tr><td>2. 生产率：在某一特定的时间段中所生产的产品数量和效率</td><td>O□
V□
G□
I□
U□</td><td>100—90
90—80
80—70
70—60
60 岁以下</td><td>分数</td></tr>
<tr><td>3. 工作知识：实践经验和技术能力以及在工作中所运用的信息</td><td>O□
V□
G□
I□
U□</td><td>100—90
90—80
80—70
70—60
60 岁以下</td><td>分数</td></tr>
<tr><td>4. 可信度：某一员工在完成任务和听从指挥方面的可信任程度</td><td>O□
V□
G□
I□
U□</td><td>100—90
90—80
80—70
70—60
60 岁以下</td><td>分数</td></tr>
</table>

（续表）

一般性工作绩效评价要素	等级	评价尺度	评价事实依据或评语
5. 勤勉性：员工上下班的准时程度，遵守规定的工间休息/用餐时间的情况以及总体的出勤率	O□ V□ G□ I□ U□	100—90 90—80 80—70 70—60 60 岁以下	分数 □
6. 独立性：完成工作时不需要监督和只需要很少监督的程度	O□ V□ G□ I□ U□	100—90 90—80 80—70 70—60 60 岁以下	分数 □

说明：请根据你所从事工作的现有要求仔细地对员工的工作绩效加以评价。请核查各代表员工绩效等级的小方框。如果绩效等级不合适，请以 N/A 字样标明。请按照尺度表中所标明的等级来核定员工的工作绩效分数，并将其填写在相应的用于填写分数的方框内。最终的工作绩效结果将通过所有分数进行加总和平均得出。

评价等级说明：

O：杰出（Outstanding）。所有各方面的绩效都十分突出，并且明显比其他人的绩效优异得多。

V：很好（Very good）。工作绩效的大多数方面明显超出职位的要求，工作绩效是高质量的，并且在考核期间一贯如此。

G：好（Good）。是一种称职的和可信赖的工作绩效水平，达到了工作绩效标准的要求。

I：需要改进（Improvement needed）。在绩效的某一方面存在缺陷，需要改进。

U：不令人满意（Unsatisfactory）。工作绩效水平总的来说无法让人接受，必须立即加以改进。绩效评价等级在这一水平上的员工不能增加工资。

N：不做评价（Not rated）。在绩效等级表中无可以利用的标准或因时间太短而无法得出结论。

三、目标管理法

目标管理法是目前较为流行的一种绩效管理方法。管理学大师彼得·德鲁克在《管理实践》一书中首先提出了目标管理。德鲁克认为“每一项工作都必须为达到总目标而展开”，衡量一个员工是否合格，关键要看他对于社会组织目标的贡献如何。

目标管理法并不仅仅指领导者制定一个目标然后要求下级去完成。目标管理法的特点在于它是一个领导者与下属之间双向互动的过程。在进行目标制定时，上级和下属都必须依据自己的经验和手中的材料，各自确定一个目标，然后双方进行沟通，找出两者之间的差距以及差距产生的原因，提出解决方法，然后重新确定目标、再进行沟通和讨论，直至取得一致意见。一旦目标被双方认可并确定下来，就必须严格地执行，并按照目标的要求进行定期考评和互相督促。一旦出现意外变动，双方应立即进行沟通，以便根据实际情况对目标进行调整。目标管理法既是计划的方法、管理的方法，也是绩效考评的方法。

目标管理法的执行过程中，应当注意以下几个方面的问题；

1. 目标的确定

(1) 员工的绩效目标不是凭空产生的，必须依据社会组织的战略目标及相应的部门目标确定,应当使之与前面两个目标尽可能一致。

(2) 目标确定时应当考虑到员工的能力素质和以往业绩,必须历史地考察,不可孤立判断。

(3) 目标的数目不宜太多,应当有针对性。一般而言,应符合以下要求:第一,目标数目控制在5—6个左右;第二,目标是可以衡量和比较的;第三,目标是成果导向型的。比如对于一个销售人员确立的目标,就应当侧重销售收入增长率、成本/费用控制率、新市场开拓率等指标,而举荐人才、工作创新性,则可列为人力资源管理部门或技术部门的指标(见表7-3)。

表 7-3 销售部门的目标

经营成果目标	经营效率指标	长期经营目标
销售收入 销售成本及费用 资金回笼率 销售利润	销售收入增长率 日均销售收入 资金回笼期限 资金利润率	市场竞争地位 新市场占有率 与客户的关系 人才队伍建设

2. 目标管理的实施

在目标任务的实施过程中,执行者应当有充分的自主权。当然,领导者应当进行有效的控制,而不是放任自流。但领导者不能过分集权,不能对下属的一言一行都加以干涉。在执行中,如出现了不能克服的变化,上下级之间可以进行沟通,对目标适度调整。关键是要激发员工的积极主动性,努力多作贡献。因此反馈和沟通的渠道必须畅通。

3. 针对目标进行考核

对于员工的成果,关键要看目标的落实情况,找出完成目标的成功原因或者没有达到目标的失败原因,为下一次制定目标奠定基础。目标管理还应当与其他人力资源管理联系起来,如报酬、晋升等。

在目标管理工作中,往往需要一些具体的操作工具,如目标、目标责任书、绩效考核表、业绩考核表等。表7-4为目标责任书。

四、关键事件法

关键事件法是通过列举一些事例来证明员工实际工作表现的考评方法。这种方法评价的是具体工作行为,而不是个人品质。采用这种方法时,要求考评者平时要将被考评者的一些与日常工作有关系的重要或特殊事件记录下来,这些事件是被考评者获得工作绩效的关键。进行绩效考评时,考评者运用这些记录和其他资料对被考评者的绩效进行考评。这种方法的优点在于可以为考评提供一些确切的事实根据,从而使考评的依据是员工的一贯表现,而不是近期的一时表现。

表 7-4 目标责任书

<table>
<tr><td rowspan="4">被考评者</td><td>姓名</td><td></td><td rowspan="2">面谈日期</td><td rowspan="4">考评者</td><td>姓名</td><td></td></tr>
<tr><td>职务</td><td></td><td>职务</td><td></td></tr>
<tr><td>部门</td><td></td><td rowspan="2"></td><td>部门</td><td></td></tr>
<tr><td>在本职位工作时间</td><td></td><td>领导被考评者时间</td><td></td></tr>
<tr><td colspan="4">1. 下个月(年度)主要业务指标</td><td colspan="3"></td></tr>
<tr><td colspan="4">2. 下个月(年度)需要改进的方面</td><td colspan="3"></td></tr>
<tr><td colspan="4">3. 为完成任务需要的条件、设备</td><td colspan="3"></td></tr>
<tr><td colspan="4">4. 被考评者承担的责任</td><td colspan="3">(签名)</td></tr>
<tr><td colspan="4">直接主管意见</td><td colspan="3">(签名)</td></tr>
</table>

(一式三份,考评者、被考评者、人力资源部门各执一份)

不过,记录关键事件需要花很多时间。这种方法常常与其他考评方法结合使用,它在认定员工特殊的最佳表现和最差表现方面十分有效,能起到补充作用。关键事件法很少单独使用,因为在对员工的比较或评价涉及加薪、晋职决策时,它的用处不大。

类似的评价的方法还有行为锚定等级法。

五、行为锚定等级法

行为锚定等级法,也称行为定位法。行为锚定等级法是一种将同一职务工作可能发生的各种典型行为进行评分度量,建立一个锚定评分表,以此为依据,对员工工作中的实际行为进行测评给分的考评办法。

行为锚定等级法实质上是把关键事件法与量表考评法结合起来,兼具两者之长。行为锚定等级法也是关键事件法的进一步拓展和应用。它将关键事件和等级评价有效地结合在一起,通过一张锚定行为等级评价表可以发现,在同一个绩效维度中存在一系列的行为,每种行为分别表示这一维度中的一种特定绩效水平,将绩效水平按等级量化,可以使考评的结果更有效、更公平。

使用行为锚定等级法的关键在于确定关键事件构成“行为锚”,并建立一个合理的锚定评分表。行为锚定等级法通常要求按照以下 5 个步骤来进行。

(1) 进行岗位分析,获取关键事件,确定“行为锚”,以便对一些代表优良绩效和劣等绩效的关键事件进行描述。

(2) 建立进行评价等级。一般分为 5—9 级,将关键事件归并为若干绩效指标,并给出确切定义。

(3) 记录关键事件。一般应当由工作执行者或者直接主管采用《记录日志》的方式,随时记载那些突出的、与该员工工作效果直接相关的重要事件,既包括优良绩效、成功的事件,也包括劣等绩效、失败的事件。

(4) 进行整理和规范化表述。将所收集的关键事件加以归纳整理,用规范的语言描述出来。

（5）系统全面进行比较、进行形式设计。对已经加以规范表述的关键事件确定考评等级，作为考评绩效水平的依据，建立最终的锚定评分表。

行为锚定等级法的使用比较复杂，而且需要耗费较多时间进行评分表的设计。但这种方法具有其他方法难以比拟的优点：

（1）绩效考核比较客观、明确。每一个关键事件都可以为考核者提供判断的直接依据。同时由于关键事件构成的“行为锚”是由工作者及其上级共同制定的，因而在评价时容易取得合理的结果。

（2）具有良好的沟通和反馈效果。员工可以对照“行为锚”上的关键事件评价自己的行为，不仅可以督促员工不断改进自己的工作，而且减少了由于考评结果的理由不明确而引起的纠纷，减少了员工对于考评的申诉。

不过，设计锚定标准比较复杂，而且考核某些复杂工作时，特别对于那些工作行为与效果的联系不太清楚的工作，管理者容易着眼于对结果的评定而非依据锚定事件进行考核。

六、关键业绩指标法

关键业绩指标（KPI）法指运用关键业绩指标进行绩效考评，这是现代社会组织特别是企业中受到普遍重视的办法。这一办法的关键是建立合理的 KPI。一般说来，KPI 的制定，要研究组织内部各种工作流程的输入和输出情况，从中找出关键参数，通过对这些参数的衡量，制定评价绩效的关键业绩指标，即 KPI。

KPI 法所以可行，是因为它符合一个重要的人力资源管理原理，即“二八原理”：在一个生产组织的价值创造中，20% 的骨干员工创造生产组织 80% 的价值。而在每一个员工身上，“二八原理”同样有效，即 80% 的工作任务是由 20% 的关键行为完成的。因此应当抓住 20% 的关键行为，对之进行分析和衡量，这构成业绩考评的重心。如果试图对员工的每一项具体行为都加以考核，不仅操作起来很困难，而且由于主次不分，也难以取得好的效果。

1. 建立关键业绩指标体系时，应当遵循以下几项原则：

（1）目标导向：KPI 必须依据工作目标确定，包括组织目标、部门目标、职务目标。

（2）注重工作质量：工作质量是组织竞争力的核心要素，而又往往难以衡量，因此对工作质量设立指标进行控制特别重要。

（3）注意可操作性：关键指标再好，如果难以操作也没有实际价值，必须从技术上保证关键指标的可操作性，对每一个指标都给予明确的定义，建立完善的信息收集渠道。

（4）强调输入和输出过程的控制：在设 PKI 时，要优先考虑流程的输入和输出状况，将两者之间的过程视为一个整体，进行端点控制。比如准时交货率，就是将整个经营过程视为一个整体，只对输入点（签订交货合同）和输出点（成品交付）进行控制。

2. 运用关键业绩指标法进行绩效管理，大致包含如下程序：

（1）由绩效管理部门将组织的整体目标及各个部门的目标传达给相关员工。

（2）各部门将自己的工作目标分解为更详细的子项目。进行分解时，可以运用鱼骨图分析法，尽可能将每一个项目内容都指标化、具体化。比如，企业规定市场营销部的管理职责是：负责企业的品牌管理、市场调查和市场策划、价格管理、客户资源管理。如对于品牌管理，可以用鱼骨图分解，见图 7-1：

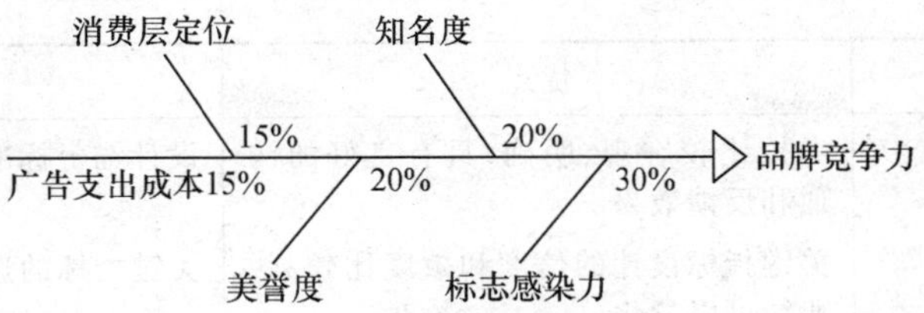

图 7-1　鱼骨图

通过鱼骨图分解，将与品牌有关的每一项工作细化，并测算出可以度量的指标。

确立关键业绩指标时，应把握以下几点：第一，把个人和部门的目标同组织的整个战略联系起来，以全局的观点思考问题。第二，指标一般应当比较稳定，即如果业务流程基本未变，则关键指标的项目也不应有较大的变动。第三，指标应当可以控制、可以达到。第四，关键指标应当简单明了，容易被执行者理解和接受。

（3）对关键业绩指标进行规范定义。

（4）根据绩效考评制度及有关规定，由各相应权限部门进行考核操作，得出考评结果。

（5）将考评结果所得的数据应用于管理工作的有关方面，改进组织效率。

七、360 度评价法

360 度评价法也称全方位评价法，是一种将绩效考评和人才培养相结合的管理创新。

360 度评价法的具体做法是：

（1）评价者要听取被考评者的 3—6 名同事和 3—6 名下属的意见，并让被考评者进行自我评价。听取意见和进行自我评价的方法是填写调查表。

（2）考评者根据这些调查表对被考评者的工作表现作出合理的评价，评价的标准包括人际交往、概念思维、分析能力、主动性、决策能力、专业知识、合作精神、质量意识、领导才能、发展潜力、适应能力等。

（3）考评结果出来后，考评者要将所有同事和下属的考评调查表全部销毁。

（4）考评者与被考评者会面，考评者将他的考评报告拿出来与被考评者一起讨论。在这之后，双方一起讨论定出被考评者下一年度的绩效目标、考评标准和事业发展计划。

除上述评价方法之外，还有许多其他方法，这里不再一一介绍。这些不同的考评方法各有优缺点，适用于不同的范围和对象，可以根据工作需要加以选择与组合。表 7-5 说明了不同考核方法的特点。

表 7-5　绩效考评方法比较表

考评方法	优点	缺点
等级排序法	操作比较简单	人员过多则难以执行，可能造成考评不客观
量表考评法	执行时比较方便，结果可以量化，避免绝对性的排序	考评标准可能不够精确，可能产生晕轮效应、类己倾向
目标管理法	有利于上下沟通，产生激励作用	确定目标时可能耗时过多
关键事件法	为考评提供一些确切的事实根据	需要花很多时间

（续表）

考评方法	优点	缺点
行为锚定等级法	考核比较客观、明确，具有良好的沟通和反馈效果	设计锚定标准比较复杂
关键业绩指标法	关键指标设计的信度和效度比较高，业绩可以量化	关键指标的选择和确定比较复杂
360 度评价法	全方位考评，将绩效考评和人才培养相结合	考评操作可能不够精确，可能产生类己倾向

第四节 绩效考评实务

绩效考评是一项涉及社会组织管理各个方面的重要工作，其中涉及的因素复杂，经过的环节也比较多，必须综合分析、系统管理。

除了以上所述的内容以外，围绕着绩效考评还有许多实务工作。如要建立良好的绩效考评系统和有机的绩效考评机制，设计和推行一定的绩效考评制度，处理日常的有关绩效考评的事务等。其中，最中心的事务是如何减少绩效考评中的误差，提高绩效考评的信度和效度，保证绩效考评结果的客观性和公正性，并由此推动其他管理工作的发展。

一、绩效考评误差及调整

在现实中许多员工常常怀疑绩效考评的结果是否公正、合理。事实上，由于各种因素的影响，在绩效考评中难免会发生绩效考评的误差问题。因此人力资源管理者应对这些问题给予高度重视，应监督考评人员尽量防止和避免这些问题，真正做到公平、公正、合理。

具体的讲，绩效考评的误差主要表现为以下几方面：

1. 考评标准理解误差

围绕着考评指标而出现的误差，可能是两方面的：一是考评标准不明确，有模糊性而引起的误差。二是由于考评人对考评指标理解的差异而造成的误差。因此，在考评中，如同样是“优、良、合格、不合格”等标准，但不同的考评人对这些标准的理解会有偏差。对同样一个员工，或对于某项相同的工作，甲考评人可能会选“良”，乙考评人可能会选“合格”。

有效地防止标准理解误差，应注意以下几点：第一，应尽可能采用客观的、量化的、多维的标准尺度。第二，避免让不同的考评人对相同职务的员工进行考评，尽可能让同一考评人进行考评，使员工之间的考评结果具有可比性。第三，不同职务之间的比较可靠性较差。要避免对不同职务的员工考评结果进行比较。

2. 晕轮效应误差

晕轮效应误差也称光环效应误差，即当一个人有一个显著的优点的时候，人们会误以为他在其他方面也有同样的优点，而可能对其弱点视而不见。在考评中也是如此，比如被考评人工作非常积极主动，考评人可能会误以为他的工作业绩也非常优秀，从而给被考评人较高的评价。这是人的心理特点，考核者对此应有清醒的认识。

在进行考评时，考评人应该将所有被考评人的同一项考评内容同时考评，而不要以人为单位进行考评,这样可以有效地防止晕轮效应。

3. 刻板印象误差

刻板印象误差也称类别印象误差,是指考评者对被考评者进行评价时,往往受到对后者所属社会群体类型印象的左右,即用某一群体的类型特征衡量该群体中的具体成员。比如认为妇女的工作能力、工作效率不如男性,认为年纪较大的人开拓性不够、比较保守,于是按此印象对某位女员工或老员工进行评价,从而影响评价的准确性。

要求考评人严格按照考评要求进行考评,可以有效地防止刻板印象误差。

4. 平均趋中误差

平均趋中误差是考评人倾向于将被考评人的考评结果放置在中间的位置,产生平均趋中现象。原因一是考评人害怕承担责任,二是对被考评人不熟悉,三是为了不得罪人。这样,绩效考评的实施者给每个人打分都是平均水平,使评价失去价值。

对付这种倾向,一是进行强制分布,如硬性规定评价结果中优、良、中、差的比例;二是在考评前对考评人员进行必要的绩效考评培训,消除考评人的后顾之忧;三是避免让考评人对不熟悉的被考评人进行考评。

5. 个人偏见误差

个人偏见误差是考评人在考评中以自己主观的喜好为标准而出现的误差。考评人喜欢或不喜欢或者熟悉或不熟悉被考评人,都会对被考评人的考评结果产生影响。考评人往往会给自己喜欢或熟悉的人较高的评价,而对自己不喜欢或不熟悉的人给予较低的评价,这就是个人偏见误差。

采取小组评价或员工互评的方法可以有效地防止个人偏见误差。

6. 分布不均误差

分布不均误差指评价者因为个人的主观理解,在考评时形成过于极端结果而导致的误差。这样,在考评中或是评价过宽,人人得高分或是评价过严,几乎无人合格。一旦多人执行考评操作,则可能因不同考评者的宽严程度掌握不同,而对同样绩效者得出不同的考核结论,从而导致评价不公平。

要求考评人严格按照考评要求进行考评,采取小组评价或员工互评,可以有效地防止分布不均误差。

7. 完美主义误差

完美主义误差是考评人从完美主义的角度过分要求而导致的误差。考评人往往会放大被考评人的缺点,从而对被考评人进行了较低的评价,造成了完美主义误差。

解决该误差,首先要向考评人讲明考评原则和操作方法,另外可以增加员工自评,与考评人的考评比较。若差异过大,应该对该项考评进行认真分析,看是否出现了完美主义错误。

8. 类己倾向误差

类己倾向误差是指考评者对被考评者进行评价时,常常根据本人的偏好打分而出现的误差。比如给予自己兴趣相同、性格相向等有共性特征的人员打较高的分数,而给予自己不同的人员分数较低。

采取多层次考评的方法可以有效地防止类己倾向误差。

9. 对比效应误差

对比效应误差是在考评中把握不准被考评者和背景之间关系而出现的误差。对比效应误差可以分为两个方面:一是历史对比。如随着时间的推移,评价者对向一个考评对象的打分可能产生逐年升高的趋势,这种趋势可以形成一种压力,迫使评价的标准降低。也可能是越比越低,使标准变相提高。二是横向对比。即考评者将被评价者与其周围的人进行比较后,根据比较结果给予评价分数,而不是根据考评标准和实际绩效作出判断。

向考评人讲明考评的原则和操作方法,另外可以增加员工自评,可防止向考评人讲明考评的原则和操作方法,另外可以增加员工自评,

10. 自我比较误差

自我比较误差是考评人不自觉地将被考评人与自己比较,以自己作为衡量被考评人的标准而出现的误差。如考评人由于自己有某种缺点,而无法看出被考评人也有同样缺点。

解决办法是将考核内容和考核标准细化和明确,并要求考评人严格按照考评要求进行考评。

11. 近因效应误差

近因效应误差也称为近期误差,是由于人们对最近发生的事情记忆深刻,而对以前发生的事情印象浅显,而产生的误差。考评人往往会用被考评人近一个月的表现来评判一个季度的表现,从而产生误差。

消除近期误差的最好方法是考评人每月进行一次当月考评记录,在每季度进行正式的考评时,参考月度考评记录来得出正确考评结果。

12. 信息压力误差

信息压力误差是考评人担心本次考评的结果会影响到被考评人的某些行为而产生的误差。如考评人担心会影响到被考评人的薪酬或职务变更,或者惧怕在考评沟通时受到被考评人的责难,鉴于上述压力,考评人可能会做出偏高的考评。

解决压力误差,一方面要注意对考评结果的用途进行保密,一方面在考评培训时让考评人掌握考评沟通的技巧。如果考评人不适合进行考评沟通,可以让人力资源部门代为进行。

综上,绩效考评误差的原因,除了那些外部影响因素外,考评人员与考评标准、方法是影响考评的主要因素。其中,标准不明确、不具体是进行绩效考评时最容易出现的问题。

为了避免或者减少上述考评误差问题:第一,应当尽可能采用客观的、量化的、多维的尺度,让考评标准更加明晰、更加准确。这样可以让考评人能够更加准确地进行考评,对员工业绩进行合理准确的衡量;第二,应当对绩效考评人员进行必要的专业指导,还要考虑对考评者进行足够的监督;第三,在整个考评工作中,要建立和健全考评工作的申诉、反馈、监控机制,选择信度和效度较高的评价技术和工具,完善实际使用的具体考核方法和措施。只有这样,才可能真正做到绩效考评的公平、公正、合理。

二、完善绩效考评工作制度

1. 绩效考评工作制度的内容

在绩效考评中,人力资源管理部门作为职能部门,主要作用是制定完善考评工作制度,对考评工作进行指导和监督。具体包括:

(1) 起草、制定组织的绩效考评制度,提供相应的考评方法和考评工具;

(2) 在绩效考评过程中,从专业角度提供操作咨询和技术指导;

(3) 对绩效考评进行监督和调控,以保持考评的公正性与合理性;

(4) 负责对考评实施者进行有关的培训和教育;

(5) 将绩效考评信息收集上来,进行加工整理,用于支持人力资源管理和整个组织的经营管理工作。

2. 建立绩效考评工作操作系统

绩效考评由谁具体操作是关系到考评效果的关键问题。一般而言,以下五种人员可以从事这项工作:

(1) 直接主管人员。绩效考评大都是由直接主管进行或者参与进行的。社会组织通常在制度上规定直接主管对于下级拥有考核的责任和权力。直接主管对下属的工作最熟悉,有的主管甚至以前就是从事下属目前的工作,可以把握考核的重点及关键。主管的考核权与他们拥有的奖励或惩罚下属的权力是相应的。

(2) 员工本人。员工本人对自己进行评价,在组织管理中有重要意义。自我评价有利于员工对考核的认同,减少他们的逆反心理,增强员工参与意识;有利于员工明确自己的长处和短处,加强自我开发;有利于员工在考评中不断总结经验,从而改进工作方法。不过,调查显示员工自我评价一般比他人评价高,很少有人会自我贬低,容易形成极端分布。因此这种方法不可单独进行。尤其在结果处理时,必须运用强制分布手段加以调整。

(3) 同级人员。同级人员进行的评价在某些方面有特殊作用,如工作方式和工作态度。同级之间的工作相似性强,相互之间在一起共事,沟通较多,了解更多的关于工作和行为的有效信息。不过同级考核有时可能因为私人关系而产生感情偏差,或者出现通过"轮流坐庄"获得奖励或避免惩罚的不负责任的行为。

(4) 下级或工作对象评价。由员工下属或工作对象对员工进行考评具有重要意义。尤其是由员工下属对员工进行考评中,对于其领导能力、沟通能力等方面的评价,往往具有很强的针对性。但也要看到下属员工由于顾虑上级的态度及反应,也可能不会反映真实情况。为了解决这一问题,应当由专门的部门进行组织,避免因评价结果而使员工受到打击报复。

(5) 外请专家。由外请专业人员进行考评有特殊意义,因为外请人员具有较强的专业技能,同被考评者之间也没有利害关系,因而往往比较客观公正,考核结果也容易为广大员工所认同。但这样做成本较高,而且对于专业性很强的内容,专家也不一定十分了解。

3. 绩效考评工作的组织与安排

绩效考评是有周期的。周期过短,浪费人力物力,且可能使正常的生产经营受到冲击。周期过长,则可能滞后,不能及时了解和控制工作状况,不利于激励等工作的进行。目前常见的考核方式是,对于工作业绩,一般以年或半年为单位进行考核;对于工作行为和工作态度,通常采用月度考评的方式。

三、绩效考评的反馈

绩效考评的目的是改进员工的行为方式,提高业绩水平。因此,只进行考核而不将结果反馈给被考核者,考核就失去了一部分很重要的价值。在反馈过程中,要特别注意两个环节，一是反馈方式，特别是面谈的反馈方式；二是反馈目的，即通过反馈要有效地改进员工工作。

1. 绩效考评中的面谈技巧

进行反馈的最有效方式是考评者与被考评者之间进行面对面的沟通。

在现代人力资源管理中，考评的面谈工作占有重要地位。因为绩效考评结果往往与员工的报酬、晋升、惩罚等直接相关，所以必须认真对待面谈。在进行面谈之前，考核者要对接受面谈的员工现状、历史等方面有充分的了解，并且要求对方也做好面谈的必要准备。一般说来，考评中的面谈工作需要注意如下几个方面的问题。

(1) 谈话要围绕主题进行。面谈时，应当根据面谈目的确定重点，控制进程，防止过于纠缠细节或者偏离主题。比如，若是一个员工绩效表现很好，有意提拔，则可以更多地谈论其职业发展计划及个人的意向。

(2) 要以事实和数据来证明。谈话时不应过于抽象，更不应动辄上升到原则高度。要摆事实，列数据，用客观事实说明问题。多谈具体的任务和行为，不谈大而不当的原则。

(3) 对事不对人。不能因为绩效的结果而对员工产生偏见；不要轻易指责员工的个人素质；尽量不要用其他员工与之做对比，而应当对具体事件进行分析，就事论事。

(4) 保持双向交流。不能只是自己谈，要注意让员工发表意见。要鼓励员工将自己的看法充分表达出来，以消除双方可能因为信息不完全而产生的误解和偏差。

(5) 进行原因分析。面谈不能仅仅满足于指出问题，更应当找出问题产生的原因和症结所在，找出处理问题和解决问题的办法，特别是从机制上找出防范问题再度发生的办法。否则，解决了一个问题，不久又可能出现同样的问题。

2. 通过绩效考评对员工施加影响的方式

在绩效考评中，仅仅明确员工的绩效还不够，还应当进一步解决如何提高绩效的问题，使社会组织的目标得以更好地实现。在反馈中可以采取以下措施来改进绩效：

(1) 正强化。指员工完成绩效目标时，及时给予奖励和鼓励，满足其需求。可以针对员工不同层次的需要状况进行不同方式的激励。

(2) 惩罚。当员工绩效达不到要求时，采取批评、警告、降职等方式进行惩罚，使之出于对不良后果的规避而改进绩效。

(3) 团体学习。通过在员工队伍中加强互助与合作气氛的培养，减少组织内部的摩擦和耗损，使大家的目标与组织目标更加一致，从而提高员工、部门、组织的绩效。

核心概念

绩效 Performance
绩效考评 Performance appraisal
排序法 Ranking method
标尺评估法 Rulers evaluating method
目标管理法 Management by objective
行为锚定等级法 Behaviorally anchored hierarachical method
关键业绩指标法 Key perfomance index

思考题

1. 如何理解绩效的内涵？
2. 简答绩效考评及内容。
3. 简答绩效考评的分类及原则。
4. 简答绩效考评的作用及功能。
5. 简答绩效考评的阶段。
6. 简答绩效考评的方法。
7. 简答绩效考评的误差。

案例研究　A公司实施绩效评估系统

A公司是一家著名的乡镇化工企业。2006年10月份，该公司在某顾问公司和人力资源部的共同努力下，设计和引进一个科学高效的绩效评估系统。

一、然而该系统在实施过程中，人力资源总监却遇到以下五个问题：

(1) 虽整个系统非常科学和实用，但管理者仍反映不知道如何对部属进行迅速、合理和真实的评估。

(2) 每当考核完毕，被考核人经常以结果不公平为由，直接向人力资源部申诉，要求公平和公正，搞得人力资源总监疲于应付而影响了其他工作。

(3) 一部分员工对绩效评估提出质疑：绩效评估是不是就是繁琐的填表和交表？是不是就是为了找员工的不足与缺陷？

(4) 管理者对评估结果的描述和运用简单、缺少变化，让部属感到无所适从或不被重视。

(5) 管理者认为考核过程太繁琐，耽误很多时间。

二、外请人力资源顾问调查后，所做的分析是：

一个绩效评估系统在企业人力资源管理实践中能否成功，取决于两个关键环节：一是开发和设计，这决定了系统本身的科学性和实用性；二是实施过程，这决定了科学实用的评估系统能否真正发挥其作用。

A公司出现上述问题说明系统本身并不存在问题，原因在于该系统在实施过程中，相关人员对系统本身认识不足和方法不当。

三、外请人力资源顾问对A公司出现上述问题的诊断是：

绩效评估是一种防止绩效不佳和提高绩效的工具，这是由上级和员工以共同合作方式来完成的。这就需上级和员工之间进行持续不断的双向沟通。

通过沟通，使员工对一些问题产生高度认同，如：个人工作对公司实现目标的影响；和上级之间应如何共同努力，以维持、完善和提高工作绩效；如何排除影响绩效的障碍方面等问题。同时使员工产生行动承诺，最终通过达成的业绩目标协议来体现。所以，可以说整个绩效评估的核心工作就是沟通。这也是上级和员工共同学习、共同提高和完成绩效的过程。

企业一旦引进绩效评估系统，则意味着对管理进行了一次革命，即由管理者对部属单向的领导和控制工作转向双方真正的合作，这是有效实施绩效评估的前提。

四、对症下药，付诸行动：

(1) 改变管理者和员工的观念。绩效评估系统的运行效果如何，除了跟系统本身有关外，更重要的还在于实施过程和执行力度。许多管理者和员工认为评估就是在月末、季末和年末针对过去的表现和业绩进行的管理行为，而实际上通过评估，对被评估者的能力提升和职业生涯规划会起到更有效的推动，并进一步促进管理规范和提高组织绩效。这是实施绩效评估系统的真正目的和意义所在。所以管理者和员工不应把实施绩效评估系统看做一种负担，而应当看做一种先进的管理方式。

(2) 设计三级评估体系。即被考核人进行自我考核和由直接领导进行评估的同时，还受到绩效评估委员会的审核和监督，并且整个执行过程是一个被考核人始终与上级领导相互沟通、上下级之间相互交换意见的过程。这保证了评估过程和结果的公平性和公正性。如果直接领导的评估结果欠公平或偏离事实时，绩效评估委员会可通过审核监督来进行调整。

(3) 建立绩效评估投诉制度。一般来讲，由总经理、人力资源经理和外聘的人力资源顾问共同成立绩效评估委员会，由公司总经理直接领导，主要职责是领导和指导绩效考评工作，听取各部门管理者的初步评估意见和汇报，纠正评估中的偏差，有效控制评估尺度等。这为绩效评估的客观公正提供了进一步的保障。绩效评估结果对员工的薪酬和发展问题将会产生重大影响。如果部门的经理或直接主管在评估时对部属的打分程度有偏差，可退回重新评估；当员工对评估结果有争议时，可提出申诉由委员会调解仲裁，达致客观公正。有了严格的投诉制度和委员会，人力资源总监也可以避免疲于应付的局面。

(4) 实施大规模的绩效评估培训。这通常由人力资源部负责，管理者和员工共同参与来完成。一般从 3 个方面实施培训：

第一，使管理者和员工认识绩效评估系统本身。绩效评估系统本身往往比较复杂，牵涉到企业的方方面面，而且与被考核者的利益密切相关。通过培训，不仅使受训者对系统的组成及各部分间的有机联系非常了解，而且对实施绩效评估系统的意义认识清楚。对管理者而言，通过赋予员工必要的知识来帮助他们进行合理的自我决策，减少员工之间因职责不明而产生的误解，从而节省管理者的时间；对员工而言，通过评估，可以得到有关他们工作业绩情况和工作现状的反馈，帮助员工搞清楚他们应该做什么和为什么要这样做，使员工具有进行日常决策的能力。由于上下级经常进行持续沟通，使得员工对于自己得到的考评会非常清楚。

第二，培养责任感。绩效评估是一项从公司总体战略着眼，本着提高公司整体业绩为目的，从员工个人业绩出发，对员工和整体进行考核的业绩管理制度。培养管理者和员工的责任感是有效实施的必要条件。

第三，掌握绩效评估的技巧和方法。一个完整的绩效评估系统，会涉及许多种评估方法，以及相应的评估技巧。

通过培训，使管理者能制订出部属的工作要领和工作目标；了解绩效评估方法、程序和评估标准；如何做绩效评估面谈及相应的技巧；如何制订绩效改进计划；如何实施对部属的辅导。管理者和员工虽然掌握了绩效评估的技巧和方法，但在评估过程中仍然会产生技巧方法以外的问题，这需要通过培训，使其具备有效处理问题的能力。

5. 做好管理者和员工的工作

绩效评估是一件复杂和细化的工作。对员工而言，所有员工对本人在考评期内的工作业绩，工作表现进行自我评价和进行述职，需要填交大量表格；对管理者而言，需要对部属进行目标规划、建立管理日志、考勤记录、统计资料和接受述职等，以便在对被考评人各方面表现充分了解的基础上，负责客观、公正的评价，并制订和实施在职辅导计划。许多的管理者和员工认为评估过于繁琐，耽误工作的时间。而事实上，如果绩效评估系统运行了 2—3 个周期以后，考评的双方会发现通过上下级之间的业绩目标合作，可以实现更有效的工作合作。通过考核中的监督和指导，可实现管理者对部属的工作指导；通过沟通，也可以找出工作中的优点、差距，能够有效确定改进方向和措施。绩效评估使管理工作变得简单和高效。

A 公司在上述思路和方法的指导下，顺利实施了该绩效评估系统，实现了预期的效果。

资料来源：柏阳，《如何实施绩效评估系统》，《经理人》，2001 年第 21 期。

案例分析思考题：

从 A 公司对绩效评估系统的实施中你能总结出哪些经验？

第 8 章

激励与薪酬——人力资源管理的导向

在我们这里，体现员工地位和贡献的，不是他的职务，而是他的业绩。他取得了成绩，大家都赞扬他，尊重他，以他为榜样，他就会有一种满足感。

看老板是不是善于管理他的员工，从他给员工支付的报酬可以毫无疑问地做出判断。

——比尔·盖茨

预期目标

通过本章的学习，可以掌握以下知识与技能：

- 激励理论与艺术
- 薪酬及构成部分、具体形式、薪酬管理及作用
- 薪酬制度基本类型、制定的原则、程序
- 具体的薪酬设计

诺基亚薪酬管理有诀窍

诺基亚在员工的薪酬管理方面是非常成功的：

诀窍之一：让薪酬参数保持行内竞争力。诺基亚认为，优秀的薪酬体系，不但要求企业有一个与之相配的公平合理的绩效评估体系，更要在行内企业间表现出良好的竞争力。然而如果企业员工的薪酬水平远高于业内平均水平，就会使企业的运营成本高于同业，企业的盈利能力就会削减。为解决这一矛盾，诺基亚在薪酬体系中引入了一个重要的参数——比较率(Comparative Rate)，计算公式为：诺基亚员工的平均薪酬水平/行业同层次员工的平均薪酬水平。例如：当比较率大于1，意味着诺基亚员工的平均薪酬水平超过了行业同层次员工的平均薪酬水平；反之则说明前者低于后者。为了让比较基数能保持客

观性和及时性，诺基亚每年都会拨出一定经费让第三方市场调查公司进行大规模的市场调查。根据这些客观数据，再对企业内部不同层次的员工薪酬水平作适当调整，务求每一个层次的比较率都能保持在1—1.2的区间内。这样既客观有效地保持了薪酬体系在行内的竞争力，又不会带来过高的运营成本。

诀窍之二：重酬精英员工是第一。80—20法则揭示了这样一种普遍现象：20%的员工创造了企业80%的绩效。这促进了重要员工管理（Key Staff Management）理论的产生。诺基亚是重要员工管理理论的推崇者，从其薪酬体系中即可明显发现这一点。例如，诺基亚的薪酬比较率明显地随级别升高而递增：在3～5级员工中，其薪酬比较率为1.05；而在更高一层的6级员工中，其薪酬比较率为1.11；到了7级员工，这个数字提高到了1.17。这样就确保了富有竞争力的薪酬体制能吸引住企业的重要员工。这还使得诺基亚的薪酬体系有一个特征，级别越高的员工，其薪酬就越有行业竞争力，让高层人员的稳定性有了较好保证，有效避免了企业高层动荡带来的伤害，使诺基亚的企业发展战略保持了良好的稳定性。而这对于企业的持续发展来说，是至关重要的。而在不同层次的薪酬结构上，诺基亚也根据重要员工管理原则作了相应的规划，其薪酬结构上有3个趋向性特征：基本工资随着等级的升高而递增；现金补助随着等级的升高而降低；绩效奖金随着等级的升高而升高。重要员工管理理论在诺基亚薪酬体系中的嵌入，一方面保证了高层员工有更好的稳定性和更好的绩效表现，同时也给低层次员工开拓了一个广阔的上升空间，在薪酬体系表现出相当强的活力与极大的激励性。

资料来源：http://www.chinahrd.net/career/info/118296。

管理就是要调动员工积极性，而调动员工积极性正是员工激励的主要职能。因此，激励是人力资源管理的重要内容。而薪酬是激励员工、达成目标的主要手段。激励与薪酬是人力资源管理的导向。

人力资源管理的重要任务，就是要对员工进行有效地激励，合理地确定员工薪酬，建立有效的薪酬制度，科学而高效率地实施薪酬管理，以利于提高生产能力，不断改进产品与服务的质量，增加社会组织的竞争能力。

第一节　激　　励

员工被招聘录用进企业之后，人力资源管理者面临的问题就是如何发挥每位员工的积极性。解决这一问题的关键就是对员工进行有效而积极的激励。

一、什么是激励

“激励”一词首先是心理学上的术语，是指激发人的行为动机的心理过程，即通过各种客观因素的刺激，引发和增强人的行为的内在驱动力，即内驱力，使人达到一种兴奋的状态，从而把外部的刺激内化为个人的自觉的行动。

概念*要点

狭义上讲,激励就是一种刺激,指促进行为的手段。外部适当的、健康的刺激可以使个人完成目标的行为总是处于高度的激活状态,从而最大限度地发挥人的潜力,实现组织目标。

广义上讲,激励是指激发人的积极性,鼓励人向期望的方向努力。

一般来说,每个组织的员工总是由某一种需要、欲望或期望激发自己的内在动力,这种动力驱使他为这种需要、欲望或期望的实现而做出努力,即行为表现,以实现某一任务或目标。当达到某一目标后,他就会自觉或不自觉地衡量自己为达到这个目标所做出的努力是值得还是不值得。因此,我们又可以说,绝大多数员工总是把自己努力的过程看作为获得某种相应报酬的过程。如果他做出的努力得到相应合理而公平的报酬的话,他的满意程度就增加。这样,就有利于巩固或强化他的这种努力,并会促使他继续保持或在今后做出更大的努力,向着为实现更高的需要、欲望或期望而冲刺。因此,一个员工的需要、欲望或期望以及他在工作中的行为表现形成了一个持续的过程,如图 8-1 所示。

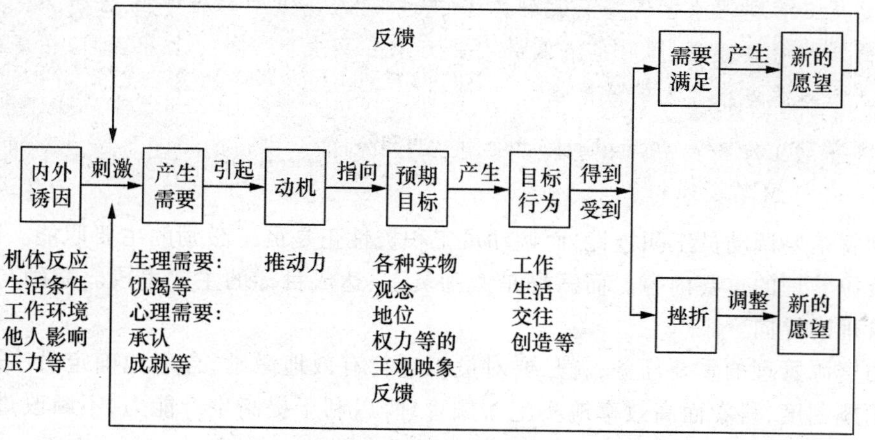

图 8-1　激励过程的基本模式

人力资源激励是指通过各种有效的激励手段,激发人的需要、动机、欲望,形成某一特定目标并在追求这一目标的过程中保持高昂情绪和持续的积极状态,发挥潜力,达到预期目标。

二、激励的作用与原则

1. 激励的作用

激励对社会组织的作用主要有以下几个方面:

第一,有助于员工充分发挥能力。受到充分激励的员工,其潜能才可能充分地发挥出来。通过激励可以激发员工的创造性与革新精神,提高员工努力程度,取得更大的业绩。

第二,能防止员工的负面行为。面向员工的组织激励能够提高员工的工作努力程度,防止负面行为产生。员工的负面行为主要有两种:一是怠工、不思进取等消极行为;二是员工有意损害公司利益的行为。在设计激励制度的时候,应采取各种有效措施,以积极的态度引导和激励员工采取正面行为,为组织努力工作,提高组织效率。

第三,能降低监控员工行为的成本。在管理中,靠对员工进行严密监控,不仅需要相当高的监控成本,也不能取得持久、较高的效率。只能靠有效激励方法,才能真正激发员工内在的工作热情和自觉性,唤起他们主动工作的使命和责任感。有效的激励应尽可能降低监控成本,保证员工的工作努力及相应的工作绩效。

第四,有助于员工素质的提高。建立合理的激励制度能够对组织成员起到筛选作用,能将低劣者拒之门外。同时,提高员工的素质,可以通过培训的方法来实现,也可以运用激励的手段达到。

第五,有助于组织吸引并真正留住人才。在当前人力资源可以自由流动的前提下,只有有效的激励制度才能吸引并留住真正的人才。

第六,有助于实现组织目标。激励是对员工行为有目的的引导。根据实际情况,企业的人力资源管理部门针对企业所制定的目标,采取措施使员工自觉地发挥潜能,为完成目标而努力工作。激励措施的制定目的在于调动员工积极性,更快、更好地完成工作任务,创造优良绩效,实现组织目标。在这一过程中,良好激励措施的实施,既使员工的努力方向与组织的目标趋于一致,又可以推动组织各种目标的实现。

2. 激励的原则

激励是一门科学,人力资源管理者在进行员工激励时,应注意把握正确的原则:

第一,组织目标和个体目标相结合原则。在激励机制中,设置目标是一个关键环节。目标设置必须体现组织目标的要求,否则激励将偏离实现组织目标的方向。目标设置还必须能满足员工个人的需要,否则无法提高员工的目标效价,达不到满意的激励强度。

第二,物质激励与精神激励相结合的原则。物质需要是人类最基础的需要,但层次较低,物质激励的作用是表面的,激励深度有限。随着生产力水平和人员素质的提高,应该把重心转移到以满足较高层次需要即社交、自尊、自我实现需要的精神激励上去。

第三,外在激励与内在激励相结合的原则。在激励中,管理者应善于将外在激励与内在激励相结合,并以内在激励为主,力求收到事半功倍的效果。

第四,正激励与负激励相结合的原则。在管理中,正激励与负激励都是必要而有效的。但鉴于负激励具有一定的消极作用,容易产生挫折心理和挫折行为,应该慎用。人力资源管理在激励时应该把正激励与负激励巧妙地结合起来,而坚持以正激励为主,负激励为辅。

第五,民主和公正相结合原则。在人力资源管理中,为了实现有效激励,必须实行民主、公平、公正的激励,对全体员工一样对待,不偏不倚,不允许有人借助任何因素在激励管理上搞特殊化。否则,将产生严重的负面效应,影响员工队伍的稳定,影响社会组织利益。

第六,按需激励和统筹兼顾相结合原则。激励的起点是满足员工的需要,但员工的需要存在着个体差异性和动态性,因人而异,因时而异,并且只有满足最迫切需要(主导需要)的措施,其效价才高,其激励强度才大。因此在进行激励时,必须深入地进行调查研究,不断了解员工需要层次和需要结构的变化趋势,有针对性地采取激励措施,才能收到实效。同时,在对人力资源进行激励过程中要坚持统筹兼顾的原则。一是要使激励面对全体员工,以调动各层次、各方面的积极性为目的。二是激励时应注意降低激励成本。

三、激励理论

从20世纪30年代以来,出现了许多有意义的激励理论。这些激励理论从不同程度和侧面研究了激励的实质和规律,对于人力资源激励有效地提供了理论和方法的指导。

概念*要点

激励理论主要划分为三类:内容型激励理论、过程型激励理论和综合型激励理论。

1. 内容型激励理论

内容型激励理论研究的重点是何种需要激励人们努力工作,试图解释激励员工努力工作的具体内容。

概括起来有两类:一类是从社会文化的系统出发,对人的需要进行研究并归类,提出人们具有普遍性的未满足需要的框架,寻求激励规律,以实现对管理对象的激励效率。这一类激励理论具有代表性的有:马斯洛的需要层次理论、奥尔德费的ERG理论、麦克利兰的后天需要理论。另一类是从组织范围角度出发,把人们的需要具体化为员工在组织中切实关心的问题,为达到有效管理组织行为,提供一种具有操作性的理论。这一类激励理论具有代表性的是赫兹伯格的双因素理论。

2. 过程型激励理论

过程型激励理论研究的重点是激励行为发生的过程,研究人们的行为如何被激发、引导和延续,试图识别激励行为发生过程中各种动态变量之间的关系。

过程型激励理论中具有代表性的理论有:弗鲁姆的期望理论、亚当斯的公平理论、洛克的目标设置理论和斯金纳的强化理论。

3. 综合型激励理论

综合型激励理论是在内容型激励理论和过程型激励理论研究的基础上,将各种理论整合并形成一种新的激励模型理论。综合型激励理论综合说明各种理论的作用,充分体现出激励行为受多因素影响,并产生复杂行为反应的过程。

综合型激励理论主要有:波特—洛勒综合型激励模型,当代综合型激励模型等。

四、激励艺术

在人力资源管理工作中,要想使激励收到一定的效果,仅仅通晓激励理论是不可能做到的,更重要的是如何在实践中进行有效的激励,这就需要讲究激励的艺术。只有正确而恰当的激励,才会使员工更积极地为企业工作。

概念*要点

激励艺术包括:常用激励术、人性激励术和参与激励术。

1. 常用激励术

薪酬和事业激励是日常人力资源管理中常用的激励方法，但并非任何人都可以恰当地运用并获得收效。只有管理者真正从内心意识到这些激励方法的重要，科学并灵活地运用，这些常用的激励方法才能发挥出意想不到的效应，从而达到调动员工积极性的目的。常用激励术包括：薪酬和事业激励。

(1) 薪酬激励

在工作中，一个人可能会因谋求个人发展而牺牲收入，但不管多么高尚，他们不可能长期如此，因为他们要生存。员工还需要感受到自己的价值得到了他人的承认，不管你使用多么美妙的言辞表示感激，不管你提供多么良好的训练，他们最终期望的是得到自己应得的报酬，让自己的价值得到体现。员工们会按照市场情况和一些合适的对象进行比较，他们将以自己的收入来判断对工作的满意程度。

(2) 事业激励

事业激励是员工所从事的工作给员工自己带来的激励，包括工作目标激励、工作过程激励和工作完成激励三个部分。事业激励的这三部分内容实际是相辅相成的。

2. 人性激励术

人性激励术属于精神激励的范畴，包括赞美、休假、荣耀激励。

(1) 赞美激励

对于一个管理者来说，赞美是激励员工的最佳方式。每一个优秀的管理者，从不会吝惜地在各种场合给予员工恰如其分的赞美。赞美别人不仅是一个人待人处事的诀窍，也是一个管理者用人的重要武器。

管理者希望自己的下级尽全力为自己做好工作，然而要想使某人去做某事，普天之下只有一个方法，这就是使他愿意这样做。当然，管理者尽可以强硬地命令下级去做，或以解雇、惩罚的威胁使部下与自己合作，但请不要忘记，这一切只能收表面之效，而背后必大打折扣，因为这些最下策的方法具有明显的令人不愉快的反作用。

赞美之所以对人的行为能产生深刻影响，是因为它满足了人渴望得到尊重的需要，这是一种较高层次的需要。高层次的需求是不易满足的，而赞美的话语则部分地给予了满足。赞美是一种有效的内在性激励，可以激发和保持行动的主动性和积极性。当然，作为鼓励手段，赞美应该与物质奖励结合起来。

(2) 荣耀激励

对于当代员工来说，他们往往有强烈的事业心和成就动机，希望在自己的专业领域有所建树、得到同事和上司的认可。在当代员工看来，提升专业领域的成就、名声和荣誉是物质利益之外的强烈愿望。这种专业方面的成就和实现动机，是员工努力工作，致力于组织创新的持久动力。

荣耀激励可以满足人的成就感，是激励员工非常有效的重要手段。具体做法很多，如对员工的成就给予通报表扬、记功、授荣誉勋章，以此作为对他们能力的一种肯定；在产品和工艺改进、设备更新中，使用发明者或创新者的姓名以示奖励；员工在工作上做了长期的努力，晋升他的职位或增加他的工作责任；等等。

（3）休假激励

休假是很多社会组织用来奖励员工的方法之一。只要是休假，不管是一天还是半年，几乎全世界的每个员工都热烈欢迎。

休假是一种很大的激励，特别是对那些希望有更多自由时间参加业余活动的年轻人。这种办法还足以让人们摆脱浪费时间的坏毛病。

在实际管理中，休假奖励是可以灵活运用的，如让员工出外旅游、奖励休假旅游。

3. 参与激励术

最好的激励一定是最能满足员工潜在需要的。现代社会组织中的员工需要各种机会发现自己的潜在价值，员工参与作为一种有效的激励过程为员工提供了这样的机会，它顺应社会发展潮流的方向，既有利于发挥员工的主动性，又能帮助组织提高效益。

参与激励术包括：参与决策和员工持股计划激励。

（1）参与决策激励

知识经济时代，组织将员工视做战略合作伙伴，鼓励他们与经营者共同参与决策。

员工参与决策是组织兼顾满足各种管理上需要和效率、效益要求的基本方法，日益得到人们的认同和运用。让员工适当地参与决策，既能激励员工发挥聪明才智，实现自我价值，又能为组织的成功获得有价值的意见，改进了工作，提高了效率，从而达到更高的效益目标。员工参与决策可通过工会、顾问团体等形式进行。

让员工参与决策要注重对员工的引导，要有耐心，再就是采取适宜的参与方式。

② 员工持股计划激励

"员工持股计划"由美国律师凯尔索等人设计，作为一种新的激励理念，起源于上世纪60年代的美国。当时美国就业率下降，劳资关系紧张，员工持股计划就是在重振美国经济、改善传统劳资对立关系的背景下产生的。

由于通过员工持股计划更有利于调动员工工作的积极性，增强员工的归属感，增强企业的凝聚力，吸引人才，降低人员流动性，从而提高企业经济效益。因此国内许多企业也开始在实施员工持股计划。

员工持股计划的基础思想是：在正常的市场经济运行的条件下，管理需要一种既能鼓励公平又能促进增长的制度，这种制度使员工可以获得两种收入，即资本收入和劳动收入，从而激发人们的创造性和责任感。对于上世纪60年代美国经济而言，如果扩大资本所有权，使普通劳动者广泛享有资本，会对美国经济产生积极影响。

员工持股计划的主要内容是：企业成立一个专门的员工持股信托基金会，基金会由企业全面授保，贷款认购企业的股票。企业每年按一定比例提取出工资总额的一部分，投入员工持股信托基金会，以偿还贷款。当贷款还清后，该基金会根据员工相应的工资水平或劳动贡献的大小，把股票分配到每个员工的"员工持股计划账户"上。员工离开企业或退休，可将股票卖还给员工持股信托基金会。

这一做法实际上是把员工提供的劳动作为享有企业股权的依据。员工持股计划虽然也是众多福利计划的一种，但与一般福利计划不同的是，它不向员工保证提供某种固定收益或福利待遇，而是将员工的收益与其对企业的股权投资相联系，于是将员工个人利益同企业效益、员工自身努力同企业管理等因素结合起来，因此带有明显的激励成分。

员工持股计划的激励作用主要体现在以下几个方面:第一,为员工提供保障;第二,有利于留住人才;第三,有助于激励组织经营者。

实行员工持股计划,更为重要的是,让管理层持有较大的股份,既有利于企业实现产权多元化,又有利于充分调动组织骨干的积极性。关于这一点,我们在第四节里深入探讨。

第二节　什么是薪酬

薪酬是员工从事劳动或工作所应得到的物质报酬,与员工的切身利益密切相关,是影响和决定员工的劳动态度和工作行为的重要因素之一。对于社会组织来讲,一方面薪酬是激励员工、达成目标的主要手段;另一方面薪酬又是社会组织运作的主要成本之一。

一、薪酬分配的理论

薪酬问题是一个复杂的社会问题,自从人类出现雇佣劳动以来,人们就一直在研究它,进行了种种探索。

1. 威廉·配第提出的最低工资理论

最低工资理论认为薪酬和其他商品一样,有一个自然的价值水平,这一价值就是工人生活的基本消费需求。最低工资不仅是工人维持生存的基本保证,也是雇主生产经营的必要条件。如果低于这一水平,劳动力的再生产就无法进行,社会的稳定和发展就无法维持。正因为如此,政府要立法规定最低工资水平,协调员工与雇主之间的利益冲突。

2. 亚当·斯密创立的工资差别理论

亚当·斯密认为造成工资差别的原因主要有两大类:一种是由于不同的职业性质造成的,另一种是由于不同的工资政策造成的。现实中,社会组织内部和组织外部的工资差别客观存在。亚当·斯密承认这一客观事实,他所指出的职业性质与工资差别之间的联系,实际上是现代社会组织中职务工资制的基础。

3. 约翰·斯图亚特·穆勒创立的工资基金理论

工资基金理论认为一个社会一定时期用于支付工资的资本总额是一定的,这就是该社会的"工资基金",取决于工资成本与其他生产成本的比例。在工资基金确定的情况下,一些工人的工资变动必然会导致另一些工人工资的反向变动。同时如果工资基金非正常增加,会使企业的其他生产资本减少,最终影响生产的发展。工资基金理论认为,通过工会斗争和政府干预来提高工资,这种努力是无济于事的。

4. 边际生产率工资理论

边际生产率工资理论是近代工资研究的基础理论,主要解释工资的短期波动和长期变动趋势,代表人物是英国经济学家马歇尔。他认为,在一个完全自由的市场中,社会组织为获得最大利润,必然要实现生产要素的最佳配置。就劳动力要素来说,表现为雇佣工人的边际产出等于付给工人的工资。因此,工资水平取决于员工提供的边际生产率。如果边际生产率大于工资,雇主就会增加雇佣人数;如果边际生产率小于工资,雇主就会裁减员工;只有当两者相等时,工资的支付才最有效、最经济。但由于现实中的市场竞争是不完全的,劳动力不能完全自由流动,而且劳动力转移需要成本,因此,在短期内,一个社会组织的工资可能高于、低于或等于劳动力的边际生产率水平。边际生产率工资理论是一种比较流行和有影响力的工资理论，它揭示了工资水平与社会组织劳动生产率之间的关系。

5. 集体交涉工资理论

集体交涉工资理论又称集体谈判理论，主要代表人物有英国的经济学家莫里斯·多布等。这一理论认为，工资水平反映社会组织与员工之间的利益关系，由两者之间的力量对比决定，集体谈判就是协调双方利益、决定工资水平的主要方式。如果没有集体谈判，劳动力市场竞争是紊乱的和无序的，雇员无法在公平的条件下与雇主签订合同。

第二次世界大战以后，工会组织在一些工业化国家得到了广泛发展，集体谈判理论也日渐成熟，强调劳资方各自的组织程度对双方的力量对比具有重要意义，并直接决定工资水平。显然，集体谈判理论不是一种从经济角度研究问题的工资理论，而是一种从社会政治角度对工资问题的解释。

6. 人力资本理论

舒尔茨提出的人力资本理论对工资差别内在原因做出了经济学解释。舒尔茨认为，人力资本是由人力投资形成的，是存在于人体中的知识和技能等价值的总和。一个人的人力资本含量越高，其劳动生产率也越高，在劳动力市场中可以得到越高的薪酬。人力资本理论对社会组织内员工工资差异问题的解释有很强的说服力，可以较好地解释工业化国家中白领工人和蓝领工人的工资差别。

二、薪酬及构成

1. 薪酬的基本概念

在我国历史上习惯性地将一次性支付的薪酬称为"酬"，将以年计付的劳动薪酬称为"薪"（如薪金、薪水等），将以月、日、小时等较小时间单位计付的劳动薪酬称为"工资"。

在现代人力资源管理中，薪酬已成为社会组织支付给劳动者的劳动报酬的一个专用名词，与薪金、薪水、薪资等含义相同。

薪酬有广义和狭义之分。

概念*要点

从广义的角度来看，薪酬包括经济性的报酬和非经济性的报酬。

经济性的报酬包括直接报酬、间接报酬和非金钱性报酬。其中，直接报酬主要包括基础工资、绩效工资、奖金、股权、红利、各种津贴等；间接报酬包括保险、非工作日工资、服务和额外津贴；非金钱性报酬包括满意的办公设备、满意的午餐时间、满意的工作分工等，虽然它们不直接表现为金钱的形式，但实质上就是金钱或金钱所带来的优惠。

非经济性的报酬指个人对社会组织及对工作本身在心理上的一种感受，是工作本身给员工带来的收获。社会组织可以通过各种方法，如丰富工作内容和形式，或重新设计工作等，来增强员工在工作中的个人价值感，进而使个体获得较多的非经济性的报酬。非经济性的报酬包括参与组织的重要决策，承担更多的责任，获得成长的机会，适当的工作自由和权限，对工作的兴趣等。

由此可见，薪酬的外在表现是十分广泛的，但如果将薪酬狭义地理解为货币，势必影响薪酬管理激励作用的充分发挥，造成薪酬管理实践上的偏差。

概念*要点

从狭义的角度来看，薪酬是指社会组织根据其成员所作的贡献（包括实现的绩效、付出的努力、时间、学识、技能、经验与创造）所付给的相应的回报、答谢或奖赏。

薪酬大体可以分为薪资、工资、奖金、津贴和福利等几个方面，是个人获得的以工资、奖金等以金钱或实物形式支付的劳动回报。

薪资、工资是与福利有较大区别的一个范畴。薪资与工资都是以货币形式表现出来的直接支付给劳动者的劳动报酬，而福利通常不直接以货币形式表现，很多时候表现出一种公益的报酬。当然，薪资、工资、福利本质上都是为了满足员工的物质和文化需要，都可作为激励的手段。

薪资的最主要特点是：比较直接地与劳动者的“劳”挂钩，以货币形式主要是现金来体现，定期、直接、全额地支付给劳动者本人，有一定的计量方式，或是计时工资，或是计件工资等，并有规定的等级水平。

工资是薪资的主要形式，它是指社会组织依据国家法律规定和劳动合同，以货币形式直接支付给员工的劳动报酬，广义的工资包括基本工资加奖金、津贴、补贴、劳动分红等各种形式的附加工资，一般与薪资同义，而狭义的工资则主要指基本工资或标准工资。

福利，在这里主要指职工福利，而不是指社会公共福利如文化教育、卫生、体育、文娱、环境保护等，也不是指专门性社会保障福利如养老院、慈善机构、孤儿院等。福利不与劳动者的个别劳动量直接联系，当然，福利与薪资一样，从本质上来讲也是劳动报酬的体现（虽然并不直接反映“劳”），但薪资是社会组织支付给员工劳动报酬，对生产成果进行分配的主要形式，而福利则是社会组织支付劳动报酬，对生产成果进行分配的辅助与补充形式，也是社会组织的一种公益性事情，如旅游、体育活动等。从实质上讲，福利是职工的一项权益。

2. 薪酬构成的基本要素

薪酬主要是由基本薪酬、可变薪酬以及间接薪酬三大部分构成。

(1) 基本薪酬

基本薪酬是以员工的劳动熟练程度、工作的复杂程度、责任大小、工作环境、劳动强度和不同工作在国民经济中的地位，并考虑劳动者的工龄、学历、资历等因素，按照员工实际完成的劳动定额、工作时间或劳动消耗而计付的劳动报酬。由于基本报酬的数额固定，因而能为员工提供一个较为稳定的收入来源，以满足员工起码的生活需要。因此这一报酬的组成部分对于员工来说是至关重要的。它不仅为员工提供了基本的生活保障和稳定的收入来源，而且还是确定可变薪酬的一个主要依据。

员工基本薪酬的确定通常是根据员工所从事的工作本身或者是员工所具备的完成工作的技能或能力，基本薪酬的变动则主要取决于三个方面的因素：第一，总体生活费用的变化或者是通货膨胀的程度;第二,其他雇主支付给同类劳动者的基本薪酬的变化;第三,员工本人所拥有的知识、经验、技能的变化及由此导致的员工绩效的变化。此外,社会组织所处的行业、地区及组织所在产品市场的竞争程度等,都会对员工的基本薪酬水平构成一定影响。

在员工基本薪酬的变化中,最重要的一种基本薪酬增长方式是与员工绩效有关的加薪,根据员工的实际工作绩效确定的基本薪酬增长被称为绩效加薪。这是一种用来承认员工过去的令人满意的工作行为以及业绩的基本薪酬增长方式,绩效加薪往往是与组织的绩效管理制度紧密联系在一起的。

(2) 可变薪酬

可变薪酬是指薪酬系统中与绩效直接挂钩的部分,有时也被称为浮动薪酬或奖金。

可变薪酬目的是在绩效和薪酬之间建立起一种直接的联系,而这种业绩既可以是员工个人的业绩,也可以是组织中某一业务单位、员工群体、团队甚至整个组织的业绩。由于在绩效和薪酬之间建立起了这种直接的联系,因此,可变薪酬对于员工具有很强的激励性,对于组织绩效目标的达成起着非常积极的作用。它有助于组织强化员工个人、员工群体乃至组织全体员工的优秀绩效,从而达到节约成本、提高产量、改善质量及增加收益等多种目的。

在实际生活中,可变薪酬又可分为短期可变薪酬和长期可变薪酬。短期可变薪酬一般都是建立在非常具体的绩效目标基础之上的,而长期可变薪酬的目的则在于鼓励员工努力实现跨年度或多年度的绩效目标。事实上,许多社会组织特别是企业的高层管理人员和一些核心的事业技术人员所获得的企业股权以及与企业长期目标(如投资收益、市场份额、净资产收益等)的实现挂钩的红利等,都属于长期可变薪酬的范畴。与短期奖励相比,长期奖励能够将员工的薪酬与社会组织的长期目标实现联系在一起,并且能够对一个单位的组织文化起到一种更为强大的支持作用。

(3) 间接薪酬

间接薪酬是指员工福利等。员工福利之所以被称为间接薪酬,是因为它与上面所提到的基本薪酬和可变薪酬存在一个明显的不同点,即福利不是以员工向社会组织提供的工作时间为单位来计算的薪酬。

间接薪酬一般包括带薪非工作时间(如年休假)、员工个人及其家庭服务(儿童看护、家庭理财咨询、工作期间的餐饮服务等)、健康以及医疗保健、人寿保险以及养老金等。一般情况下,间接薪酬的费用是由雇主全部支付的,但是有时也要求员工承担其中的一部分。

员工福利这种间接薪酬的支付方式的独特价值主要表现在:第一,由于减少了以现金形式支付给员工的报酬,因此社会组织通过这种方式能达到适当避税的目的;第二,福利为员工将来的退休生活和一些可能发生的不测事件提供保障;第三,福利也是调整员工购买力的一种手段,使得员工能以较低的成本购买自己所需的产品,例如各种人寿、健康保险等。

近些年来福利成本在很多社会组织中的上升速度相当快,很多组织采取了各种的福利计划来帮助员工从福利中获取更大的好处。

三、薪酬具体形式

薪酬的具体形式有:工资、奖金、福利、津贴、股权。

1. 工资

工资有狭义和广义之分,狭义的工资是指付给从事体力劳动的员工以货币形式的报酬。这里包括两个方面的含义,一是接受报酬的主体是体力劳动者;二是报酬的客观表现形式是货币。如果接受报酬的主体是脑力劳动者,习惯中人们常常称之为薪水。如果报酬的客观表现形式是实物而不是货币,人们则常称之为福利。广义的工资从内涵上讲,包括货币形式和非货币形式的报酬,从外延上讲,包括支付给体力劳动者和脑力劳动者的报酬。

一般来讲,工资主要包括以下三类:

① 基本工资。员工只要在社会组织中就业,就能定期拿到的一个固定数额的劳动报酬。基本工资多以小时工资、月薪、年薪等形式出现。

计时工资是指根据员工的劳动时间来计量工资的数额,它有小时工资制、日工资制、周工资制和月工资制四种,钟点工、临时工分别以小时工资制和日工资制为主。美国许多企业采用周工资制,我国以月工资制为主。

计件工资是指预先规定好计件单价,根据员工生产的合格产品的数量或完成一定工作量来计量工资的数额。计件工资制包括包工工资制、提升工资制及承包工资制多种形式。与计时工资制相比,它能够更加密切地将员工的劳动贡献与员工的报酬结合起来,提高员工的劳动生产率。它的缺点是只适合于可以准确数量计量的工作。

② 激励工资,也称业绩报酬,是根据员工完成工作的绩效来计算的。激励工资是薪酬工资中随着员工工作努力程度和劳动成果的变化而变化的部分。激励工资可分为以下两种形式:第一,投入激励工资,即随着员工工作努力程度变化而变化的工资。第二,产出激励工资,即随着员工劳动产出的变化而变化的工资。具体形式有计件工资、销货提成等。

③ 成就工资。成就工资是指当员工在企业内工作卓有成效,为单位作出突出贡献后,单位以提高基本工资的形式付给员工的报酬。

成就工资与激励工资相同之处在于他们都取决于员工的努力及对组织的贡献和成就。不同在于,成就工资是工资的永久性增加,而激励工资是一次性的。即成就工资是对员工过去较长一段时间内所取得成就的事后认可,激励工资是与员工现在的表现和成就挂钩的。

2. 奖金

奖金是指社会组织对员工超额劳动部分或劳动绩效突出部分所支付的奖励性报酬,是工作单位为了鼓励员工提高劳动效率和工作质量付给员工的货币奖励。

奖金通常是针对正常劳动以外的超额劳动所付的,是随劳动绩效而变动,支付给那些符合奖励条件的单位员工。奖金的表现形式包括红利、利润分享及通常所说的奖金等。与基本薪资相比,奖金有非常规性、浮动性和非普遍性等特点。

奖金的具体形式有:

① 月奖金,这部分是与工作表现直接挂钩的,在同一制度下论功行赏,统称为奖金,具有激励因素。如果是销售性质工作,奖金则称为佣金(或提成),一般以销售额的某百分比作计算,使其产生多劳多得、直接鼓励销售量的效果,其金额甚至可以是底薪收入的数倍。

② 年终奖金,年终奖金多是在春节前发放,余额由半个月底薪至3个月底薪不等,视单位效益及个别员工的工作态度和年资而定。

③ 分红,又称花红。奖金及利润分享计划的结构可以非常有弹性,例如当工作单位和

个人达到某个业绩指标后，就可每 3 个月、半年发放 1 次，通常职位越高级，分得的款项越多。部分企业更会以企业股票、股票期权作为奖金。此外，年终分红及酬金等与一般的辅助薪资性质不完全一致，但可视同于奖金，属员工超额业绩的报酬形式。

3. 福利

福利也有广义和狭义两种含义。广义的福利包括了工资。狭义的福利是指工作单位支付给员工的除工资或薪金之外的劳动报酬，往往不以货币形式直接支付，而多以实物或服务的形式支付，例如社会保险（人寿保险、失业保险、养老保险等）、带薪休假、廉价住房、企业提供的子女入托服务、工伤事故补偿、免费午餐、免费交通等。

员工福利不是雇主的恩惠，它同工资或薪金一样是员工劳动所得，属于劳动报酬的范畴。但是，福利不同于工资，因为工资是按劳付酬，员工之间工资存在差别，而员工福利是根据用人单位工作和员工的需要支付，员工之间福利差别不大；工资是直接的劳动力再生产费用，而员工福利是间接的劳动力生产费用；工资金额与岗位需求和劳动者素质相关，而员工福利则与之无关；工资作为人工成本随工作时间的变化而发生变化，员工福利作为人工成本则会跟着人数而非工作时间发生变化，有些福利项目从利润中支付，不列入成本；工资具有个别性、稳定性，而员工福利则具有集体性和随机性。

4. 津贴

津贴也称补贴，是指对工资或薪水等难以全面、准确反映的劳动条件、劳动环境、社会评价等对员工造成某种不利影响或为了保证员工工资水平不受物价影响而支付给员工的一种补偿。一般情况下，人们通常把与工作联系的补偿称为津贴，例如，员工的工作环境对身体健康有害，员工的工作对其造成伤害的可能性较大，员工从事的是社会有些人看来不太体面的工作。把与生活相联系的补偿则称为补贴。

津贴是一种补充性劳动报酬，可分为两类：第一，是指对一些有特殊贡献的专业技术人员发放津贴，其目的等同于奖金，但以津贴的形式发放。第二，主要是指对员工在特殊劳动条件和工作环境下所付出的额外劳动消耗和生活费开支的一种物质补偿形式。如企业中一些劳动强度大、劳动条件差的劳动，如危险作业、有毒有害作业、高温高空作业、海上野外作业和重体力劳动等，需要劳动者付出更多的劳动力支出，或者对劳动者身体造成一定的伤害，工作单位通过津贴的形式给以补偿。主要的津贴形式包括补偿员工特殊或额外劳动消耗的津贴、补偿额外生活费用额外支出的津贴和地区差异津贴等形式。

津贴的具体形式包括：

① 住宿津贴，主要有三种：一是免费宿舍。二是房屋津贴。三是低息房屋贷款，多出现于银行及保险企业，员工通常必须具有一定年资或职级才可享有（如最少半年年资），金额可高达薪金的 100 倍，及每月还款额不可多于薪金的一半，还款期则可长达 20 多年。

② 交通津贴，包括两种形式：第一，金钱补贴。组织如果由原本地址搬迁去很远的地方时，会给予个别较受影响的员工补偿有关额外的上下班交通支出及影响，从而减少员工流失。此外单位会给一些常因公外出的员工提供交通津贴，金额以实报实销居多，但也可以以一个固定金额的形式发放。第二，非金钱补贴。如班车接送员工，尤其当企业的地址偏远，没有较方便的公共交通工具可达到时，单位一般会提供上下班通勤车，接送员工往返。

③ 膳食津贴，若因公事需要和客户开午餐会议或晚餐应酬，工作单位均会报销有关支

出,不过一般会有一定金额及政策限制,以免滥用。此外,一般大规模的单位会设有饭堂方便员工进膳。减少因外出午膳时排队等位及来回的时间及不便,形式多以廉价午膳较多,有些工作单位也提供免费膳食。

④ 加班津贴。加班津贴是补偿员工因超时工作而损失的休息时间的,其计算方式多以日薪乘 1 至 2 倍计算,或给予一个固定金额。

5. 股权

这种薪酬具体形式是以企业的股权作为对员工的薪酬,作为一种长期激励的手段,能够让员工为企业长期利润最大化而努力。

认购股份计划是股权激励的一种具体方法。员工购股计划基本上是上市企业才有的长期福利,员工可以用低于市场价 15% 的价格认购一定限量的股份,并需要持有若干时间或离职后才可套现。在美国的企业中,这个计划也是退休福利的一部分。员工购股计划与股票期权计划并不一样,因为股票期权的定价没有折扣,而员工购股计划有折扣,定价是多少也只有在行使那一刻才知道。在美国,出售股票时的部分利润会被视为薪资,而在出售股票时才需要缴付扣税(只扣税一次)。

第三节　薪 酬 管 理

薪酬管理是社会组织人力资源管理的核心内容,也是管理者最关注的领域之一。

一、什么是薪酬管理

薪酬管理的含义有狭义与广义之分。

概念*要点

狭义的薪酬管理是指薪酬管理系统或薪酬制度建立的操作实施,以及薪酬分配的具体计划、预算、组织、沟通、评价等实际管理与控制工作,因此,也有人将薪酬管理称为薪酬管理系统或者薪酬分配的实施管理。

广义的薪酬管理是指人力资源管理的一项重要职能,涉及员工工资、奖金、津贴、股权、福利、服务等经济性报酬分配的方方面面,是一种包括组织薪酬水平、薪酬体系、薪酬结构、薪酬形式、特殊群体薪酬等多种决策和组织实施内容,并且不断进行拟定薪酬计划和预算、制定管理政策、控制成本、加强与员工沟通、做出有效性评价的薪酬分配的持续而系统的组织管理过程。

我们一般所讲的薪酬管理多数是指广义的薪酬管理。

薪酬管理是社会组织在薪酬方面的微观管理,是工作单位在国家宏观控制的工资政策允许范围之内,灵活运用各种方法与手段,制定各种激励措施与规章制度,对员工劳动成果分配贯彻按劳分配原则的过程。

薪酬管理的基本目的是吸引和留住组织所需要的优秀人才和核心员工,激励社会组织内各类员工努力工作，提高效率和绩效。要想实现薪酬管理的基本目标，必须在薪酬管理中完善薪酬管理系统，使组织的薪酬管理系统达到公平性、竞争性、激励性、经济性、合法性、有效性、平衡性等。

传统薪酬管理仅具有物质报酬分配的性质。现代薪酬管理理念发生了根本变化，薪酬管理的着眼点转移到了人，将物质报酬的管理过程与员工激励过程紧密结合起来。

二、薪酬管理的作用

对于薪酬管理的作用，我们要从社会、组织、员工三个方面来考虑。

1. 薪酬管理对社会的作用

薪酬管理对社会具有劳动力资源的再配置功能。薪酬作为劳动力价格信号，调节着劳动力的供求和劳动力的流向。当某一地区、部门和某一职业及工种的劳动力供不应求时，薪酬就会上升，从而促使劳动力从其他地区、部门、单位及工种向紧缺的区域流动，使流入区域劳动力供给增加，逐步趋向平衡；反之也一样。通过薪酬的调节实现劳动力资源的优化配置。另外，薪酬也调节着人们对职业和工种的评价，调节着人们择业的愿望和就业的流向。

2. 薪酬管理对组织的作用

（1）改善经营作用

薪酬管理能够为社会组织和投资者带来预期收益的资本。社会组织要从事经营和生产，就必须雇佣劳动力，薪酬就是用来购买劳动力所支付的特定成本，是用来交换劳动者劳动的一种手段。薪资的投入可以为投资者带来预期的大于成本的收益，员工为社会组织创造的价值大于组织支付的薪酬，而超过薪酬的那部分收益就是组织的利润。

第一，有利于控制成本。由于生产单位所支付的薪酬水平高低会直接影响组织在劳动力市场上的竞争能力，因此组织保持一种相对较高的薪酬水平对于吸引和保留员工来说无疑是有利的。但是，较高的薪酬水平又会产生成本压力，从而对产品市场上的竞争产生不利影响。因此，一方面，社会组织为了获得和保留经营过程中不可或缺的人力资源不得不付出一定的代价；另一方面，由于产品或服务市场上的竞争压力又不能不注意控制薪酬成本。

第二，有利于改善经营绩效。薪酬对于员工的工作行为、工作态度以及工作业绩有直接的影响。薪酬不仅决定组织可以招募到员工的数量和质量，也决定组织中的人力资源存量，同时还决定了现有员工受到激励的状况，影响到他们的工作效率、缺勤率、对组织的归属感以及组织承诺度，从而直接影响到社会组织的生产能力和生产效率。薪酬管理实际上是向员工传递的一种特别强烈的信号。通过这种信号，组织可以让员工了解什么样的行为、态度以及业绩是受到鼓励的，是对组织有贡献的，从而引导员工的工作行为、工作态度以及最终的绩效朝着组织期望的方向发展。

（2）激励强化作用

薪酬是人力资源管理的工具，管理者可以通过薪酬来评价员工的工作绩效，促进劳动者的工作数量和质量的提高，保护和激励员工的劳动积极性。从管理的角度看，激励员工是薪酬管理的核心作用。

薪酬管理还有利于塑造和加强组织文化。由于薪酬会对员工的工作行为和工作态度发生很强的引导作用，因此，合理和富有激励性的薪酬管理有助于组织塑造良好的组织文化，或是对已经存在的组织文化起到积极的强化作用。但如果组织的薪酬政策与组织文化或价值观之间存在冲突，那么它会对组织文化产生消极影响，甚至导致原有组织文化的衰退。

(3) 协调配置作用

薪酬也是社会组织组织合理配置劳动力、提高生产效率的杠杆。一个生产组织可以通过薪酬水平的变动，将组织目标和管理者意图传递给员工，促使个人行为与组织行为融合，调节员工与组织之间、员工与员工之间的关系。

在组织管理系统中，薪酬是一个重要的管理要素，是管理系统中的一个子系统，它与其他管理系统有机地结合在一起，管理者通过薪酬变动调节各生产环节的人力资源，实现组织内部各种资源的有效配置。

(4) 支持变革作用

随着经济全球化的趋势愈演愈烈，变革已成为组织经营过程中的一种常态。为了适应变革的状况，社会组织一方面要重新设计战略、再造流程、重建组织结构，另一方面还需要变革文化、建设团队，更好地满足客户的需求。总之是使组织变得更加灵活，对市场和客户的反应更为迅速。这一切都离不开薪酬管理，因为薪酬可以通过作用于员工个人、工作团队和组织整体来创造出与变革相适应的内部和外部氛围，从而有效推组织业变革。

3. 薪酬管理对员工的作用

薪酬管理与人力资源管理的总体功能是一致的，即吸引、保留和激励组织所需的人力资源。归结到一点，薪酬激励的目的就是要调动起员工的工作积极性，使他们愿意并努力为组织工作。总的来讲，薪酬管理有三大功能：维持保障功能、激励引导功能和调节整合功能。

(1) 维持保障功能

对员工来讲，薪酬可以用于获得食物、保障、社会关系以及尊重需求的满足，而且在某种程度上还能满足自我实现的需求。薪酬管理的功能就是对各种需求的满足，使员工通过劳动和经营行为换取薪酬，以满足个人及家庭的吃、穿、住、用等基本生活需求及高层次的需求，从而实现着劳动力的再生产。

在市场经济条件下，薪酬收入是绝大部分劳动者的主要收入来源，它对于劳动者及其家庭的保障作用是其他任何保障手段无法替代的。薪酬管理对于员工的保障不仅体现在它要满足员工的吃、穿、住、用等方面的基本生存需要，同时还体现在它要满足员工的娱乐、教育、培训等方面的发展需要。总之，合理的薪酬制度和薪酬水平，可以使员工有一种安全感和对预期风险的心理保障意识，从而增强对社会组织的信任感和归属感。

精神和社会地位的满足是一种高层次的满足，对员工而言，薪酬也可以在这方面起到一定的作用。薪酬也是一种晋升和成功的信号，员工薪酬的提高，表明其工作业绩得到组织的认可，或者其在组织中的地位上升，使员工产生满足感和成就感，激发更高的工作热情。

(2) 激励引导功能

在市场经济条件下，对员工的激励除了精神激励外，主要是物质利益的激励。现实生活中，员工一方面要追求自身的价值、主人翁感和认同感，另一方面更重视追求实在的利益，而劳动则是员工获取收入以提高自己满足水平的基本手段。在这种情况下，单位通过各种具体薪酬管理，把收入与职工对社会组织提供的劳动贡献联系起来，就能发挥激励功能。

在运用薪酬的激励引导功能时，要注意掌握以下几方面：

第一,改变薪酬结构,增强激励性因素。可以将薪酬分为两类,一类是保健性薪酬(或称维护性薪酬),如工资、固定津贴、社会强制性福利、社会组织内部统一的福利项目等;另一类是激励性薪酬,如奖金、物质奖励、股份、培训等。如果保健性薪酬达不到员工期望,会使员工感到不安全,因而发生人员流失或招聘不到员工。相反,高工资和高福利能吸引并留住员工,但容易被员工认为是应得的待遇,因而起不到激励作用,因此每个组织都应根据本单位的特点,采取不同的薪酬结构。一般来讲,在创业初期应采用高稳定的薪酬结构,增加薪酬中的固定结构。经过一定时期的发展之后,员工工作主动性下降,惰性增强,就宜改变稳定的薪酬结构,采用高弹性的薪酬结构。

第二,改变计酬方式,提高薪酬的激励性作用。社会组织常用的计酬方式包括计时薪酬、计件薪酬和业绩薪酬等形式。计时薪酬能提高员工的安全感,有效避免员工过分强调产量而忽视质量等问题产生,但激励效果较差。计件薪酬对员工的激励作用十分明显,但仅适用于产出数量容易计量、质量标准明确的任务。在创业阶段,可以采用计时薪酬和业绩薪酬相结合的方法,会收到良好的激励效果。

第三,将货币性计酬与非货币性计酬结合起来。货币性计酬包括工资、奖金、津贴、分红等。非货币性计酬包括为员工提供的所有保险福利项目、实物、单位举办的旅游、文体娱乐等;有些组织专门为家属提供特别的福利,例如,在节假日邀请家属参加联欢活动、赠送特制的礼品等,让员工感到特别有面子,常会对员工产生意想不到的激励效果。

第四,对员工实施个性化的福利项目。员工福利可分为两类,一类是强制性福利,必须按政府规定的项目执行,比如养老保险、失业保险、医疗保险、工伤保险、住房公积金等;另一类是自行设计的福利项目,常见的如人身意外保险、医疗保险、家庭财产保险、旅游、误餐补助或免费工作餐、健康检查、提供住房或购房支持计划、提供公车或报销一定的交通费、特殊津贴、带薪假期等,员工有时会把这些福利折算成收入,用以比较单位是否具有物质吸引力。

(3) 调节整合功能

薪酬管理的这一功能体现在两个方面:一是劳动力流向的合理调节;二是劳动力素质结构的合理调整和劳动力价值取向的有效调节。

第一,劳动力流向的合理调节。一般地讲,薪酬高的地区、行业、单位,可以获取的劳动力资源就越丰富。在同一个行业,同一个地区中,如果一个单位比竞争对手的工资高,在人力资源上就可能拥有更大的竞争优势,人才素质就会高于竞争对手,而更多的劳动力就有可能从其他地方(包括竞争对手)流向该单位。薪酬对劳动力的流向调节具有很强的作用力。

第二,劳动力素质结构的合理调整和劳动力价值取向的有效调节。如果一个社会组织的薪酬在同地区具有很强的竞争力,那么这个组织就能招到更多适合本单位发展的高素质人才;反之,高素质的人才就会偏少。同时,薪酬管理的调节和整合功能还表现在劳动者态度指向的有效调节上。劳动者具有主观能动性,有自身的价值观和态度体系。薪酬的多少往往决定了劳动力的态度价值取向。

三、薪酬制度的基本类型

社会组织实行薪酬管理时不论采用哪一种薪酬制度都要从实际出发,根据其生产类型、作业方式、劳动特点、技术含量高低、资金运作环境等不同情况灵活掌握,决不能照搬照套。

目前,正在实行的薪酬制度基本上有以下类型:

1. 绩效型薪酬制度

这主要是根据员工的动态业绩来决定支付报酬的多少。以业绩来衡量职工劳动的付出,这对特定的员工而言是适合的,如装配工、营业员等,他们工作的绩效与报酬直接挂钩,激励的效果比较明显,对工作的考核也比较易于实现。

计件工资制就是一种依据工人生产合格产品数量或工作量按预定的单价标准计算支付的劳动报酬的最常见形式,包括直接计件、累进计件、超额计件、包工集体计件等多种方式。另外,有些计时工资制也是一种绩效型的薪酬制度,因为某些工作无法以单件或批量作为考核依据,以劳动时间来计量比较易于实现,包括小时计量、日计量、月计量等形式,其中小时计量的小时工资制又比日、月工资制更直接与绩效挂钩,易于拉开差距,但也受工作性质的限制,仅适用于时间界限比较清晰的一些作业,如看管、检验、搬运等。

绩效型薪酬制度的优点有:在适宜的情况下绩效付酬可以激发出符合需要的行为;绩效付酬制度有助于吸引和留住成就导向型的员工;绩效付酬有助于聘请到表现优异的人。因为这种制度能满足他们的需要,同时也会令表现不佳者感到气馁。通过对表现不佳者不提薪或少提薪,他们的工资相对于表现优异者的工资或劳动市场将会下降。在美国,大多数员工包括管理者和工人都更偏爱绩效付酬制度,白领工人对这一制度的支持大大高于蓝领工人。绩效付酬制度应当带来更高的公平感和满足感。

绩效型薪酬制度的缺点是不利于提高员工的综合素质与开发员工的潜能,容易造成员工的短期行为。

2. 技能型薪酬制度

这是我国20世纪五六十年代就参照苏联工资制度实行的八级工资制为主的薪酬制度形式,到现在我国很多国有企业中还能见到。美国、日本也有以技能等级为依据的工资制度。这种薪酬制度是由组织定出技术等级及考评标准,要求职工具有达到一定等级的技能并按其已显现出来的能力来计量其“付出”,从而确定其薪酬等级,支付相应的报酬。如果员工具备了更高的能力,可以向组织提出升级的请求,而高职位是有限的,人人都要努力争取,只有经过优胜劣汰后才能上升一级。所以,技能型薪酬制度是有利于人才成长与员工进步的。

技能型薪酬制度也有一定的缺点。如有些工作比较艰苦,而且工作责任偏大,这样与绩效计量也能不直接挂钩,因此以技能为依据进行考评比较困难。同时,当今社会组织面临激烈变化的市场,生产类型与产品更新变化很多,为实现即时生产、面向用户,要求员工成为复合型人才,提倡团队精神与目标管理,因此以某种专长为依据的技能型薪酬制度往往会导致工人之间分工过细而无法完成一专多能任务的要求。

3. 资历型薪酬制度

这是以职工个人的年龄、工龄、本专业工作年限、学历等因素为依据的薪酬制度。这种制度在日本颇为流行,与终身雇佣制一起,构成了独具特色的日本企业的薪资管理制度。因为员工是终身受雇,年龄越大相对来说工龄也就越长,经验和熟练程度也越丰富,这样薪资也越高。职工表现较出色而更快地被企业发现并较快地晋升后,工资特别是底薪却与同一资历的人相差不是很大,差别在岗位津贴和其他待遇上,一旦离开这一职务或岗位,也就取消了津贴及其他待遇，所以职工在薪酬待遇方面的争执不是很激烈，有利于形成职工的集体归属感，并有助于让出色的人才担任重要职务，发挥更大的作用，使同龄、同资历的员工之间既有基本的凝聚力，又有竞争。

此种薪酬制度的缺点是：① 依赖性。强调资历，论资排辈，不直接与绩效挂效，时间一长易造成依赖性，表现为过分依赖于终身雇佣。② 消极性。表现为等待工龄年限的增长，不利于合理人才流动和老年化趋势等弊病。

4. 综合型薪酬制度

综合型是综合考虑多种因素来确定的薪酬制度，主要是以员工所任职务为主，根据技能、责任、工作负荷量、工作环境等因素来确定其薪酬，这种制度为目前社会组织广泛采用。薪酬随职务变动而变动。由于这种制度既考虑了职务所需的技能、技术等级要求，又考虑了不同职务的工作差异因素。所以能较好地体现出员工劳动“付出”的不同分量，既有利于激励职工争上第一线到艰苦岗位，也有利于职工提高自身素质、提高技术水平。对于在岗位上绩效较明显的那部分报酬，则可以以奖金形式另外体现出来。

这种类型还可以把职务等级或职位转化为定量的职务等级系列指标，借助于职务分析和评价对工资等级进行科学合理的划分，比较公正、公平。常见的“职务工资制”、“岗位工资制”、“职位薪酬定级标准”等均属于这一类型。

四、薪酬管理的原则

薪酬管理的首要问题是如何科学、合理地根据“劳”来确定职工的薪酬差别，即制定公平、公开、公正的薪酬制度。薪酬制度是社会组织人力资源管理乃至组织整个管理的核心内容之一，不仅涉及社会组织的经济核算与效益，而且与员工切身利益息息相关。

一般说来，社会组织薪酬制度的制定，需要注意五项原则：

1. 合法原则

为了维持社会经济持续稳定发展，为了保护员工的利益，各国政府都制定了一系列法规，直接间接地控制员工的薪资状况，如《最低工资法》、《反歧视法》等。在我国，有关薪酬福利的法律法规，是劳动法体系的重要组成部分。社会组织人力资源管理的一个重要职能就是运用法律规范，协调社会组织运作过程中的薪酬关系，保护组织和员工的合法权益。

2. 公平原则

在一个社会组织中，薪酬分配是否合理的一个重要标准，是看其是否公平。薪酬管理的公平原则一般包括两方面的要求：外部公平和内部公平。

所谓外部公平，是指社会组织的薪酬水平与劳动力市场中的薪酬水平相当。重视外部公平是社会组织薪酬管理的一个重要要求。在自由竞争的劳动力市场中，员工的薪酬水平是由劳动力市场的供求状况决定的，而市场正是通过薪酬的上下浮动，把人力资源合理地配置于各行业和各社会组织之中。在这种情况下，社会组织如不根据劳动力市场的薪酬水平进行薪酬管理，就很难吸引和留住自己所需要的人才。

所谓内部公平，是指同一社会组织中每人所得工资与其他人所得的工资相比，应该公平合理。既包括各种职位、同等绩效下薪酬是相等的，也包括不同职位、不同绩效下的薪酬是不等的。在我国社会组织中，强调薪酬分配的内部公平，其实就是坚持按劳分配原则。而这一原则的贯彻主要是通过工资差异制度实现的。员工的工资差异要根据劳动的复杂程度、技能水平、责任大小、贡献多少而定，通过这种差异体现多劳多得的原则。

3. 效益原则

社会组织特别是企业作为一个独立的经济实体，必然追求利润最大化，而个人向企业出售劳动力，也必然追求满意的收入和待遇。企业在追求利润最大化的同时，会进行劳动力的成本控制，力图用较少投入获得较大产出。但劳动力成本是一种特殊成本，控制原则不是简单地降低费用水平，而与经营效益呈正相关。即仅仅减少人工费用是不够的，关键在于通过人工费用的合理使用，提高经营的整体效益，使社会组织和员工同时受益、共同发展。

在实际工作中，员工薪酬一般可以分为两个部分，一是基础工资，二是效益工资。前者一般计入成本，后者可以从利润中提取。很多社会组织为了控制成本，使工资更加清晰和具有激励性，制定了与单位利润挂钩的工资管理办法。社会组织可以在现有的基础工资的基础上，利用与利润挂钩的考核指标建立薪酬体系，使员工与组织形成利益共同体，经营好时分享利润，经营差时共担风险。

4. 激励原则

在竞争日趋激烈的今天，社会组织薪酬管理的目的已不再局限于通过合理的劳动交易维持组织的正常工作，它更重要也是更经常的工作是调动员工的工作积极性，提高劳动生产率，促进组织的发展。从原则上说，社会组织劳动关系的基础就是合理的薪酬分配关系。社会组织必须根据这一特点，制订员工激励计划，特别是薪资激励计划。

5. 相符原则

相符原则是指在企业薪酬分配中，必须注意货币工资与实际工资相符。所谓货币工资，是职工通过劳动领取的货币收入；实际工资是指员工用所得货币能够实际买回的消费品和服务。通常情况下，员工的货币工资水平并不直接表现其实际购买水平，真正表现员工薪酬水平的是实际工资。实际工资是货币工资扣除通货膨胀率之后的工资收入，两者的关系是：

$$实际工资 = 货币工资 \times 通货膨胀率$$

实践中，为了保证员工实际生活水平不断提高，组织要随着社会消费品物价指数的变化相应地调整员工的货币工资水平。如果消费品的价格上涨，要提高员工的货币工资水平；反之，可以适当下调货币工资水平。但出于薪酬变化具有刚性上升的特点，易提高、难降低。所以，在正常情况下，社会组织员工的货币工资增长速度应略高于消费品价格上涨幅度。

五、薪酬管理的程序

与任何管理工作一样，薪酬管理也有一定的规则和程序，可以按照这种规则和程序进行薪资体系设计。

1. 薪酬调查

是指社会组织通过了解组织内外薪资分配的有关状况，找出差距和问题，为改进薪酬管理提供信息支持。薪酬调查对确定社会组织不同职务的薪酬起着关键作用。美国和日本的企业十分注重薪酬调查工作，每年都要进行较详尽的薪酬调查，作为本企业制定薪资管理计划的参照。我国目前只有合资和独资企业才重视薪资调查，它们为了吸引和留住优秀人才，为了制定有竞争力的薪酬标准，往往投入很大的人力、物力进行薪酬调查。

一般来说,管理人员可以用两种方式获得薪酬信息。一种是社会组织人力资源部门直接进行的正式或非正式调查。另一种是依靠商业机构、专业协会或政府部门的调查报告。例如在美国,有劳工统计局、美国管理协会以及一些咨询公司,定期进行薪酬调查并为社会提供调查报告。

薪酬调查的结果直接影响薪酬管理工作。其影响方式大致有如下三种:一是根据调查收集的有关保障、休假等员工福利信息,制定基本的员工福利方案;二是根据调查结果,对本组织中类似或相同职位的薪酬进行比较分析,以符合市场价格;三是参考调查得出的基准职务工资水平,并根据不同职务在组织中的相对价值,建立本单位的薪酬标准体系。

2. 确定薪资总额

薪资总额包括组织所有员工的工资、奖金、加班费、职务补贴、退职退休会、福利安全费、劳动保险费、培训经费等费用开支。薪资对大多数社会组织是一种相当重要的成本。特别是企业为了健康稳定地发展,就必须很好地控制自己的薪资总额,力争少投入、多产出。

一般来说,社会组织有两种薪资总额计算方法:

(1) 根据薪资比率确定薪资总额

根据薪资比率确定薪资总额是最简单、最基本的分析方式。计算公式为:

$$薪资总额 = 薪资比率 \times 销售额(或利润)$$

其中的薪资比率可使用社会组织过去的实际薪资总额费用率,也可参考本行业一般水平确定。按这种计算方式,社会组织的薪资总额主要随单位销售额的变化而变化。

(2) 根据盈亏平衡点最推算薪资总额费用率

盈亏平衡点是指企业的销售额正好与企业的总成本相等,没有盈利。即企业处于既不盈利又不亏损的状态。通过盈亏平衡点计算的薪资总额,一般是所允许的最高薪资成本。

3. 确定薪酬差异

薪资总额确定之后,必须以一定的方式把它分解到不同员工身上。这也就是给员工定薪。由于员工之间存在劳动差异,因而各个员工的薪资多少也会不同。如何确定不同员工之间的薪资差异是社会组织薪酬管理的一个基本问题。在现代企业中,通常从员工劳动能力、劳动付出、劳动效果三个方面确定员工之间的薪酬差异。其中员工所任职务的价值差异和员工与职务相关的技能差异,是两个最基本的决定因素。

员工定薪有两种方法:第一,下行法。即按劳动力市场状况,先确定本单位第一把手的工资,再据此逐级向下定薪。第二,上行法。先给基层非管理类职务定薪,然后逐级向上确定。此法的关键是作为基准的第一个职务的薪酬要确定适当,否则其余的都会跟着乱套。

社会组织在确定薪资差异、进行定薪和确定绩效奖酬办法时,要注意几个问题:第一,制定合理的绩效标准;第二,绩效标准要易于理解;第三,确定业绩同工资的内在联系;第四,设计薪酬分配方案;第五,确保基础工资。因为基础工资具有常规性、相对稳定性、基准性和综合性的特点。

4. 薪酬制度的管理和控制

薪酬制度一经建立,就要进行适当的控制与管理,使之发挥应有的功效。

第一,要使员工关心、信任并接受薪酬制度,尤其是职务分析和职务评价的结果。因为薪资管理还涉及人力资源管理中的有关职务分析、绩效考评的内容。如何进行科学的职务分析、评价、绩效考评和确定合理的薪酬结构，是一个统一的过程。

第二，薪酬应当及时调整，但必须分清两类不同性质的调整：奖励性的调整和生活指数调整。为此，薪酬制度中必须对每一职级的起薪点和顶薪点之间的薪幅中，明确划分出一定的薪酬等级，规定加薪标准及其规则，并有适当的考核程序与之相匹配。

第三，要注意薪酬支付形式的透明度。我国员工的工资支付是公开的。但现在尤其是在外资、合资企业中流行秘密付酬方式，其理由是人们习惯了平均主义的分配方式，对相互间收入的差距，心理承受力差，加之对社会组织的薪酬政策不理解，因而容易导致种种矛盾的产生。反对者则认为按劳付酬是合理的具有强大的激励作用，如若保密，会削弱激励机制等。其实正确的付薪方式是应该公开的，必须让员工了解社会组织的工资政策及定薪的基本原理，接受员工的批评与监督，最大限度地发挥薪酬制度的激励作用。

第四节　薪酬设计

薪酬管理是人力资源管理的一项极为重要的内容，对社会组织的竞争力有直接的影响。因此社会组织必须树立正确的薪酬管理观念，学习和掌握薪资管理的理论及技术，根据自身的实际情况，选择和设计合适的薪酬管理方式，制定合理的薪酬制度和薪酬计划，以便有效地开发人力资源，为组织提高经营效益提供支持。

一、管理层薪酬设计

管理层是组织目标达成的主要推动者，是社会组织的中坚力量，对管理层的激励具有重要的意义。因而针对管理层的薪酬设计具有十分重要的意义。

概念*要点

针对管理层的薪酬设计主要是年薪制、股票期权制。

1. 年薪制

(1) 年薪制及条件

年薪制也称年工资收入制度，是以社会组织会计年度为时间单位，根据管理层的业绩好坏而计发工资的一种薪酬制度，主要用于公司经理层等高级职员的收入发放。

实行年薪制的基本条件：第一，建立现代企业制度。现代企业制度的特点是企业所有权和经营权分离，保证管理者有高效、独立的经营决策权。第二，健全的股权制度。第三，建立企业外在的评估机制。第四，完善的企业家人才市场。第五，建立公开招聘、优胜劣汰的用人机制。第六，建立契约制度，以契约形式规范管理者的责、权、利，使管理监督机制科学、严谨。

(2) 年薪制的要素

年薪制设计的主要要素包括四个方面：

第一，年薪构成成分。这包括基本年薪、效益年薪、风险收入和养老保险金等，不同的社会组织会采取不同的构成模式。目前我国许多企业的年薪基本上由基本年薪、效益年薪、风险收入或奖励薪金构成。

第二,年薪对象和水平。目前在实行年薪制的企业中,有的仅仅对董事长和总经理采取年薪制,有的也推广到子公司或事业部经营者中。一般来讲,年薪制的对象具体到哪一个层次是根据企业的具体情况来确定的。

关于年薪的水平,不同的地区和不同的行业的规定不太一样。在我国,一般把年薪水平和职工的平均工资进行比较后再制定主要经营者的年薪。如,原国家劳动部规定企业经营者年薪收入不得超过企业职工平均工资的4倍。

第三,评估经营者业绩。最为常见的绩效评估指标有四项,分别是资产保值增值率、税前利润或净收入、资金报酬率(或资产报酬率)以及净资产利润率。另外,销售额增长率可以作为辅助的参考指标。如何评估经营者的业绩是实行年薪制的关键问题。

第四,风险抵押。年薪制中的风险抵押制度的设计,主要是维持经营者责、权、利的平衡,是对经营者的约束。关于这个问题,在实际的操作中还处于摸索之中。

2. 股票激励

所谓股票激励,就是让管理者持有股票或股票期权,使之成为企业股东,将管理者的个人利益与企业利益联系在一起,以激发管理者通过提升企业长期价值来增加自己的财富。

管理层股权激励可以划分为股票购买、股票奖励、后配股、虚拟股票、业绩单位等五种类型。每种类型的股权激励方式又可划分为若干种股权激励方式。

第一,股票购买。股票购买是指由企业根据一定的条件为管理者提供各种优惠贷款,由管理者用于购买一定数量的公司股票,从而使公司利益与管理者利益紧密地联系在一起,促进管理者搞好企业的生产经营。

第二,股票奖励。与股票购买方式不同,股票奖励方式不要求管理者支付股票款项,由公司将股票无偿奖励给管理者。按照股票的发生时间可以将股票具体划分为初期奖励股票和业绩股票两种。其中,初期奖励股票是指在合约初期奖励给管理者一定数量的公司股票,期末按预定公司业绩标准,管理者不归还或部分归还或全部归还股票,但不论是否归还股票,管理者都享有期内股利。业绩股票,实际是指期末奖励股票,即在合约规定的期限结束时,若管理者业绩达到合约规定的标准,管理者将获得一定数量的股票奖励,业绩越好,奖励的股票越多。

第三,后配股。是指按规定条件可转为普通股的一种特殊股票。在转为普通股之前,后配股也享有股利,但仅为普通股股利的一半。后配股激励方式是,在期初管理者一次性按很优惠的价格购买一定数量的公司后配股,期末如果完成了预定业绩目标,后配股按1:1的比例转为普通股。如果没有完成预定业绩目标,后配股将失去价值而使管理者遭受损失。

第四,虚拟股票。虚拟股票是指管理者在名义上享有股票,而实际上仅享有其相当于持有这些股票的一些收益。具体可分为股利收入型虚拟股票、溢价收入型虚拟股票和市场价值型虚拟股票等三类。

第五,业绩单位。业绩单位激励方式不同于虚拟股票,它是公司期初奖励给管理者一定数量的名义股票,管理者在期末实际得到的奖励是,如果期末业绩达到规定标准,将获得按期末每股收益和期初市盈率倍数计算所得的现金奖励。若期末业绩未达到规定标准,将按规定视业绩完成情况按比例扣减现金奖励额。

二、专业人员薪酬设计

专业人员是指用其所掌握的专业知识来解决雇主问题的雇员，如工程师、会计师等。

目前许多社会组织招聘了大量的专业人员。有些公司甚至主要是由专业人员组成的，而且这些专业人员对社会组织特别是对社会组织的发展起着非常重要的作用。

专业人员是一个特殊的群体，和非专业人员相比，他们具有显著的不同：① 他们对自己的专业领域有强烈的和持久的追求。因此，他们更多地忠诚于针对他们的专业而不是雇主。② 为了跟上专业的发展，他们需要经常更新知识，不断地学习，否则就会被时代淘汰。他们很少按部就班地进行工作，往往在工作之余仍然投入大量的时间和精力去跟上专业的发展。③ 金钱和提升并不是激励他们的最好的方式，因为他们已经具有较高的报酬并且喜欢自己的工作，甚至有些人对更换自己的工作、放弃专业进入管理层还非常反感。④ 工作的挑战性对他们来说更具有吸引力，他们喜欢处理问题并找到解决方法，即他们感兴趣的是工作本身而不是其他。⑤ 专业人员希望得到别人的支持。他们虽然不看重金钱和提升，但他们却比较看重别人的支持，他们想让其他人认为他们正在从事的工作是重要的。

要激励专业人员，就必须注意：为他们提供较好的薪酬条件；给他们提供不断发展的、有挑战性的工作；给他们一定的自主权去激发他们的兴趣；允许他们以自认为有效的工作方式工作；提供受教育机会，对他们进行培训，召开专题讨论会，让他们参加各种专业会议等。

三、销售人员的薪酬设计

营销管理是社会组织特别是企业管理中的重要内容之一。在现代市场经济条件下，营销工作关系到企业的生死存亡，因此，能否激励营销人员提高工作积极性，使企业的产品占领市场，是企业营销管理的关键所在。而良好的薪酬设计是实现这一关键的必要手段。

1. 销售人员薪酬设计原则

销售人员是企业从事销售业务的人员，他们相对于管理人员来说，具有明显的群体特征，其工作也表现出独特性。主要体现为：工作业绩直接影响企业的生存，工作时间的不确定性导致对工作过程无法实施有效的控制和监督，以及工作业绩能够衡量、业绩不稳定、波动性大等特点。针对这些特点，销售人员的薪酬设计应该考虑如下原则：

(1) 有效灵活

销售人员的薪酬设计要求既要满足各种销售工作的需要，又能灵活地根据市场行情和营销周期加以调整；支付的薪酬既不能失去激励性，又不能产生吃“大锅饭”的后果。

(2) 竞争激励

要求薪酬设计必须能够给予销售人员一种强烈的激励作用，促使其取得最大的营销业绩。同时，要求薪酬设计必须富于竞争性，薪酬要高于竞争者的水平，这样才能吸引和留住最佳的销售人员，从而形成一支强有力的营销队伍。

(3) 稳定简便

优良的薪酬设计必须使大部分销售人员每周或每月有稳定的收入，这样才不至于使之太过紧张和不安。有效的薪酬设计还应该是容易理解，便于计算的，同时又能降低管理成本,便于管理。销售人员的薪酬设计必须与本人的能力、业绩等相一致,还必须和企业发展的总体目标、整体利益相一致,另外还要注意与其他部门协调一致。

2. 销售人员的薪酬模式设计

销售人员薪酬设计的模式主要有以下几种:

(1) 固定薪酬制

也称纯薪金模式,是不管当期销售完成与否,对销售人员实行固定的薪酬制度。

模式的优点表现在:易于管理;销售人员的收入可获保障,增强其安全感;易使员工保持高昂士气和忠诚度。其不足表现在:由于缺少金钱的刺激,易形成平均主义倾向;实施固定薪酬制给销售人员的业绩评估带来困难;不能形成有效的竞争机制,不能吸引和留住进取心较强的销售人员;不利于形成科学、合理的薪酬晋升机制;不利于公司控制销售费用。

(2) 销售额提成

也称纯佣金模式,是销售人员的薪酬收入全部来自于自己完成的销售额提成。提成比例是企业预先规定的,销售人员的收入是完全变动式的。

这一模式的优点表现在:销售目的非常明确,薪酬的透明度非常高,能充分调动销售人员的积极性,发挥佣金的激励作用;将销售人员的风险完全转移到销售人员自身,大大降低了公司运营成本的压力。其不足表现在:销售人员的目标过于单一,使其热衷于有利可图的交易,有时会损害公司的形象;增加了销售管理的难度;给销售人员带来了巨大的风险和压力,减弱了销售队伍的稳定性和企业凝聚力。

(3) 基本薪金加销售提成

也称薪金佣金模式,是指销售人员的收入包括基本薪金和销售提成两部分。在这种薪酬模式下,销售人员一般都还有一定的销售定额,当月不管是否完成定额,均可得到基本薪金即底薪;如果销售人员当月完成的销售额超过设置的定额,则超过部分按比例提成。

基本薪金加销售提成模式实质上是前两种的混合模式,它兼具两者的优点,使得销售人员收入既有一定薪金作保障,又与销售业绩挂钩;既有提成的刺激,又为员工提供了相对固定的基本收入,使他们不至于对未来收入产生恐惧。

(4) 底薪、销售提成加奖金

也称薪金佣金奖金的混合模式。基本薪金加销售提成模式尽管兼顾了纯薪金模式和纯佣金模式的优点,但是仍然存在着一些弊端,比如薪金佣金模式在兼顾纯佣金模式特点的同时,也冲淡了纯薪金模式促进团队合作的积极功能。因此,一些组织提出了薪金佣金奖金混合模式,销售人员的薪酬收入由薪金、佣金、奖金组合而成。

在这种模式下,社会组织一般给销售部门整体一个一定时期的销售定额,销售部门将这个整体的销售定额按照一定比例分解给每一个销售员作为单个人的销售定额。销售人员不论是否完成定额,都获得基本薪金。销售人员超额完成定额,超额完成的部分可按比例提取佣金。销售部门超额完成整体销售定额可提取部门奖金总额,销售部门将奖金总额按个人完成销售额占部门整体完成销售额的比例分发给每个销售员个人。

这一模式的最大优点就是它兼顾薪金、佣金、奖金这三种薪酬的特点,考虑到了销售人员工作的独特性,充分发挥了薪酬在调动销售人员积极性方面的激励作用。因此它作为薪金佣金模式的补充,在国内外企业界被广泛接受。但它也有不可避免的弊端,最大弊端是加大了公司的销售成本，并且使成本变得不可控制。另外，销售定额、提成率、提奖率的核定需要考虑方方面面的因素，要经过复杂繁琐的测算，因此加大了销售管理的难度。

（5）总额分解模式

指事先确定销售部门销售人员工资收入总额，然后在本月结束后，按个人完成的销售额占销售部总销售额的比例来确定其个人工资收入的模式。实施总额分解模式的目的在于鼓励销售人员之间的竞争，提高工作效率。因此，必须保证参与分解的人数要达到一定规模（如 7 人以上），以避免集体串通作弊，达不到实施总额分解模式的真正目的。

总额分解模式的优点在于管理简单，易于操作；成本固定，便于核算；鼓励竞争，能有效地避免纯薪金模式容易导致的平均主义倾向。它的主要弊端在于会导致激烈的内部竞争，容易引发内部矛盾，不利于团队建设和整体战斗力的提升。

一般来说，对销售人员的薪酬模式要坚持动态原则，不可一成不变，而应随着经营环境的变化以及社会组织的发展而不断进行调整。只有这样，才能保持薪酬的对外竞争力和对内凝聚力，保持销售队伍的稳定性。

四、团队薪酬设计

随着时代的发展，现代管理实践中更多需要的是团队合作，因为事业的成功不仅仅是个人的努力，更多的是依赖团队的合作。所以有必要进行基于团队的薪酬设计。

1. 团队的分类

为了设计更有效的团队薪酬，可以将团队分为三种类型：

（1）平行团队

平行团队是一种最普遍的形式，它存在于任何类型的社会组织中，平行团队的组成目的是为了解决某一个特定问题。如果某个问题在几周或几个月内就得到了解决，这种团队就属于临时性的；如果问题持续存在，这种团队就是持久性的。但是，不管是临时性的还是持久性的，平行团队特点在于，它对于成员来说是属于兼职性的，团队的成员只把他们部分或有限的时间投入到团队的工作中。他们在组织中还有其他的工作，需要投入比团队还多的工作时间和精力。

（2）过程团队

过程团队是社会组织集体配合的主力军，它属于持久性的全职团队，由队员共同承担某项工作。这种团队大多数由接受过类似专业培训或教育的人组成，他们的目标比其他类型的团队单一，而且他们是按照团队的整体业绩接受社会组织的绩效考评。

（3）项目团队

项目团队是相对平行团队而言的，它要求队员在项目的持续期内投入他们全部的工作时间。与过程团队不同的是，项目团队一般包括整个组织内具有各种功能和身份的成员。

2. 团队薪酬的构成

在团队薪酬方案中，主要有以下几种薪酬形式：

（1）基本薪酬

基本薪酬在团队成员的薪酬收入中应该占有一定的比例。但对于不同类型的团队来说，又有一定的差别。平行团队中成员的基本薪酬主要基于员工的个人工作而定；过程团队中成员可以采用宽带工资体系来支付基本工资。这样将团队成员的薪酬置于同一个工资带中，简化了基本工资结构，能使团队成员薪酬差距最小化，也适用于项目团队。

(2) 加薪

团队成员的加薪也与团队类型有关。平行团队的加薪，主要要考虑团队成员在团队工作中投入的时间和精力。可以同时基于平行团队成员的团队绩效及他们的常规工作的绩效来确定加薪情况。过程团队加薪的方面就多些，如当团队成员增添了有利于团队工作的新技能或能力时，就可以获得相应的加薪，或根据贡献大小确定给各成员的加薪。项目团队成员之间的基本工资通常差距很大，而且各成员对整个团队的贡献也有很大的不同，通常个人加薪程度可能会有很大的差异。一般来讲，绩效好的成员获得的加薪机会可能会比绩效水平一般的成员多些。

(3) 认可奖

认可的方式有两种：非现金形式和现金形式。对平行团队，非现金形式应用得更加广泛，现金奖励的金额通常相对较少。过程团队的情况比较特殊，它们的成员通常具有相似的背景，所作的贡献也较为相似，单独奖励某一两个人会让其他成员产生不公平的感觉，另外，一视同仁肯定又会让有些成员感觉受到了轻视，所以过程团队一般使用非现金奖励，采取会餐或其他的集体庆祝活动，更有助于团结组员。

(4) 激励薪酬

对于过程团队来说，它的成员长期共同合作，需要对激励薪酬计划进行不断的递增改进。对过程团队的激励薪酬，就是消除或减少成员之间的差别或差距，因而给全体成员支付等额工资的计划也许是最好的选择。而对项目团队而言，成员得到的基本工资与其自身素质相关性通常较大，这反映了他们不同的技巧、能力及对团队成果的不同贡献。与基本薪酬等比例的激励同这种结构更为一致，或者根据组员的个人贡献来进行奖励。

3. 团队薪酬的设计

每种团队类型都有自己独特的结构，要针对不同的团队采取不同的薪酬组合，以形成良好的薪酬体系。

在平行团队中，活动是较为关键的因素。在设计他们的薪酬体系结构时，管理人员所面临的问题是如何保证成员在负责其全职、长期性工作的同时激励他们从事其非全职性的任务。因此，对平行团队，认可性奖励能收到良好效果，事后奖励的策略效果较好。

过程团队的薪酬结构既简单又复杂。基本薪酬和基本薪酬的增长必须被视为薪酬结构中关键的构成元素，并以员工的技巧和能力作为支付薪酬的依据。为了鼓励员工取得那些基于团队、构成团队的行为，社会组织需要采用按照个人能力支付薪酬的计划，而且团队成员应当有同等的发展和受奖励的机会。

项目团队成员一般是原来担任某项长期职位，后来为组织某个关键的风险性投资项目临时工作的员工。这种团队中，基本薪酬和业绩加薪一般起到通常的，即组成团队之前的作用，真正导致薪酬变化的是即期现金奖励。有时还包括激励薪酬计划，这要视团队的类型而定。对项目团队而言，即期现金奖励、广泛地应用于事后对业绩的丰厚奖励较好。

4. 团队薪酬设计的方法

薪酬计划是设计团队工作是否成功的一个重要方面。团队薪酬设计的方法主要有：①

增加团队的压力。具体方法包括：提供团队奖励可以增强凝聚力，奖励要支付给整个团队而不是某个人。② 评估和奖励必须要考虑任务的难度和失败的可能性。如果因为承担了过难的工作而受到处罚，人们就不会愿意去承担这样的风险。③ 拉开奖励的差距，以便能使它与项目的不同阶段联系起来，从而既能促进短期成就，又不会忽视长远目标。④ 减少等级划分，把它作为提升和奖励员工的方法。等级制度造成了地位和权力的差别，使团队功能失常。⑤ 运用宽带奖励作为提供奖励的一种灵活手段，而不会造成复杂的职务级别结构。⑥ 对团队取得的重大成就给予一次性奖励。团队以提名方式确定并奖励主要贡献者，而通过跨职能的团队来评价那些被提名的员工。⑦ 提供非现金奖励时要发挥创造精神。诸如旅游，在公司报纸上刊登团队照片，举办像宴会或野餐这样的大型活动等。⑧ 把管理者对奖励情况所作的摘录和统计通过一种有效的方式反馈给员工。

五、宽带薪酬体系设计

1．宽带薪酬定义

概念*要点

宽带薪酬是指对多个薪酬等级以及薪酬变动范围进行重新组合，从而变成只有相对较少的薪酬等级以及相应较宽的薪酬变动范围。

一般来说，每个薪酬等级的最高值与最低值之间的区间变动比率要达到 100% 或 100% 以上。一种典型的宽带型薪酬结构可能只有不超过 4 个等级的薪酬级别，每个薪酬等级的最高值与最低值之间的区间变动比率则可能达到 200%—300%。而在传统薪酬结构中，这种薪酬区间的变动比率通常只有 40%—50%。

宽带型薪酬结构始于 20 世纪 90 年代，是一种与组织扁平化、流程再造、团队导向、能力导向等新的管理战略相配合的新型薪酬结构。宽带薪酬最大的特点是压缩级别，将原来十几甚至二十、三十个级别压缩成几个级别，并将每个级别对应的薪酬范围拉大，从而形成一个新的薪酬管理系统及操作流程，以便适应当时新的竞争环境和业务发展需要。

“宽带薪酬设计”取消了原来狭窄的工资级别带来的工作间明显的等级差别，但同时将每一个薪酬级别所对应的薪酬浮动范围拉大，从而形成一种新的薪酬管理系统及操作流程。宽带中的“带”意指工资级别，宽带则指工资浮动范围比较大。与之对应的则是窄带薪酬管理模式，即工资浮动范围小，级别较多。目前国内很多企业实行的都是窄带薪酬管理模式。

在宽带薪酬体系设计中，员工不是沿着公司中唯一的薪酬等级层次垂直往上走，相反，他们在自己职业生涯的大部分或者所有时间里可能都只是处于同一个薪酬宽带之中，他们在社会组织中的流动是横向的，随着能力的提高，他们将承担新的责任，只要在原有的岗位上不断改善自己的绩效，就能获得更高的薪酬，即使是被安排到低层次的岗位上工作，也一样有机会获得较高的报酬。

2．宽带薪酬模式的特征

与传统的等级薪酬模式相比，宽带薪酬模式具有以下特征：

（1）打破了传统薪酬结构所维护和强化的等级观念，减少了工作之间的等级差别，有利于社会组织提高效率以及创造学习型的组织文化，同时有助于组织保持自身结构的灵活性和有效适应外部环境的能力。

（2）引导员工重视个人技能的增长和能力的提高。在传统等级薪酬结构下，员工的薪酬增长往往取决于个人职务的提升而不是能力提高，因为即使能力达到了较高的水平，但是在企业中没有出现空缺的职位，员工仍然无法获得较高的薪酬。而在宽带薪酬体系设计下，即使是在同一个薪酬宽带内，组织为员工所提供的薪酬变动范围也可能会比员工在原来的五个甚至更多的薪酬等级中可能获得的薪酬范围还要大。这样员工就不需要为了薪酬的增长而去斤斤计较职位晋升等方面的问题，而只要注意发展企业所需要的那些技术和能力就可以获得相应的报酬。

（3）有利于职位轮换，培育那些新组织的跨职能成长和开发。在传统的等级薪酬结构中，员工的薪酬水平是与其所担任的职位严格挂钩的。由于同一职位级别的变动并不能带来薪酬水平上的变化，但是这种变化使得员工不得不学习新的东西，从而工作的难度增加，辛苦程度更高，这样，员工不愿意接受职位的同级轮换。而在宽带薪酬制度下，由于薪酬的高低是由能力来决定而不是由职位来决定，员工乐意通过相关职能领域的职务轮换来提升自己的能力，以此来获得更大的回报。

（4）有利于提升社会组织的核心竞争优势和整体绩效。在宽带薪酬体系中，上级对下级员工的薪酬有更大的决策权，从而增强组织的灵活性和创新性思想的出现，有利于提高组织适应外部环境的能力。

3. 宽带薪酬模式的缺点

（1）实施宽带薪酬，会使员工晋升较以往更加困难。传统薪酬制度下的职位级别多，员工比较容易得到晋升，然而宽带薪酬制度下的职位级别少，员工很可能始终在一个职级里面移动，长时间内员工只有薪酬的变化而没有职位的晋升。而在我国，职位晋升对员工来说也是一种相当重要的激励手段，尤其对于知识员工或薪酬达到一定水平的员工来说更是如此，晋升机会减少可能导致员工士气低落而失去进取热情。

（2）在宽带薪酬模式下，直线主管在决定员工工资时有更大的自由，因而使人力成本有可能大幅度上升。另外，宽带薪酬模式不是所有组织都实用。

4. 宽带薪酬体系设计

第一，社会组织要确定使用多少个工资带，在这些工资带之间通常有一个分界点。在每一个工资带对人员的技能、能力的要求都是不同的。

第二，根据不同工作性质的特点及不同层级员工需求的多样性建立不同的薪酬结构，以有效地激励不同层次员工的积极性和主动性。

第三，确定宽带内的薪酬浮动范围。根据薪酬调查的数据及职位评价结果来确定每一个宽带的浮动范围以及级差，同时在每一个工资带中每个职能部门根据市场薪酬情况和职位评价结果确定不同的薪酬等级和水平。

第四，宽带内横向职位轮换。同一工资带中薪酬的增加与不同等级薪酬增加相似，在同一工资带中，鼓励不同职能部门的员工跨部门流动以增强组织的适应性，提高多角度思考问题的能力。因此，职业的变化更可能的是跨职能部门，而从低宽带向高宽带的流动则会很少。

第五，做好任职资格及工资评级工作。构建相应的任职资格体系，明确工资评级标准及办法，营造一个以绩效和能力为导向的组织文化氛围。

在设计薪酬制度时必须体现社会组织个性化特征，必须以组织整体战略和核心价值观为基础，并根据组织结构以及不同层次人员需求的多样化来设计符合本单位特点的薪酬方案，而不能简单地用宽带或窄带作为企业的薪酬制度。同时还应在整体薪酬分配结构中考虑各项分配制度的独特作用和相互关系，再从技术层面上来有效设计各项分配制度及配套措施，使制度能够有效运用。

六、临时工的薪酬设计

许多社会组织为了提高自己的生存能力和应变能力，吸纳了许多临时工，以便能够在经济高涨时期满足生产和销售的需求。由于临时工的特殊身份，他们一般不享受或很少享受养老金、健康护理或其他类似福利。他们缺乏安全感和稳定性，这样就很少会融入企业或表现出忠诚感。因此对临时工的激励方法很复杂。

激励临时工的方式中最重要的一种方式就是获得长期的工作机会。如果临时工有成为长期工的希望的话，可能会激励临时工努力工作以期转为长期工。另外，如果给临时工提供培训机会，也可以激励他们，因为他们找到工作的难度在于能力欠缺，而这在很大程度上是技能的欠缺。如果他们认为正从事的工作有助于他们掌握实用技能，工作主动性就会提高。

总之，组织在设计薪酬体系的时候，要考虑到不同员工需要的多样性，不是每个人都会为金钱所动，也不是所有人都希望工作具有挑战性。如果想使员工的激励效果最大化，组织应该了解各种类型员工的需要是多样化的并采取相应的措施。要做到这一点，关键是要在考虑薪酬制度的灵活性、统一性和公平性的前提下，在确定工作时间、报酬、福利、工作环境及其他方面时尽可能考虑到员工的不同需要。还可以为有家庭负担的员工提供托儿所、弹性工作时间和工作分离制、灵活的休假制度等。

核心概念

激励 Motivation

薪酬 Compensation

福利 Benefit

奖金 Prize

津贴 Allowance

薪酬管理 Compensation management

薪酬制度 Compensation system

思考题

1. 简答激励及作用、原则。
2. 激励理论主要有哪些？
3. 激励艺术有哪些？

4. 简答薪酬分配的理论。
5. 简答薪酬的构成部分和具体形式。
6. 简答薪酬管理的目的和作用。
7. 简答薪酬制度基本类型。
8. 简答薪酬管理的程序。
9. 怎样才能够制定出符合实际的薪酬制度?

案例研究　朗讯的薪酬设计

朗讯的薪酬结构由两部分构成,一块是保障性薪酬,跟员工的业绩关系不大,只跟其岗位有关,另一块薪酬跟业绩紧密挂钩。在朗讯非常特别的一点是,朗讯中国企业所有员工的薪酬都与朗讯全球企业的业绩有关,这是朗讯在全球执行 GROWS 行为文化的一种体现。朗讯专门有一项全球业绩奖。朗讯销售人员的待遇中有一部分专门属于销售业绩的奖金,业务部门根据个人的销售业绩,每一季度发放一次。在同行业中,朗讯薪酬中浮动部分比较大,这样做是为了将企业每个员工的薪酬与企业的业绩挂钩。

1. 薪酬政策的两大考虑

朗讯在执行薪酬制度时,不仅仅看企业内部的情况,还将薪酬放到一个系统中考虑。朗讯的薪酬政策有两个考虑:一是保持自己的薪酬在市场上有很大的竞争力,为此,朗讯每年委托一个专业的薪酬调查企业进行市场调查,以此来了解人才市场的宏观情况。这是大企业在制定薪酬标准时的通常做法。二是考虑人力成本因素。综合这些考虑之后,人力资源部会根据市场情况给企业提出一个薪酬的原则性建议,指导劳资工作。人力资源部将各种调查汇总后会告诉业务部门总体的市场情况,在这个情况下每个部门有一个预算,主管在预算允许的情况下对员工的待遇做出调整决定。人力资源部必须对企业在6个月内的业务发展需要的人力情况非常了解。

朗讯在加薪时做到对员工尽可能透明,让每个人知道他加薪的原因。加薪时员工的主管会找员工谈话,告诉他们根据当年的业绩可以加多少薪酬。每年的12月1日是加薪日,企业加薪的总体方案出台后,人力总监会和各地做薪酬管理的经理进行交流,然后告诉员工当年薪酬的总体情况,市场调查的结果是什么,今年的变化是什么,加薪的时间进度是什么,企业每年加薪的最主要目的是保证朗讯在人才市场增加一些竞争力。

2. 学历淡出

朗讯在招聘人才时比较重视学历,贝尔实验室1999年招了200人,大部分是研究生以上学历,"对于从大学刚刚毕业的学生,学历是我们的基本要求"。对其他的市场销售工作,基本的学历是要的,但是经验就更重要了。

学位到了企业之后在比较短的时间就淡化了,无论做市场还是做研发,待遇、晋升和学历的关系慢慢消失。在薪酬方面,朗讯是根据工作表现决定薪酬。进了朗讯以后薪酬和职业发展跟学历工龄的关系越来越淡化,基本上跟员工的职位和业绩挂钩。

3. 薪酬的悖论

我们知道,一方面高薪酬能够留住人才,所以每年的加薪必然也能够留住人才。另一方

面，薪酬不能任意上涨，必须和人才市场的情况挂钩，如果有人因为薪酬问题提出辞职，很多情况下是让他走或者用别的办法留人，

所以薪酬留人本身是一个悖论，这里面有些讲究，人力资源部在这方面一般很“抠”。要解决好薪酬的悖论需要细致的工作。朗讯的薪酬结构中浮动的部分根据不同岗位会不一样。浮动部分的考核绝大部分和一些硬指标联系在一起，比如朗讯企业当年给股东的回报率，如果超额完成，每个人会根据超额完成多少得到一个具体的奖励数。对销售人员则看每个季度的销售任务完成情况如何。对待加薪必须非常谨慎，朗讯每年在评估完成后给员工加薪一次，中途加薪的情况很少，除非有特殊贡献或升职。

也有因薪酬达不到期望值而辞职的员工，朗讯一定会找辞职的员工谈话，他的主管经理和人事部会参与进去，朗讯非常希望离职的员工能够真实地谈出自己的想法，给管理者提出一个建议。朗讯注重随时随地的评估，对于能力不强的员工，给他一个业绩提高的计划，改进他的工作，如果达不到要求，朗讯会认为这个工作你没有效率，只好另请人来做。

薪酬在任何企业都是一个非常基础的东西。一个企业需要一定竞争能力的薪酬来吸引人才，还需要有一定保证力的薪酬来留住人才。如果和外界的差异过大，员工肯定会到其他地方找机会。薪酬会在中短期内吸引员工的注意力，但是薪酬不是万能的，工作环境、管理风格、经理和下属的关系都对员工的去留有影响。员工一般会注重长期的打算，企业会以不同的方式告诉员工发展方向，让员工看到自己的发展前景。

资料来源：http://www.chinahrd.net/case/info/48504。

案例分析思考题：

1. 如何看待朗讯员工薪酬管理的立足点和体系结构？
2. 朗讯员工薪酬管理有哪些具体方法？

第9章

劳动关系——人力资源管理的关键

要办好一个企业，固然必须摆平自上而下的利益关系，让处于企业内部各个层次的人，在发挥自己作用的同时，有一个相应的回报；但是建立良好的劳资关系，取得相互尊重，享受人与人之间的温暖和快乐同样是企业管理的大事。

——比尔·盖茨

预期目标

通过本章的学习，可以掌握以下知识与技能：

- 员工劳动关系及要素、法律特征
- 劳动合同的有关知识
- 处理和解决劳动争议的基本原则、途径和方法

用扣留档案办法制裁员工违约跳槽

一年前，上海某机械厂与应届毕业生小周（非沪籍）签订了劳动合同。厂方向小周所在高校支付了教育资助费，并将小周的户口落入该厂集体户。双方在劳动合同中约定：小周必须为企业服务5年，如果小周提前解除劳动合同，应赔偿违约金。半年后，小周提出辞职。机械厂批准了小周的辞职，但要求支付违约金。小周不肯，于是机械厂就不为小周办理退工手续，并且扣留了他的人事档案。又过了三个月，小周提起劳动争议仲裁，要求机械厂办理退工手续，转移人事档案。厂方则提起反诉，要求小周支付违约金。结果仲裁庭只支持了小周的请求，却对厂方的请求不予支持。

问题在于：按照劳动合同法，用人单位与劳动者终止或解除劳动关系后，应在7日内办妥退工登记备案手续，并做好人事档案的转移工作。如果员工违约离职，请务必在有效期内向劳动争议仲裁委员会提起仲裁申请。

因此,办理退工手续,是用人单位的法定义务。小周提出辞职后,厂方既予批准,即应及时为小周办理退工手续。对于侵犯劳动者就业权的行为,应当予以纠正。机械厂的反诉则不同,它体现的是一种财产关系,在法律上一般受时效期限的制约。由于机械厂没有在小周拒付违约金后的六十日内提起劳动争议仲裁,放弃了主张自己权利的机会。同理,如果不是受时效影响,机械厂还应承担民事赔偿责任,赔偿小周由于延迟退工造成的相应损失。

资料来源:http://www.xici.net/d54324137.htm。

人力资源管理的一种特殊职能是处理劳动关系。劳动关系是社会组织内部管理者与劳动者之间的关系,是组织内部一种核心的或最为重要的人与人之间的关系,因此加强组织劳动关系的管理,处理好组织内部管理者与劳动者之间的关系,实现劳动关系的合作,在现代管理中居于核心的地位,也是人力资源管理的关键和重要内容之一。

员工劳动关系问题,也是随着劳动关系复杂性、微妙性和国际性的逐步显露而出现的。组织要发展壮大不仅要完善经济手段,更要强化法律意识和法律手段,使组织员工劳动关系有序地运行,使组织上下和谐相处、共同发展。一个组织的人力资源潜力能否得到充分的发挥在很大程度上取决于劳动关系是否融洽。正因为劳动关系管理涉及劳动者、雇主和整个社会的方方面面,所以研究社会组织的劳动关系有着极为重要的理论和现实意义。

第一节 劳动关系的发展

概念*要点

劳动关系是指劳动者和劳动力使用者之间社会经济利益关系的统称。

劳动关系是在实现劳动的过程中,由劳动者与其使用者双方利益引起的。在实践中,由于各国社会制度和文化传统等的不同,劳动关系又被称为劳资关系、雇佣关系、雇员关系、产业关系等。劳动关系受制于一定社会中经济、技术、政治和社会文化背景的影响。

劳动关系和劳动立法有一个发展的过程。

一、产生阶段

从历史的角度看,劳动关系的真正法律化开始于 18 世纪末至 19 世纪初。

当时随着西方各国无产阶级革命运动的逐步兴起,工人阶级强烈要求废除原有的“工人法规”,颁布缩短工作日的法律;要求增加工资,禁止使用童工,对女工及未成年工给予特殊保护以及实现社会保险等。资产阶级政府迫于上述情况,制定了限制工作时间的法规,从而促使了劳动法的产生。英国在 1802 年通过《学徒健康和道德法》,是现代劳动立法的开端。1864 年英国颁布了适用于一切大工业的工厂法。1901 年英国制定《工厂和作坊法》,对劳动时间、工资给付日期、地点以及建立以生产额多少为比例的工资制等都做了详细规定。德国于1839年颁布了《普鲁士工厂矿山条例》。法国于1806年制定了工厂法，1841年颁布了《童工、未成年工保护法》，1912年制定了《劳工法》。进入20世纪以后，西方主要的国家大都相继颁布了劳动法规。

第一次世界大战后，由于国际无产阶级斗争的高涨，西方国家陆续制定了不少劳动法。德国1918年颁布《工作时间法》，明确规定对产业工人实行8小时工作制，还颁布了《失业救济法》、《工人保护法》、《集体合同法》，在一定程度上保护了劳动者的利益，对资本家的权益作了适当的限制。

到20世纪30年代，西方国家劳动立法出现了两种不同倾向：一种是以德、意、日为代表的法西斯国家，不仅把已经颁布实施的改善劳动条件的法令一一废除，而且把劳动立法作为实现法西斯专政、进一步控制工人的工具。另一种是以英、美为代表的一些国家，它们为了摆脱经济危机，对工人采取了一定的让步政策。英国于1932—1938年间，先后颁布了缩短女工和青工劳动时间，实行保留工资年休假以及改善安全卫生条件的几项法律。美国在1935年颁布的《国家劳工关系法》(《华格纳法》)规定，工人有组织工会和工会有代表工人同雇主订立集体合同的权利。1938年又颁布了《公平劳动标准法》，规定工人最低工资标准和最高工作时间限额，以及超过时间限额的工资支付办法。

二、发展阶段

俄国十月革命后，于1918年颁布了第一部《劳动法典》，1922年颁布了更完备的《俄罗斯联邦劳动法典》，体现了工人阶级地位的转变和国家对劳动和劳动者的态度。它以法典的形式使劳动法彻底脱离了民法的范畴。

第二次世界大战后，资本主义国家出现了一批现代的反工人立法，如1947年美国国会通过的《塔夫脱-哈特莱法》，把工会变成一种受政府和法院监督的机构，禁止工会以工会基金用于政治活动；规定要求废除或改变集体合同，必须在60天前通知对方，在此期间，禁止罢工或关厂，而由联邦仲裁与调解局进行调解；规定政府有权命令大罢工延期80天举行，禁止共产党人担任工会的职务等。又如1947年法国国民议会通过的《保卫共和国劳动自由法》，同样是镇压工人运动的法律。

到20世纪60年代，在工人运动的压力下，西方国家的劳动立法出现了新的趋势，各主要国家相继颁布了一些改善劳动条件和劳动待遇的法律，如法国颁布了关于改善劳动条件、男女同工同酬、限制在劳动方面种族歧视的法律，日本于1976年重新修订了《劳动标准法》，还制定了关于最低工资、劳动安全与卫生、职业训练、女工福利等方面的法律。

20世纪70年代以后，苏联的劳动立法有了很大的发展。1970年颁布了《苏联和各加盟共和国劳动立法纲要》，其后，各加盟共和国根据这一立法纲要颁布了自己的劳动法典。东欧国家在50年代先后颁布了劳动法典，20世纪60—80年代大部分国家如罗马尼亚、匈牙利、民主德国、捷克斯洛伐克、阿尔巴尼亚、波兰、南斯拉夫等，都曾再次颁布了劳动法典。还有些国家如保加利亚，对他们的劳动法典进行了修订和补充。

三、我国的劳动关系和劳动立法

中国的劳动立法出现于20世纪初期。“中华民国”时期，北洋政府农商部于1923年3

月 29 日公布了《暂行工厂规则》,内容包括最低的受雇年龄、工作时间与休息时间、对童工和女工工作的限制,以及工资福利、补习教育等规定。国民党政府则沿袭清末《民法草案》的做法,把劳动关系作为雇佣关系载入 1929—1931 年的民法中;1929 年 10 月颁布的《工会法》,实际上是限制与剥夺工人民主自由的法律。

为了维护工人利益,中国共产党领导下的中国劳动组合书记部在 1922 年发动了大规模的劳动立法运动,并提出《劳动法大纲》19 条等。但这一代表工人利益的《劳动法大纲》并未得到当时政府的确认。

在中国共产党领导下的革命根据地,才产生了真正代表职工利益的劳动立法。1931 年 11 月 7 日,中华工农兵苏维埃第一次全国代表大会通过了《中华苏维埃共和国劳动法》。抗日战争时期,各边区政府也曾公布过许多劳动法令,如晋冀鲁豫边区 1941 年 11 月 1 日就曾公布过《晋冀鲁豫边区劳工保护暂行条例》。第三次国内革命战争期间,1948 年 8 月第六次全国劳动大会,通过了《关于中国职工运动当前任务的决议》,对解放区的劳动问题提出了全面的、相当详尽的建议,对调整劳动关系提出了基本原则。各个解放区的人民政府,也曾先后颁布过不少劳动法规。这一切,都为中华人民共和国的劳动立法提供了丰富的经验。

中华人民共和国建立后,1950 年 6 月,中央人民政府公布《中华人民共和国工会法》,同年劳动部公布《关于劳动争议解决程序的规定》,1951 年 2 月政务院公布《中华人民共和国劳动保险条例》(1953 年 1 月经修正后重新公布),1952 年 8 月政务院发布《关于劳动就业问题的决定》。1954 年 7 月政务院公布《国营企业内部劳动规则纲要》,1956 年 6 月国务院公布《关于工资改革的决定》,1956 年国务院公布《工厂安全卫生规程》、《建筑安装工程安全技术规程》和《工人职员伤亡事故报告规程》。

在全面进行社会主义建设阶段,中国的劳动立法有了进展。1958 年国务院公布了《关于工人、职员退休处理的暂行规定》等 4 项重要规定。1966—1976 年劳动立法基本上处于停滞状态。1978 年 5 月全国人民代表大会常务委员会原则上批准了国务院《关于安置老弱病残干部的暂行办法》和《关于工人退休、退职的暂行办法》,同年 5 月国务院发布了《关于实行奖励和计件工资制度的通知》。1982 年 2 月国务院发布了《矿山安全条例》、《矿山安全监察条例》、《锅炉压力容器安全监察暂行条例》等 3 项法律文件。1982 年 4 月国务院发布了《企业职工奖惩条例》。1986 年 7 月国务院发布了《国营企业实行劳动合同制暂行规定》、《国营企业招用工人暂行规定》、《国营企业辞退违纪职工暂行规定》和《国营企业职工待业保险暂行规定》。1986 年 9 月中共中央、国务院联合发布了《全民所有制工业企业职工代表大会条例》。1987 年 7 月国务院发布了《国营企业劳动争议处理暂行规定》,同年劳动部发出了《关于禁止招用童工的通知》。1988 年 7 月国务院颁布了《女职工劳动保护规定》。1992 年 4 月七届全国人大五次会议通过了新的《中华人民共和国工会法》。1992 年 11 月全国人民代表大会常委会通过了《中华人民共和国矿山安全法》。1993 年 7 月国务院颁布了《企业劳动争议处理条例》。1994 年 2 月国务院发布了《关于职工工作时间的规定》。这些劳动法规在调整劳动关系方面发挥了积极作用。

1956 年中国曾起草《劳动法》,但由于历史原因,中途夭折。1979 年第二次起草"劳动法",1983 年 7 月曾由国务院常务会议讨论通过"草案",但因很多问题难以妥善解决,未提交全国人大审议。90 年代初期第三次起草"劳动法",1994 年 7 月 5 日经人大常委会审议通过。《中华人民共和国劳动法》(以下简称《劳动法》)的颁布标志中国劳动法制进入一个新的历史阶段。《劳动法》共 13 章 107 条,包括:总则;就业促进;劳动合同和集体合同;工作时间和休息时间;工资;劳动安全卫生;女职工和未成年工特殊保护;职业培训;社会保险和福利;劳动争议;监督检查;法律责任;附则。《劳动法》是中国的基本法,为劳动法制建设奠定了基础。《劳动法》的立法指导思想是:① 充分体现宪法原则,突出对劳动者权益的保护。② 有利于促进生产力的发展。③ 规定统一的基本标准和规范。④ 坚持从我国国情出发,尽量与国际惯例接轨。这一指导思想保证了《劳动法》的制定工作具有中国社会主义特色。1995 年 1 月 1 日我国开始实施《中华人民共和国劳动法》。

2007 年 6 月 29 日,第十届全国人民代表大会常务委员会第二十八次会议通过并由中华人民共和国主席令发布的关于劳动合同的法律条文。《中华人民共和国劳动合同法》自 2008 年 1 月 1 日起施行。劳动合同法共分 8 章 98 条,包括:总则、劳动合同的订立、劳动合同的履行和变更、劳动合同的解除和终止、特别规定、监督检查、法律责任和附则。劳动合同法是规范劳动关系的一部重要法律。

第二节 劳动关系的界定

一、劳动关系及要素

1995 年 1 月 1 日我国开始实施《劳动法》,对劳动关系做出了明确的界定。《劳动法》中的劳动关系不是泛指一切劳动者在社会劳动时形成的所有的劳动关系,而是指劳动者与所在单位之间在劳动过程中发生的关系。

依据劳动法律、法规形成和调整的劳动关系是劳动法律关系。由三个要素构成:主体、内容、客体。

劳动关系的主体是劳动法律关系的参与者,包括劳动者、劳动者的组织(工会、职代会)和用人单位。劳动者必须是自然人,包括具有劳动能力的我国公民、外国人和无国籍人,即企业、国家机关、事业组织、社会团体的工勤人员,实行企业化管理的事业组织的非工勤人员,以及其他通过劳动合同(包括聘用合同)与国家机关、事业组织、社会团体建立劳动关系的劳动者。用人单位包括企业、事业、机关、团体等单位及个体经营单位。

劳动关系的内容是指主体双方依法享有的权利和承担的义务。根据我国《劳动法》第 3 条规定:

劳动者依法享有的主要权利有:劳动权、民主管理权、休息权、劳动报酬权、劳动保护权、职业培训权、社会保险、劳动争议提请处理权等。

劳动者承担的主要义务有:按质、按量完成生产任务和工作任务,学习政治、文化、科学、技术和业务知识,遵守劳动纪律和规章制度,保守国家和企业的机密。

用人单位的主要权利有:依法录用、调动和辞退职工,决定企业的机构设置,任免企业的行政干部,制订工资、报酬和福利方案,依法奖惩职工。

用人单位承担的主要义务有:依法录用、分配、安排职工的工作;保障工会和职代会行使其职权;按职工的劳动质量、数量支付劳动报酬;加强对职工思想、文化和业务的教育、培训;

改善劳动条件,搞好劳动保护和环境保护。

劳动关系的客体是劳动法律关系主体双方的权利义务共同指向的对象,即劳动者的劳动行为。

二、劳动关系的法律特征

劳动法所规范的劳动关系主要有以下三个法律特征:① 劳动关系是在现实劳动的过程中发生的关系,与劳动者有着直接的联系。② 劳动关系的双方当事人,一方是劳动者,另一方是提供生产资料的企业。③ 劳动关系的一方劳动者要成为另一方所在单位的成员,并遵守单位的内部劳动规则。

劳动关系包括劳动者与用人单位之间在工作时间、休息时间、劳动报酬、劳动安全卫生、劳动纪律与奖惩、劳动保险、职业培训等方面形成的关系。此外,与劳动关系密不可分的关系还包括:劳动行政部门与用人单位、劳动者在劳动就业、劳动争议和社会保险等方面的关系,工会与用人单位、员工之间因履行工会的职责和职权及代表和维护员工合法权益而发生的关系等。

在西方国家,劳动关系又常被称为"劳资关系",指为保持劳资之间的良好关系和解决双方分歧所做出的努力。它包括在这方面的努力中组织的调解、措施和政策。善意组织的工会是职工利益的代表者,在劳资关系中起着举足轻重的作用。因此,劳资关系的主要问题又往往体现在企业经营管理者同工会之间的关系上。

三、正确处理劳动关系的意义

正确处理与不断改善劳动关系,是企业人力资源管理部门的重要工作任务,处理劳动关系的具体意义表现为:

(1) 处理好劳动关系,可以保障企业与员工的互相选择权,从而实现生产要素优化配置。

(2) 处理好劳动关系,能够保障企业的正当权益,可以调动各方面的积极性。

(3) 改善企业内部劳动关系,可以维护安定团结,确保企业正常经营的顺利进行和提高劳动生产效率。

四、改善劳动关系的途径

对人力资源管理部门来说,改善企业内部劳动关系可以通过以下途径来达成:

(1) 完善立法。

(2) 发挥企业工会组织的作用。

(3) 培训主管人员。

(4) 提高员工的工作生活质量。这是改善劳动关系的根本途径。

(5) 鼓励员工参与民主管理。

第三节　劳动合同

社会组织特别是企业人力资源管理部门只有了解和掌握劳动合同的有关知识,才能在实践中正确、灵活地处理各种劳动纠纷,才有可能理顺组织经营管理活动中出现的各种复杂的劳动关系,为社会组织的发展创造有利的条件。

一、劳动合同的性质

概念*要点

劳动合同,又叫"劳动协议"或"劳动契约",是劳动者与社会组织之间为实现劳动过程,明确相互权利义务的协议。它是劳动关系契约化的具体形式。

我国《劳动法》第16条和第17条规定:"劳动合同是劳动者与用人单位确定劳动关系、明确双方权利和义务的协议","劳动合同依法订立即具有法律约束力,当事人必须履行劳动合同规定的义务。"

二、劳动合同的内容

《劳动法》第19条规定,劳动合同应当以书面形式订立,并包括必备条款和协商条款。必备条款也称为法定条款,包括:① 劳动合同期限;② 工作内容;③ 劳动保护和劳动条件;④ 劳动报酬;⑤ 劳动纪律;⑥ 劳动合同终止条件;⑦ 违反劳动合同的责任。不具备上述条款,合同即不成立。协商约定条款指双方根据具体情况协商约定的权利、义务条款,没有协商约定的条款,不影响合同的成立。

三、劳动合同的期限

《劳动法》第20条规定,"劳动合同的期限分为固定期限、无固定期限和以完成一定的工作为期限","劳动者在同一单位连续工作满10年以上,当事人双方同意续延劳动合同的,如果劳动者提出订立无固定期限的劳动合同,应当订立无固定期限的劳动合同"。另外,第21条规定,"劳动合同可以约定试用期。试用期最长不得超过6个月。"

四、劳动合同的订立与变更

《劳动法》第17条规定,"订立和变更劳动合同,应遵循平等自愿的原则,不得违反法律、行政法规的规定"。《劳动法》还明确了劳动者和用人单位签订和变更劳动合同必须遵循的三项根本原则:① 平等自愿原则。指签订和变更劳动合同的双方在法律地位上是平等的,并能自由表达各自在自己权益方面主张的意愿。② 协商一致的原则。指双方就合同的所有条款进行充分协商,达成双方意思一致。③ 不得违反法律、法规的原则,即合法原则。指合同的内容必须符合现行法律、法规,不得有与之相违的条款。

五、无效劳动合同

《劳动法》第18条规定,下列劳动合同无效:① 违反法律、行政法规的劳动合同;② 采取欺诈、威胁等手段订立的劳动合同。

违反法律、法规的劳动合同主要指:① 合同主体不合法,如合同一方为未满 16 周岁的未成年人。② 合同内容不合法,如要求员工交纳保证金、风险金、抵押金的条款,或要求员工每周工作 6 天,每天工作 10 小时,或要求员工从事国家不允许的活动,如传销、制假、走私等。

采取欺诈、威胁等手段订立的劳动合同主要指:① 合同当事人一方故意捏造、歪曲或隐瞒事实,使对方在误解或没有完全了解事实的情况下违背自己的真实意志而签订的劳动合同,如应聘人员出示伪造的学历证书,或用工单位将私营企业的性质说成是全民所有制企业等。② 合同当事人一方以给对方造成人身伤害或财产损失进行逼迫致使对方屈服其压力,签订违背自己真实意志的合同,如不续签合同就不归还保证金或要求赔偿损失等。

无效合同从订立时起,就没有法律效力。但《劳动法》同时规定,如果合同属于部分条款无效,其余部分仍然有效。另外,劳动合同无效由劳动争议仲裁委员会或者人民法院确认。

六、劳动合同的终止和解除

劳动合同的解除,是指当事人双方提前终止劳动合同的法律效力,解除双方的权利和义务关系。劳动合同一经订立,双方应认真履约,不得擅自解除。但是,如果发生特殊情况,劳动合同当事人经协商一致后可以解除劳动合同。同时《劳动法》第 26 条规定:“有下列情形之一的,用人单位可以解除劳动合同,但是应当提前一个月以书面形式通知劳动者本人:① 劳动者患病或者非因公负伤,医疗期满后,不能从事原工作或者不能从事由用人单位另行安排的工作的;② 劳动者不能胜任工作,经过培训或者调整工作岗位,仍不能胜任的;③ 劳动合同订立时所依据的客观情况发生重大变化,致使原合同无法履行,经双方协商不能就变更劳动合同达成协议的。”此外,为保护劳动者利益,我国有关法律还规定劳动者因公丧失劳动能力或患病、负伤在医疗期内、孕期、产期、哺乳期,用人单位不可解除劳动合同。为了保障劳动者有充分的自主权,我国有关法律规定,劳动者只要提前三十日以书面形式通知用人单位,劳动者在任何条件下都可以解除劳动合同。

七、违反劳动合同的责任

违反劳动合同的责任是指用人单位或劳动者本身的过错造成不履行或不适当履行合同的责任,根据《劳动法》和《违反和解除劳动合同的补偿办法》的规定:

1. 用人单位侵害劳动者的情形及相应的责任

《劳动法》第 91 条规定:用人单位有下列侵害劳动者合法权益情形之一的,由劳动行政部门责令支付劳动者的工资报酬、经济补偿,并可责令支付赔偿金。① 克扣或者无故拖欠劳动者工资的;② 拒不按最低工资标准支付劳动者的工资的;③ 低于当地最低工资标准支付劳动者的工资的;④ 解除劳动合同后,未依照劳动法规定给予劳动者经济补偿的。

《违反〈中华人民共和国劳动法〉行政处罚办法》第 16 条规定,用人单位有上述四种行为之一者,应责令其支付劳动者工资报酬、经济补偿,并可责令其按相当于支付劳动者工资报酬、经济补偿总和的 1 至 5 倍支付劳动者赔偿金。

《违反和解除劳动合同的补偿办法》第 3 条规定,用人单位克扣或拖欠劳动者工资以及拒不支付延长工作时间工资报酬的,除在规定时间内全额支付外,还须加发相当于工资报酬

25%的经济补偿金。第4条规定,用人单位低于当地最低工资标准支付劳动者工资的,还须加发标准工资25%的经济补偿金。第10条规定,用人单位解除劳动合同后,未按规定给予劳动者经济补偿的,除全额发给经济补偿金外,还须按该经济补偿金数额的50%支付额外经济补偿金。

2. 由于用人单位的原因订立的无效劳动合同应承担赔偿责任

《劳动法》第97条规定:"由于用人单位的原因订立的无效合同,对劳动者造成损害的,应承担赔偿责任。"第99条规定:"用人单位招用未解除劳动合同的劳动者,对原用人单位造成经济损失的,该用人单位应当依法承担连带赔偿责任。"

3. 用人单位违法解除合同或故意拖延不订立合同应当承担经济责任

《劳动法》第98条规定:"用人单位违反本法规定的条件解除劳动合同或者故意拖延不订立劳动合同的,由劳动行政部门责令改正,对劳动者造成损失的,应当承担赔偿损失。"

4. 用人单位由于客观原因解除劳动合同的补偿责任

劳动者不能胜任工作,经过培训或者调整工作岗位仍不能胜任的,由用人单位解除劳动合同的,《违反和解除劳动合同的经济补偿办法》(以下简称《办法》)第7条规定:"用人单位按其在本单位工作年限,工作时间每满一年,发给相当于一个月工资的经济补偿金,最多不超过12个月。"

《办法》第8条规定:"劳动合同订立时所依据的客观情况发生变化,致使劳动合同无法履行,经当事人协商不能就变更劳动合同达成协议,由用人单位解除劳动合同的,用人单位按劳动者在本单位工作的年限,工作时间每满1年发给相当于1个月工资的经济补偿金。"

《办法》第9条规定:"用人单位濒临破产进行法定整顿期间或者生产经营发生严重困难,必须裁减人员的,用人单位按被裁减人员在本单位工作的年限支付经济补偿金。在本单位工作的时间每满1年,发给相当于1个月工资的经济补偿金。

5. 经当事人协商由用人单位解除合同的经济补偿责任

《办法》第5条规定:"经劳动合同当事人协调一致,由用人单位解除劳动合同的,用人单位应根据劳动者在本单位工作年限,每满1年发给相当于1个月工资的经济补偿金,最多不超过12个月。"

6. 劳动者患病或者非因工负伤不能从事原工作也不能由用人单位另行安排工作而解除劳动合同的经济补偿责任

《办法》第6条规定:"用人单位应按其在本单位的工作年限,每满1年发给相当于1个月工资的经济补偿金,同时发给不低于6个月工资的医疗补助费,患重病和绝症的还应增加医疗补助费,患重病的增加部分不低于补助费的50%,患绝症的增加部分不低于医疗补助费的100%。

7. 劳动者违反劳动合同的赔偿责任

《劳动法》第102条规定:"劳动者违反本法规定的条件解除劳动合同或者违反合同中约定的保密事项,给用人单位造成经济损失的,应当依法承担赔偿责任。"

第四节　劳动争议处理

概念*要点

劳动争议处理，是指法律、法规授权的专门机构依法对劳动关系双方当事人之间发生的劳动争议进行调解、仲裁和审判的活动。

依照《劳动法》的有关规定，劳动争议处理的基本形式是：当事人自行协商解决；依法向劳动争议调解委员会申请调解；向仲裁委员会申请仲裁；对仲裁裁决不服的在规定期限内可以向人民法院提起诉讼。

一、劳动争议产生的原因

劳动争议也叫劳动纠纷，在西方叫“劳资争议”。它是指劳动关系当事人之间因劳动的权利发生分歧而引起的争议。

劳动争议有广义和狭义之分。广义上的劳动争议包括因执行劳动法或履行劳动合同、集体合同的规定而引起的争议，以及因制定或变更劳动条件而产生的争议；狭义的劳动争议仅指因执行劳动法或履行劳动合同、集体合同的规定而引起的争议。

劳动争议产生的原因主要有以下几种：① 无契约、法规，因而当事人各自从自己的利益出发，引起纠纷。② 有契约、法规，但过于笼统，不能具体界定双方责任、义务、权利，或已不适应新的形势。③ 契约、法规不合理，使一方或双方均不能接受，或无法执行。④ 对契约、法规理解不同，引起争执。⑤ 不承认契约、法规的约束，一方提出无理的要求。⑥ 有关管理机构工作失误。

二、劳动争议的类型

社会组织特别是企业人力资源管理部门经常会遇到的劳动争议主要有以下类型：

(1) 录用争议。就业者认为社会组织在招聘中营私舞弊，使自己受到不公正待遇。尤其在工作条件好、报酬较高的企业，因竞争激烈，容易发生这类争议。在美国，少数民族、妇女对这个问题尤为敏感，为此美国国会有专门法律保障就业方面的公平机会。

(2) 调动争议。员工要求调动，社会组织则因其是业务骨干而不准，或提出退房、赔偿培训费等要求，或采取扣压档案等办法“强留”引起争议；有的员工则在找到更有吸引力的工作单位后不辞而别，甚至带走了技术秘密，这也会引起争议。在美国，尽管人员流动性大，但对不同人员辞退或辞职，都规定有不同的提前打招呼的时间要求。

(3) 劳动合同争议。关于劳动合同是否延续，尤其是被解除合同的争议，被解职者认为社会组织不合法、不符合劳动合同或不合理、不公正，提出申诉。

(4) 劳动报酬争议。在确定工资标准、工资调整、工资支付方面员工有意见。例如，一些员工没有与其他人一样提薪，认为受到不公平待遇；有的企业拖欠工资，引起员工不满，如此等等。

(5) 劳动保护争议。在有害作业场所,员工就改善工作条件、发放劳动保护用品及有害作业津贴方面与管理人员有不同意见;女工拒绝从事有害身体健康的工作,如在怀孕、哺乳期拒绝上夜班,引起争议。

(6) 劳动保险争议。如关于享受退休还是"离休"待遇的争议;因工还是非工患病、负伤、致残、死亡的争议;关于如何计算工龄确定退休工资的争议,等等。

(7) 处罚争议。管理人员采用惩罚手段整顿劳动纪律,被罚员工不服引起争议;有的认为不该受罚,有的认为同一错误处罚不公,有的认为是上级故意打击报复,等等。

相应案例

工作在不同的企业,劳动关系理应在各自工作的企业

申诉方十堰某机电设备有限公司诉仇某等16人,确认被诉16人从1998年至今不存在与公司的劳动关系。

申诉方的前身是某机电设备总公司,1997年12月进行第一轮企业改制,该公司将其属下的汽车经销三公司、四公司及公司电脑科分别改制为市达丰物资贸易有限公司、市巨威物资贸易有限公司和赛博电脑公司,并为三个公司分别注入占公司注册资本58%的资金。改制清算截止日为1997年11月26日,改制后的公司均具有独立的法人资格,独立核算,自负盈亏,16人既是公司股东又是公司管理人员或公司员工,某机电设备总公司将被诉16人的社会保险缴纳至2000年底。

2000年5月,十堰某机电设备有限公司重新出资注册成立了公司,成立时被诉16人均已不在册,且三个独立经营的公司经营情况也不错,因此也没有人申请到申诉人公司工作。申诉人公司成立后受市场因素多方影响,一直处于不景气状态,从成立起除10余名在岗员工能拿到生活费外,多数员工连生活费也无力发放,但社会保险一直缴纳到了2008年的改制清算截止日。2008年,申诉人公司的社会保险缴费工资基数申报表中也没有被诉人名字。

仲裁庭合议认为:被诉人等16人皆在独立的法人企业工作,其工资由被诉人所在企业发放,其工作内容也非申诉人的组成部分,也不接受申诉人如考勤等劳动管理。十堰某机电设备有限公司介入被诉人所在企业的管理,应是以股东身份参与,不能认定为是总公司与分公司的从属关系。申诉人是独立的法人企业,其注册时股东的签名没有被诉人,此后亦未有为被诉人发放工资和缴纳各项社会保险的记录,其请求的确认被诉人等16人与其不存在劳动关系,根据原劳动和社会保障部有关规定,裁决支持申诉人的仲裁请求,申诉人与16名被诉人不具有劳动关系。

点评:16名被诉人从未在申诉人单位工作过,仅仅因为第一轮企业改制与申诉人曾在同一个企业,便要求参加申诉人现阶段的改制,由此导致申诉人请求确认双方是否存在劳动关系。被诉人工作在不同的企业主体,申诉人从未承担过被诉人16人的劳动报酬、社会保险及职工福利等任何义务,被诉人也从未接受过申诉人的劳动管理,更没有为申诉人提供正常劳动,故其劳动关系理应在各自工作的企业。据此,仲裁委员会认定为申诉人与被诉人不具有劳动关系。

资料来源:http://www.shiyan.gov.cn/SY/News/2011/02/content_44807.html。

三、劳动争议处理的原则

根据劳动法和《企业劳动争议处理条例》(国务院令第 117 号)的规定,企业在处理劳动争议时应当遵循下述原则:

1. 依法处理原则

在处理劳动争议过程中,劳动争议处理机构应当对争议的起因、发展和现状进行深入细致的调查,在查清事实、明辨是非的基础上,依法协商,依法解决劳动争议。首先,当事人应积极就自己的主张和请求提出证据;其次,劳动争议处理机构应及时调查取证,两者有机结合,才能达到查清事实的目的。依法处理争议,就要依据法律规定的程序要求和权利、义务要求去解决争议,同时要掌握好依法的顺序,即有法律依法律,没有法律依法规,没有法规依规章,没有规章依政策。

达成的调解协议、做出的裁决和判决不得违反国家现行法律和政策规定,不得损害国家利益、社会公共利益或他人合法权益。

另外处理劳动争议还可以依据依法签订的集体合同、劳动合同,以及依法制定并经职工代表大会或职工大会讨论通过的企业规章。

2. 调解原则

用人单位与劳动者发生劳动争议,当事人可以依法申请调解、仲裁、提起诉讼,也可以协商解决,调解原则适用于仲裁和诉讼程序。调解是指在双方当事人自愿的前提下,由劳动争议处理机构在双方之间进行协调和疏通,目的在于促使争议双方相互谅解,达成协议,从而结束争议的活动。处理劳动争议,应当重视调解方式,调解既是一道专门程序,也是仲裁与审判程序中的重要方法。调解的原则首先是有利于增加当事人之间的相互理解,使其在今后工作中能够相互支持配合;其次是可以简化程序,有利于及时、彻底地处理劳动争议。

实行调解原则时应注意:① 必须遵守自愿原则。当事人向企业劳动争议调解委员会申请调解,必须经争议双方当事人同意,否则调解委员会不予受理。劳动争议处理机构进行调解必须是当事人真正自愿和解和自愿达成调解协议,不得对争议案件强行调解,也不得采取强迫或变相强迫的方法进行调解。② 必须坚持合法、公正原则。调解是建立在查明事实、分清责任的基础上,通过说服教育,使当事人在法律许可的范围内达成和解协议,并不是无原则地进行的。③ 必须与及时裁决或及时判决结合起来。对于当事人不愿调解或调解不成的,不应久调不决,以免拖延时日,有损于当事人的合法权益,甚至造成不良后果。

3. 及时处理原则

处理劳动争议,还应遵循及时处理的原则,防止久调不决。劳动争议案件具有特殊性,关系到员工就业、报酬、劳动条件等切身利益问题,如不及时迅速地处理,势必影响员工的生活和企业生产秩序的稳定。所以,劳动法规定,提出仲裁要求的一方应当自劳动争议发生之日起 60 日内向劳动争议仲裁委员会提出书面申请。仲裁裁决一般应在收到仲裁申请的 60 日内作出。以免"案无定日"、久拖不决的现象。最后,对处理结果,当事人不履行协议或决定的,要及时采取申请强制执行等措施,以保证案件的顺利处理和处理结果的最终落实。

4. 平等公正原则

劳动争议双方当事人虽然在其劳动关系中,存在行政上的隶属关系,但其法律地位是平等的,也就是说,不管用人单位大小,也不管职工一方职位高低,双方在法律面前是平等的。

平等公正原则包含两层含义:一是劳动争议双方当事人在处理劳动争议过程中法律地位平等,平等地享有权利和履行义务,任何一方都不得把自己的意志强加于另一方;二是劳动争议处理机构应当公正执法,保障和便利双方当事人行使权利,对当事人在适用法律上一律平等,不得偏袒或歧视任何一方。适用法律时不能因人而异,不能因为某单位是重点企业,或者是当地创利创汇大户,而对其侵害职工劳动权益的行为进行袒护。

5. 基层解决争议原则

劳动争议案件应主要由企业设立的调解委员会和当地县、市、市辖区仲裁委员会解决。向法院起诉,也是按法定管辖权由当地的基层法院受理。基层解决原则,方便当事人参加调解、仲裁和诉讼活动,有利于争议的及时处理和法律文书的送达与执行,有利于就地调查,查明事实真相。

四、解决劳动争议的途径和方法

根据劳动法的规定,我国目前的劳动争议处理机构是劳动争议调节委员会、劳动争议仲裁委员会和人民法院,这是解决劳动争议的三个现实的渠道。

1. 通过劳动争议调解委员会进行调解

劳动法规定,有的用人单位内部可以设立劳动争议调解委员会,它由员工代表、企业代表、工会代表三方组成。在企业中,员工代表由员工代表大会推举产生;企业代表由厂长(经理)指定;工会代表由企业工会委员会指定。

调解委员会组成人员的具体人数由职代会提出并与厂长(经理)协商确定,委员会主任由企业工会代表担任,其办事机构设在企业工会委员会。

劳动争议调解委员会所进行的调解活动是群众自我管理、自我教育的活动,具有群众性和非诉讼性的特点。劳动争议调解委员会调解劳动争议的步骤如下:

(1) 申请。是指劳动争议当事人以口头或书面方式向本单位劳动争议调解委员会提出调解的请示,是自愿的申请。

(2) 受理。是指劳动争议调解委员会接到当事人的调解申请后,经过审查,决定接受申请的过程。受理包括三个过程:① 审查。即审查发生争议的事项是否属于劳动争议,只有属于劳动争议的纠纷事项才能受理。② 通知并询问另一方当事人是否愿意接受调解,只有双方当事人都同意调解才能受理。③ 决定受理后,应及时通知当事人做好准备,并告之调解时间、地点等事宜。

(3) 调查。经过深入调查研究,了解情况,掌握证据材料,弄清争议的原委,以及调解争议的法律政策依据等。

(4) 调解。调解委员会召开准备会,统一认识,提出调解意见;找双方当事人谈话;召开调解会,双方达成协议,即由调解委员会制作调解协议书。

2. 通过劳动争议仲裁委员会进行裁决

劳动争议仲裁委员会是依法成立的、独立行使劳动争议仲裁权的劳动争议处理机构。它以县、市、市辖区为单位,负责处理本地区发生的劳动争议。

世界各国对于劳动争议的处理虽因各国国情的不同而有所区别,但以仲裁方式来解决劳动争议则为世界各国所普遍采用。

劳动争议仲裁委员会由劳动行政主管部门、同级工会、用人单位三方代表组成，劳动争议仲裁委员会主任由劳动行政主管部门的负责人担任。劳动行政主管部门的劳动争议处理机构为仲裁委员会的办事机构，负责办理仲裁委员会的日常事务。

劳动争议仲裁委员会是一个带有司法性质的行政执行机关，其生效的仲裁决定书和调解书具有法律强制力。

(1) 劳动争议仲裁应遵循的原则有：第一，调解原则。先行调解，调解不成再及时仲裁。因为调解简便易行、灵活迅速、能缓解矛盾，但要贯彻当事人双方自愿原则。第二，及时、迅速原则。劳动争议仲裁委员会必须严格依照法律规定的期限结案，即“仲裁裁决一般应在收到仲裁申请的 60 日内作出”。第三，一次裁决原则。劳动争议仲裁委员会对每一起劳动争议案件实行一次裁决即行终结的法律制度。当事人不服裁决，可在收到仲裁书之日起 15 日内，向有管辖权的人民法院起诉。期满不起诉的，仲裁决定书即发生法律效力。

(2) 劳动争议仲裁的步骤。一般分为五个：第一，受理案件阶段。即当事人申请和委员会受理阶段。当事人应在争议发生之日起 60 日内向仲裁委员会递交书面申请，委员会应当自收到申请书之日起 7 日内做出受理或不予受理的决定。第二，调查取证阶段。此阶段工作又分三个步骤：一是拟订调查提纲。二是有针对性地进行调查取证工作。三是审查证据，去伪求真。第三，调解阶段。调解必须遵循自愿、合法的原则。“调解书”具有法律效力。第四，裁决阶段。调解无效即行裁决。第五，执行阶段。

3. 通过人民法院处理劳动争议

人民法院并不处理所有的劳动争议，只处理如下范围内的劳动争议案件：

(1) 争议事项范围。因履行和解除劳动合同发生的争议；因执行国家有关工资、保险、福利、培训、劳动保护的规定发生的争议；法律规定由人民法院处理的其他劳动争议。

(2) 企业范围。国有企业、县(区)属以上城镇集体所有制企业、乡镇企业、私营企业、“三资”企业。

(3) 员工范围。与以上企业形成劳动关系的劳动者，经劳动行政机关批准录用并已签订劳动合同的临时工、季节工、农民工；依据有关法律、法规的规定，可以参照劳动法处理的其他员工。

劳动争议处理的详细过程如图 9-1 所示。

核心概念

劳动关系 Labor relations
劳动立法 Labor legislation
集体协议 Collective agreement
劳动合同 Labor contract
劳动争议 Labor disputes
劳动法 Labor law

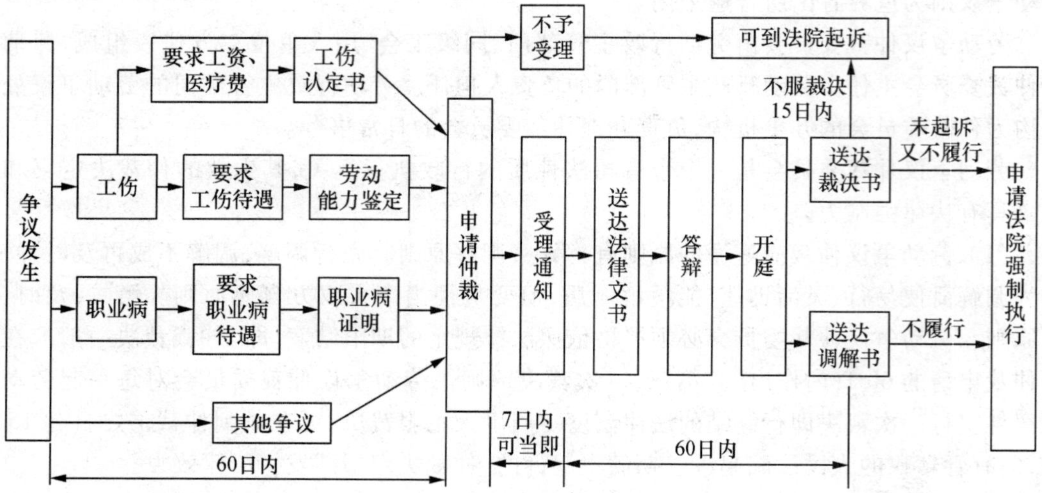

图 9-1　劳动争议处理的详细过程

思考题

1. 简答劳动关系及要素。
2. 劳动关系有何法律特征?
3. 简答劳动争议的类型。
4. 简答劳动争议处理的原则。
5. 从事人力资源管理应了解和掌握哪些有关劳动合同的知识?
6. 简答处理和解决劳动争议的途径和方法。

案例研究　爱立信的人力资源管理

已有一百年历史的爱立信目前在电信及相关设备供应方面均处于世界领先地位,共有十万名员工在130多个国家为客户解决电信需求问题。全球已有40%的移动电话接入爱立信网络,其AXE系统的销售范围也在全世界首屈一指。爱立信产品要代表世界级的质量。在爱立信的所有工作中,确保世界级质量是各项策略的基石。先进的技术为爱立信公司给客户提供优质的产品提供了可靠的保证。

爱立信强调,人力根源于公司经营的需要,它必须服务于公司业务经营。因此,人力资源管理的根本目的就是在让客户满意的同时,也要让员工满意。

一、爱立信的文化理念核心

在任一时刻、任一事件中,爱立信永远坚持这三种精神和价值观——专业进取、尊爱至诚、锲而不舍。

这种价值观实质上是公司文化的理念核心。一家成功的公司通常规划出远景,然后确立宗旨或使命,再确定达到远景或履约使命的"方式"。这里的方式是有价值判断和取向的,应该让全体员工认同。认同的过程是个不断宣讲、交流和理解的过程,所有的管理部门及管理干部都是义务讲师。

有了文化的理念核心,还需要有健全的组织进行管理,这就有必要建立人力资源网络组织。

二、星罗密布的人力资源网络组织

爱立信人力资源组织采用的是网络结构。全球的爱立信人力资源机构结成一个大网络,各大市场区域的人力资源机构分别结成子网络,子网络下以区域为基础,可以再分出小网络。瑞典总部的人力资源机构居于网络中央,主要根据公司文化及战略思想,设计出统一的组织文化、能力和领导、薪酬等人力资源理念及政策框架。

人力资源总部每年组织两次子网络负责人的聚会,共同研究涉及全公司的有关政策。各级网络均指定一个负责人,起召集、组织、协调作用。各网络单元之间以先进的技术手段保持畅通信息交流,在交流中彼此充分了解网络内外人力资源的状况,由本级网络相关人员成立项目组,组长由大家推选。小组成员按计划分别独立工作,每3个月正式聚会一次,共同研讨问题,最终拿出方案。方案经网络负责人确认后,由项目小组负责在网络单元内进行推介,不断达成共识。有效的政策方案可以推及高一层网络。

有效的政策方案还需有效的贯彻落实,爱立信强调的是管理者的作用。

三、管理者:人力资源管理的中坚力量

爱立信将管理者定义为“业务经营者+运营管理者+能力开发者”。管理者首先必须关注并倾力于业务工作,为此须投入从计划、执行、回顾到改进的管理循环之中,须不断开发下属及本人的能力。同时管理者也须着力培育和塑造良好的团队气氛,以提高组织的有效性。

为防止公司由于各部原因出现管理断层和管理层缺位,爱立信非常重视管理规划工作。他们通过员工能力评估系统选拔出管理者的候选队伍,并有组织地对其能力进行培训和开发,对确认合格的人员大胆加以任命,使其在管理工作中得到锻炼和培养,上级管理者与人力资源部门负责评估和检验任职者的资格水平。这是一个优胜劣汰的过程,也是公司与员工双方互相审视适应性的过程。

充足的管理者及其他人力资源后备力量,来源于员工能力要素的持续提高。

四、不断充实的爱立信“能力要素宝库”

人力资源开发的理念主要表现为对员工的能力管理。

爱立信将能力定义为获得、运用、开发和分享知识、技能和经验。爱立信认为,个人的素质(个性、信仰、价值观等)基本上与生俱来,很难通过培训而获得,而能力则是可以经后天培训而不断改进的。技能、人际能力和经营能力分别细化成能力要素,形成爱立信的能力要素库,不同的部门、职位所需的能力要素集合是不同的,而且随时间变化要素也有所调整。

公司总部在制订长期、中期经营规划时,应提出适应变革和创新的能力要求,作为全球爱立信机构能力要素的指南。机构内部各级部门领导通过研讨经营重点来确定本公司、部门及职位类型所需的主要能力要素,并以此建立各类人员的能力模型,如市场类。能力要素的管理是一个独立的系统,但与绩效管理休戚相关,能力管理有助于员工实现职业发展规划;绩效管理则有助于员工改进和提高绩效,从而有助于公司经营业绩的提升。

五、“转换成本”策略，保留人才出奇招

为保留人才，爱立信设计了“转换成本”策略。即员工试图离开公司时，会因“转换成本”高而放弃。这就需要在制订薪酬政策时充分考虑短期、中期、长期报酬的关系，并为特殊人才设计特殊的“薪酬方案”。

薪酬是吸引、保留和激励员工的重要手段，是公司经营成功的影响要素。

爱立信的薪酬结构包括薪资和福利两部分，薪资有固定和不固定两块内容，福利则包含保险、休假等内容。影响薪酬水平的因素有三个：职位、员工和环境，即职位的责任和难易程度、员工的表现和能力以及市场影响。薪酬政策的目的是提供在本地具有竞争力（而不是领先）的报酬，激励和发展员工更好地工作并获得满足。爱立信对年度优秀员工或工作满5年以上的员工，制订了奖励计划。直接主管负责提名，经层层审批后确认。奖励标准包括：团队合作、态度积极、客户至上、创新以及持续的出色表现。

爱立信的用人哲学是“职业精神，相互尊重”。爱立信要求员工为公司创造价值，也积极鼓励员工自身持续的发展。因此，爱立信中国公司的员工薪金与其职务高低成正比，年龄、工龄、学历等因素也有一定的影响，但不起主要作用。对于同一职务，如果有不同学历的人担任，他们之间薪金的差别可能仅仅在几百元之间。另外，与一些公司的做法不同的是，爱立信在计算员工的工龄时，把他在来爱立信之前的工作经历也算在内。

部分员工有股份。爱立信中国公司员工的薪金一般由四部分组成：基本工资、奖金、补贴和福利。奖金分为两类：一般人员奖金和销售人员奖金。有一些关键职员还会得到一定的期股权，期股权的受益者一般为“对公司起关键性作用的人”，而不是以职务高低论行赏。

六、工资围着市场转，奖金与业务目标“接轨”

在爱立信，公司业绩与员工工资没有特别的关系，但与员工的奖金有很大关系。爱立信员工的奖金与公司的业绩成一定比例，但并非成正比例。奖金一般可达到员工工资的60%，对于成绩显著的员工还有其他补偿办法。员工在爱立信得到提薪的机会一般有几个：职务提升，考核优秀或有突出贡献者。被评为公司最佳员工者和有突出贡献的员工都有相应的奖金作为激励，突出贡献奖、最佳员工奖、突出改进奖的奖金额度一般不超过其年薪的20%。

七、给员工创造持续发展的空间

迅速适应新的商业环境的能力对于公司和个人的成功都是至关重要的。爱立信积极鼓励持续的发展，为员工提供机会以改善其适应能力并从变化中受益。能力培养是每个单位业务规划的一部分，个人培训计划的制订均应得到每一位员工的认同。通过对全球人力资源的充分利用，爱立信得以适应变化并利用变化来创造竞争优势。

爱立信期待所有的员工都积极主动地投入到工作当中，来迎接该部门所面临的持久战。责任和权力相互平衡，分担到人，尽可能地贴近工作以便最大限度地发挥个人创造力和主动性。爱立信积极寻求新的改善建议，并在团队精神下鼓励所有员工在表达观点、建议和评论时，表现出相互尊重和职业精神。

爱立信希望成为一个出色的雇主。每一个爱立信机构都必须发展和实施基于三种价值观（专业进取、尊爱至诚、锲而不舍）的用人哲学借此达到共同的目标。

爱立信不断追求长远目标，寻求各种方法解决实现目标过程中可能遇到的难题。爱立信员工的毅力品质必须加上创新、远见和更强的能力，以便在这个日益变幻的世界上长期发展。

资料来源：http://wenku.baidu.com/view/71ef1a781711cc7931b716ff.html。

案例分析思考题：

1. 如何看待爱立信员工劳动关系管理的经验？
2. 爱立信员工劳动关系管理有哪些具体方法？

第 10 章

人力资源保障
——人力资源管理的保护网

没有希望的地方，就没有奋斗，也没有保险。

——约翰逊

预期目标

通过本章的学习，可以掌握以下知识与技能：

- 社会保障、社会保险、劳动保护的含义
- 社会保险的特征、作用
- 社会保险制度的具体类别
- 劳动保护的任务、具体内容、劳动保护的组织与管理

"高薪"不能代替"保险"

某一从事计算机软件开发的外商独资公司，高薪聘用了一位博士毕业生赵某，担任副总经理。当时，公司董事长在谈到工资待遇时，对赵博士说："董事会给你定的工资为一万两千元。不过，丑话要说在前头，我们是一家外资公司，之所以工资定得这么高，是因为除了工资以外，再没有其他福利待遇了。像什么医药费报销、养老等问题都得自己解决，公司概不负责。"听了董事长这番话，赵博士心里盘算开了："这个公司给我的工资的确是够多的，可就是将来万一得了什么大病，或者老了怎么办呢？"但他转念又一想："我刚 30 多岁，一般也不会有什么大病，至于养老问题，现在考虑还为时过早。倒不如趁年轻多挣些

钱,实惠。"工作以后,赵博士为了解除自己的后顾之忧,每月从工资中拿出一千元,向保险公司投了一份养老保险。这样一来,他在这家公司工作,倒也觉得踏实多了。

几个月后,由于赵博士与董事长在公司的经营管理等重大问题上,产生了分歧,被董事长炒了"鱿鱼"。赵博士不服,双方为此打到了劳动争议仲裁委员会。

在劳动争议仲裁委员会,赵博士同时又提出了公司未给他缴纳养老保险的问题,他认为,这也是侵犯他合法权益的行为。但公司董事长抗辩道:"不为你缴纳养老保险,是事先跟你讲好的。你要是不同意,当时可以不干嘛。你既然干了,就说明咱们的协议已经达成,你现在无权反悔。再说,你不是自己已经向保险公司投了养老保险了吗?"

养老保险是国家为了保障职工退休后的基本生活而建立的一种社会保障制度,也是社会保险的一种。劳动法中规定:"国家发展社会保险事业,建立社会保险制度,设立社会保险基金,使劳动者在年老等情况下获得帮助和补偿。"劳动法规定的这种社会保险,不同于保险公司的金融保险,主要区别在于:前者是在与用人单位发生劳动关系时,劳动者应享有的权利,但后者却不是;前者是强制性的,即企业和劳动者必须依法参加,而后者是自愿性的,即是否参加,完全凭企业或劳动者自愿。所以,赵博士自己向保险公司投保的养老保险,不能代替社会保险中的养老保险。

劳动法第72条中规定:"用人单位和劳动者必须依法参加社会保险,缴纳社会保险费。"这说明,参加社会保险、缴纳社会保险费不光是用人单位的义务,也是劳动者的义务。即使劳动者不想参加社会保险也是不行的。

该外商公司以高薪来取代职工的养老保险,是违反法律规定的。它不光应该依法为职工缴纳养老保险,还应该同时缴纳失业、大病医疗等政府规定的社会保险。只有这样,才能保障职工的合法权益,并免受因违法而带来的制裁。

资料来源:http://www.foodmate.net/hrinfo/anli/9751.html。

社会保障与劳动保护是社会组织人力资源管理的保护网。只有保护人力资源,才能充分开发和利用人力资源。保护人力资源,实质是就是保护职工的积极性。这方面要做的工作很多,本章主要从做好社会保障和劳动保护工作的角度来谈对人力资源的保护问题。

第一节 社会保障和社会保险

社会保障是国家和社会采取和建立的一系列有组织的措施和制度,通过提供经济和物质帮助及服务,帮助因年老、疾病、伤残、失业、生育、死亡、灾害等原因丧失劳动能力、无生活来源的社会成员,并增进全体劳动者和公民的物质和文化福利,以期使社会经济稳定发展活动的总称。

国家通过立法建立包括社会救助、社会保险、社会福利、社会优抚、公共卫生等一系列的社会保障制度,用于指导、规范社会保障的实施。同时,国家社会保障的决策者和监管者担负着组织、领导、实施和管理社会保障的运行工作。

一、社会保障和社会保险的发展

1. 形成阶段

社会保障制度的形成是以19世纪80年代的德国三部法案的制定为标志。1883年德国制定了世界上第一部《疾病保险法》，1884年通过了《工伤保险法》，1889年又实行了《老年与病残强制保险法》。

这三部法案的制定揭开了社会保障制度的发展史。由此，社会保障作为社会制度开始逐渐正规化，在社会经济生活中扮演着重要的角色。作为社会制度的社会保障，它是为了满足人类社会生活需要、维持社会秩序、促进社会进步而形成的。它是一种由特定机构和设施加以保证的规范体系。德国社会保险制度的建立，将初始的社会救助或社会保障发展为较完备的社会保险或社会保障，主要表现为：资金来源多元化，保险覆盖不仅仅包括贫民，几乎包容了所有劳动者及社会成员；保险项目可随本国国情设定，由政府立法作为实施的依据。这三项法案在德国实施，使德国缓解了由各种社会问题带来的社会动荡，经济发展迅速增长。

保险型的社会保障制度在俾斯麦当政时期首先推出，由各方面原因促成：① 机器化的大生产使生产方式发生了变化，导致劳动者与生产资料相分离，劳动者除了劳动力以外一无所有。工人的收入是工资，它是劳动力的价格，只够支付日常生活所需的费用，一旦遇到生病、工伤、失业、年老等风险，个人就无力承担。这些问题如果不能很好地解决，势必会影响到德国工业化的进程。首相俾斯麦认为德国若要占据欧洲霸主的地位，必须加快国内经济的发展，而经济的发展需要国内的广大产业工人，解决他们的后顾之忧，要制定并实施一套社会政策，其中包括社会保险制度。② 受马克思主义学说的影响，德国工人阶级为了争取自己的经济利益和劳动权益，发起多次工人运动，与当权者展开了不屈不挠的斗争，强烈要求俾斯麦政府解决因疾病、工伤、年老带来的生活困难问题，可以说工人运动的兴起加速了社会保障制度的诞生。③ 德国1871年实现全国统一，国家机器大大加强，经济快速增长，奠定了其干预经济和社会生活的基础。④ 德国新历史学派社会改良主义的影响。⑤ 商业保险的出现和保险学学科的建立，其基本的保险原理为社会保险的经费筹措提供了参考框架。

社会保险法案的实施，使广大的工人、农民受益，极大地缓解了当时一触即发的劳资矛盾，并使德国经济增长立于欧洲之首。西方其他各国也纷纷建立了不同项目的社会保险制度。例如：奥地利1887年首次立法实施的工伤保险，1888年的疾病与生育保险；比利时1894年的疾病保险；丹麦1891年的老年保险，1892年的疾病保险；英国1908年的《养老金法》等。美国20世纪30年代中期的《社会保障法》也是在俾斯麦社会保险制度的基础上制定的，意味着社会保障最终形成一种社会制度。

2. 发展阶段

社会保障制度的体系化是以美国1935年颁布的《社会保障法》为标志。

1935年美国颁布了世界上第一部《社会保障法》，社会保障一词第一次被正式使用。一般公认该法提出了世界上第一个比较完整的社会保障制度，它包括了公共救助方案、社会保障方案、卫生及福利服务方案三部分内容，并由社会安全理事会负责主要业务的管理和监督。美国社会保障制度的建立是以社会保险为主干、社会救助为参照，进而扩展到以全体公民为对象的普及全国的社会政策。

鉴于英国、德国、美国社会保障制度的实施对本国社会经济发展的作用,各国相继建立了社会保障制度。

社会保障制度体系更加完善的主要标志是 1952 年国际劳工组织制定并通过的《社会保障最低标准公约》(以下简称《公约》)。《公约》对退休待遇、疾病津贴、医疗护理、失业津贴、工伤补偿、残疾津贴、子女补助、死亡补助以及定期支付应遵从的最低标准,根据西方工业化国家当时的经济水平,都做了明文规定。

《公约》制定的标准对各国社会保障制度的建立和发展起到了指导和参考作用,《公约》的制定表明社会保障已成为全球共同关注的问题。

随着社会的进步和发展,社会保险已发展成为世界性的重要经济事业。1940 年世界上只有 57 个国家实行了社会保险。到 1981 年已有 136 个国家实行了不同范围的保险。保险已成为国民收入再分配的一个重要组成部分,而且在国民经济中所占的比重越来越大。据统计,1950 年全世界保险费收入占国民生产总值的 4.1%,1981 年则提高到 4.9%。在不同的社会制度下,保险事业在社会和国民经济方面的作用是不同的,在经济发达的国家和地区,各方面需要的补偿作用愈迫切,保险事业也就愈发达,保险收入占国内生产总值都在 5% 以上,以 1984 年为例,美国占 6.91%,日本占 6.14%,英国占 7.06%。

从社会保障的产生与发展来看,社会保障制度是市场经济的产物,是市场经济发展的一项重要制度保证。社会保障的作用表现在多个方面:从社会学的角度看,社会保障的作用表现在解决社会问题,抑制社会冲突和社会动荡,实现社会公平等方面;从经济学的角度分析,社会保障具有融资和调节投资,调节积累与消费,平衡需求作用等。

总的来说,社会保障制度的作用主要表现在四个方面:确保社会安全与稳定;推动社会生产的发展,保证劳动力再生产顺利进行;推进社会公平;促进社会精神文明发展。此外,社会保障还具有使公民权利进一步实现的社会功能,具有为国家积累基金、融资的功能等。随着社会保障制度的日益发展,其功能和社会效益将不断增加新的内容。

3. 我国社会保障管理的发展过程

我国是社会主义国家,实行社会保障的目的是保护劳动者的利益,巩固和发展社会主义经济基础。我们国家的第一次全国保险工作会议在中华人民共和国成立前即 1949 年 9 月 25 日就在北京召开,同年 10 月 20 日中国人民保险公司宣告成立。

新中国成立后,我国的社会保障管理体制经历了建立、停滞、改革探索等阶段。

(1) 建立阶段(1951—1966 年)。新中国成立后,在政务院下设立劳动部和内务部(后改为民政部)管理社会保障工作。1951 年劳动部和中华全国总工会负责管理企业职工的社会保障,制定和颁布了《劳动保险条例》。在这个时期,国家机关工作人员的社会保险和社会福利及社会救济,基本上由民政部统一管理。

在这一时期,劳动部是全国企业劳动保险业务的最高监督机关,负责贯彻《劳动保险条例》的实施工作。中华全国总工会是全国企业劳动保险事业的最高领导机关,由各级工会管理企业劳动保险业务。

为了使广大职工在遇到生、老、病、死、伤残等困难时能获得一定的物质帮助,以减轻其负担,国务院于 1951 年颁了《中华人民共和国劳动保险条例》(以下简称《劳动保险条件》)

并逐步在企业中实施。从1952年起相继建立了公费医疗、病假、生育、残废和抚恤等制度。40多年来,我国的社会保险制度在保护职工健康,减轻职工生活困难,保障职工在年老、疾病或丧失劳动能力时的基本生活等方面起了很大的作用。

(2) 停滞阶段(1966—1976年)。指“文化大革命”时期。1969年民政部被撤销,主管民政工作的专职机构已不存在,民政工作被分割到财政部、卫生部、公安部和国务院政工组。许多民政机构、社会福利事业单位也被撤销或移交。

(3) 改革探索阶段(1978以后)。1978年我国成立民政部,负责军队离退休干部的安置和管理,指导农村“五保户”的供养,举办敬老院,扶持农村贫困户,负责城镇困难户和60年代被精简职工的救济和社会福利工作等。1979年7月国家劳动总局设置保险福利局,各地劳动部门相继建立了保险福利处(科)。1982年建立劳动人事部,下设保险福利局,负责管理城镇企业的劳动保险和职工福利工作。1986年,针对农村劳动者社会保险的特殊性,我国确定由民政部设立农村社会保险司负责指导和管理农村的养老保险工作。1988年撤销劳动人事部,重建劳动部和人事部,按照分工,分别管理企业和机关事业单位的社会保险和职工福利。1993年按照国发[1993]79号文件和国办发[1993]85号文件规定,从1993年10月11日起,在进行机关事业单位工资改革的同时,改行新的退休待遇计发办法,即机关事业单位工作人员不再执行国发[1978]104号文件确定的退休金计发办法,也不实行企业职工改革中实行的结构性基本养老金计发办法。1995年3月国发[1995]6号文件明确规定要实行社会统筹和个人账户相结合的基本养老金保险制度。

到1997年,我国形成了新的社会保障管理体制:各级政府劳动部门负责城镇企业职工的社会保险,人事部门负责机关事业单位职工的社会保险,劳动部门负责企业职工的劳保医疗,卫生部门和财政部门组成的“公费医疗办公室”负责机关事业单位职工的公费医疗,民政部门负责农村劳动者的养老保险、优抚安置、社会救济和社会福利。

我国社会保障管理体制创新的目标是建立统一、协调的社会化管理的社会保障管理体制。新的社会保障管理体制的基本特征是:建立统一的社会保障管理机构,制定和颁布统一的社会保障法律法规,建立相对独立的社会保障基金经办机构,建立专门的社会保障监督组织。

1998年3月,九届人大一次会议审议通过了《国务院机构改革方案》。在新的一届中央政府中,在原劳动部的基础上组建劳动和社会保障部,把人事部、民政部、卫生部及原国务院医疗制度改革办公室管理的有关社会保险事务划归劳动和社会保障部统一管理。1998年4月1日新组建的劳动和社会保障部正式成立,下辖的养老保险司负责城镇各类劳动者的养老、伤残、遗属保险;医疗保险司负责城镇各类劳动者的医疗、疾病、工伤、生育保险;失业保险司负责城镇各类劳动者的失业保险;农村社会保险司负责农民的养老保险;社会保险基金监督司负责各类社会保险基金管理的监督工作。

目前,中央政府管理社会保障事务的主要机构是人力资源和社会保障部、民政部、卫生部和财政部。人力资源和社会保障部负责管理养老保险、失业保险、城镇职工医疗保险、工伤保险、生育保险等项目;民政部负责管理社会救济、社会福利、优抚安置等项目;卫生部负责管理农村合作医疗制度;财政部负责制定社会保障的财政政策和财务、会计制度,实施对社会保障资金收支的财政监督,为社会保障计划提供补助资金等。各省、市、县政府设有同样的行政管理机构，承担相应的社会保障职能。

二、社会保险的含义与基本特征

社会保险是社会保障体系的重要部分，也是社会组织人力资源保护工作的基本内容。

1. 社会保险的含义

概念*要点

社会保险是根据国家法律规定筹集保险基金，对劳动者在年老、患病、生育、负伤、残疾和失业的情况下，由于暂时或永久丧失劳动能力，或暂时失去工作而给予物质帮助的一种社会保障制度。

理解上述含义，必须注意：

(1) 社会保险的目的不是普遍减少人们的消费支出或解决一部分人一时性困难，而是保证劳动者在暂时或永久丧失劳动能力情况下的基本生活权利能够得到保障。

(2) 社会保险的物质帮助形式，不是设施、补贴、救灾物质，主要是货币。

2. 社会保险的特征

社会保险具有强制性、保障性、福利性和社会性四大基本特征。

(1) 强制性。社会保险由国家立法强制实行，而非由被保险人自行确定是否参加及选择参加的项目。在此，人们的认识程度、是否感兴趣等心理因素是不起作用的。被保险人要依据国家法律规定的保险金额交纳保险费，不能自行选择缴费标准。同时，被保险的人所在单位也要按规定的比例缴纳保险费。一经国家立法确定保险范围，管理社会保险的专门机构，与被保险人之间即建立保险关系，不必订立保险契约，保险责任也即行开始，不管用人单位和被保险人是否按时缴纳保险费。当然，对迟缴保险费者，规定要缴纳滞纳罚金，从而使被保险人的基本生活切实有保障。而一般的商业保险不具备强制性的基本特征，不由国家法律强制人们参加，而是由被保险人自愿，并自愿选择类别和缴费标准，社会保险的强制性，对于使用劳动力的单位同样具有法律约束作用，即社会组织必须依法为职工交纳社会保险费，履行维护职工基本权利的责任。

(2) 保障性。社会保险就是保障人们的基本生活，以便从根本上稳定社会秩序。这是实施社会保障的根本目的。工业化、都市化带来了一系列的社会、经济问题，其中最大的问题，莫过于劳动者一旦丧失收入，生活陷于贫困，社会保险的根本立足点，就是对劳动者收入安全起到保障作用。社会保险的保障水平面，应该能够维护一般的社会生活水平，这里讲的保障性，是从社会角度讲的，不是只保障少数人，也不是一时一事的保障，它应该至少对某些劳动群体提供保障。其保障水平应对物价、工资、生产水平的变化作出反映。

(3) 福利性。社会保险不能赚钱盈利，须以最少的花费来解决社会保险问题。这是社会保险的基本要求和基本做法。福利性的表现除了保险费要根据基本生活的需要确定外，还表现在这种保险经费来自政府、社会组织、个人三方面。由于费用是几方分担的，个人的负担就不会重。国际劳工大会规定，社会保险费个人最多只能负担一半，这是极限，不能超过。同时，参加社会保险手续比较简便，社会保险机构不须花大量人力、物力去按人核算成本核算，因此可以节省业务费用，保证保险费用的低廉。而且社会保险是由政府指定的非盈利的机构进行管理。

（4）社会性。社会保险的社会性应从两方面理解：一方面是社会保险的范围一般比较广泛，保险对象包括社会上不同层次、不同行业的劳动者，而且由于各种保险计划是针对劳动者一生中必然会发生的事件而设，因而具体享受待遇的被保险人在社会上为数众多。另一方面，社会保险实质上是由政府举办的，由社会专门机构管理的，是体现政府社会保障的重要制度。需要明确的是，虽然社会保险的社会性要求在全社会普遍实施保险，使全社会成员都能得到保护。但由于资源有限，上述要求只能逐步实现。

三、社会保险的作用

社会保险制度也是政府经济政策和社会政策的重要内容，是劳动再生产的必要条件，对保障劳动者的生活和健康，保护劳动者的利益，促进生产的发展，安定社会秩序，控制人口增长都有积极作用。社会保险制度的作用，具体讲有以下几点：

1. 社会保险制度对社会安定具有重要作用。

社会保险的作用主要表现在维护社会安定上。社会保险集聚了社会组织和个人的经济力量，建立社会保险基金，加上政府的资助，使丧失劳动能力和暂时失去工作的劳动者得到物资上的帮助，以维持其基本的生活，这样有助于消除社会不安定的因素。因此，社会保险被称为“安全网”、“减震器”和“稳定器”。国外把社会保险的安全作用比做能够维持生命的面包、盐和水一样。我国建国后，由于建立了劳动保险制度，职工生、老、病、死、伤残有保障，特别是数以万计的退休职工老有所养，对社会的安定、职工队伍的稳定、经济建设的发展起了积极的促进作用。随着经济体制改革的进行，企业逐步成为自主经营、自负盈亏、自我约束、自我发展的经济实体。企业作为市场经济的主体，参入市场竞争，根据市场信息，优化配置资源，随时调整生产经营战略，以获取最佳效益为目标。实行劳动合同制，企业与职工之间可以进行“双向选择”。企业根据本单位生产的需要，择优录用劳动者，辞退多余的或不符合条件的劳动者，而劳动者也可能根据本身的技能与爱好选择单位。由于市场经济规律的作用，在市场竞争中必然有一部分企业会破产，职工会失业。再加之随着经济结构的调整，也会有一部分职工出现结构性的失业。上述情况说明，职工失业的情况必然会发生，劳动者在一生中会出现失业和就业的多次转换。而且，社会成员的老、弱、病、残、孕以及丧失劳动能力，是在任何时代和任何社会制度下都无法避免的客观现象。国家通过社会保险制度，对失业者或社会成员遇到情况时给予适当的补偿以保障其基本生活水平，从而防止不安定因素的出现，这对于维护整个社会安定团结的局面是非常重要的。

2. 社会保险制度是提高社会劳动生产率，促进经济发展重要条件

社会保险制度的建立，解除了职工的后顾之忧，调动了职工生产劳动的积极性，使他们专心致志地进行生产和工作，从而提高劳动生产率，促进生产的发展。新中国成立时，由于劳动保险条例的实施，工人在生、老、病、死、伤残等方面有了保障，许多工人无私地把自己的技术贡献出来，对恢复生产起了积极的重要作用，与旧中国存在的“唯恐教会徒弟，饿死师傅”不愿传授技术的现象形成鲜明的对照。目前，对于社会保险制度中的主要保险待遇项

目，采取与过去劳动贡献相联系的计发办法，鼓励了劳动者劳动积极性的发挥。在社会保险制度改革中，提倡企业给职工办补充养老保险，以增强用人单位对劳动者的凝聚力，促使劳动者发挥主人翁的积极性，关心企业的经营管理，提高经济效益。在管理方式上，对养老、医疗、工伤等保险制度，实行“社会化管理和单位相结合，以社会管理为主”，减轻企业负担，使企业得以集中精力搞好生产。

3．社会保险制度是劳动力再生产的必要条件，有利于保证劳动力再生产的顺利进行

劳动者在劳动过程中必然会遇到各种意外事件，造成劳动力再生产过程的停顿。而社会保险就是劳动者在遇到上述风险事故时给予必要的经济补偿和生活保障，解决靠个人和家庭难以解决的困难，使社会保险待遇享受者得以生息和繁衍，使劳动力得以恢复。如由于医疗、疾病保险的实施，职工患病能够得到及时治疗，并获得病假工资，这使患者能够早日康复，保证了劳动力再生产得以正常进行。马克思曾把医疗费视为“劳动能力修理费用”。又如女职工生产时给予医疗和产假工资等生育保险待遇，既保证了女职工的健康，使劳动能力得以恢复，也减轻了繁衍后代的经济困难，保证了再生产的延续。社会保险向职工供养直属提供一定的保险待遇，如职工死亡后的遗属抚恤金也使新劳动力的再生产得到保证。劳动力的再生产是社会再生产的基础，生产的发展和劳动生产率的提高，不仅取决于劳动力的维持，还取决于劳动力素质的提高，社会保险可能减轻享受者的家庭经济负担，从而能够把一部分钱用于本人和家属子女的智力投资，使劳动力的素质得到提高。

4．社会保险有利于控制人口结构

建立社会保险制度，特别是养老保险制度，采取部分积累方式，对于积累资金，迎接人口老龄化高峰的到来有重要作用。建立社会保险制度，使劳动者在年老、丧失劳动能力的时候，能够得到社会的物质帮助和照顾，还可以破除人们千百年来养儿防老的陈旧观念，对控制人口结构和计划生育的实施，奠定一定的物质基础，有一定的积极作用。

5．社会保险有利于实现社会公平、推动社会进步

一方面，由于人们在文化水平、劳动能力等方面的差异会造成收入上的差距。社会保险可以通过强制征收保险费，聚集成保险基金，对收入较低或失去收入来源的劳动者给予补助，提高其生活水平，在一定程度上实现社会的公平分配。另一方面，保险具有互助性的特点，社会保险更能体现出互助合作、同舟共济的精神。

四、社会保险的内容

从世界范围来看，社会保险制度一般由各种制度组成，如养老保险制度、疾病保险制度、生育保险制度、伤残保险制度、死亡保险制度、失业保险制度、医疗（或健康）保险和供养直系亲属保险制度、家属津贴制度等。在社会保险集体事业方面还有疗（休）养院、养老院、工伤康复院（中心）等项社会保险事业。

为便于管理，有些国家根据各地实际情况，将某几种性质相近的社会保险放在一起合并立法。这样，上述各项保险制度就变成以下结构：老年、伤残（疾病或非因公伤残）和遗属保险制度，生育、疾病（包括医疗）保险制度，工伤保险制度，失业保险制度，家属津贴制度等。

目前我国的社会保险制度，一般包括以下几项：

1. 失业保险

失业保险是为所有劳动者因非本人自愿原因失去劳动机会而丧失正常工资收入来源时,提供必要物质生活保障的社会保险项目。凡社会劳动者经资格审查确定为失业人员时,都可根据其就业年限和缴费情况,在规定期限内获得一定数额的失业补助或救济金,并在转业培训、重新就业、生产自救等方面得到帮助。其主要目的是维持失业人员及其家属的基本生活,保护劳动力的正常供应以及为失业者早日重新就业提供必要条件和机会。

失业主要有两种类型:一是总量失业,主要受劳动力供求规律影响,劳动力的增长速度超过生产规模的扩大对劳动力的需求,必然产生失业劳动者;二是结构性失业,主要受劳动力资源分配规律影响,为了达到劳动力资源充分合理利用,必然出现劳动力的流动,劳动力在流动过程中,在流通领域的暂时停留表现为失业。为了安定社会,保障劳动者的利益,促进劳动力的合理流动,需要实行失业保险。

失业保险有一个显著的特点:它不是单纯地给予失业者一定的生活保障,同促进就业相结合,如在失业保险金的支出中除发放生活费补助外,还包括转业培训费,目的在于促进失业者的再就业。

2. 养老保险

养老保险是指劳动者在到达法定退休年龄,劳动能力不足或丧失劳动能力时,由国家解除其劳动义务,并提供一定物质帮助及与之相关的社会性服务。凡是达到法定退休年龄、就业年限或缴纳保险费年限的社会劳动者,都有权享受养老保险待遇,主要包括退休后的生活费用和必要的日常生活服务。其主要目的是确保老年劳动者的生活权利。

年金制度也是养老保险的一种形式。一般地,年金可以分为两个层次:第一层次是国家年金,即统一标准的年金,年金额与退休者退休前的工资水平没有关系,所有劳动者在同一条件下享受同样待遇,这种年金只能维持被保险人的最基本的生活需要;第二层次是补充年金,这部分年金与工资有关系,一部分劳动者为了在年老退休后保持较高的生活水平,其雇主或劳动者个人可以缴纳更多保险金,在退休后既可以获得国家年金,又可以获得补充年金。

3. 医疗保险

医疗保险是为社会成员提供医疗费用和医疗服务保障的社会保险项目。凡社会保险法定成员,包括被保险人所供养的直系亲属,因病、伤需要治疗时,都可以从医疗社会保险获得免费或减费的治疗、药品供应和护理服务。其主要目的是促使劳动者身体尽快恢复健康,并承担其因患病、负伤而增加的额外开支负担。

4. 工伤保险

工伤保险是为社会劳动者因工负伤,以及由伤而致残废、丧失劳动能力时,提供必要的物质生活保障的项目。凡被保险人经社会保险管理部门和指定医疗机构(或伤残鉴定机构)确定其负伤性质和残疾程度者,均可按规定获得一定数量的保险金给付或其他待遇。其主要目的是维持伤、残劳动者的基本生活。

5. 生育保险

生育保险是为妇女劳动者因妊娠、分娩导致暂时丧失劳动能力,失去正常工资收入来源时,提供基本生活保障的社会保险项目;凡被保险人在生育前后的一定时期内,都可以从社会保险获得一定的生活补贴金。其主要目的是保护妇女劳动者及子女的身体健康,并适当补偿其因生育而造成的收入损失。

生育保险虽然也属于对暂时失去劳动能力的劳动者提供生活保障,但它不同于医疗保险。因生育而引起的劳动者劳动能力的丧失属于“正常”的生理变化,一般无需特殊的治疗,但需要休养与营养补充。生育保险费用的性质,不仅是为了维持妇女劳动者的劳动力简单再生产,而且在于促进劳动力的扩大再生产,所以生育保险不仅是维护妇女劳动者切身利益的需要,而且是劳动力扩大再生产的需要。

第二节　劳动保护和安全生产

一、劳动保护的含义

劳动保护的含义有广义和狭义之分。

概念*要点

广义的劳动保护,是指对劳动者的一切权利,即对他的政治权利、经济权利和其他权利都加以保护。

狭义的劳动保护,也称职业安全卫生。是指保护劳动者在劳动过程中的安全和健康,即依靠科学管理和技术进步,采取有组织的、技术的措施,消除劳动过程中危及人身安全和健康的不良条件和行动,防止伤亡事故和职业病,保障劳动者在劳动过程中的安全和健康问题。

通常所说的劳动保护,主要是狭义的,也就是本节所要讲的内容。

劳动保护,就是为了保障劳动者在生产劳动过程中的安全与健康,在法律上、制度上、管理上、技术上、组织上所采取的一系列综合措施。它所要研究解决的问题是:针对生产活动环境中一切对劳动者有害的因素以及这些危害因素的性质、特点,采取有效措施加以消除或控制,创造合乎安全生产要求的劳动条件,防止伤亡事故、职业中毒和职业病的发生。其目的是保障劳动者在生产劳动中的生命安全和身体健康,使劳动者得以保持持久的劳动能力,从而保证经济建设的顺利进行。

在当今世界上,劳动保护是每个国家,特别是正在进行工业化的国家所面临的一大社会问题。联合国国际劳工局对劳动保护的特殊关注,表明这个问题的重要性和紧迫性正在被越来越多的人所认识。早在 1974 年,由联合国国际劳工局召开的第五十九届国际劳工大会通过决议,向世界呼吁改善职工劳动场所及其邻近环境的物质条件,确保职工在劳动过程中的安全;运用人体工程学的原理,使机器设备及其操作程序适应劳动者的身体、生理和心理特点,改善劳动条件和劳动组织(包括对各种职业的内容进行合理的设计),以防止由于劳动过程的高速和单调而产生的紧张和情绪烦燥;尊重劳动者的人格和权利,使职工及其组织能够参与有关改善劳动环境、劳动条件和劳动组织的决策。

我国是一个劳动人民当家作主的社会主义国家，理所当然更加重视劳动保护。也就是说，我们更应该积极采取各种有效的劳动保护措施，尽力消除生产过程中的不安全、不卫生的因素，防止伤亡事故和职业病的发生，确保劳动者在生产过程中的安全与健康。

二、劳动保护的任务

劳动保护的任务，总的来说就是保护劳动者在生产过程中的安全和健康。具体来说，包括以下几项任务：

1. 保证安全生产

在生产过程中，劳动者同一定的自然环境相结合。在这种接触和结合中，有些因素会使劳动者的安全和健康受到危害，即生产中的不安全、不卫生因素。劳动保护的任务就是采取各种措施消除这些因素，使劳动者在安全和卫生的条件下进行生产，免遭工伤事故和职业病的危害，实现安全生产。

安全生产，就是在保证安全的前提下发展生产，即在安全第一的前提下实现安全和生产的统一。保证劳动者在生产过程中的安全，这是天经地义的事情。但是，有的社会组织特别是部分企业的领导者只重视生产，忽视安全，甚至把两者对立起来，他们认为企业的任务就是生产，完成生产任务就是一切，这种观点是十分错误的。因为忽视劳动保护损害劳动者的安全和健康，这不仅给劳动者及其家属带来痛苦，而且会打击广大劳动者的生产积极性，影响生产的发展。忽视安全生产，既造成劳动力的破坏，又导致财富的损失。因此在实际工作中，当安全与生产之间发生矛盾时，生产要服从安全，先解决好安全问题。只有先把安全问题解决了，职工安心了，生产才能搞好。

2. 预防职业病

随着现代工业的发展，职业病的种类逐渐增多，对劳动者的危害也日益严重。比如井下采掘作业以及接触粉尘的作业，容易得矽肺病；经常接触有毒有害物质的劳动者，也容易患一些职业病。我们就应当尽可能根据现有技术条件，采取根治办法，消除致病物质来源。有可能导致职业病的新建企业，在设计和施工时，就应当解决有害有毒的气体、液体、废渣和噪声问题。总之，我们应当采取多种措施，做好职业病的预防和治疗工作。

3. 实行女工保护

根据妇女的生理特点，在劳动中给予特殊保护，这是一项重要任务。由于妇女在生理方面的特殊情况和她们在孕育后代方面的特殊责任，有必要对她们进行特殊的劳动保护，这不仅是为了保证妇女在生产过程中的安全和健康，更好地发挥妇女在生产中的作用，而且是为了下一代的健康成长。这是关系到我国各民族兴旺发达的大事。

相应案例

××企业新职工入厂"三级安全教育"内容

入厂三级安全教育是指对新招收职工、新调入职工、来厂实习的学生或其他人员所进行的厂级安全教育、车间安全教育、班组安全教育。

1. 厂级安全教育的主要内容

(1) 讲解劳动保护的意义、任务、内容和其重要性,使新入厂的职工树立起"安全第一"和"安全生产人人有责"的思想。

(2) 介绍企业的安全概况,包括企业安全工作发展史,企业生产特点,工厂设备分布情况(重点介绍接近要害部位、特殊设备的注意事项),工厂安全生产的组织机构,工厂的主要安全生产规章制度(如安全生产责任制、安全生产奖惩条例,厂区交通运输安全管理制度、防护用品管理制度以及防火制度等)。

(3) 介绍国务院颁发的《全国职工守则》和企业职工奖惩条例以及企业内设置的各种警告标志和信号装置等。

(4) 介绍企业典型事故案例和教训,抢险、救灾、救人常识以及工伤事故报告程序等。

厂级安全教育一般由企业安技部门负责进行,时间为4—16小时。讲解应和看图片、参观劳动保护教育室结合起来,并发一本浅显易懂的规定手册。

2. 车间安全教育的主要内容

(1) 介绍车间的概况。如车间生产的产品、工艺流程及其特点,车间人员结构、安全生产组织状况及活动情况,车间危险区域、有毒有害工种情况,车间劳动保护方面的规章制度和对劳动保护用品的穿戴要求和注意事项,车间事故多发部位、原因、有什么特殊规定和安全要求,介绍车间常见事故和对典型事故案例的剖析,介绍车间安全生产中的好人好事,车间文明生产方面的具体做法和要求。

(2) 根据车间的特点介绍安全技术基础知识。如冷加工车间的特点是金属切削机床多、电气设备多、起重设备多、运输车辆多、各种油类多、生产人员多和生产场地比较拥挤等。机床旋转速度快、力矩大,要教育工人遵守劳动纪律,穿戴好防护用品,小心衣服,发辫被卷进机器,手被旋转的刀具擦伤。要告诉工人在装夹、检查、拆卸、搬运工件特别是大件时,要防止碰伤、压伤、割伤;调整工夹刀具、测量工件、加油以及调整机床速度均须停车进行;擦车时要切断电源,并悬挂警告牌,清扫铁屑时不能用手拉,要用钩子钩;工作场地应保持整洁,道路畅通;装砂轮要恰当,附件要符合要求规格,砂轮表面和托架之间的空隙不可过大,操作时不要用力过猛,站立的位置应与砂轮保持一定的距离和角度,并戴好防护眼镜;加工超长、超高产品,应有安全防护措施等。

其他如铸造、锻造和热处理车间、锅炉房、变配电站、危险品仓库、油库等,均应根据各自的特点,对新工人进行安全技术知识教育。

(3) 介绍车间防火知识,包括防火的方针,车间易燃易爆品的情况,防火的要害部位及防火的特殊需要,消防用品放置地点,灭火器的性能、使用方法,车间消防组织情况,遇到火险如何处理等。

(4) 组织新工人学习安全生产文件和安全操作规程制度,并应教育新工人尊敬师傅,听从指挥,安全生产。

车间安全教育由车间主任或安技人员负责,授课时间一般需要4—8课时。

3. 班组安全教育的主要内容

(1) 本班组的生产特点、作业环境、危险区域、设备状况、消防设施等。重点介绍高温、高压、易燃易爆、有毒有害、腐蚀、高空作业等方面可能导致发生事故的危险因素,交待本班组容易出事故的部位和典型事故案例的剖析。

(2) 讲解本工种的安全操作规程和岗位责任,重点讲思想上应时刻重视安全生产,自觉遵守安全操作规程,不违章作业;爱护和正确使用机器设备和工具;介绍各种安全活动以及作业环境的安全检查和交接班制度。告诉新工人出了事故或发现了事故隐患,应及时报告领导,采取措施。

(3) 讲解如何正确使用爱护劳动保护用品和文明生产的要求。要强调机床转动时不准戴手套操作,高速切削要戴保护眼镜,女工进入车间戴好工帽,进入施工现场和登高作业,必须戴好安全帽、系好安全带,工作场地要整洁,道路要畅通,物件堆放要整齐等。

(4) 实行安全操作示范。组织重视安全、技术熟练、富有经验的老工人进行安全操作示范,边示范、边讲解,重点讲安全操作要领,说明怎样操作是危险的,怎样操作是安全的,不遵守操作规程将会造成的严重后果。

资料来源:http://www.docin.com/p-26731562.html。

三、劳动保护的内容

劳动保护的具体内容一般包括安全技术、劳动卫生和劳动保护制度三个方面。

1. 安全技术

安全技术是为了消除生产中引起伤亡事故的潜在因素,保证工人在生产中的安全,在技术上采取的各种措施的总和。它主要是解决如何防止和消除突发事故对职工安全的威胁。

不同行业的工业企业经常注意解决的安全技术问题是不相同的。它的主要内容包括以下几个方面:

(1) 机器设备的安全。它主要是避免在使用的过程中发生事故伤害工人。为此,凡是暴露在机器外部的传动带、齿轮、飞轮等危险部分,要安装保护装置;锻压设备的施压部分,要有安全装置;机器的转动摩擦部分,要有自动加油装置和冷却装置等。同时,还要加强机器设备的维修,以切实保证机器设备的安全。

(2) 电气设备的安全。它主要是保证电气设备的安全运转,防止火灾和触电事故。为此,电气设备要有可熔保险器和自动开关;电动工具在使用前必须采取保护性接地措施,必须有良好的绝缘;高压线路经过的地方,必须有安全设施和警告标志等。

(3) 动力锅炉的安全。它主要是防止锅炉爆炸事故。为此,每个锅炉都要装有准确有效的压力表、水位表和安全阀;要加强动力锅炉的保养和检修;要采取硬水软化的措施,防止水垢的产生和加强水垢的清除工作等。

(4) 厂房建筑物的安全,从安全技术的角度来说,对厂房建筑物的一般要求是有坚固性,特别是那些有天车、重型机械、锻锤等设备的厂房,更要特别坚固。有些厂房,还要求有较好的防火性能,如化工、冶炼的厂房,在这方面应有较高的要求。动力锅炉或者其他有爆炸危险的厂房,其屋顶一般要求较轻便、易突破等。

此外,有井下作业的,还要做好井下作业安全,防止事故。为此,在顶板管理方面,要根据矿井条件,采取有效的顶板管理方法;在工作面作业时,要按规定架设支架,防止冒顶;在瓦斯的控制方面,要改善井巷通风,根据矿井条件,设置风门、风墙、风帘、风管等设备,要有效地控制风流,并加强瓦斯测量工作;在升降设备使用方面,要装设备安全器、过速限制器、过卷扬限制器等保险装置等。

除以上几个方面外,还有许多需要结合每个企业的特点,注意采取的安全技术措施。

2. 劳动卫生

劳动卫生(又称工业卫生)是在生产中,为了改善劳动条件,避免有害有毒物质危害职工健康,防止发生职业中毒和职业病,而采取的技术组织措施的总和。它主要是解决威胁职工健康的问题。

人在从事生产活动过程中,生产工艺过程、劳动过程以及生产外界环境的各种因素对劳动者机体的机能状态和健康水平可能产生一定影响,所有这些因素,统称为职业因素。当职业因素对劳动者的健康和劳动能力产生一定毒害作用时,就称为职业毒害。由职业毒物所引起的中毒,称为职业中毒。由职业毒害所引起的疾病,称为职业病。

职业毒害的种类随生产技术的发展而不断增加,也随科学技术的发展而逐渐被人们所认为,进而加以控制和消灭。目前所知的主要职业毒害,按其一般特征可分为:

(1) 与生产过程有关的毒害。① 化学因素。这是目前引起职业病最为多见的生产性有害因素,是职业病的防治重点。主要有:生产性毒物,包括生产原料、中间产物、成品和“三废”等,如铅、汞、苯、砷、磷、酚、氯、有机碱、氮氧化合物以及硫的化合物等;生产性粉尘,如矽尘、煤尘、石棉尘及金属粉尘等;放射性元素,如铀、钛、锰等。② 物理因素。主要是:不良气象条件,如高温、高湿及烈日下的劳动作业;不良的气压;电磁辐射,如红外线、紫外线;电离辐射(X射线等);噪音、震动等。③ 生物学因素。主要是指某些微生物或寄生虫等。

(2) 与劳动过程有关的职业危害。① 过长的作业时间。② 过大的作业强度。③ 不合理的劳动制度。④ 不合理的劳动组织(如工作非常混乱)等。

(3) 与作业场所的一般卫生条件、卫生技术及生产工艺设备的缺陷有关的毒害。① 废料、垃圾未及时清理。② 缺少通风、采暖设备,或虽有但设备效能不好。③ 缺少防尘、防毒、防暑的各项设备,或设备不完善。④ 照明有缺陷。⑤ 安全防护设备上有缺陷等。

在防治职业病方面,必须正确认识和处理防与治的辩证关系。防和治这对矛盾中,防是矛盾的主要方面,紧紧抓住了,就能取得职业病防治工作的主动权。只治不防越治越忙,治是治一点,防是防一片。预防工作是职业病和职业中毒防治工作中最关键的一环。

预防职业病和职业中毒的措施,包括组织措施、技术措施和保健措施。主要是:

(1) 改组生产与改进工艺过程。这不仅可以提高劳动生产率,同时也会在卫生上带来不少好处。所以,它常常成为改善劳动条件、预防职业病和职业中毒的根本性措施。

分散经营的小厂,适当合并,这对生产有利,对卫生也有利。例如:将产生有害物质的生产集中在一起,可缩小影响范围,也便于集中力量加以解决。改进工艺过程,就是改革生产技术和改进生产加工方法，从而消除卫生上的不利因素，例如用无毒的硫化磷代替毒性大的黄磷制造火柴，就彻底消灭了黄磷的危害。又如石英粉和含矽矿石粉的生产，采取湿磨或者实现生产设备的密闭化等。

（2）合理设置预防毒害的设备，如吸尘、滤尘、排气、通风、照明、防寒、防暑等设备。

（3）开展卫生运动，搞好厂区和车间的清洁卫生，这不仅能改善一般卫生条件，而且还可减少有害物质的污染，特别是“二次尘毒源”的污染。“二次尘毒源”是指生产中产生的尘毒散落在车间内的地板、墙壁及机器缝隙、死角处，如果不经常清洗，当风力和机器振动时的影响，再次散发而污染车间的环境。

（4）加强个人保护。这是预防职业病的重要辅助措施，应根据需要需要配备个人用品，如使用防护衣、手套、鞋、口罩、帽、眼镜等，以防止有害物质进入体内；或使用皮肤防护油、膏，以防止职业性皮肤病的发生，防止毒物从皮肤侵入体内。

（5）加强医疗预防措施。这对于慢性病与多发病的防治，以及职业病与职业中毒的早期发现、早期诊断、早期治疗、及时处理、及时预防上均有重要意义。这也是医疗工作中体现“预防为主”方针的有效措施。

对接触职业毒害的工人实行健康检查，是预防职业病和职业中毒、保护工人健康的重要环节。它可分为就业前健康检查与定期健康两种。就业前健康检查，是对准备参加某种作业的人实行健康检查，目的是防止健康状况不适于该种作业的职工参加该项工作。定期对接触有害因素的工人实行健康检查，目的是早期发现职业病和职业中毒病人或其初期可疑症状，并根据其具体情况及时采取措施，以防止疾病进一步发展和新病例的继续发生。

（6）体育运动预防措施。如车间工间操、各种业余球类和健身活动等。

工业卫生措施同安全技术一样，是随着各行业生产特点的不同而有所不同。各个社会组织特别是企业要根据自己的具体情况，采取相应的措施。

3．劳动保护制度

工人的安全和健康，不仅同安全技术和工业卫生方面的问题有关，也同劳保制度有关。如果劳动保护制度不健全，同样会引起工人过度疲劳，损害工人健康，导致伤亡事故。因此，建立和执行正确的劳动保护制度，是劳动保护的一个重要内容。

劳动保护制度是根据我国安全生产方针及有关政策和法规制定的，是企业和职工在生产活动中共同遵守的安全行为的规范和准则。安全生产管理制度是企业规章制度的重要组成部分。

《劳动法》规定用人单位必须建立、健全劳动安全卫生制度，这些制度包括：安全生产责任制度、安全教育制度、安全检查制度、伤亡事故和职业病调查处理制度等。这方面的制度概括地说，是由两方面的内容组成的。一方面是属于生产行政管理的制度，如安全生产责任制度、安全教育制度、安全生产的监督检查制度、工伤事故的调查分析处理制度、加班加点审批制度、卫生保健制度、劳动保用品发放制度，以及特殊保护制度等。另一方面是属于生产技术管理的制度，如设备维护检查修理制度和安全操作规程等。

以上三个方面的措施和制度构成劳动保护的基本内容。这些内容是相互联系的。如在安全技术和劳动卫生方面有许多制度，同时也是劳动保护的制度。因此，这些方面的工作必须结合起来进行。

四、劳动保护的组织与管理

为了做好劳动保护工作,社会组织特别是企业需要做大量的组织管理工作,其主要内容包括如下几个方面:

(1) 建立健全安全生产责任制。安全生产责任制是企业经济责任制的组成部分,也是安全生产规章制度中的核心内容。它以"管生产的管安全"为原则,对企业各级主管生产的领导和有关职能部门、工程技术人员和生产工人,都明确规定在生产中应负的安全责任,具体内容可根据各单位的不同情况予以规定。有关人员必须认真执行以保证安全生产方针的贯彻执行。

(2) 编制安全技术措施计划。社会组织特别是企业在编制生产经营计划的同时,必须编制安全技术措施计划,编制的主要依据是:国家有关的政策、法令和规定的要求,以及安全卫生检查中发现而尚未解决的问题。在编制计划时,要分轻重缓急,力求花钱多办事、办好事。

(3) 搞好安全生产教育。目的是教育职工提高对安全生产重要意义的认识,自觉搞好劳动保护工作,帮助职工更好地掌握安全技术知识,对新入厂的工人必须进行安全生产教育,对调换岗位的工人,必须进行新工作岗位的安全教育,并均须经过考试合格后,才允许上岗操作。进行安全生产教育的形式可以多种多样,如经常性安全教育、事故发生后的教育等。

(4) 做好安全生产的监督检查工作。这是推动安全生产的一项重要措施。通过检查可以提高职工对安全生产重要性的认识,并可以发现问题,消除隐患,防患于未然。检查的内容是:安全技术措施计划和各种安全技术规章制度的执行情况,各种安全防护设备的情况等。检查时间可以分为定期和经常性的检查,检查的形式可以是普遍检查、专业检查和季度性检查,也可以几种检查结合进行。

(5) 认真做好伤亡事故的调查和统计分析工作。这不仅是为了使各级领导部门及时掌握伤亡事故的情况,更重要的是通过事故的统计和分析,认真从生产、技术、设备、管理制度等方面找出事故发生的原因,查明责任,确定改进措施,防止事故再发生。对事故要力求做到"三不放过",即不查明原因不放过,不提出改进措施不放过,不使广大职工受到教育不放过。

核心概念

社会保障 Social security
社会保险 Social insurance
劳动保护 Labor protection
养老保险 Old-age insurance
医疗保险 Medical insurance
工伤保险 Injury insurance
生育保险 Maternity insurance
失业保险 Unemployment insurance

思考题

1. 简答社会保险及特征。
2. 我国的社会保险制度有哪些类别？
3. 简答劳动保护及任务。
4. 简答劳动保护的具体内容。
5. 劳动保护的组织与管理要做哪些工作？

案例研究

××企业安全台账管理制度

第一条 为进一步加强安全管理基础工作，促进企业安全台账的标准化、规范化，特制定本规。

第二条 各直属车间必须建立13本安全台账、4个档案和一本安全活动记录，即安全会议台账、安全组织台账、安全教育台账、安全检查台账、隐患治理台账、事故台账、安全工作考核与奖惩台账、消防台账、职业安全卫生台账、安全防护用品台账、事故预案台账、关键装置重点部位台账、安技装备台账、安全评价台账、特殊工种人员档案、安全学习资料、火票档案和安全活动记录。台账要求填写规范、字迹清晰、双杠改写、保存完好。安全管理部门要定期检查与考核。

第三条 安全会议台账

按要求填写会议名称、内容、时间、地点、参加人员、主持人、处理结果等内容，主要记录厂、车间关于安全方面的会议（如厂安全员月例会、车间安全例会等），尤其对安全生产文件的传达、学习和贯彻情况要详细填写。

第四条 安全组织台账

厂安全组织台账要将厂安全生产委员会、安全组织网络、安全监督部门组成成员记入台账；车间安全组织台账要将车间安全领导小组、安全组织网络记入台账，并填写本单位义务消防队员组成情况（姓名、性别、年龄、工种、岗位、文化程度、安全教育状况等）。

第五条 安全教育台账

厂安全教育台账包括企业领导和管理人员安全教育培训情况；企业安全处长安全教育情况；安全监督管理人员安全教育情况；新员工入厂三级教育情况；特殊工种安全教育及培训考核情况；外来施工人员安全教育情况；其他人员安全教育情况等。

车间安全教育台账应包括车间领导及职工安全培训情况；新入厂员工三级安全教育情况；特殊工种安全教育及培训考核情况；转岗及离岗半年以上复工人员的安全教育情况；从事“四新”技术人员的安全教育情况；对事故责任者的安全教育情况；岗位安全技术练兵情况；应急预案的演练情况；外来施工人员的安全教育情况等。要有教育培训时间、地点、培训人、被培训人、教育培训内容、考试时间、考试成绩等。考核试卷要存档。

第六条 安全检查台账

企业要定期组织安全检查，要将检查时间、检查内容、检查人、检查出的问题、整改措施、完成时间等记录上账。按照集团安全生产管理规定要求，企业安全检查每季度不少于一次，车间安全检查每月不少于一次，班组每周不少于一次，除此之外还要按照专业特点、根据季节变化、节假日安排以及特殊作业要求，开展专项检查。安全检查中发现的隐患、问题、整改要求及整改复查情况均应按要求如实填写。

第七条　隐患治理台账

事故隐患治理应按公司、厂、车间实行分级管理，凡发生在产权车间的隐患，不论级别和资金来源，均应在车间隐患治理台账中填写，要有隐患名称、隐患级别、隐患所在单位、存在部位、计划费用、实际费用、资金来源、整改前临时防范措施、整改方案（方案要具体）、完成进度、负责人、计划完成时间、实际完成时间、隐患治理后的评估情况等。隐患整改要严格按照“五定”原则进行（定临时防范措施、定整改方案、定负责人、定整改时间、定资金来源）。

第八条　事故台账

按照《事故管理制度》要求，事故实行归口和分级管理。厂级事故台账要记录所发生的各类事故，包括火灾、爆炸、设备、生产、交通、人身、质量、污染和其他事故。车间级事故台账要记录本车间发生的人身、火灾、爆炸、设备（包括停电、停汽、停水、停风、停设备等，只要影响到生产运行均应上账登记）、生产事故（包括跑、串、冒油事故，切断进料事故，生产指挥失误，生产操作失误等，凡影响正常生产运行均应上账登记）以及其他事故。要记录事故发生所在部门、发生日期、事故类别、事故经过，并严格按照“三不放过”原则，进行事故原因及责任分析，详细填写应吸取的教训、采取的防范措施和处理意见等，人身事故要将当事人姓名、性别、年龄、工种、工龄及事故概况等记入台账。

第九条　安全工作考核与奖惩台账

安全工作考核和奖惩台账记录对各部门、各岗位安全生产责任制的考核情况，要有各级安全工作和安全生产考核细则，对事故发生的单位、个人及“三违”人员进行处罚的情况，对防止和避免事故发生的有功人员的奖励情况，对在安全管理工作中作出突出贡献的单位和个人表彰和奖励情况。台账应设考核项目或内容、被考核部门和个人、主要事迹和存在问题、考核意见和结果、奖惩情况、考核部门签字及审批部门等栏目。

第十条　消防台账

记录消防安全组织网络、消防演练情况、消防设施台账、消防工作会议。

第十一条　职业安全卫生台账

记录员工体检时间、人数、姓名、性别等，尘、毒、噪声、射线分布情况及定期检测数据。

第十二条　安全防护用品台账

记录防护用品名细，每周防护用品检查情况。

第十三条　事故预案台账

记录事故预案演练。

第十四条　关键装置重点部位台账

记录关键装置重点部位承包人员情况，走动式巡检情况，危险点分布平面图。

第十五条　安技装备台账

建立安全阀、联锁、阻火器、呼吸阀、可燃气体报警器，有毒、有害气体报警器、烟雾报警器台账，记录安技设施变更情况。

第十六条 安全评价台账

每季度开展一次动态安全评价,有安全评价报告。

第十七条 火票档案

保存一年的火票存根。

第十八条 安全学习资料

保存下发的上级各种文件、安全会议材料及安全试题库、安全考试卷、安全通报等习资料。

第十九条 特殊工种人员档案

记录特殊工种人员姓名、工种、年龄、本岗位工龄、性别、取证时间、参加培训情况及复审考试情况等。

第二十条 安全活动记录

安全活动记录要内容齐全,填写参加人数、参加领导、活动内容、发言情况、领导签字等。

安全活动内容:学习安全文件、通报、安全规章制度;学习安全技术知识、劳动卫生知识;结合事故案例,讨论分析典型事故,总结吸取事故教训;开展事故预想和岗位练兵,组织各种安全技术表演;检查安全规章制度执行情况和消除事故隐患;开展安全技术座谈、攻关和其他安全科研活动。

班组安全活动记录要将本班组的安全会议、安全教育、安全检查、安全活动等内容记录清楚,并与车间内容相对应。

第二十一条 本制度由质量安全环保处负责解释。

第二十二条 本制度如与上级有关规定冲突,按上级规定执行。

第二十三条 本规定自发布之日起执行。

××企业

××年×月×日

资料来源:http://www.jdzj.com/hot/article/2010-6-22/27619-1.htm。

案例分析思考题:

结合案例谈谈企业安全管理应注意的问题。

参考文献

[1] R. 韦恩. 索迪，罗伯特. M. 诺埃. 人力资源管理. 北京：经济科学出版社，1999

[2] 雷蒙德. A. 诺伊等著，刘听译. 人力资源管理：赢得竞争优势. 北京：中国人民大学出版社，1999

[3] 张一驰. 人力资源管理教程. 北京：：北京大学出版社，1999

[4] 秦纬，林泽炎. 现代人力资源管理. 北京：中国人事出版社，1999

[5] 白嘉文. 企业人力资源主管. 北京：经济管理出版社，1999

[6] 李剑. 人力资源管理实务必备手册. 北京：中国言实出版社，2000

[7] 维尼. 奥特罗著，谢晋宇等译. 精明的雇佣. 北京：中华工商联合会出版社，2000

[8] 赵曙明. 人力资源管理研究. 北京：中国人民大学出版社，2001

[9] 杜林致. 职业生涯管理. 上海：上海交通大学出版社，2001

[10] 张亚莉，杨乃定. 企业内部人力资源风险防范. 天津：科学学与科学技术管理，2001(11)

[11] 朱丹. 人力资源管理教程. 上海：上海财经大学出版社，2001

[12] 陈锷，原二军. 人力资源管理 MBA 强化教程. 北京：中国经济出版社，2002

[13] 秦志华，洪向华. 人力资源经理. 北京：中国城市出版社，2002

[14] 王荣奎. 成功企业人力资源管理制度范本. 北京：中国经济出版社，2002

[15] 李薇辉. 论人力资源全球化趋势及相应对策. 上海：上海师范大学学报，2002(3)

[16] 赵应文. 人力资源管理学. 武汉：武汉出版社，2003

[17] 邱永环. 管人、用人、培养人. 北京：中国纺织出版社，2003

[18] 伊万切维奇. 人力资源管理. 16 版. 北京：机械工业出版社，2004

[19] 杨孝伟，赵应文. 管理学. 武汉：武汉大学出版社，2004

[20] 刘君，朱平. 个性化的薪酬制度设计. 北京：劳动工资动态，2005(3)

[21] 冉斌. 宽带薪酬设计. 广州：广东经济出版社，2005

[22] 冯宪. 薪酬管理. 杭州：浙江大学出版社，2005

[23] 赵应文. 组织行为学. 武汉：武汉理工大学出版社，2005

[24] 郑晓明. 人力资源管理导论. 北京：机械工业出版社，2005

[25] 王俊强. 人力资源管理的六大发展趋势. 长春：企业研究，2005(1)

[26] 陶向南，赵曙明. 国际企业人力资源管理研究述评，上海：外国经济与管理，2005(2)

[27] 耿庆峰. 知识经济时代的人力资源管理. 福州：发展研究，2005(11)

[28] 周三多. 管理学原理与方法. 第 4 版. 上海：复旦大学出版社，2006

[29] 常亚平，赵应文等. 人力资源管理. 武汉：武汉理工大学出版社，2006

[30] 肖鸣政. 人力资源管理模式及其选择因素分析. 北京：中国人民大学学报，2006(5)

[31] 张德. 人力资源开发与主管. 13 版. 北京：清华大学出版社，2006

[32] 陈萍. 管理学基础. 北京：中国财经出版社，2007

[33] 赵应文. 人力资源管理概论. 北京：清华大学出版社 2009

[34] 中国人力资源网

[35] 中国人力资源外包网

后 记

在以人为中心的时代里，人力资源作为第一资源越来越受到重视。各级管理者搞好人的管理，调动人的积极性、主动性和创造性，是最重要的事情，也是提高工作效率的根本途径。同时，人力资源管理已经成为当前社会的一个热门职业。

作为管理学的基础学科和重要分支，人力资源管理是在管理学发展的基础上，综合了心理学、劳动学、人类学、社会学等学科的实践和理论，逐渐发展完善的。人力资源管理是一门应用性极强且不断发展的学科，内容丰富生动，涉及范围广泛，实证特色突出。

为了适应教学，满足教学和学生的需求，提高教学效果，我们在多年的教学实践基础上，广泛吸取了国内外有关人力资源管理理论与实践的最新成果，联系我国的具体实际，编写了这本人力资源管理教材。

本书坚持理论与实际统一、系统与通俗统一的基本原则，在书中的每一章编写了概念要点、知识链接、相关案例，并附有案例分析思考题。本书可以作为大学本专科经济管理、行政管理类专业及其他专业的人力资源管理课程教材，也适用于从事实际工作的管理人员学习和参考。

全书是集体智慧的结晶。参加本书编写的是武汉工业学院、武汉工业学院工商学院的教师们。由赵应文任主编，编写大纲并统稿；汪成、胡乐炜任副主编。具体撰写分工如下：赵应文撰写第一、二、三、四、五、六、七、八章，胡乐炜撰写第九章，汪成撰写第十章。

编著过程中，我们参考了许多中外有关人力资源管理的优秀文章及教材，在此对有关专家、学者表示深深的谢意。本书的出版更是离不开本书责任编辑的辛勤劳动，在此一并表示衷心的感谢。

由于时间紧迫，加之编者水平有限，书中错误和不妥之处在所难免，恳请专家，学者及广大读者不吝赐教。

编者

2011 年 8 月 2 日

教师反馈及教辅申请表

北京大学出版社本着“教材优先、学术为本”的出版宗旨，竭诚为广大高等院校师生服务。为更有针对性地提供服务，请您认真填写以下表格并经系主任签字盖章后寄回，我们将按照您填写的联系方式免费向您提供相应教辅资料，以及在本书内容更新后及时与您联系邮寄样书等事宜。

<table>
<tr><td>书名</td><td></td><td>书号</td><td colspan="2">978-7-301-</td><td>作者</td><td></td></tr>
<tr><td colspan="2">您的姓名</td><td colspan="3"></td><td>职称职务</td><td></td></tr>
<tr><td colspan="2">校/院/系</td><td colspan="5"></td></tr>
<tr><td colspan="2">您所讲授的课程名称</td><td colspan="5"></td></tr>
<tr><td colspan="2">每学期学生人数</td><td colspan="3">______人_____年级</td><td>学时</td><td></td></tr>
<tr><td colspan="2">您准备何时用此书授课</td><td colspan="5"></td></tr>
<tr><td colspan="2">您的联系地址</td><td colspan="5"></td></tr>
<tr><td colspan="2">邮政编码</td><td colspan="2"></td><td>联系电话（必填）</td><td colspan="2"></td></tr>
<tr><td colspan="2">E-mail（必填）</td><td colspan="2"></td><td>QQ</td><td colspan="2"></td></tr>
<tr><td colspan="5">您对本书的建议：</td><td colspan="2">系主任签字

盖章</td></tr>
</table>

我们的联系方式：

北京大学出版社经济与管理图书事业部

北京市海淀区成府路 205 号，100871

联系人：徐冰

电话： 010-62767312 / 62757146

传真： 010-62556201

电子邮件：em_pup@126.com　　em@pup.cn

Q Q：5520 63295

新浪微博：@北京大学出版社经管图书

网址： http://www.pup.cn